es 1470
edition suhrkamp
Neue Folge Band 470

Die Geschichte der Rationalität hat ihren Preis. Dem Gewinn an Handlungskompetenz und Naturbeherrschung entspricht die Fremdheit des Leibes und der Natur. Befreit man sich vom Diktat einer linearen Entwicklung von Rationalität, wird der Blick frei auf das Dunkel, das dem aufgeklärten Bewußtsein entgeht. Erinnerung an die Vorgeschichte und die ausgegrenzten Zonen der Vernunft steht im Dienst einer Aufklärung über die Aufklärung. Dabei werden verlorene Alternativen deutlich: Die Sprache der Natur und die des Leibes sind Konzepte, die auf Lesekunst zielen; Natur, als Lebenszusammenhang begriffen, erfordert das Eingedenken ethischer und ästhetischer Normen des Naturwissens und der manipulativen Praxis (Paracelsus, Goethe, Novalis). Archaische Ängste und ekstatische Entgrenzungen des Subjekts bedrohen die mühsam aufrechterhaltene Ich-Identität (Mythos). Die Melancholie bedroht den Optimismus. Die Zerstörungslust erscheint als Energie der Rationalität (Sade). Der Sinnzerfall löst das Fortschrittsbewußtsein auf (Musil). Die Ruine wird zum Emblem der Zivilisation (Tarkowskij). Das Denken hat den Kehrseiten der Kultur standzuhalten.

Hartmut Böhme ist Professor für Literaturwissenschaft an der Universität Hamburg.

Hartmut Böhme
Natur und Subjekt

Suhrkamp

edition suhrkamp 1470
Neue Folge Band 470
Erste Auflage 1988
© Suhrkamp Verlag Frankfurt am Main 1988
Erstausgabe
Satz: Hümmer, Waldbüttelbrunn
Druck: Nomos Verlagsgesellschaft, Baden-Baden
Umschlagentwurf: Willy Fleckhaus
Printed in Germany

1 2 3 4 5 6 – 93 92 91 90 89 88

Inhalt

Vorwort

Die Abdankung des Subjekts und die Verabschiedung der Natur scheinen heute besiegelt. Dabei spielen die poststrukturalistischen Philosophien, die beides als Metaphysik oder bloße Erzählung kritisieren, keine ursächliche, sondern eine eher symptomatische Rolle. Die Verdrängung der Natur und des Subjekts sind das langfristige Ergebnis gesellschaftlicher Entwicklungen, auf die Philosophie und Kunst entweder erinnernd und verteidigend oder radikalisierend und verstärkend reagiert haben. Bestenfalls zeigen sie an und reflektieren kritisch, was geschieht. In der Rede vom Schwinden des Ich und dem Sterben der Natur sind historische Prozesse getroffen. Sich am Ausverkauf dieser beiden zentralen Begriffe traditionellen philosophischen Denkens zu beteiligen, weil frisch erklärter Inhumanismus und absolute Artifizialität Konjunktur haben, trifft weder die Substanz der Subjekt-Philosophie noch die – ungleich schwächere – Tradition der Naturphilosophie. Sollte das individuelle Dasein der Menschen, die Möglichkeit, sich als Subjekte zu bilden, wirklich gegen Null tendieren, mit Musil zu sprechen: die Zukunft also darin liegen, daß die Person zum Schnittpunkt des Unpersönlichen verkümmert; sollte die Natur, als Raum des Lebens, zu dem als dessen Bedingung die anorganische Natur gehört, wirklich, wie Carolyn Merchant meint, vom Tod bedroht sein –: dann ist es kaum eine originelle Haltung, sondern allenfalls fröhlicher Zynismus, dem solchermaßen kläglich Endenden die Deklaration des Endes als letzten Akt des abendländischen Metaphysik-Spektakels nachzusenden.

Im mittleren Größenraum, den der Mensch bewohnt und bearbeitet, in einem Verständnis, wie es von den Vorsokratikern bis zu Ernst Bloch reicht, von Natur zu sprechen, als könne man auf sie, die Unaufhörliche und Reiche, zurückkommen, ist tatsächlich ebenso obsolet geworden wie die Rede vom Subjekt in Großorganisationen, im Verkehr oder im Krieg. Ursprüngliche Natur ist so wenig wiederzugewinnen wie das authentische Subjekt – wenn es beide denn je gegeben hat. Natur ist historisch umgearbeiteter und gestalteter Lebensraum, den jede Generation neu als mangelhaft empfunden hat; das Ich (Identität) ist historisch erzeugtes, soziokulturell stilisiertes und funktional differenziertes Produkt, nicht

Ursprung des Handelns. Natur und Subjekt sind Erzeugnis und Leistung, historisch zu entschlüsseln, aber nicht durch die Magie des Ursprungs zu zitieren.

Die hier vorgelegten Aufsätze versuchen, dieser Ausgangslage zu entsprechen. Zwischen den Bezauberungen der Ursprungsmythologien – Natur als Schöpfung; Subjektivität als »Wesen« des Menschen – und den Hypertrophien der Subjekt-Philosophie, die in verkürzte Rationalität ihr Zentrum setzt und von dort das Ganze der Natur als ihr Reich wie den Besitztitel eines Souveräns aufschlägt: zwischen diesen ebenso falschen wie wirkungsmächtigen Traditionen war dem historischen (Maulwurfs-)Gang des Subjekts und der Natur nachzugehen. Dieser Wendung zurück in die Geschichte entspricht, daß vorderhand keine Chance darin gesehen wird, Spielräume auf kleinstem gemeinsamem Nenner für die kommunikativen Fähigkeiten des Menschen zu suchen – unter den Bedingungen zunehmend perfekterer Technisierung und Medialisierung der sprachlichen und vor allem visuellen Austauschprozesse. Es gibt diese Spielräume, sie sollten auch verteidigt werden, auch wenn sie, beim Stand der Dinge, Luxus einer Minderheit sind. Ebensowenig wird in den Hohlräumen und Widerspruchszonen, den Relais- und Steuerräumen der sozialen Systeme nach Bedingungen funktionaler Innovationen, Differenzierungen und Optimierungen geforscht. Darin will jemand, der von der Kunst und Kulturgeschichte her sich der Philosophie nähert, seine Aufgabe nicht sehen.

Der Blick zurück sucht den Anschluß der Erinnerungen an die Gegenwart. Das ist heute in der Tat schwer, weil Erinnerungen vor der Macht eines neuen Gegenwarts-Absolutismus ins Bodenlose fallen. Von der Psychoanalyse wird der Begriff der Verdrängung übernommen. Damit ist zumeist die Abspaltung lebensgeschichtlicher Erfahrungen und Erinnerungen im Dienst der Aufrechterhaltung anders nicht haltbarer bewußter Selbst-Bilder gemeint. Hier aber soll Verdrängung auch die Abspaltung kultureller Traditionen im Dienst der Aufrechterhaltung eines eingespielten sozialen Konsenses meinen. Obwohl Erinnerungen beides, das Selbstbewußtsein wie den sozialen Konsens, reicher machen, sind sie störend. Deswegen werden ständig erhebliche Energien aufgebracht, die lebensgeschichtlichen oder kulturellen Gehalte, die mit dem Diktat des Vergessens belegt sind, unter der Schwelle der Wahrnehmung zu halten. Das Verdrängte ist dabei durchweg selbst energiegesättigt: ein dauerndes, drängendes Pochen an den Pforten der Wahrnehmung. Im Subjekt kann das Verdrängte mit Zeichen der Nicht-Zugehörigkeit und des Fremden belegt werden (»das bin ich nicht«): es bilden sich die Zonen, die Freud treffend »inneres Ausland« nannte. In einer Kultur kann das Verdrängte »ausgelagert«, ghettoisiert oder exkommuniziert werden: es überlebt, oft verzerrt und verkrüppelt, in sozialen und kulturellen Randzonen, in Minderheiten, die den Preis des Irrationalen zahlen und auf eine ihnen oft selbst undurchsichtige Weise zu Trägern des Vergessenen und Vergangenen werden.

Die philosophischen und ästhetischen Traditionen, von denen in diesem Band die Rede ist, finden sich heute fast sämtlich, auf zumeist unreflektierte Weise, in den Überzeugungen von Minderheiten wieder, die gegen den *main-stream* einer von wissenschaftlicher Rationalität beherrschten Gesellschaft ankämpfen. Man kann an alternative Heil-Konzepte denken oder Körper-Therapien; an New Age, Astrologie- und Okkultismus-Zirkel; an Remythisierungen der Natur und des Leibes; an die *phantasy*-Kultur und die Neoromantik; an die zeitweise verbreitete Heroisierung des Wahnsinns und der Drogen-Reise, worin kritische Potentiale entdeckt wurden; an die neue Lust der Perversionen, die als Kritik des sexuellen Flachlandes sich gibt; an die artistische Indifferenz als Identitätsmuster oder die apokalyptische Angstlust; an das verquere Wiederbeleben der Naturwissenschaft Goethes und der Romantiker oder die Resurrektion der Physiognomik in der Encounter-Szene; an grüne Natur-Bewahrung und schwarze Messen. Man muß nicht das »Tao der Physik« bemühen; nahezu jede kritische oder ausgegrenzte Minderheit findet auch innerhalb der europäischen Überlieferung ideologische Deckung.

Diese Überlieferungen selbst aber, besonders nicht als unbewußt zitierte, können keine angemessenen Antworten auf Probleme und Krisen der technisch-wissenschaftlichen Kultur enthalten. Doch alle zusammen, in ihrer eigenartigen Vergegenwärtigung, bilden das zerstreute und zerfranste, durch Ungleichzeitigkeiten, Sprünge und Konjunkturen geprägte, uralt-jüngste Bild eines Widerstands gegen diese Zivilisation, das Bild auch einer Sehnsucht, die den Zerstörungen und Entfremdungen der Moderne zu entkommen strebt.

Erinnerungen also, nicht Lösungen sucht dieses Buch, in der Überzeugung, daß das Vergessen zu den Ursachen der gegenwärtigen Ungelöstheiten gehört. Erinnerungen haben immer auch den Sinn, das Vergangene im Gegenwärtigen sichtbar zu machen. Die Erinnerungslosigkeit der Gesellschaft nimmt in einem Maße zu, das im eklatanten Mißverhältnis zu ihrer Erneuerungsbedürftigkeit steht. Es gibt jedoch keine Erneuerung im Zustand der Verdrängung und des Vergessens. Dies ist ein Zustand der Verdunkelung des gegenwärtigen Selbstverständnisses; er ist nicht kritik- und differenzierungsfähig; er ist blockiert in der Wahrnehmung und Entscheidung der dringenden naturpolitischen und sozialen Problemlagen. Jedes Erinnern, das dem Vergangenen das Unabgegoltene ebenso abgewinnt wie es das Erinnerte als niemals wiederkehrendes, vielleicht niemals gewesenes Leben zu verabschieden weiß, ist ein Gewinn an Zeit: offenerem Horizont. Verschließt die Verdrängung das Vergangene, so damit auch die Zukunft: das ist der Preis, der unweigerlich zu entrichten ist.

Blockierend für den Prozeß des Erinnerns hat sich in der Moderne vor allem auch die Instanz erwiesen, die alles Licht für sich in Anspruch nahm: die Rationalität. Sie ist weit davon entfernt, die Verdrängungsleistungen, die zu ihrer historischen Bildung und Durchsetzung notwendig waren, in einem Akt der Selbsttherapie – in der Form philosophischer Selbstkritik – aufzuheben. Vernunft ist deswegen ein spastisches Gebilde: verkrampft vom Sich-Zusammenhalten, Indiz einer Angst vor dem, was zentrifugal ist, was sie nicht selbst sein kann oder was als ihr Anderes sie ausgegrenzt hat; verkrampft aber auch im Festhalten an einer Macht, die ihr nicht von selbst, sondern durch den Prozeß der zivilisatorischen Zurichtung des Menschen zufiel, einer Macht, die, monopolisiert, in weiten Teilen angemaßt und darum Rechtfertigung ist. Notwendig ist eine Distanzierung von Vernunft durch diese selbst – und ein, bescheidener, Weg dazu ist die Erinnerung an die Konzepte von Natur und vom Menschen, die im Zuge rückstandsloser Rationalisierung geopfert wurden. Die Verwebung zwischen Subjektgeschichte und Naturgeschichte, die in den folgenden Studien sich durchweg zeigt, will die bis zur Fremdheit und Feindschaft getriebene Spaltung zwischen beiden, Mensch und Natur, als den vielleicht unvermeidlichen, aber falschen Gang der Geschichte einsichtig machen.

I. Naturgeschichte

Verdrängung und Erinnerung vormoderner Naturkonzepte. Zum Problem historischer Anschlüsse der Naturästhetik in der Moderne

Schöpfungs-Geometrie und Künstler-Ingenieur

Das 16. Jahrhundert erscheint von heute aus oft als das goldene Zeitalter einer Naturwissenschaft, die immer auch noch Kunst und Philosophie ist. Daß die Diskurse der Wissenschaft und die der Kunst noch nicht unwiderruflich auseinandergetreten sind, bedeutet zunächst, daß beide noch im Kontakt mit der griechischen Kosmos-Idee und der Schöpfungstheologie stehen. Die Natur als ganze ist ästhetische Ordnung, d. h. wohlgestaltete Vernunft, durchwaltet von einer Lebendigkeit, die mitten im Schoß der Materie die Spuren des Göttlichen trägt. Kein Künstler, kein Wissenschaftler, kein Arzt, dessen Handeln nicht im letzten von solchen Vorstellungen geleitet wird.

Reste davon finden sich noch bei Kant. In der *Kritik der Urteilskraft* entwickelt Kant unter dem Titel »Beschränkung der Gültigkeit des moralischen Beweises« (*KdU* § 88) die Idee eines »Endzwecks der Schöpfung« als notwendig für die theoretisch-reflektierende Urteilskraft. Vereinfacht gesagt, meint dies die Entsprechung des Endzwecks unserer selbst als Vernunftwesen, den wir mit objektiver Gewißheit ausmachen können, mit einer Vernünftigkeit, und d. h. Zweckmäßigkeit der Natur als ganzer. Dies nennt Kant: »Natur als Schöpfung betrachtet«. Kant denkt an einen »Beitritt der Natur« zur Ordnung der Vernunft, was nichts weniger als die Möglichkeit einer prinzipiellen Übereinkunft zwischen der »Natur der Dinge« (*KdU* B 432) und der Sphäre der auf Freiheit gegründeten praktischen Vernunft enthält, was eine qualitative Erweiterung der Moral insofern erlaubt, als diese nicht allein auf die Beförderung des Guten im Menschen, sondern des *Weltbesten* verpflichtet ist (*KdU* B 429). Damit rückt die Kosmos-Idee aus ihrem schöpfungstheologischen Kontext, worin die Natur das wohleingerichtete Uranfängliche ist, in einen gewissermaßen futurischen – fiktionalen – Text: wenn als Prinzip der Urteilskraft die Natur betrachtet werden muß, »als ob« sie Schöpfung, d. h. nach einem Endzweck eingerichtet sei, so wird sie damit nicht nur analog dem höchsten moralischen Gut, sondern sie korrespondiert auch der Bestimmung der Kunst bzw. des Schönen. Der Natur, als Gegenstand der »technisch-praktischen« Vernunft (*KdU* B 432), gilt die Aufgabe, sie als einen »von uns zu bewirkenden höchsten Endzweck« (*KdU* B 459) allererst herzustellen; darin wird zugleich unser eigener Endzweck realisiert. Bei Kant sind dies Überlegungen, die natürlich jenseits der theoretischen (»reinen«) Vernunft liegen. Man weiß, daß es der Kant der theoretischen Vernunft ist – »wir schreiben der Natur die Gesetze vor« –, der wirksam geworden ist, nicht der Kant der Urteilskraft, die, eingeklammert in das fiktionale »Als ob«, noch Anschlüsse an voraufklärerische Naturkonzepte wagt.

An Albrecht Dürer läßt sich demonstrieren, daß im selben Maße, wie bei ihm Kunst und Wissenschaft in Übereinstimmung gedacht sind, auch die Trennung der Vernunftvermögen, wie sie von Kant paradigmatisch fixiert wird, nicht besteht. Hinsichtlich des Naturkonzepts heißt dies, von einer Einheit der Natur nicht nur als mathematischem Zusammenhang sprechen zu können, sondern Einheit gerade darin zu setzen, daß Mathematik und Kunst in der Übereinkunft des Schönen der Natur stehen.

Auf dem berühmten Selbstbildnis von 1500 legt Dürer seinem Gesicht, wie Winzinger gezeigt hat, ein strenges geometrisches Schema zugrunde [siehe Abb. 1 und 2]; er betont mit Hand und Auge die wichtigsten Organe des Künstlers und gestaltet das Porträt zum Zeugnis der Gottesebenbildlichkeit. Darin stilisiert Dürer sich in einem humanistischen Selbstbewußtsein: ist Gott der Erste Künstler, so erweist sich die Würde des Künstlers dadurch, daß er, als Zweiter Künstler, der göttlichen Schöpferkraft am ähnlichsten ist. Dies ist die ästhetische Variante der Imago-Dei-Theologie. Charakteristisch hierbei ist die Verbindung von Schöpfungslehre, Geometrie und Selbstausdruck. Dürer gestaltet die christlich-neuplatonische Deutung der Schöpfung als geometrische und mathematische Ordnung hier derart, daß das zur höchstmöglichen Auszeichnung des Menschen stilisierte Porträt zugleich Schönheit *und* Geometrie verwirklicht: genau dies *ist* Kunst als Zweite Schöpfung [siehe Abb. 3].[1]

Profanes Wissen und technisches Können werden legitimiert als ein Naturtrieb[2], der selbst gut sei und das Gute befördere, weil durch ihn »wir destmer vergleicht [werden, H. B.] der pildnus Gottes, der alle ding kan«.[3] Die »Lernung der Vernunft«[4] ist ein

Abb. 1: Albrecht Dürer: Selbstbildnis. 1500

Weg des guten Lebens nicht nur, sondern auch das Medium der Schönheit und der Selbstvollendung des Menschen.

Zahl, Proportion, Geometrie bilden die Grundlage der gött-

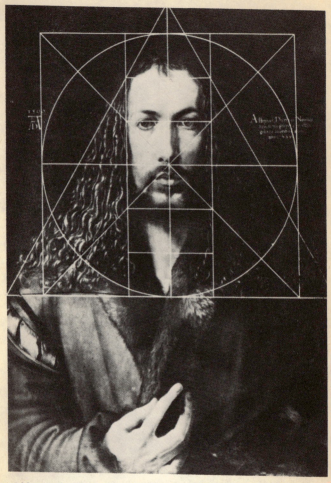

Abb. 2: Albrecht Dürer: Selbstbildnis von 1500 mit Winzinger-Schema

lichen Weltkonstruktion – darum die Bildtradition: Gott mit Zirkel, das Universum konstruierend [siehe Abb. 4] –; ferner die
Grundlage der Erkenntnis – Bildtradition: der Astronom, der mit

Abb. 3: Albrecht Dürer: Der Zeichner des liegenden Weibes. 1525

dem Zirkel den Himmel vermißt [siehe Abb. 5] – und Grundlage
der Schönheit, weil die göttliche Schöpfung in harmonischen
Maßen wohlgeordnet, im griechischen Sinn: ein Kosmos ist.

Ohne Einsicht in Proportionen und Geometrie keine Einsicht in
die Ordnung der Dinge, kein Vermögen zur Naturgemäßheit der
Darstellung und kein Wissen der Schönheit.[5] Kunst gründet auf
Wissenschaft, die das Können an die Hand gibt, »newe creatur«
[zweite Schöpfung!] hervorzubringen, »die einer in seinem hert-
zen schöpfft«.[6] Geometrie ist der Königsweg der ästhetischen
Erkenntnis, weil sie »die kunst in der natur«[7] offenbart und damit
die Grundlage der ästhetischen Verfahren darstellt.

Dieser wissenschaftlichen Seite der Kreativitätstheorie entspricht
eine strenge Orientierung an Natur: »Aber daz leben in der natur
gibt zu erkennen die warheyt diser ding. Darumb sich sie fleysig
an, richt dich darnach und gee nit von der natur in dein gut gedun-
ken, daß du wöllest meynen das besser von dir selbs zu finden;
dann du wirdest verfürt. Dann warhaftig steckt die kunst inn der
natur, wer sie herauß kann reyssenn, der hat sie...«[8] Naturforschung und Schönheitslehre gehen hier noch zusammen. Auf der
anderen Seite rechtfertigt Dürer, auf das durch Ficino vermittelte
platonische Konzept des *furor divinus* zurückgehend, die Kunst
als »van den öberen eingießungen« herkommend: »Dan ein guter
maler ist jnwendig voller vigur. Vnd obs müglich wer, daz er ewig-
lich lebte, so het er aws den jnneren ideen, do van Plato schreibt,
allbeg etwas news durch die werck aws tzwgissen.«[9] Hiermit bezieht er sich auf das künstlerische Ingenium als einer besonderen,

Abb. 4: Anonym: Gott konstruiert die Welt mit dem Zirkel.
Miniatur. 13. Jahrh.

der vierten Form des göttlichen Wahnsinns, wie ihn Platon im
Phaidros (244 a ff.) und *Ion* (533 d ff.) beschrieben hat.

Zwischen dieser Versenkung in die intuitive Wesensschau und der
Strenge des Naturstudiums und der geometrischen Konstruktion
besteht eine Spannung. Diese beruht teilweise auf einem modernen Mißverständnis: denn in neuplatonischer Auffassung enthält
die höchste Form von Wahnsinn, die Erinnerung an die göttliche
Schönheit, gerade durch ihren Bezug auf die wesenhafte *Form*,

Abb. 5: Peter Vischer d. Ä.: Astronom. 1504

Zahl und Maß, Geometrie und Mathematik.[10] Zugleich gibt es
einen reinen, göttlichen Begriff des Schönen, der jenseits des Menschen liegt und Gott reserviert ist. Diese Grenze der Schönheitslehre erklärt den keineswegs resignativen Satz Dürers: »Dy schönheit, was das ist, daz weis ich nit«[11]: es gibt einen reinen, göttlichen
Begriff des Schönen, der jenseits der Grenzen des Menschen liegt.
Geometrie und Naturwissen bleiben unverzichtbare Wege der
Annäherung ans Naturschöne. So entwickelt Dürer eine Praxis, in
der das technische Kalkül eines Ingenieurs und die Suche nach
Gestaltung der göttlichen Schönheit aufs engste zusammengehö-
ren.

Bei Giordano Bruno ist das Wissen nicht Ergebnis von Apathie und methodischer Disziplin, sondern diese sind Mittel, den Furor des Unendlichen zu erreichen: darin wird das Subjekt zum Schauplatz der Erkenntnis, die sich seiner bemächtigt. Erkennen ist Erleiden der Erkenntnis, ist Schmerz und Lust in einem. In der Idee eines von Leidenschaft ergriffenen Liebhabers der Wahrheit konzentriert sich Brunos Konzept des nicht-kriegerischen Heros. Der Heros bei Bruno öffnet nicht Handlungsfelder kriegerischer Politik, sondern die »oberste Wölbung des Firmaments«.[12] Der *contemplator coeli* ist der neue (zugleich antike, jetzt »wiedergeborene«) Heros. Erkenntnis der wahren Weltstruktur ist für Bruno das Ereignis, das mit Kopernikus »wie die Morgenröte der aufgehenden Sonne« sich ankündigte, um in Bruno selbst im Lichtglanz des neuen Welttages zu erstrahlen.[13]

In der Schrift *De gl'heroici furori* entwickelt Bruno das Modell der Naturerkenntnis durch die Neuinterpretation des Mythos von Aktaion [siehe Abb. 6].[14] Aktaion ist jener Jäger, der zur Strafe dafür, daß er die badende Diana gesehen hat, in einen Hirsch verwandelt und von seinen eigenen Hunden zerrissen wird. Die Szene dieses Unterganges des schuldlos-schuldigen Opfers und der rächenden Göttin verändert Bruno radikal, um aus ihr das allegorische Tableau der Naturerkenntnis zu gewinnen. Aktaions Jagd ist Wahrheitssuche, bei der er die Hunde, seine Leidenschaft und seine Gedanken aussendet, um von ihnen dorthin geführt zu werden, wohin es den Jäger treibt: zum Ort der verlöschenden Differenz zwischen der menschlichen Vernunft und dem Göttlich-Einen der Natur (vgl. V,64). Die Epiphanie der nackten Göttin am spiegelnden Wasser löst verschiedene Inversionen aus. Zum einen erscheint das Göttliche an den Dingen selbst; die badende Diana ist Widerschein des Göttlichen in der Natur so, daß alle Dinge durch die sich fortzeugende Analogie des Seins zu Spuren und Zeichen der einen Wahrheit werden. Zum zweiten verkehrt sich im Anblick der Naturgöttin das Verhältnis von Subjekt und Objekt: Aktaion ging aus, »um Beute zu machen, und wurde zur Beute infolge der Tätigkeit des Intellekts, mittelst derer er die begriffenen Dinge in sich selbst verwandelte«.[15] Diese Introversion der Dinge löst eine Verwandlung des Subjekts aus: dieses wird in das Erkannte hinübergezogen; das jagende Subjekt transfiguriert sich

Abb. 6: Tizian: Diana und Aktaion. 1556

ins gejagte Objekt im selben Maße, wie das Objekt ins Subjekt übertritt. Dieser chiastische Umschlag, das Außer-sich-Gesetztsein des Subjekts und die »Inverwandlung« (R. Musil) des Objekts ist für Bruno das zugleich erotische und erkenntnistheoretische Geheimnis der bei Ovid im mythischen Bann verbleibenden Metamorphose. Bruno zielt auf die Verwandlung der *Göttin der Natur* in das Bewußtsein *der göttlichen Natur*.

Leidenschaftlicher Heros wie Aktaion, also Philosoph der Natur zu sein, heißt mit der »Seele« den Widerspruch zwischen Erkenntnisrausch und Daseinsnot auszuhalten und »sich selber zerrissen und zerfleischt« (V,87; vgl. 42 ff.) zu wissen. So ist Aktaion der Held Brunos, weil er in der Begegnung mit dem Naturschönen die *contrarii affetti* des Philosophen darstellt. Das Erkennen der Natur verlangt den »kleinen Tod« (H. P. Duerr) der Verwandlung –

21

der Erkennende stirbt als soziale Existenz und wird, wie Bruno sagt, ein »wildes Wesen«, »obdachlos«, »ungesellig«.[16] Wie Diana im Mythos die »Göttin des Draußen« (Ranke-Graves) ist, so wird ihr Jäger, der Adept der Natur, ein exterritorialer Mensch. Weit entfernt sind wir noch von der Descartesschen Formel, daß der Mensch sich zum »Herrn und Besitzer der Natur« zu machen habe.

Das semiotische Universum

Ungeheuer die Anforderungen des Paracelsus an den Arzt: er muß sich von den Dingen, Tieren und Pflanzen belehren lassen, das »Licht der Natur« studieren, er muß Philosoph sein und die Wundersagen des Aberglaubens prüfen; er muß in Metallurgie und Alchemie beschlagen sein ebenso wie sich in den Berufen der Färber und Gerber, der Kräuterkundigen und Köche auskennen. Der Arzt soll das Wesen von Krieg und Frieden verstehen, die geistliche und profane Welt studieren, den Aufbau und Ursprung der Stände und die Differenz der Geschlechter kennen. Er muß das Sichtbare und das Unsichtbare an den Körpern und Dingen unterscheiden, den Aufbau des Kosmos und seine Einflüsse auf die Erde und die Lebewesen begreifen. Kläglich dagegen die heutigen Forderungen nach Interdisziplinarität.

Wichtiger jedoch ist die – aus heutiger Sicht – widersprüchlich scheinende sowohl chemische wie semiologische Interpretation der Natur. Paracelsus entwirft den kosmischen Lebensprozeß in einheitlichen chemischen Grundstrukturen und Operationen – und er liest ihn zugleich als einen Text, als riesiges Gewebe von Zeichen, den *signatura rerum*. Die Trennung von naturwissenschaftlichen und hermeneutischen Verfahrensweisen, wie sie uns selbstverständlich ist, kennt Paracelsus nicht. Medizin wird vielmehr als das Feld bestimmt, auf dem sich alle Wissensformen überschneiden. Die Medizin wird zur Grundwissenschaft, weil ihr Gegenstand, der menschliche Körper, die komplexeste Versammlung von Bedeutungen im Reich der Natur und des Geistes darstellt. Das ist mit der Lehre des Mikrokosmos gemeint: in den menschlichen Leib bilden sich die Verhältnisse des Makrokosmos (der Umwelten) ein.

Die Alchemie bietet die »biochemische« Deutung dieses einheit-

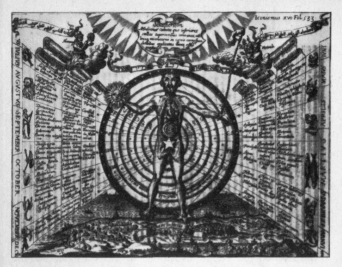

Abb. 7: Athanasius Kircher: Ars magna et umbrae. Rom 1646

lichen Zusammenhangs der materiellen Welt: sie identifiziert die Elemente, die Zusammensetzungen der Stoffe, die Operatoren, die Transformationsprozesse der Dinge in ihrer weiten kosmischen Verkettung. Der hermetische Grundsatz: »Was oben ist, das ist auch unten« formuliert dabei die kosmologische Grundanalogie, nach welcher sich die Dinge des Himmels und der Erde *per analogiam* ausdifferenzieren, doch nach grundsätzlichen einheitlichen Gesetzen. Diese »Lehre vom Ähnlichen« (Benjamin) leitet sowohl die empirisch-wissenschaftliche wie ästhetische Erschließung der Natur an. Gott wird bei Paracelsus zum Ersten Alchemisten und Ersten Autor.

Zunächst heißt dies, die Schöpfung der Welt läßt sich nur analog zum chemischen Opus denken. Die Lebendigkeit der Natur – das ist Natur als Retorte. Gott ist der große Separator, der in die *prima materia,* die chaotische Urmaterie, die Trennung einführt und dadurch die Voraussetzung schafft für die Differenzierung von Elementen, Energien und Prozessoren. Diese erst bilden Objekte und Gestalten, das dynamische Gewebe der Weltkörper in ihrer systematischen Gliederung, einheitlich strukturiert von der »großen Welt« des stellaren Raums bis zur »kleinen Welt«, dem Leibraum des Menschen. Die Würde des alchemistischen Arztes besteht darin, daß er zum Mimeten der Schöpfung wird. Was die Natur in langen Zeiträumen veranstaltet, beschleunigt der Alchemist durch Kunst im Experiment; er arbeitet an der Vollendung der Schöpfung, der *perfectio naturae* [siehe Abb. 7].

Zwei Jahre nach dem Tod von Paracelsus, 1543, erscheinen in bedeutsamer Synchronie von Andrea Vesalius *De humani corporis fabrica* – die erste neuzeitliche physiologische Anatomie – und *De revolutionibus orbium coelestium* von Kopernikus, von dem die mechanistische Formulierung des heliozentrischen Weltmodells ausgehen wird. Der Leib als Organmaschine und der Kosmos als Himmelsmechanik: damit wird im Fortgang die Physik zur Leitwissenschaft im Feld der Natur. Die biochemische Interpretation des Weltprozesses wie des Leibes, wie sie im paracelsischen Werk entworfen wird, wird in der Folge als »spekulativ« aus den Wissenschaften ausgegrenzt.

Zum zweiten aber – Gott als Autor – bezeichnet Paracelsus die Schaltstelle einer semiotischen Philosophie der Natur. »Denn das muß ein jeglicher Arzt wissen, daß alle Kräfte, so in den natürlichen Dingen sind, durch Zeichen erkannt werden. ... Denn nichts ist ohne Zeichen ... Der da die natürlichen Dinge beschreiben will, der muß die Zeichen vernehmen, und aus den Zeichen das selbige erkennen. Denn ›signatura‹ ist scientia, durch die alle verborgenen Dinge gefunden werden.«[17]

Paracelsus bewegt sich hiermit in einer theologischen Tradition, die, insbesondere ausgehend vom Anfang des Johannes-Evangeliums, die Schöpfung Gottes durch das Wort so deutete, daß das ins Sein rufende Wort sich dem Seienden aufprägt: die Dinge sind wortförmig, oder: die Dinge sind Engramme, Gravuren, Chiffre Gottes. Von daher entstand eine Zwei-Bücher-Theologie: die Offenbarung Gottes durch die Schrift (für die Gelehrten) und durch die Natur (für die Laien). Auch wenn es bereits im Mittelalter auf dieser Grundlage schon Rechtfertigungen einer laizistischen Naturkunde gab – z. B. im *Buch der Natur* des Konrad von Megenburg (1309–1374)[18] – so ist doch Paracelsus der erste, der das theologische Konzept einer *lingua naturae* zum Programm einer profanen Naturforschung umbaute. Der gesamte Raum der göttlichen Schöpfung wurde durch die paracelsische Semiologie dem »Licht der Vernunft« erschlossen. Die spekulativen

Züge der Zeichenlehre führten jedoch dazu, daß Paracelsus in den Naturwissenschaften keine Autorität bilden konnte. Schon Galilei, der die Metaphern vom Buch der Natur noch rhetorisch benutzte, wußte, daß dieses nicht in linguistischen Zeichen, sondern mathematischen Formeln und geometrischen Figuren geschrieben ist.[19]

Dahingegen bleibt Paracelsus einflußreich nicht nur für medizinische Alternativ-Konzepte (Homöopathie, anthroposophische Medizin, Psychosomatik), sondern vor allem für die seit der Renaissance bis zur Goethe-Zeit starke Unterströmung der Naturmystik und Naturphysiognomik. In der Romantik schließlich wird die Natursprachenlehre transformiert in ein Konzept der »Sprache der Poesie«, die ein Universum nicht-konventioneller, nicht-arbiträrer Zeichen, das »absolute Buch« zu entwerfen suchte, worin die »Chiffrenschrift der Natur« und die »Sprache des Dichters« (Novalis) übereinkommen sollten. Die paracelsische Idee eines Universums der Zeichen könnte heute am ehesten dort, verändert und auf einem anderen Niveau, wiedererkannt werden, wo die Medizin deutlich Ansätze zu einer Re-Semiotisierung erkennen läßt oder der Inbegriff der Natur nicht mehr wie in der klassischen Physik als mechanisches Zusammenspiel der Kräfte, sondern als ein Makro- und Mikroraum von Informationsflüssen gedeutet wird.

In der Kunsttheorie bleibt die Idee der Natursprachenlehre über Hamann und Kant bis zu Benjamin und Adorno für die Ausarbeitung einer Ästhetik der Natur bestimmend. Ihr liegt, im Schmerz über das Obsoletwerden des Naturschönen, in Erinnerung an die spekulative Würde der Natur, im Wunsch nach einer von ästhetischer Urteilskraft miteingerichteter Erde, eine theoretisch wie praktisch prekäre Hoffnung zugrunde: daß Natur in den Dingen eine Sprache mit sich führe, die nicht in Worte, sondern stummen Zeichen spreche; daß der Mensch dafür nicht nur ein Sensorium, sondern in seiner Wortsprache ein Medium habe, das in seinen poetischen Möglichkeiten der Natur zum physiognomischen Ausdruck verhelfen könne. Das ist ein Optativ des unabgegoltenen Vergangenen.

Übergang: Vergangene und gegenwärtige Naturphilosophie

Bei Dürer wurde der Gedanke sichtbar, daß Wahrheit und Schönheit der Natur, Zahl und Zeichen, Geometrie und Kreativität in Übereinkunft stehen – eine Idee, die Kant wenigstens als formales Prinzip der Urteilskraft noch gelten ließ, ohne ihr theoretische oder praktische Bedeutung zu verleihen. Bei Bruno wurde deutlich, daß an jeder Beziehung zur Natur eine intentionale und eine nicht-intentionale Seite zu unterscheiden ist. Zielt die erste auf Erkenntnis, so enthält die andere ein Widerfahren der Natur. Ist die eine Bestimmung und Setzung, so die andere Unbestimmtheit und Erleiden. Entspricht die eine einer konzentrierten, so die andere einer porösen Subjektform. Diese zwei Seiten des Subjekts entsprechen zwei Seiten des Objekts: Natur ist erfahrbar in ihrem triftigen Sachgehalt und in ihren betreffenden Atmosphären. Beides ist gleichrangig, erst beides zusammen ergibt ein vollständigeres Bild von Natur.

Geht es bei Dürer um Wissen und Schönheit, bei Bruno um Subjekt und Objekt, so bei Paracelsus um Naturwissenschaft und Semiologie. Bei Paracelsus wird die empirische Erforschung des Materieprozesses so bestimmt, daß dieser einem Konzept der prinzipiellen Bedeutsamkeit der Natur nicht entgegensteht, sondern es fundiert. Ohne Zweifel muß Naturforschung eine Sinnorientierung enthalten, weil Natur auch ein qualitatives Wertgefüge darstellt, das sich der Lesekunst des Forschers zeigt.

Bei allen dreien, dem Maler, dem Philosophen, dem Arzt, ist selbstverständlich, daß Naturforschung in ihrer Zweckbestimmung den Menschen einschließt. Der Mensch, das Erkenntnissubjekt, kann prinzipiell nicht aus der Naturwissenschaft herausgenommen werden. Was uns Natur ist, als was wir sie erkennen, was wir mit ihr technisch machen – das entscheidet immer schon mit darüber, wer wir sind und sein wollen.

Mit diesen Bestimmungen sind implizit die normativen Prinzipien der Naturphilosophie gegeben. Daß Wissenschaft eine Unternehmung sein soll, von deren Ergebnissen wir wollen sollten, daß sie Natur sind; und daß das, was wir in ihr hervorbringen, Kunst sein sollte, ist in der Renaissance selbstverständlich. Wenn Natur selbst schon als schöner Kosmos begriffen wird, bedarf es keiner gesonderten Auszeichnung einer werttheoretischen Ebene für den Umgang mit Natur. Die quasi objektive Ästhetik der Natur ist als Gegenstand ästhetischer zugleich Objekt moralischer Achtung. Natur durch Kunst und Technik übertreffen, heißt mit ihr im Können konkurrieren, nicht um Macht; und schon gar nicht kann als Können gelten, was wohl die eigene Macht befördert, darin aber zur Verhäßlichung oder Zerstörung der Natur führt. An der *natura naturans*, der lebendigen, »technischen« Produktivität der Natur hat man immer schon ein Modell dafür, was gutes, gelungenes technisches Handeln ist – auch wenn Technik selbst Perfektionierung und gar Übertreffen der Natur ist. Dies jedoch immer in bezug auf Einzelaspekte, während ihr kosmischer Gesamttext unübertrefflich bleibt.

»Alle Wissenschaft hat ein Ziel, nämlich eine Theorie der Natur zu finden«[20], deklarierte Emerson, der darin, mitten im industriellen *take-off* des 19. Jahrhunderts, sich als Erbe der Romantiker zeigt. Natur, was Emerson darunter verstand – Schöpfung, Schönheit, Geist, Geschmack, Leben –, spielt endgültig für die Wissenschaften keine Rolle mehr. Durchgesetzt war, daß Natur als gesetzlich geregelter Zusammenhang von Erscheinungen zu gelten hatte, wobei diese Kantsche Fassung aufgrund ihrer allzu komplizierten Verknüpfung mit dem Erkenntnissubjekt, dem allererst etwas zu Erscheinungen werden kann, noch dahin vereinfacht wurde: daß man es mit der gesetzlichen Regelung von Fakten zu tun habe. Der Mensch kommt dabei allenfalls als affektneutralisierter Beobachter und Experimentator vor. Natur als Lebensraum für Lebewesen überhaupt bildete so wenig ein regulatives Prinzip wie als schöne oder erhabene Wirkungsmacht; der Mensch als konkretes Lebewesen figurierte nicht als Schema für die Bildung des Erkenntnissubjekts.

Es ging um die Beförderung der Macht, die Durchrationalisierung der Lebenswelt, die Ausbeutung der Natur, den Ausbau technischer Kompetenz, die Maximierung der Profite, die Effizienz von Kontrolle, die Stabilisierung sozialer Entwicklungen, die Stärkung des Staates. Gegen solche Imperative war jede Form qualitativer Naturphilosophie chancenlos, jedes Konzept des Menschen als zugleich Subjekt und Objekt des Naturprozesses war fortschrittsfeindlich. Jede Heteronomie durch Natur galt als Verletzung der prätendierten Souveränität des Menschen; das Eingedenken der Schonung und des Respekts als naturethischen Kategorien schien technosoziale Entwicklungen zu unterlaufen; Naturschönheit degenerierte zur Freizeit-Veranstaltung, Naturmacht zum besiegbaren Gegner; Erhabenheit war nicht die Atmosphäre des Großen der Natur, sondern die Attitüde des terrestrisch ausgedehnten Beherrschungsvermögens des Menschen. Hier schienen die Traditionen der Renaissance auf immer zu versinken, zu versickern in Subkulturen, in die Kunst oder in das Unbewußte, das als Archiv der verdrängten Natur des Menschen zu funktionieren begann. Die offizielle Philosophie hat solchen Entwicklungen nichts entgegengesetzt.

Serge Moscovici vertrat 1968 die These, daß unser Jahrhundert dem »Problem der Natur«[21] seine ganze Kraft gewidmet habe – so wie das 18. Jahrhundert den Problemen des Staates und das 19. Jahrhundert denen der Gesellschaft. Man darf das bezweifeln. Die Naturphilosophie, wenn man sie als Symptom dessen ansieht, ob gesellschaftliche Eliten dem Thema Natur überhaupt Wichtigkeit einräumen, hatte ihren Höhepunkt sicher nicht im 20. Jahrhundert. An der Naturfeindschaft der Moderne hatte die Philosophie ihren nicht zu überschätzenden, doch bedeutenden Anteil.

Nach der Phänomenologie und dem Existentialismus – beides extrem anthropozentrische Philosophien – dominierten Wissenschaftstheorie sowie, im Zeichen des *linguistic turn,* sprachanalytische Philosophie. Auch in der kritischen Gesellschaftstheorie, Ethik und Kommunikationstheorie wurde Natur kein Thema. Technik und Wissenschaft wurden allenfalls als Ideologie kritisiert, nicht als materiell gewordene Kräfte der Naturzerstörung. Ethik verstand sich als Grundlegung der Handlungsregulierung zwischen Menschen, nicht zwischen Mensch und Natur. Kommunikationstheorie war ein Entwurf sprachlich vermittelter Intersubjektivität; ausgeblendet blieb alles, was von diesem Ansatz her nicht Subjekt ist, das Menschensprache spricht – also Lebewesen überhaupt und Dinge zumal. Das Zuspätkommen etwa der Habermasschen Theorie liegt wesentlich darin begründet, daß in einem Augenblick, wo philosophisch eine Kritik des Anthropozentrismus in der Perspektive einer Philosophie der Natur notwendig gewesen wäre, der Höhepunkt der Philosophie einmal mehr in einer, wenn auch kommunikativ geöffneten Reflexion des Menschen gesucht wird – unter Ausschluß alles dessen, was nicht Mensch ist. Doch ist davon auszugehen, daß eine Philosophie der herrschaftsfreien Kommunikation nicht schon automatisch, gleichsam als erwünschte Nebenfolge, die Befreiung der Natur von der Last des Menschen befördert.

Das Verfehlen, Vergessen und Verdrängen der Natur aber ist ein Verfehlen, Vergessen und Verdrängen des Menschen selbst. Zerstörte Natur ist ein Indiz für ein gestörtes Verhältnis des Menschen zu sich selbst. Naturunfreiheit entspricht der Selbstentfremdung des Geistes. Derlei Prinzipien spielen in der Nachkriegsphilosophie keine nennenswerte Rolle, außer vielleicht bei Adorno und Bloch. An diesen beiden wie auch an Moscovici tritt jedoch der Abstand hervor, der uns heute von diesen avancierten Positionen von vor zwei Jahrzehnten bereits trennt. Dies liegt nicht etwa an besserer philosophischer Einsicht. Vielmehr hat die unübersehbare Tatsache, daß in die Entwicklung der Gesellschaft zwei katastrophische Dynamiken eingebaut sind, nämlich Krieg und Naturzerstörung, von außen her der Philosophie aufgedrängt, sich der historisch neuen Lage zu stellen, die in der Möglichkeit und Machbarkeit eines indirekten oder direkten Suizids der Gattung besteht.

Natur und Arbeit

Moscovici hat von der Formel des frühen Marx, der vom Entwicklungsziel einer Humanisierung der Natur und einer Naturalisierung des Menschen sprach, nur die erste Seite entwickelt. Er rekonstruiert Geschichte der Natur als die Umwälzung von Wissenstypen, Praktiken und Technologien, die historisch bestimmte Naturkonzepte enthielten und umsetzten. Naturgeschichte ist die Geschichte alles Nicht-Menschlichen, insofern es in die Regie des Menschen gefallen ist. Erste Natur – die draußen wie die im Menschen – entfällt sowohl kategorial wie auch als regulative Idee, weil von einer anderen Natur als der in den historischen Formen der Arbeit, des Wissens und der Technik angeeigneten sich nicht sprechen läßt. Die »Schöpfung der Arbeit«[22] gilt selbst wieder als Naturprozeß. Damit wird ein selbstimmunisiertes System geschaffen: Natur ist, was die Menschen im Gang der Geschichte arbeitend vergegenständlichen; der Prozeß der Vergegenständlichung ist selbst Natur.

Hiervon ist jedenfalls der Gedanke zu lernen, daß wir das, was uns heute als Natur entgegentritt, nämlich ihr lädiertes Antlitz, als eine Natur verstanden werden muß, die das Projekt der technischen Arbeit wiedergibt. Dies hatte Moscovici zwar nicht gemeint, doch, auf seiner Linie weitergedacht, ist es so: man kann als Prinzip festhalten, daß alles im Reich der Natur – d. h. der Natur in mittlerer Größenordnung – ausgelegt werden muß, als ob wir es so und genau so gewollt hätten. Es gibt nicht die Entschuldigung der unbeabsichtigten Nebenfolgen und der unkalkulierbaren Fernwirkungen: Natur als ganze wird dem Menschen zugerechnet. Aus der Konstruktion Moscovicis, die Geschichte der Natur als die Geschichte zu lesen, in der der Mensch Subjekt und Schöpfer von Natur geworden ist, folgt unmittelbar das Prinzip der Verantwortung des Menschen für diese. Daraus entspringt, wenn man Kant so variieren darf, als erster kategorischer Imperativ der Naturphilosophie: Handle so, daß die materiellen Vergegenständlichungen deines Wissens jederzeit zugleich als Natur gewollt sein können.

Natur und Kunst

Adorno hat in seinem Kapitel über das Naturschöne zu Recht darauf hingewiesen, daß die Kategorie des Schönen der Natur, die bei Kant vor dem Kunstschönen den ersten Rang behauptete, seitdem einer wachsenden Verdrängung anheimfiel.[23] Diese Verdrängung erklärt Adorno damit, daß die Kategorie der Achtung auch in der Sphäre des Ästhetischen immer entschiedener dem reserviert wurde, was das Subjekt kraft seiner Autonomie sich selbst verdankt. Die Emanzipation von der Doktrin der Naturnachahmung hieß zugleich die Verschreibung der Kunst ans Artifizielle als der Nicht-Natur schlechthin und trägt darin die Male einer Gewalt, die notwendig um so massiver ist, je strikter auch im Kunstwerk allein das als würdig gilt, was Züge des in ihm erscheinenden Geistes trägt. Hier auch liegt der Grund, warum Adorno, bei aller Vorliebe für die hermetischen Artefakte der Moderne, Kant gegen Hegel ausspielt und sich erstaunliche Anleihen an der Vormoderne erlaubt.

Dennoch hält Adorno von einer Flucht in eine vermeintlich erste Natur gar nichts. Wohl aber führt das Eingedenken der Natur in der Kunst zu Bestimmungen, die diese aus dem Bannkreis des Produktionsfetischismus lösen. So etwa, wenn die nicht gemachte, sondern gewordene Kulturlandschaft gerechtfertigt wird als Erfahrung eines Vergangenen, das nie war, was aber Natur, wenn sie hätte wollen können, als Versprechen trug. Natur als Schönes ist kein »Aktionsobjekt«; sie steht jenseits der Zwecke der Selbsterhaltung; sie weckt im Bild scheinbarer Unmittelbarkeit das Bild des gänzlich mit sich selbst Vermittelten; sie spricht nach dem »Modell einer nicht begrifflichen, nicht dingfest signifikativen Sprache«; sie enthält Chiffren eines Geschichtlichen und verweist auf die Möglichkeit einer Technik, die »unter veränderten Produktionsverhältnissen... fähig (wäre), ihr (der Natur, H. B.) beizustehen und auf der armen Erde ihr zu dem zu verhelfen, wohin sie vielleicht möchte«. Naturschönes deutet auf den Vorrang des Objekts, das als nicht vom Menschen Gemachtes, gleichwohl spricht und als physiognomischer Ausdruck sich der Rezeptivität des Subjekts öffnet. Das Naturschöne ist bestimmt gerade durch seine Unbestimmtheit, einer des Objekts nicht weniger als des Begriffs.[24]

Freilich übersieht Adorno bei solchen vorsichtig emphatischen Sätzen niemals das, wozu Natur im Außertechnischen wurde: Kitsch und Idylle. Er vergißt nicht die Unwiederholbarkeit verheißender Naturbilder, ja er verhängt ein striktes Abbildverbot und Schweigegebot als einzig dem Naturschönen gegenüber angemessene Haltung. Es herrscht hierin eine »Scham«, mit Sprache das zu verletzen, was das »noch nicht Seiende« zum Ausdruck hat. »Noch nicht seiend«: das ist Natur. Das Naturschöne ist das Nichtidentische an den Dingen. Dieses in Sprache zu holen, die Kunst ist und zugleich schweigender Ausdruck der nichtmenschlichen Natursprache – dies macht authentische Kunst aus.[25] Trotz aller Skepsis also bei Adorno ein verhalten messianischer Ton, der von dem theologischen Konzept der Natursprachenlehre übergeht in die ästhetischen Techniken der Kunst. »Die subjektive Durchbildung der Kunst als einer nichtbegrifflichen Sprache«, so heißt es, »ist im Stande von Rationalität die einzige Figur, in der etwas wie Sprache der Schöpfung widerscheint, mit der Paradoxie der Verstelltheit des Widerscheinenden. ... Ist die Sprache der Natur stumm, so trachtet Kunst, das Stumme zum Sprechen zu bringen, dem Mißlingen exponiert durch den unaufhebbaren Widerspruch zwischen dieser Idee, die verzweifelte Anstrengung gebietet, und der, welcher die Anstrengung gilt, der eines schlechthin Unwillentlichen.«[26]

So bemerkenswert diese Rehabilitierung des Naturschönen ist, so auffällig doch auch, daß Natur unter dem Titel des Schönen, nicht des Erhabenen thematisiert wird. Natur bleibt soweit stumm und bedeutungslos, wie sie nicht in der Kunst ein »Nachbild des Schweigens« findet, »aus dem allein Natur redet«.[27] Außerkünstlerisch ist Natur vollends opak – und das wiederholt jene Spaltung, derzufolge Natur nicht anders zur Geltung kommen könne als entweder verkrüppelt in der Technik oder als sprachloser Ausdruck in der Kunst. Doch gerät dabei außer Sicht, daß Kunst nicht das einzige Medium ästhetischer Naturerfahrung ist. Alltags- und leibnahe Ästhetiken sind denkbar, in denen Natur Raum und Ausdruck findet. Auch wird, wenn das Kunstwerk der letzte Ort des Naturschönen ist, die Natur insofern entmächtigt, als sie auf den Status des Opfers festgeschrieben wird. Weder wird ihr zugetraut, daß sie Wirkungsmächte zeigt, die auch ohne Vermittlung durch Kunst die ästhetische Rezeptivität erreichen, noch daß sie, gerade indem sie Opfer wird, in umschlagender Negativität sich in einer unwiderstehlichen Weise der Wahrnehmung der Menschen aufdrängt: als häßliche, vergiftete, unbewohnbare, sterbende Natur. Keinen Raum findet der Gedanke, daß eine Kunst, in welcher Natur ihr letztes Überleben findet, nur den äußersten Punkt der Zusammenkürzung der Natur bezeichnet. Dagegen besteht das Projekt einer menschlichen Natur nicht darin, Natur als Nichtidentisches in Kunst zu chiffrieren, sondern Kunst in die praktische Aufgabe einer ästhetischen Einrichtung der Erde aufzulösen. Eben dies ist der Punkt, der seit Adornos Tod ins Bewußtsein getreten ist. Die Theorie des Naturschönen bei Adorno räumt der gesellschaftlichen Entwicklung der Natur keinen Raum mehr ein.

Festzuhalten aber bleibt der Gedanke des Nichtidentischen und Nichthergestellten, des Unwillentlichen als des Anderen der Natur, wovon jedem Projekt der ästhetischen Einrichtung der Erde Grenzen gesetzt sind. Diese Grenzwahrung ist es, die die Erfahrung der Kunst unverzichtbar macht. Sie erfordert ein bisher unabsehbares Maß an Re-Ästhetisierung der Technik als wesentliche Zukunftsaufgabe. Als zweiten Imperativ also könnte man formulieren: Handle so, daß die materiellen Vergegenständlichungen deines Wollens prinzipiell auch als Kunst gelten können.

Das will sagen: technische Naturaneignung hat die Intentionen der Menschen ebenso aufzunehmen wie das Nichtidentische, das als Eingedenken des Geschichtlichen wie des Nicht-Gemachten das in aller Technik schlechthin Unbestimmbare markiert. Vermutlich ist dies der Punkt, wo nicht etwa traditionelle Kategorien des Naturschutzes wie Pflege, Bewahren, Rücksicht, Liebe zum Zuge kommen, sondern der philosophisch erst zu gewinnende Begriff der Schonung: die Fähigkeit, das Andere anders sein zu lassen, Nicht-Identisches wahrzunehmen, Fremdes nicht zu entfremden, in Vielheiten und Dissonanzen, Widersprüchen und Brüchen zu handeln, den Schmerz, die Angst, das Vergehen nicht abzuwehren und darin anzuerkennen, was nur zu erleiden ist. Schonung wäre in allem Handeln ein Moment des Nicht-Handelns, das dem Anderen unserer selbst geschuldet ist. Das Prinzip des Nicht-Handelns in allem Handeln meint die Unbestimmtheit, die sich allen Vergegenständlichungen als ihre Anschlußhaftigkeit für anderes, andere oder nichts aufprägen kann.

Natur und Hoffnung

Während Adorno die metaphysischen Reste vorkritischer Naturphilosophie dadurch rettet, daß er sie in die Sprache der Kunst überführt, so steht Bloch mitten im Reich der Natur, als habe es die kantischen Kritiken nie gegeben. Bloch ist damit der letzte Metaphysiker der Natur, ein materialistischer freilich. Seine Hoffnungsemphase wird aus der Tradition der Renaissance und der Romantik, besonders Schellings, ebenso gespeist wie aus dem frühen Marx. Für Bloch steht außer Zweifel, daß Naturästhetik keine Angelegenheit nur der Kunst ist. Sie gehört vor allem in den Prozeß der Umarbeitung der Erde zu einem befreiten Stern. Sie geht ein in das Projekt einer Architektur des Weltgebäudes, worin der Mensch zum zweiten Schöpfer jedoch nur sich bilden kann, wenn er alliierende Anschlüsse findet an den Materieprozeß selbst; Anschlüsse, die sich als Real-Chiffren, Real-Symbole darbieten und somit eine Entzifferung der Richtung erlauben, wohin Natur von sich aus zielt. Natur ist dabei *natura naturans*, schöpferische Produktivität im Sinne Schellings, qualitative Prozeßgestalt des Materiestroms, niemals dumpfes Brüten in bedeutungslosen Kausal-Komplexen, nicht fixiertes Produkt stummer Energien. Anders als Adorno hält Bloch an einer technischen Lösung des Naturproblems fest. Kunst ist nicht Residuum möglicher Naturqualitäten, sondern das in ihr Technische ist praktischer Vorgriff auf die Syntheseform, die lebendiger Stoff und technische Idee in historischen Allianzen annehmen könnten. Zukunftstechnik wäre ästhetisch dadurch, daß sie durch Enthüllung der »Sphinx-Natur« den »gefesselten Riesen Naturkraft« befreit – d. h. den mythischen Bann der Natur bricht, sie humanisiert und damit umgekehrt den »Einbau des Menschen in die Natur«[28] ermöglicht. Dieses Technik-Bild ist eine »ästhetische Theodizee« (Th. Saine). Es gehorcht dem Modell der Versöhnung und bindet den Materieprozeß mit den technischen Inventionen der Menschen dadurch zusammen, daß beide auf die Produktion eines zweiten, poetischen Paradieses aus sind: dem Urbild des Naturschönen und der Heimat zugleich.

Für unser Bewußtsein heute ist dieses Modell Blochs zu technikgläubig. Bloch erkennt im destruktiven Charakter der gegenwärtigen Technik den Reflex der Produktionsverhältnisse, nicht aber technikimmanente Strukturen. Ohne Umbau der Technik selbst und nicht nur ihrer gesellschaftlichen Rahmenbedingungen gibt es kein Prinzip Hoffnung. Eben das ist jedoch das Problem, weil es hier nicht um den Anschluß von Technik an das mögliche Natursubjekt geht, sondern um die Macht, die in Technik versammelt ist und die immer unwiderstehlicher zur Superstruktur der Gesellschaft wird. Technik ist längst kein beliebig umbaubares Subsystem mehr, sondern vielmehr tendieren alle sozialen Strukturen dazu, Technostrukturen zu werden. Seit dem 16. Jahrhundert ist die Gewalt gegen Natur, die ihr mit vollem Bewußtsein und strategischer Absicht zugefügt wird, legitimiert als eine Gewalt, in der das gattungsallgemeine Interesse des Menschen verteidigt wird. Dieser Technik-Typ bestimmt heute nicht allein die gesellschaftlich notwendige Naturaneignung, sondern weitgehend die Reproduktions-, Organisations- und Verkehrssysteme der Gesellschaft selbst. In einer solchen Perspektive fällt es schwer abzusehen, wie die Bedingungen des Bauwerks einer Natur und Gesellschaft versöhnenden Erde aussehen würden, noch ob überhaupt Chancen zu dessen Verwirklichung bestehen, bevor Natur als Lebensraum kollabiert. Vielmehr ist die Gewalt, die als externe, der Natur oktroyierte den technischen Impuls trug, längst überführt in eine interne, die die sozialen Strukturen bestimmt. Jeder Versuch, die Technik grundlegend umzubauen, ist unmittelbar mit der zentralen Macht der heutigen Gesellschaften konfrontiert oder bloße Spinnerei. Diese Aussicht beflügelt kein Prinzip Hoffnung, sondern knüpft dessen Möglichkeit an die Bedingung, die Aussichtslosigkeit mitzudenken. Als dritten Imperativ möchte ich demnach formulieren: Handle so, daß jede auf die Utopie der Naturversöhnung zielende Vergegenständlichung vor dem Möglichkeitshintergrund der selbstgewirkten Auslöschung des gesellschaftlichen und natürlichen Lebens entworfen wird.

Ein solcher Imperativ steht dem *memento mori* der Vergangenheit fern, worin die Natur als Tod das letzte Wort des Lebens hatte und so alle Einzelakte in die Perspektive des Sterbenmüssens rückte. Dieses religiöse oder existentielle »Sein zum Tode« hat etwas Gemütliches im Verhältnis dazu, daß die Fragen der subjektiven Lebensentwürfe, der Gesellschaft und des Naturumgangs heute nicht mehr auf den Tod oder das apokalyptische Ende als verhängte Grenzen irdischen Daseins beziehbar sind und damit ein Bewußtsein der Endlichkeit von uns als Naturwesen erzwingen. Erstmals in der Geschichte hat der Mensch die Möglichkeiten technisch in der Hand, die natürlichen Bedingungen des Lebens zu zerstören oder die Gattung Mensch aus dem Plan der Natur zu löschen. Erstmals ist von der Natur prinzipiell nichts mehr zu fürchten und nichts mehr zu hoffen; es geht in keiner Hinsicht mehr um die Frage, ob die »guten« oder die »bösen« Seiten der Natur überwiegen und damit die geschichtliche Anstrengung eher fördern oder gefährden. Erstmals muß das Bewußtsein realisiert werden, in diesem Kosmos in absoluter Resonanzlosigkeit zu leben. Erstmals ist das auf Naturaussöhnung zielende Hoffnungsprojekt an die Gegenmöglichkeit zu binden, daß die Selbstabschaffung zum Telos einer möglichen Geschichte wird. Der Tod – nach Bloch die härteste Nicht-Utopie – wird vom Suizid als der härtesten Dystopie abgelöst.

Anmerkungen

1 Fedja Anzelewsky: *Das Selbstbildnis von 1500*; in: Ders.: *Dürer-Studien*, Berlin 1983, S. 90–100.

2 Hans Rupprich (Hg.): *Dürer – Schriftlicher Nachlaß,* 3 Bde., Berlin 1956–69, S. 106.

3 Dürer-Nachlaß [Anm. 2], Bd. 1, S. 106.

4 Dürer-Nachlaß [Anm. 2], Bd. 1, S. 108.

5 Dürer-Nachlaß [Anm. 2], Bd. 1, S. 145 f., 148, u. Bd. 3, S. 168 f.

6 Dürer-Nachlaß [Anm. 2], Bd. 1, S. 148, u. Bd. 3, S. 296.

7 Dürer-Nachlaß [Anm. 2], Bd. 3, S. 295.

8 Dürer-Nachlaß [Anm. 2], Bd. 3, S. 295.

9 Dürer-Nachlaß [Anm. 2], Bd. 2, S. 109.

10 Im Neuplatonismus bezog man sich dabei sowohl auf Platons *Timaios* und *Philebos* (51c) wie auch, dem Modell der Korrespondenz zwischen Bibel und antiker Philosophie folgend, auf *Weisheit Salomons* XI,21: »Alles hast du wohlgeordnet nach Maß, Zahl und Gewicht« – ein von Dürer in seinen Schriften häufig zitierter Satz.

11 Dürer-Nachlaß [Anm. 2], Bd. 2, S. 100, 120.

12 Giordano Bruno: *Das Aschermittwochsmahl*, übers. v. F. Fellmann, eingel. v. H. Blumenberg. Frankfurt/M. 1969, S. 72 f. Im übrigen wird zitiert aus: Giordano Bruno: *Eroici furore. Dialog vom Helden und Schwärmer*, in: *Werke in 5 Bdn.*, (Hg. L. Kuhlenbeck), Jena 1904–09, hier: Bd. V.

13 Bruno: *Aschermittwochsmahl* [Anm. 12], S. 71.

14 Bruno kannte den Aktaion-Mythos wohl nur in der Fassung von Ovid: *Metamorphosen*, Buch III, v. 138 ff. – Das Gemälde Tizians »Diana e Atteone« von 1559, das Tizian in Venedig gefertigt, doch an den spanischen Hof geschickt hatte, konnte er nicht kennen.

15 Bruno: *Eroici furore* [Anm. 12], S. 71. – Vgl. dazu die materialreiche Arbeit von Heinz-Ulrich Schmidt: *Das Problem des Heros bei Giordano Bruno*, Bonn 1968. Ferner: Ernesto Grassi: *Heroische Leidenschaften und individuelles Leben*, Hamburg 1957, S. 70 ff.

16 Bruno: *Eroici furore* [Anm. 12], S. 185, 73, 87 u. ö.

17 Paracelsus: *Werke in 5 Bdn.*, (Hg. W.-E. Peuckert), Darmstadt 1965 ff., hier: Bd. I, S. 297 ff.

18 Konrad von Megenburg: *Das Buch der Natur* (Hg. Fr. Pfeiffer [1861]), Hildesheim 1962. – Traude-Marie Nischik: *Das volkssprachliche Naturbuch im späten Mittelalter. Sachkunde und Dinginterpretation bei J. v. Maerlant und K. v. Megenburg*, Tübingen 1984. – Zur Buch-Metapher allgemein: Ernst-Robert Curtius: *Europäische Literatur und lateinisches Mittelalter*, 2. Aufl., Bern 1954, S. 302 ff. – Hans Blumenberg: *Die Lesbarkeit der Welt*, Frankfurt/M. 1981.

19 »Das Buch der Philosophie ist das Buch der Natur, das vor unseren Augen daliegt, das jedoch nur wenige zu entziffern und zu lesen vermögen, da es in Buchstaben, die von denen unseres Alphabets verschieden sind, in Dreiecken und Quadraten, in Kreisen und Kugeln, in Kegeln und Pyramiden verfaßt und geschrieben ist.« (Galilei an Fortunio Liceti, zit. nach Hermann Noack: *Symbol und Existenz der Wissenschaft*, Halle/Saale 1936, S. 69.) An anderer Stelle spricht Galilei von »Chiffren«, »d. h. mathematischen Figuren und deren notwendige Verknüpfung« (zit. nach Ernst Cassirer: *Individuum und Kosmos in der Philosophie der Renaissance* [1927], Darmstadt 1963, S. 165.) – Dies ist

nicht mehr *natura loquax,* sondern *natura more geometrico,* der entscheidende Übergang von einer semiologisch zu einer mathematisch verfahrenden Naturwissenschaft. Von hier aus betrachtet, gehört Paracelsus mit seiner Zeichenlehre noch zum Mittelalter. Vgl. Erich Rothacker: *Das »Buch der Natur«. Materialien und Grundsätzliches zur Metapherngeschichte,* Bonn 1979, S. 15, 45.

20 Ralph Waldo Emerson: *Natur,* Zürich 1982, S. 10.

21 Serge Moscovici: *Versuch über die menschliche Geschichte der Natur,* Frankfurt/M. 1982, S. 13 ff.

22 Moscovici [Anm. 21], S. 57 ff., 464 ff.

23 Th. W. Adorno: *Ästhetische Theorie,* Frankfurt/M. 1970, S. 98.

24 Adorno [Anm. 23], S. 103–113.

25 Adorno [Anm. 23], S. 114/15.

26 Adorno [Anm. 23], S. 121.

27 Adorno [Anm. 23], S. 115.

28 Ernst Bloch: *Das Prinzip Hoffnung,* Frankfurt/M. 1970, S. 729–818, hier: 817. Ich beziehe mich ausschließlich auf das Natur-Kapitel des *Prinzip Hoffnung,* gehe nicht auf die zurückhaltenderen Formulierungen Blochs in *Experimentum Mundi* (Frankfurt/M. 1975, S. 212 ff.) ein.

Denn nichts ist ohne Zeichen.
Die Sprache der Natur: Unwiederbringlich?

Zoon logon echon

Zoon logon echon – so bestimmte Aristoteles den Menschen: als
das Lebewesen, das Vernunft – Begriff – Sprache hat. Aber es hat
seine Schwierigkeiten mit dieser Bestimmung, die alles andere –
Tier, Pflanze, Steine, Sterne – zu stumm in sich brütendem Leben
oder lebloser Materie erklärt.

Wer spricht?

Die einzige Wahrheit der Materie sei, keine Wahrheit zu haben,
erklärt Hegel. Naturdinge vermögen nicht, sich zu ihrem Begriff
als der Gestalt ihres Wesens-Wahren konkret zu verhalten. Sowenig Dinge Vernunft haben, sind sie eigener Wahrheit fähig, die im
Logos, im Geist allein zur Sprache kommt. Dagegen Schelling:
Natur sei sichtbarer Geist, Geist sei unsichtbare Natur. Das ist
paracelsisch gedacht: Jedes Ding hat seine *scientia,* das Wissen
seines Wachsens, Lebens, Fortpflanzens. Der Geist entziffert die
scientia an den Signaturen der Dinge: durch diese spricht Natur zu
uns. Jedes Ding, sagt Jacob Böhme, hat seinen Mund zur Offenbarung. Und Bloch spricht unter der Idee einer »Doppelschrift der
Natur« (Bloch *PH,* S. 188)[1] von Realsymbolen, Realchiffren – als
dem »Ausdruck für das im Objekt selber noch nicht Gewordene,
wohl aber im Objekt und durchs Objekt Bedeutete«. – Die Dinge
sprechen: sie sind Zeichen – für Bloch weniger dessen, was sie
sind, sondern was sie werden wollen. Prinzip Hoffnung im Schoß
und Glutkern der Materie selbst. Vorsichtiger Adorno: »Als verfü-
gende sowohl wie versöhnte Sprache von Menschen möchte Kunst
abermals heranreichen an das, was den Menschen in der Sprache
der Natur sich verdunkelt.«[2]

Felsenschrift

In den *Wanderjahren* Goethes äußert Montan, Geologe und Montankundiger, zu Wilhelm: »Wenn ich nun aber diese Spalten und

Risse als Buchstaben behandelte, sie zu entziffern suchte, sie zu Worten bildete und sie fertig zu lesen lernte, hättest du etwas dagegen?... Die Natur hat nur *eine* Schrift...«[3] So entdeckt Montan, »daß in der Menschennatur etwas Analoges zum Starrsten und Rohesten vorhanden sei«.[4] Auf der Gegenseite steht die Figur der Makarie in rätselhafter Verwebung mit dem Kosmos. – Wäre es eine Konsequenz der »Sprache der Natur«, daß die Kluft zwischen Menschen und Natur sich aufhöbe? Verwandtschaften, Ähnlichkeiten, Benachbarungen kämen ins Spiel: der steinerne Mensch, der kosmische Leib, das Feuer-Ich, der Wasser-Körper. Erfahren wir aus der Natur, wer wir sind? – Novalis 25 Jahre früher:

Drückt nicht die ganze Natur so gut, wie das Gesicht, und die Geberden, der Puls und die Farben, den Zustand eines jeden der hoeheren, wunderbaren Wesen aus, die wir Menschen nennen? Wird nicht der Fels ein eigenthümliches Du, eben wenn ich ihn anrede?... Ob jemand die Steine und Gestirne schon verstand, weiß ich nicht... In jenen Statuen, die aus einer untergegangenen Zeit der Herrlichkeit des Menschengeschlechts übriggeblieben sind, leuchtet allein ein so tiefer Geist, so ein seltenes Verständniß der Steinwelt hervor, und überzieht den sinnvollen Betrachter mit einer Steinrinde, die nach innen zu wachsen scheint. Das Erhabene wirkt versteinernd... Könnte die Natur nicht über den Anblick Gottes zu Stein geworden sein? Oder vor Schrecken über die Ankunft des Menschen?[5]

»Alles spricht«

Zeigt der Abendstern dem Fischer die Richtung, ohne die er auf dem finsteren Meer verloren wäre? Drohen die schwarzen Wolken mit Unwetter? Klagt nicht die Nachtigall? Weisen die gilbenden Blätter nicht den Herbst? Zeichnet der Sonnenlauf die Zeit? Zeigt der Mondwechsel den Zyklus der Frau? Spricht nicht der Gott im Donner? Spricht nicht das Auge, die Hand eine beredte Sprache? Singen nicht beide: Mensch und Vogel? Grunzen nicht beide: Schwein und Mann? Es winselt das Tier in der Angst wie das Kind in seiner. Es tanzen die Mücken in der Abendsonne und die Menschen dazu. Es wiehert das Pferd und der Mensch vor Lachen. Es spricht eine Landschaft – wild oder heiter, wehmütig oder düster. Wo sind die Grenzen zwischen Menschen, Tier, Pflanze, Erde, Himmel, Feld und Wasser?

»Der Mensch spricht nicht allein – auch das Universum *spricht* – alles spricht – unendliches Sprechen. Lehre von den Signaturen.«[6]

Signatura rerum: die paracelsische Lehre? Wäre unsere Sprache nur eine unter vielen? »Lehre von den Signaturen« – das hieße, alle Dinge als Zeichen zu lesen, hieße verstehen, daß die Zeichen – Ikonen, Gesten, mimische Ausdrücke, Dingzeichen – mehr umfassen als Worte; daß vielleicht – wie J. G. Hamann meinte – unsere Wörter »Übersetzungen« sind der stummen Reden, die die Dinge mit uns führen.

»Keine begleitende Stimme mehr«

In der Nacht läßt Novalis am Tempel zu Sais die Dinge zu sprechen anheben:

> Er (der Mensch, H. B.) kann nichts liegen lassen, tyrannisch trennt er uns und greift in lauter Dissonanzen herum. Wie glücklich könnte er seyn, wenn er mit uns freundlich umginge, und auch in unsern großen Bund träte, wie ehemals in der goldnen Zeit, wie er sie mit Recht nennt. In jener Zeit verstand er uns, wie wir ihn verstanden. Seine Begierde, Gott zu werden, hat ihn von uns getrennt, er sucht, was wir nicht wissen und ahnden können, und seitdem ist er keine begleitende Stimme, keine Mitbewegung mehr.[7]

Mitbewegung – begleitende Stimme: das sind Blochsche Motive. Wir: Hörende der Dinge, von Natur mitbewegte Sprecher – darin sind wir nicht Souverän des Handelns und Denkens. Das Zepter des Subjekts ist beiseite gelegt. Die Sprache der Dinge ist die Sprache aus der Perspektive des Anderen. Das räumt dem Anderen ein Eigenes ein, Anspruch und Ausdruck, eine eigene Artikulation.

Sprache der Natur: das zielt auf Natur als Subjekt, das sie nicht in der Weise ist, wie wir Subjekte sind, aber ähnlich. Wohl mag dies, das problematische Natur-Subjekt, ausstehen als Moment des utopischen *Summum Bonum*, auf das das Blochsche »Prinzip Hoffnung« zielt. Doch liegt dieses, mehr denn je, im Dunkel. Vielleicht, daß in den Spuren des Vergangenen und in den Zeugnissen der Kunst ein »Nachbild des Schweigens« bewahrt ist, »aus welchem allein Natur redet«.[8] Der Ausdruck, den Natur vielleicht in unserer Sprache sucht, bleibt aus der Ferne, in der wir zu ihr stehen, unnachahmlich und enigmatisch, Ausdruck der Trauer, auf die sie in uns warten mag, vielleicht aber auch das stumme Schweigen des Unerlösten in unserer Schuld.

Columbus entdeckte Amerika. Lichtenberg dreht den Satz um: »Der Amerikaner, der den Columbus zuerst entdeckte, machte eine böse Entdeckung.« – Eine andere Art zu sehen. Eine andere Art zu sprechen. Wer in den Blick des anderen taucht, spricht anders.

Jahrhundertelang hatten die »Naturvölker« den Europäern nichts zu sagen. Daß die Wahrheit der Wilden nur im Diskurs der Zivilisierten formulierbar sein soll, war eine Strategie des Kolonialismus. Wilde sind nicht wahrheitsfähig, weil sie »Natur« sind. Hatten sie Sprache, als »gute Wilde« etwa, so tönte aus ihnen das Umkehrbild europäischer Zivilisation: sie sprachen, was Zivilisationskritiker ihnen unterschoben. Die Rede der Wilden – von Diderots greisem Häuptling bis zum Papalagi – war europäischer Diskurs. Auch nur fiktiv die Rolle des Anderen einzunehmen, förderte Kritik: hier zuerst wurde dem Kolonialismus ein Gegenbild buchstabiert. Wer Europa kritisierte, mußte versuchen, die mögliche Perspektive eines Indianers, Persers oder Tahitianers zu übernehmen. Poetisch. Das hieß noch lange nicht, den Wilden eine eigene Sprache zuzubilligen. Es war ein Schritt dorthin. Kritische Ethnologen wissen, wie schwierig es ist, das Sprechen des Anderen zu hören, selbst zu schweigen oder im Sprechen die eigene Fremdheit und die Fremdheit des Anderen nicht zu verwischen.

In der Wahrnehmung der Eroberer waren Wilde bloße Natur – wie Bäume, Erde. Wilde als Rohstoff. Natur als Rohstoff. Bloß Vorhandenes – den Europäern zuhanden, zum Handel. Dasein nicht an sich, sondern für die Zivilisierten. Quellen des Reichtums. Quellen der Macht. Als die Geschichte – so Ernst Kapp 1845 – in ihr höchstes Stadium tritt, das der ozeanumspannenden Kulturen, avancieren zu Weltmächten nur die Länder, welche die Natur dreifach zu beherrschen vermögen: durch Bemeisterung des Weltmeeres, durch Territorialisierung neuer Kontinente, durch Unterwerfung der Naturvölker. Daß zwischen dem 16. und 18. Jahrhundert Indianer oder Schwarze den Europäern, den Besitzern des Wissens, etwas zu sagen gehabt hätten, ist ähnlich absurd wie die Wahnidee eines poetisch Trunkenen, Steine und Bäume sprächen zu ihm.

»Das Leben des Universums« als »ein ewiges tausendstimmiges Gespräch« zu konstruieren, ist das Ziel des enzyklopädisch-poe-

tischen Programms des Novalis.[9] Das ist um 1800 nur noch einer
der »Träume der Metaphysik« (Kant).

Unterbrechung

Skepsis ist notwendig. Die »Sprache der Natur« ist ein theologi-
sches Konzept.[10] Es überlebte in der Literatur oder in mystizisti-
schen Tendenzen der Alternativkultur. Von einer »Sprache der
Natur« zu reden, als käme darin ein Ursprünglich-Unverstelltes
zu Wort, wäre heute platter Rückfall in Metaphysik. »Man kann
nicht sagen«, so warnt schon Novalis, »daß es eine Natur gebe,
ohne etwas überschwengliches zu sagen.«[11] Das gilt heute um so
eher, als wir es nicht mehr mit Natur, sondern nur mit bearbeite-
ter, anthropogener Natur[13] zu tun haben. Wenigstens in den Grenzen mittlerer Größenordnung gilt der Satz Heisenbergs, daß im
Feld der Natur der Mensch nur noch sich selbst gegenübersteht.[13]

Schon im 18. Jahrhundert, als die städtischen Bürger die »freie
Natur« als Rückzugs- und Erholungsraum entdeckten, vermei-
nend, dort der zivilisatorischen Entfremdung zu entgehen, war
diese Natur imitiertes Erzeugnis: Parks und Landschaftsgärten
nach englischem Vorbild sollten den Schein des Naturwüchsigen
wecken, wo eine artifizielle Ästhetik und Gartenbau*kunst*
herrschten. Die nach literarischen Topoi und ästhetischen Bildsti-
len bereitete Natur der Parks »sprach« zu den Lustwandelnden –
nach genau kalkulierten Wirkungseffekten: dort melancholisch,
hier lieblich, dort erhaben, hier verspielt. Die Literatur hatte vorformuliert, was die Gartenarchitekten »naturidentisch« arrangier-
ten: den *locus amoenus,* den *locus melancholicus,* den *locus horribi-
lis* usw. Natursprache als Echo: aus ihr hallt zurück, was der
Mensch hineinruft. Darin herrscht die wirkungsästhetische Dramaturgie des Theaters, das sich die Natur zur Bühne nimmt.
Gegenüber der herrscherlichen Geometrie der höfischen Gärten
soll der englische Garten vergessen machen, daß seine Natürlichkeit nicht weniger artifiziell ist: darin besteht seine überlegene
Ästhetik.

Währenddessen bereitet sich, erkenntnistheoretisch wie technologisch, die industrielle Ausbeutung der Natur zügig vor. Das
19. Jahrhundert, das das industrielle Projekt verwirklicht, organi-

siert die Erde als *dominium hominis.* Heute hat die Territorialisierung die letzten Fronten erreicht: in der technologischen Erschließung der Antarktis und des Meeresbodens. Der Mensch ist allein – und das heißt auch, die Sprache ist ein Monolog des Menschen. Natur spricht nicht, antwortet nicht. Sie ist, bis in die physikalische Grundlagenforschung hinein, ein Regelzusammenhang, der in den anthropogenen Arrangements konstituiert wird. Freilich wächst, auch in der Naturwissenschaft, das Bewußtsein für die terrestrischen Lebenszusammenhänge als selbsttätigen, selbstorganisierten.[14] Es zeigt sich, daß wir auf diese Selbsttätigkeit immer angewiesen waren und bleiben. Dieser Respekt vor den selbstorganisierenden Prinzipien der Natur hat jedoch nichts mit dem sprachmetaphysischen Konzept zu tun, wonach den Dingen ein Sinntext eingraviert ist, den der Mensch, will er sich und seine Stellung in der Natur recht verstehen, lesen lernen muß.

Wenn von »Sprache der Natur« gesprochen wird, so gewinnt diese angesichts der fast totalen Artifizierung der Natur neue Bedeutung. Denn die Profanierung der Natur hatte ihren Preis: die notwendige Verdrängung der ästhetischen Dimensionen im Mensch-Natur-Verhältnis. Hier kann die Tradition der Parks und Gärten durchaus daran erinnern, daß zur Humanisierung der Natur deren auch ästhetische Einrichtung gehört. Wenn Natur heute nicht »wiederzugewinnen« oder zu »bewahren«, sondern nur noch zu entwickeln ist nach Maßstäben, über die wir normativ entscheiden, so gehören die ästhetischen Valenzen, die im Lauf der Geschichte im Umgang von Künstlern, Literaten, Philosophen und Architekten mit Natur entwickelt wurden, zum Projekt einer humanen Natur hinzu. Das Ästhetische aber zielt immer auch auf Wirkungen und Effekte, durch welche – nach Kant – »Natur in ihren schönen Formen figürlich zu uns spricht« (*KdU* B, S. 169).[15] Wie immer das Kantsche Modell zu beurteilen ist: man kann hinter den historisch entwickelten Anspruch des Menschen auf eine Natur, die ihn ästhetisch anspricht, nicht mehr zurück. Die Vernachlässigung dieses – sagen wir ruhig: Menschenrechts auf eine ästhetische Natur, das gewissermaßen das Recht der Natur auf Respekt ihrer selbst als möglichem Natur-Subjekt einschließt[16] – die Vernachlässigung hiervon im technologisch dominierten »Projekt der Moderne« hat wesentlich zu der Zerstörung der Natur beigetragen, einer Zerstörung, die die Grenze der Bewohnbarkeit der Erde heute absehbar macht.

Die ästhetische Qualität als eine der Natur selbst und des Umgangs mit ihr hat eine ubiquitäre Selbstverständlichkeit gehabt, solange Natur und menschliches Leben sakralkulturell eingebettet waren. Die Neuzeit hat diese Tradition unterbrochen, um das Technikprojekt ins Werk setzen zu können. In der Neuzeit ist die Kunst fast das einzige Medium, in welchem die ästhetische Achtung der Natur überlebte. Heute ist Kunst allenfalls noch, wie Adorno meint, ein »Nachbild des Schweigens, aus welchem allein Natur redet«. In Bildern der Trauer oder Negativität hält die Kunst in Erinnerung, was aus der Wissenschaft verdrängt und im heruntergekommenen Freizeit-Naturgenuß als Konsumgut wieder aufbereitet wurde: daß Natur auf eine Weise uns etwas »sagt«, die mit der Menschensprache nichts zu tun hat, dennoch aber in den Spuren der Kunst metaphorisch und chiffrenhaft zu Bild und Ausdruck kommt. In diese unverzichtbare Erinnerungsarbeit der Kunst ist das ältere Konzept der »Sprache der Natur« eingegangen. Wenn dieses sprachmetaphysische Konzept heute neu reflektiert wird, so kann es nicht um eine nostalgische Wiederauflage gehen, sondern um die Wahrung seines Zusammenhangs mit einer Ästhetik der Natur, die es allerdings normativ und politisch zu vertreten gilt.

»Nicht Anfang, sondern Ziel«

Die Natur ist das Andere unserer selbst, insofern wir Geist sind, und ist eins mit uns, insofern wir Leib sind. So hieß es immer. In uns selbst sind wir Einer und Anderer, Getrennte, die untereinander zerfallen sind oder in ungeklärtem *commercium* sich befinden. Diese Trennung erst entläßt die Möglichkeit, daß es Naturphilosophie gibt. Bei Hegel ist Naturphilosophie ein Nach-Denken dieser Trennung in der Perspektive ihrer Überwindung; ein Philosophieren zum Zweck, »daß der Geist sein eigenes Wesen, d. i. den Begriff der Natur, sein Gegenbild in ihr finde« (IX, 23).[17] Doppelte Befreiung ist Ziel: »So ist das Naturstudium die Befreiung seiner (= des Geistes) in ihr (= in der Natur, H. B.); denn er wird darin, insofern er nicht auf ein Anderes sich bezieht, sondern auf sich selbst. Es ist dies ebenso die Befreiung der Natur; sie ist an sich die Vernunft, aber erst durch den Geist tritt diese als solche an ihr heraus in die Existenz« (ebd.). Das ist ebenso idealistisch wie aneignend gedacht: Natur findet Anerkennung, sofern sie »an sich« Vernunft ist, nicht aber, sofern sie nicht Vernunft ist. Wird so zwar von Hegel die Natur als kosmisches Szenario zur Selbstaffirmation der Vernunft eingemeindet, so hat er diese doch dialektisch an die Befreiung der Dinge gebunden.

Identität des Geistes und Anderes der Natur: dieser Widerspruch und die Arbeit an ihm wird zum Grund und Medium der Geschichte, wenn anerkannt wird, daß wir den »ursprünglichen Stand der Unschuld ..., wo der Geist mit der Natur identisch ist und das geistige Auge unmittelbar im Zentrum der Natur steht« (IX, 17), verlassen haben. Versöhnung von Geist und Natur ist nicht als Resurrektion des Ursprungs zu gewinnen, ist »nicht Anfang, sondern Ziel, nicht eine unmittelbare, sondern eine hervorgebrachte Einheit« (IX, 18). Der Mensch muß durch die Trennung von Natur hindurchgehen, »um nur als Überwinder dieser Trennung seiner (selbst, H. B.) von der Natur zu sein, was er ist« (ebd.). Dieser Satz von Hegel bietet Anknüpfung für Bloch. Zwar nicht als prekäre umkämpfte Hoffnung, sondern als geregelten Gang des Geistes entwirft Hegel, was unveräußerliches Erbe der Naturphilosophie der Renaissance ist: daß nämlich Befreiung des Menschen nur in eins mit der Befreiung der Natur gelingen kann.

Aber auch umgekehrt: kein Unmittelbares zur Natur ist möglich – es sei denn im Umschlag der vollständigen Vermittlung des Geistes mit Natur.

Hegel weiß, daß dieses Programm nicht im Stand des Unterworfenseins unter die Bedürfnisse möglich ist. Dem Hunger ist Natur das zu Verzehrende, Negation meiner Selbst im Mangel, den aufzuheben nur gelingt, indem ich das Andere verschlinge: »durch Aufopferung des Dinges« stelle ich »die Einheit meiner mit mir selbst« wieder her (IX, 14). Diese Logik bestimmt bis heute die Schonungslosigkeit der instrumentellen Technik als Verzehr und Verschlingen der Natur. »List der Vernunft« ist der Titel einer Technik, die eine gesetzte Feindschaft zwischen Mensch und Natur nicht durch Frontenkampf, sondern raffiniertes Ausspielen der Naturkräfte unter sich zugunsten des Menschen wendet (IX, 14, vgl. Bloch, PH, S. 782). Novalis hatte dies schon vorformuliert, als er in den Lehrlingen zu Sais einem »Mutigeren« in den Mund legt:

...laßt unser Geschlecht einen langsamen, wohldurchdachten Zerstörungskrieg mit dieser Natur führen. ... bemächtigt euch der heimlichen Fäden und macht sie lüstern nach sich selbst. Benutzt jene Zwiste, um sie, wie jenen feuerspeienden Stier, nach eurer Willkühr lenken zu können. Euch unterthänig muß sie werden. ... das Sternenrad wird das Spinnrad unsers Lebens werden, und dann können wir durch unsere Sklaven ein neues Dschinnistan uns bauen. Mit innerm Triumph laßt uns ihren Verwüstungen, ihren Tumulten zusehn, sie solln an uns sich selbst verkaufen, und jede Gewaltthat soll ihr zur schweren Buße werden.[18]

Hierin liegt der Gewinn einer erhabenen Freiheit gegenüber der »fürchterlich verschlingenden Macht« (ebd., S. 211) der Natur. Freiheit ist Naturbeherrschung, *dominium naturae*. Die Natur liegt am Boden.

»Technik« – so bestimmt Bloch diese Haltung – »steht in der Natur wie eine Besatzungsarmee im Feindesland.« (Bloch, *PH*, S. 814) Wir wissen heute: in diesem Programm scheitert Technik. Daß Technik die Feindin Natur – *natura vexata* – ausbeutet und zerstört und damit indirekt den Bestand des Menschen gefährdet, ist das eine. Das andere: sie ist selbst krisen- und unfallträchtig (vgl. Bloch, *PH*, S. 810ff.), ein gefährliches Instrument und, in der Regie der Militärindustrie, ein mörderisches. Vor allem aber wird durch Technik nicht die versprochene Befreiung erreicht.

Vielmehr scheint zu gelten: je höher das Technik-Niveau, um so durchdringender auch die Kontrollmechanismen. Die sozialen Herrschaftsformen sind selbst längst Technik geworden. Der Typ der »List-Technik« ist kein Medium des geschichtlichen Zuges der Befreiung. Zurückzugewinnen wäre zunächst das Hegelsche theoretische Verhalten, das »mit der Hemmung der Begierde« beginnt, mit der Unterbrechung des entfesselten Hungers nach Herrschaft über Natur in deren Verzehr und Verschleiß. Das hieße, in einer Gesellschaft befriedigter Grundbedürfnisse, das »Interesse der Philosophie« zur Geltung zu bringen: hieße, ein Verhältnis zur Natur so zu entwickeln, daß wir die Dinge »uns zu eigen« machen, indem wir sie »frei für sich«, »gewähren und bestehen« lassen (Hegel IX, S. 17). Dieses Paradox klingt heute nach Naturpark, nach sentimentalischer Idylle in den anthropogenen Verwüstungen der Zivilisationslandschaft. Gemeint ist jedoch die Eröffnung eines *Raums von Theorie,* eines Denkens der Schonung, worin die Natur zur Sprache zu kommen vermag. Noch weit vor praktischer Versöhnung heißt dies – mit Kafka – ein »Herausspringen aus der Totschlägerreihe«, ein Schweigen- und Hörenlernen sowie ein anderes Sprechen, das in den Formen unserer Sprache das sprachlose Sprechen der Dinge zu Gehör bringt. Mit Hegel: dann wären wir »in diesem Innern der Natur bei uns selbst« (Hegel, IX, S. 23).

Der Geist ist die Güte

Daß Hegel der Natur kein eigenes Gewicht einräumt, ist von Bloch wie Adorno kritisiert worden. Wie soll Natur zur Sprache kommen anders, als daß der Geist ihr ihren Ausdruck vorbuchstabiert. Es gebricht, so Adorno, der Hegelschen Ästhetik an Sinn »für alles Sprechende, das nicht signifikativ wäre« (*Ä Th*, S. 116). Das Idiom der nicht-sprachlichen Zeichen gilt Hegel kaum für mehr als Idiotismus. Naturschönes ist – darin dreht Hegel Kant um – gegenüber dem Kunstschönen minderwertig. Kunst ist geadelt dadurch, daß sie die Sprache des Geistes reiner führt und in die Erscheinung trägt als jedes noch so beeindruckende Werk der Natur. Noch im Reich des Schönen vollendet Hegel den Hobbesschen Grundsatz, nach dem der Mensch die Dinge nur insoweit einsieht, als er sie herzustellen vermag. Weil Natur schlechthin nicht gemacht ist, gilt ihr Schönes dem Kunstschönen als untergeordnet; so wie an diesem unbeleuchtet bleibt, was auch am Kunstwerk nicht schlechthin Geist ist. Wenn »alles Existierende ... nur Wahrheit« ist, »insofern es eine Existenz ist der Idee« (Hegel, *Ästh.* I, S. 150)[19], ist Natur nicht einmal wahrhaft wirklich.

Die Natur kommt ins Spiel als Schuldnerin dessen, was an Geistigem mangelhaft und opak in sie eingeschlossen ist. Aus diesem Dunkel zieht die Reflexion, sich ins Naturschöne versenkend, das Andere der Natur als zum Eigenen Verwandeltes zu sich heran. *Natura naturans*, die eigenwillig produzierende und im idealen Werkbegriff nicht aufgehende Natur hat bei Hegel abgedankt. Von der Pflanze übers Tier zum menschlichen Leib wie vom Kristall bis zu den Gesetzmäßigkeiten und Harmonien des Kosmos rechnet Hegel am Naturschönen den Mangel durch, daß es die Totalität des Begriffs nicht rein »in seinem äußerlichen Dasein unmittelbar für das Bewußtsein« darstelle (Hegel, *Ästh.* I, S. 151). Die Sphäre der Endlichkeit genügt dem Ideal-Schönen prinzipiell nicht. Im Endlichen begegnet die Natur »als unüberwundenes, beschränkendes Anderssein« (ebd., S. 129), als schmerzender Widerspruch und unverlöschbare Grenze für den nicht zum Absoluten durchgerungenen Geist. Im Maß, wie Natur ihre Alterität behauptet, ist sie Mangel des Idealschönen.

Dort erst, wo Natur dem Geist »weder als vom gleichen Werte noch als Grenze gegenübersteht«, sondern die Stellung erhält, »von ihm gesetzt zu sein, wodurch sie ein Produkt wird, dem die Macht und Schranke genommen ist« (ebd., S. 128) – dort erhebt sich die Schönheit über einem Territorium, das in seiner Macht und seinem Eigensinn gebrochen ist. Das Schöne der Natur ist ihr Schweigen im Diskurs des Geistes, der die Natur zu seiner Szene aufschlägt.

»Das Andere nun, als das er (der Geist, H. B.) sich von sich unterscheidet, ist einerseits eben die Natur, und der Geist [ist] die Güte, diesem Anderen seiner selbst die ganze Fülle seines eigenen Wesens zu geben.« (Ebd.) Die Kondeszendenz – die Hamannsche Herablassung des Geistes in Natur erklärt sich zur Güte, Belehnung und zu freiem Zusammenschluß, während in Wahrheit sie das Fremde der Natur ent-fremdet und ihr Anderssein tilgt. Die vom Begriff begüterte Natur antwortet in einer Sprache, die nicht ihre ist. Ist das Naturschöne auf den Auftritt des Begriffs in der Erscheinung zusammengekürzt, so entgeht gerade, was dem Naturschönen eignet: »nichtbegriffliche Sprache« (Adorno, *Ä Th*, S. 121) zu sein.

Bei Hegel führt der Geist in der Natur einen Monolog mit sich selbst. Während bei Novalis das Enigmatische, noch Ausstehende und nur als Chiffre und poetisches Bild Angedeutete der Natur-Sprache gewahrt bleibt. Nicht zufällig reden bei Novalis die Dinge in der Nacht; nicht aus romantischem Zauber, sondern weil unter der Herrschaft der Rationalität die Natur eine im Dunkel, im Unfreien und Unerlösten liegende, der Trauer und dem Schweigen nahe Sprache spricht. Was vom Naturschönen in unsere Sprache hineinreichen mag, ist nicht Begriff, sondern allenfalls Chiffre und Metapher in jenem Doppelstand des poetischen Sprechens, das spricht, ohne herrschend zu bestimmen, und im streng durchgearbeiteten Bild schweigt. Im Maße wie im Naturschönen der Begriff *nicht* seine Repräsentation findet, sind die eigensinnigen Zeichenspuren gewahrt, welche die Natur zur Entzifferung ausgelegt hat.

So bleibt die Naturästhetik Hegels von eigentümlichem Hochmut des Geistes und kaum verhüllter Feindschaft zur Natur gefesselt. Ungedacht bleibt *natura naturans* in ihrer prozeßhaften Lebendigkeit. Was an dieser Zeichen und physiognomischer Ausdruck ist, wird zum Spiegel des Geistes umgemodelt. Die Figur der Negativität hat, wie für den scholastischen Gott, so auch für den Hegelschen Geist, die dramaturgische Funktion, sich zum Anderen zu verfremden und eben darin sich selbst zu affirmieren: »Der Geist erfaßt die Endlichkeit selber als das Negative seiner und erringt sich dadurch seine Unendlichkeit.« (Hegel, *Ästh.* I, S. 130) Das Hegelsche Naturschöne bleibt ungewollt im Bann des Spiegels jener Quelle, über die Narziß sich beugt, sein Bild im Anderen begehrend, ohne doch sich darin haben zu können.[20] Hegels Naturschönes ist der Versuch, das Ovidsche Modell dialektisch so umzudenken, daß darin die narzißtische Verblendung als Figur der Wahrheit erscheinen kann. Das »winzige Wasser«, nur ein »Minimum«, wie es bei Ovid heißt, trennt Narziß vom Bild seiner Sehnsucht: doch unnachgiebig bleibt das »Wässerchen« das Andere des begehrenden Ich und entstellt beides, Begehren und Begehrtes, ins Imaginäre, Unverfügbare. Vergeblich versucht Narziß zu vollenden, was Hegels Geist gelingen soll: »Rückkehr zu sich selbst« (ebd., S. 149), das »Zurückbiegen« (ebd., S. 155) der Versenkung in Natur so, daß diese dem Geist zum Körper seines Erscheinens verhilft. Die der Logik des absoluten Geistes gehorchende Ästhetik der Natur löscht den Schmerz des Narziß, im Wasser der Quelle weder des Anderen noch sich seiner selbst vergewissern zu können. So arrangiert Hegel die Dialektik von Natur und Geist zu einem grandiosen Triumph des *im* Anderen sich vollendenden Subjekts.

»Gleichsam eine Sprache, die die Natur zu uns führt«

Die Kantsche Höherbewertung des Naturschönen gegenüber dem Kunstschönen gründet auf dem Rest paracelsisch-renaissancehafter Hochschätzung der Natur in Kants Werk. Kant spürt ein »unmittelbares Interesse« am Naturschönen, das er – weit weg vom empfindenden Leib – als »Wohlgefallen a priori« der Vernunft definiert. Darin ist ein Wunsch eingeschlossen, daß nämlich

Natur wenigstens eine Spur zeige, oder einen Wink gebe, sie enthalte in sich irgend einen Grund, eine gesetzmäßige Übereinstimmung ihrer Produkte zu unserm von allem Interesse unabhängigen Wohlgefallen (welches wir a priori für jedermann als Gesetz erkennen...) anzunehmen: so muß die Vernunft an jeder Äußerung der Natur von einer dieser ähnlichen Übereinstimmung ein Interesse nehmen... (*KdU* B, S. 169).

»Spur«, »Wink«, »Äußerung der Natur«, »Übereinstimmung«: wahrlich erregend ist, daß hier, im Zentrum des Vernunftinteresses, paracelsisches Erbe aufsprudelt, ebenso unbenannt wie unübersehbar. Es sind Spuren einer Semiologie der Natur oder, wie Bloch sagt: Natur als »Real-Chiffre« verstanden. Man spürt etwas von der Macht der Natur, die sie noch im aufgeklärtesten Nachdenken des Schönen unwiderstehlich behält.

Kant hat sich selbst in diese Lage gebracht, in der durch unterirdische Traditionswege vermittelt paracelsische Natursemiotik im Kopf der Transzendentalphilosophie aufblitzte. Der Riß zwischen Vernunftsubjekt und Körper in der Moralphilosophie und derjenige zwischen Erkenntnissubjekt und Natur in der Erkenntnistheorie ist so tief und schmerzlich, daß Kant in der *Kritik der Urteilskraft* nach einer Versöhnung dessen suchte, was er selbst auseinandergerissen hatte.

Hatte Kant bisher die Natur als *natura naturata* ausgelegt, als Inbegriff gesetzlich organisierter Erscheinungen, so kommt er hier, wie auch Bloch bemerkte (*PH*, S. 785 f.), nicht ohne Anleihen bei *natura naturans* aus. Pflanzen, Tiere und Menschen werden ästhetisch beurteilt nach Maßgabe einer Normal- bzw. Vernunftidee. Diese ist das »schwebende Bild für die ganze Gattung, welches die Natur zum Urbilde ihrer Erzeugungen in der selben Spezies unterlegte« (*KdU* B, S. 58). Kant versteht darunter eine Art innerer Bauplan, der »gleichsam als *Technik der Natur* zum Grunde gelegen hat« (*KdU* B, S. 56, Hervorhebung H. B.). Hier scheint – wenn auch »gleichsam« eingeschränkt – die Ästhetik den Anschluß an das zu suchen, was Natur von sich aus zeigt: die Chiffre zweckgerichteter, subjekthafter Organisation. In ihrer inneren Zweckhaftigkeit zeigt Natur sich »als durch eigenes Vermögen technisch«, nicht nur blind mechanisch wie in der Erkenntnistheorie (vgl. Bloch, *PH*, S. 785/810). – Verstärkt wird dieser Eindruck, wenn das Genie, das Subjekt des Kunstschönen, als die »angeborene Gemütslage (»ingenium«)« ausgelegt wird, »durch welche die Natur der Kunst die Regel gibt« (*KdU* B, S. 181). Gerade dort, im Kunstschönen, wo bei Hegel die Differenz zur Natur prinzipiell wird, führt Kant die »Natur im Subjekte« ein, wodurch originäre Kunst erst entstehe. Spricht aber aus dem Genie die Natur, so kann deren Regel nicht eine mechanische sein, weil dann kein geniales Werk, sondern mechanische Regelkunst entstünde. Führt aber Natur im Genie nicht die Sprache des Gesetzes, dann erscheint sie im Typus freier Subjektivität. Das Genie als Analogon der Natur impliziert die Natur als Analogon des Subjekts. »Subjekt Natur« bei Kant?

Bloch betont, daß diese Bestimmungen bei Kant keine konstitutive, sondern höchstens eine regulative Funktion im Aufbau der Episteme und Ästhetik haben. Dennoch findet Bloch hier eine historische Spur dafür, daß die »Zweckhaftigkeiten der menschlichen Technik einen Anschluß an die Produktion der physischen Vorgänge haben können« (Bloch, *PH*, S. 785), ja, daß »die reale Möglichkeit eines Subjekts der Natur« (ebd., S. 810) ebenso problematisch wie utopisch aufscheine. Ob dies vertretbar ist, läßt sich erst entscheiden, wenn der Status des »Als ob« geklärt ist, womit Kant regelmäßig seine Überlegungen zur Produktivität und Subjektförmigkeit der Natur einklammert. »Als ob« heißt: die Natur ist der Schein, der in uns die Idee weckt, »als ob« die Natur »gleichsam absichtlich... und als Zweckmäßigkeit ohne Zweck« ihre Produkte hervorbringe – so daß wir, von diesem Naturschönen uns wieder abstoßend, *unseren* »letzten Zweck des Daseins« (*KdU*, S. 171) erkennen: und zwar »natürlicher (sic!) Weise in uns selbst« (ebd., S. 170). Sollte es sein, daß solchermaßen *natura naturans* die Signatur des menschlichen Selbstseinkönnens erzeugt – in »objektiver Realität«? Damit wäre der Graben zu Paracelsus übersprungen, die Kluft zu Schelling und Novalis überbrückt – und Kant wäre nicht Kant.

Das Naturschöne muß gedeutet werden, »als ob« Natur selbst vernünftig sei, »als ob« sie nicht nur Objekt unserer Erkenntnis, sondern sprechend, subjektförmig sei: *damit* wir uns jenseits des Leibes, den wir von Natur haben – als Vernunftsubjekte identifizieren. So auf die Identifikation unserer selbst als Vernunftwesen festgelegt, kann Natur »sprechen«. Die »Kritik der Urteilskraft« bildet eine Szene, auf der die Natur würdig wird, um als Analogie der moralischen Autonomie zu *dienen*. Die »Verwandtschaft« zum »Sittlichguten« (*KdU*, S. 169) ist es, die das Fascinosum des Naturschönen erlaubt und adelt. Kant fürchtet, daß man diese Konstruktion für »gar zu studiert« hält, »um sie für die wahre Auslegung der Chiffrenschrift zu halten, wodurch Natur in ihren schönen Formen figürlich zu uns spricht« (*KdU* B, S. 169) –

»gleichsam eine Sprache, die die Natur zu uns führt« (*KdU*, S. 172). Eine »wahre Auslegung« ist das tatsächlich nicht. Dieses Urgestein paracelsischer Naturphilosophie wird glattgeschliffen zu einem Element innerhalb eines Mechanismus, der das Naturschöne in die Regie der Vernunft zu ihrer eigenen Selbstbefriedigung nimmt. Auch Kant vernimmt die Natur nur, insofern sie die Sprache der Vernunft spricht.[21]

»Gott ein Schriftsteller!«

Je näher wir der Gegenwart sind, um so ferner der Sprache der Natur. Wir müssen in den Ring dessen eintreten, was Kant mit dem Als-Ob zugleich aufgenommen wie eingeklammert hatte, in den Kern der metaphysischen Spekulationen über die Chiffrenschrift der Natur. Was davon in der zweiten Hälfte des 18. Jahrhunderts noch zu finden ist, sind die Reste eines Denkens, das noch nicht auf die Bewußtseinsphilosophie eingeschworen ist; sind Reste einer Idee, in der – wie Herder, Schiller, Humboldt, Novalis ahnen – die Bildungsprozesse des Menschen in ihrer Anschlußhaftigkeit zur Natur gedacht werden; sind Hoffnungen, daß die Freiheit dem »Mai der großen Welt« (Paracelsus) korrespondieren könne, daß Freiheit ein Analogon des Weltprozesses sei, des freien Spiels der Formen, des Lösens und Bindens der Dinge der Natur.

Seltsam sind die Wege, welche die Bilder Gottes, als Metaphern dessen, was die Menschen tun oder verstehen, durchlaufen. Vom Handwerk aus gesehen, ist Gott der Demiurg der Welt. Von der Kunst der Plastik aus erscheint er als der vollendete Bildhauer, abgebildet mit dem Steinmeißel in der Hand. Von der Familie aus betrachtet, thront er als herrlicher Vater im Himmel. In der Perspektive der Meßkunst und Architektur ist Gott der ideale Geometer und Weltenbaumeister, mit dem Zirkel die Weltkugel und die kosmischen Sphären umfahrend. Vom Staat und seiner Gesetzesherrschaft her wird er zum König und Richter. Als Uhrwerk und Maschinen an die Front des Menschenmachbaren rücken, metaphorisiert sich Gott zum perfekten Uhrenbauer und Maschineningenieur. Als im Zuge der kopernikanischen Wende das All sich ins Unbegrenzte weitet, rückt die Unendlichkeit zur ersten Qualität Gottes auf. Als Newton die Gravitation als die den Kosmos einheitlich durchwaltende Kraft aufdeckt, wird diese zum geheimnisvollen *sensus divinus*. Als die Selbstregulation des Universums gedacht wird, kann man Gott pensionieren: der vom Schöpfungswerk ewig sich ausruhende *dieu fainéant*. Im 18. Jahrhundert steht noch bevor, den Kosmos als die Abwesenheit jeglichen Sinns zu denken, um das, was der Mensch tut oder denkt, ins Absolute zu idealisieren: der universale Mangel an Sinn erzeugt die Leere des Alls als Gottes letzte Gestalt. Gott, der das Nichts ist, ist befreit von den Sinnprojektionen der Menschen, die in dieser Befreiung des Gottesbildes zugleich ihre eigene erfahren: das Ende des Zwanges zur Idealisierung von Selbst-Objekten. Die Metamorphosen Gottes spiegeln den Aufstieg der Vernunft zum einzigen Halt in der Leere des Alls, an dessen Rand der Mensch einen bedeutungslosen Materieklumpen bewohnt. Die Leere des Alls, die metaphysische Einsamkeit, das blinde Spiel der Natur, das kaleidoskopische Gemurmel der Diskurse über den Abgründen: damit beginnt die Moderne, das mühsame Leben in der »entzauberten Welt« und die prekäre Hoffnung, daß Vernunft in der Geschichte als evolutionäre und bildende Kraft sich durchsetze.

Mitten in den Prozeß der Idealisierung profaner Praktiken, deren vollendete Bilder zum Inbegriff des Göttlichen werden, gehört eine der friedvollsten Metaphern Gottes: der Schöpfer als Autor. »So bleibt«, sagt Paracelsus, »Gott in allen Dingen der oberste Skribent, der erste, der höchste, und unser aller Text.« (P II, S. 479).[22] Und noch zweieinhalb Jahrhunderte später ruft J. G. Hamann aus: »Gott ein Schriftsteller!« (HN I, S. 5)[23] – mit der Konsequenz, daß Philosophie und Theologie »Lesarten der Natur ... und der Schrift« (HN II, S. 203) zu sein hätten. In der Romantik dann soll die Poesie der Zauberstab sein, der die Natur zur Sprache bringt: »Schläft ein Lied in allen Dingen ...« (Eichendorff). Was bei Paracelsus Gegenstand der Naturforschung ist, muß Kunst zurückgewinnen: die durch Aufklärung verlorene Sprache der Dinge, die Gegenwart Gottes in der Hieroglyphik der Natur. Für Hamann bereits hatte das aufgeklärte 18. Jahrhundert »die Natur aus dem Weg geräumt« (HN II, S. 206). »Wodurch sollen wir aber die ausgestorbene Sprache der Natur von den Toten wieder auferwecken?« (HN II, S. 211) Was für Paracelsus das Lebendigste ist, die *signatura rerum naturalium,* ist für Hamann tot. »Nachdem Gott durch Natur und Schrift ... sich erschöpft« (HN II, S. 213) hat und Philosophie zum Totengräber des lebendigen Sprachleibs der Natur geworden ist, bleibt – von Hamann bis zu Schelling – allenfalls eine Metaphysik der Kunst, um das zu erinnern, was in der Theologie und Naturmystik »objektive Semiotik« der Natur war. Die verlorene Sprache der Natur bildet das hermetische Erbe der Poesie, womit diese um 1800 metaphysisch überlastet wird. Hatte Aufklärung den in die Dinge objektiv eingeschriebenen Sinntext der Welt ausgelöscht, sollte die Poesie als »ästhetische Theodizee« (Th. Saine) aus den Sinn-Ruinen der Natur erneut den Funken der »goldenen Zeit« (Novalis) schlagen.

Die theologischen Wurzeln dieses Konzepts poetischer Sprache als Medium der Resurrektion der Natursprache sind alt. Von Augustinus datiert die Unterscheidung der Offenbarung Gottes einmal in der Bibel, zum anderen im Buch der Natur. Dieser Gedanke, der dem Vorurteil von Buchgelehrten entspricht, aller Sinn könne nur schriftförmig sein, hält sich durchs ganze Mittelalter als Konzept eines der Natur in geheimnisvollen Chiffren eingeschriebenen Sinns. Gott, der Skribent, hat – wie es Paracelsus formuliert – jedem Ding »ein Schellen und Zeichen angehängt«[24], woran es zu erkennen ist. »Die Bedeutung der Dinge«, so Hugo de St. Victoire (1096–1141), »steckt in der Natur der Dinge.« Das will sagen: Nicht in den konventionellen Sprachzeichen der Menschen ist die »Bedeutung« auszumachen, sondern in den dinglichen Buchstaben, »geschrieben vom Finger des Herrn«.[25]

Paracelsus baut diesen Gedanken zu einem Konzept der Naturforschung aus. Das Firmament ist ihm Urbild der Schrift. Die einzelnen Sterne sind Buchstaben, die zu Worten und – über eine Grammatik der Beziehungen – zu Sentenzen zusammengefügt sind: »Denn wie ein Wort eine besondere Kraft hat und doch in sich selbst keine Sentenz ist, sondern durch die vollkommene (Menge der) Wörter, die die Sentenz erst machen, so müssen die Sterne am Himmel auch zusammengekuppelt werden, und daraus die firmamentische Sentenz nehmen, das ist den ganzen Grund in eins fassen und verstehen.« (P II, S. 451) Die Naturforschung folgt einem grammatologischen Modell. Die Dinge haben eine sprachlose Bedeutung, die sich im Sich-Zeigen des Namens zur Entzifferung anbieten; das sich-zeigende Zeichen ist »ein Zuwerfen« (P II, S. 450) der Bedeutung zum »Lesen« durch den Menschen »im Licht der Natur« (*lumen naturale*). Durch dieses »Zuwerfen« der sprachlosen Zeichen übersetzt sich die Bedeutung, der wortlose Name der Dinge in menschliche Sprache.[25]

Erkenntnis auf dem »Papier« (P II, S. 451) geht einem hermeneutischen Übersetzen der *signatura rerum* in Menschensprache hervor: im Verhältnis zum »Buch des Firmaments« ist die Sprache »wie ein Spiegel« (P II, S. 452) – oder: »die Natur macht den textum, der Arzt die Glosse über dasselbige Buch« (P II, S. 457). Immer wieder betont Paracelsus, daß die Bedeutung (Signatur, Name) ihren Ursprung nicht in der Sprache, sondern die Signifikationsleistung der Sprache ihren Ursprung in der »zugeworfenen« Bedeutung der Dinge hat: »Dasjenige, das das Alphabet einbegreift« – nämlich die Bedeutung –, »kommt in das Alphabet von außen hinein; aber im Firmament, da ist es im Ursprung, und der litera, das ist die Letter, ein Ding.« (P II, S. 451) Die sprachlichen Zeichen sind das *speculum* der litteralen Dinge. Die grammatologische Struktur der Natur ist das Apriori der Sprache, nicht die Sprache das Apriori der Erkenntnis von Natur. Naturwissenschaft und Medizin müssen bei Paracelsus hermeneutisch und semiologisch verfahren, weil Erkenntnis Ikonen in Wörter übersetzt, die ihrerseits ikonographisch sind. »Reden ist übersetzen«, sagt Hamann in paracelsischem Geist (HN II, S. 199).

»Denn Signatura ist Scientia«: Diskurs-Ruine oder künftiger Bau

Paracelsus ist die historische Schaltstelle einer semiotischen Philosophie des Leibes und der Dinge. Ohne ihn gäbe es im 18. Jahrhundert keine Wiederbelebung der *ars semiotica* der Natur.

...nichts ist ohne ein Zeichen; das ist, die Natur läßt nichts von ihr gehen, ohne daß sie das nit bezeichnet, das in ihm ist. ... Und es ist nichts so Geheimes im Menschen, das nit ein auswendig Zeichen an sich hätte. ... Der da die natürlichen Dinge beschreiben will, der muß die Zeichen vernehmen, und aus den Zeichen das selbige erkennen. ... Denn »signatura« ist scientia, durch die alle verborgenen Dinge gefunden werden. (P I, S. 297–300)

Dies ist das Programm zu einer Semiologie der Natur, wie sie prinzipieller nicht bis zu Jacob von Uexküll[26] formuliert wurde. Alles Wissen ist Wissen von den Zeichen und ihren Verknüpfungen. Hinsichtlich der Signaturenlehre gibt es kaum größere Gegensätze als die zwischen der Darstellung Michel Foucaults und der Ernst Blochs. Foucault rekonstruiert in der Renaissance die

Form einer Episteme, die die Natur als ein »Spiel der Zeichen« auslegt, »die man entziffern muß, und diese Zeichen, die Ähnlichkeiten und Affinitäten enthüllen, sind selbst nur Formen der Ähnlichkeit. Erkennen heißt also interpretieren« (*OdD*, S. 63).[28] Die Zeichen, die die Dinge auf der Stirn tragen, reduplizieren sich in der Auslegungskunst des Wissenden nur in einem anderen Medium, doch in identischer Konfiguration. Der Weg, den das Zeichen vom Ding zum Wort nimmt, ist spiegelsymmetrisch zu dem, den die Signatur von der Oberfläche der Dinge auf ihr unsichtbares Wesen weist. Diese Korrespondenz von Signatur und Sprache entläßt »ein und dasselbe Spiel ... und deshalb können die Natur und das Verb sich unendlich durchkreuzen und für jemanden, der lesen kann, gewissermaßen einen großen und einzigen Text bilden« (*OdD*, S. 66). Wir bewegen uns nur in einer Welt: der Welt der Zeichen, die sich unendlich, aber in symmetrischen Konfigurationen durch die Medien der Dinge und der Sprache ausdehnen. Das, worin Menschensprache und Dingsignaturen am engsten zusammenhängen, ist das *tertium datur* einer Zeichenlehre, welche die metaphysische Kluft zwischen Dingen und Menschen durch das Spiel der wesentlichen Ähnlichkeiten überbrückt. Dinge und Menschen finden miteinander korrespondierende Positionen in einem Kosmos, der aus Zeichen gebildet wird – welche in letzter Instanz vom Finger Gottes geschrieben sind. So steigt das Wissen auf der Leiter der aufeinandergeschichteten Sprachen bis zu jener privilegierten Urschrift Gottes empor, welche wiederum nur den Prätext für das Spiel der Schöpfung bildet: denn diese ist, wie es Hamann sagt, »eine Rede ..., deren Schnur von einem Ende des Himmels biß zum andern sich erstreckt« (ZH I, S. 393). In der Renaissance herrscht für Foucault ein unbeerbbarer Typus von Kultur und Wissen; er wurde revolutioniert durch die Trennung von Sachen und Wörtern, durch die Zerschlagung der »Zusammengehörigkeit von Sprache und Welt« (*OdD*, S. 75) in den konventionalistischen Zeichentheorien, die im 17. und 18. Jahrhundert das Wissen als System nosographischer Repräsentation bestimmen.

Für Bloch dagegen wird die paracelsische »kunst signatum« zum Vorschein des höchsten Gutes, das sich im Gang des »großen Sichentsprechens durch die Welt«[29] ankündigt. Natur wartet auf die Vollendung, so wie der Mensch um seine Befreiung ringt. Die paracelsischen »Real-Chiffern« sind unterwegs zur Philosophie einer qualitativ begriffenen Natur; Signaturen sind »Fingerzeige« in

Richtung auf eine »Endfigur« mit einem »Summum bonum an der Spitze« (Bloch, *PH*, S. 1591). Bloch beschreibt nicht wie Foucault das Funktionieren eines Diskurstyps, sondern holt ihn ans Licht seines eigenen Denkens. Foucault analysiert, Bloch belebt. Foucault besiegelt Vergangenes, Bloch hebt das an diesem Unvergangene heraus. Foucault – von weit her – betreibt Archäologie in den zerstörten Fundamenten der Neuzeit; Bloch – mitten darin – baut aus den entstellten Bausteinen versunkener Zeichengebäude das ausstehende »Ende solcher Signaturen« im »höchsten Realsymbol«, der »Reichs-Figur« (*PH*, S. 1593). Weit entfernt, in der Natursprachenlehre eine zum wissenschaftlichen Wissen inkompatible Form metaphysischer Semiologie zu sehen, vertraut Bloch darauf, daß die Probleme einer »qualitativen Ausdruckslehre von Naturqualitäten und Naturgestalten« sich mit den »dialektisch-materiellen Prozeß-Figuren« (*PH*, S. 1598) der Naturwissenschaften vermitteln lassen: laufen doch beide, von zwei Seiten her, auf den utopischen Fluchtpunkt der Resurrektion unvergangener Natur zu. Renaissance-Natur ist für Foucault eine Ruine, deren Aufriß es diskurs-analytisch zu rekonstruieren gilt; für Bloch ist Natur emphatisch die *nicht* »ausgekochte Ruine, sondern viel eher Architektur für ein Drama, das noch nicht gespielt worden ist« (*PH*, S. 1601) – das Drama der Ausarbeitung des problematischen »Subjekts der Naturprozesse« in den Dingen und des »menschlichen Subjekts« in einer Geschichte, die beide umfaßt. Foucault oder Bloch?

Paracelsus

A. Die »kunst signata«

Das Zeichen bei Paracelsus siedelt an der Grenze zwischen Außen und Innen, Oben und Unten, Sichtbarem und Unsichtbarem. In seiner Sprache: es ist ein Index, eine Spur des enigmatischen Zusammenwirkens naturaler und spiritualer, corporaler und siderischer Sphären. Der paracelsische Kosmos ist ein Gewebe von Signaturen, durch welche die »siderischen« Bedeutungen strömen, sich kreuzen, sich verdichten, sich benachbarn, sich verketten, sich trennen, Fluchtlinien bilden, auf- und absteigen, Konzentrate und Häufungspunkte darstellen. Die Dinge werden durch die Signaturen untereinander und für uns »vertextet«.

Dinge und Lebewesen »lesen« wechselseitig ihre Codes und bilden darin semiotisch relevante Konstellationen nach Analogie, Konvenienz, Korrespondenz, Sympathie, *simultudo, aemulatio* (s. Foucault, *OdD*, S. 46–56). Leben ist das Pulsieren der signifikatorischen Akte zwischen allem und jedem. Paracelsus gründet das Wissen auf eine »objektive Semiotik«, die nicht der Analyse der menschlichen Sprache und unserer selbst als Sprachsubjekte entnommen wird, sondern umgekehrt: die semiotische Ordnung der Dinge ist der Sprache des Menschen vorgeordnet. Der Mensch ist niemals »Herr« der Sprache, sondern findet den Ort seiner Wahrheit als *subiectum*, als immer schon dem semiotischen Universum Unterworfener. Für Paracelsus ist darum der Mensch nicht dadurch ausgezeichnet, daß er als einziges Lebewesen eine sprachliche Ordnung hervorbringt (*zoon logon echon*). Sondern unsere Sprache macht uns zu Verwandten der Dinge. Als zeichenhervorbringende Lebewesen sind wir ein Analogon der zeichentragenden Natur. Wir sprechen nicht im Unterschied zur zeichenlosen Natur, sondern wir können nur sprechen, Bedeutungen hervorbringen und austauschen, in Mimesis der Bedeutungsproduktionen und Zeichenaustauschprozesse, die die Ordnung des Kosmos regulieren. Wie Schelling später von der unbewußten Intelligenz der Natur spricht, die im Menschen reflektiert wird, wie Natur und Bewußtsein also in Korrespondenz gesetzt werden, so ist schon bei Paracelsus die Natur die Form der unbewußten, in die Materie versenkten, an Zeichen lesbaren Bedeutungen, die im Wissen des Philosophen-Arztes zur Sprache kommen. Die Sprache des Wissens schmiegt sich aufs genaueste-zarteste der Bedeutsamkeit der Natur an. Semiologie ist die Ordnung des Lebens.

B. »Der Mensch ist in die Zerbrechlichkeit geordnet«

Das paracelsische Leib- und Kosmosmodell kann man heute mit Umberto Eco als eine »pansemiotische Metaphysik« kritisieren. Diese deutet den Kosmos als einen »Wald von Symbolen« und situiere den Leib »in einer gewaltigen symbolischen Architektur«[30], als deren Referent sich notwendig Gott herausstellt, der die Natur als Chiffre seines Wesens entläßt.

Tatsächlich folgt Paracelsus der Schöpfungstheologie insoweit, als die Welt sprachlose Sprache Gottes ist. Adam ist »der erste signator gewesen« (P V, S. 126), der jedem Ding »seinem Wesen nach« einen Namen beilegte. Die adamitische Ursprungssprache, die zum Fundament der Sprachtheologie Böhmes, Hamanns und Benjamins wird, hält trotz aller historischen Verderbnis der Sprachen (babylonische Sprachverwirrung) den Menschen in Kontakt zu einer Sprachform, die die sprachlose Signatur der Dinge mimetisch im Wort, im Namen vergegenwärtigt. Es ist dieser Kontakt der Sprache zur »Welt vom sechsten Schöpfungstag« (Robert Musil), der ursprungsontologisch dem Menschen seine Benachbarung zu den Dingen gewährt. Ist der Leib das sprachlose Analogon alles dessen, was existiert, so ist die adamitische Namenssprache ein universelles Spiel von semiotischen Ausstrahlungen und Angestrahltsein im spezifischen Vermögen des Menschen, dem *lumen naturale*, das Paracelsus »Vernunft« nennt. Eine Vernunft, die sich nicht gegen Leib und Natur abgrenzt und selbst begründet, sondern eine Belehnung des Menschen ist mit der Kunst der Signifikation aus der universalen semiotischen Potenz der Natur selbst. In der adamitischen Sprache, in der jedes Wort ein Ikon des Dinges ist, kann es die Konventionalität von Zeichen nicht geben. Ebensowenig kann Paracelsus das kosmologische Zeichengewebe als Produkt kulturspezifischer und sprachlicher Regeln reflektieren. Die ikonographische Verdoppelung der Dinge in ihren Signaturen, der Signaturen in den Worten ist für Paracelsus die naturhafte Sprache des Seins und das Sein der Sprache. Die semiologische Ordnung entspricht der ontologischen Ordnung der Körper und Dinge.

Die Kritik Ecos wiederholt die Verdikte, die von der Aufklärung über die Natur- und Leibkonzepte auf den paracelsischen »Renaissance-Linie« (Bloch) verhängt wurden. Näher kommt man Paracelsus, wenn man seine Signaturenlehre aus der anthropologischen Position versteht, die er dem Menschen zuweist.

Die Lage des Menschen in der Natur ist exzentrisch, ausgesetzt, ich-schwach: »Denn der Mensch ist in die Zerbrechlichkeit geordnet.« (P I, S. 160) Dies gilt nicht nur, weil der Mensch »dem Tode unterworfen [ist, H. B.], wie er kommt« (P I, S. 95); sondern weil er die kosmischen Protuberanzen sowie die kleinsten Gleichgewichtsstörungen der Naturreiche »am eigenen Leibe spüren muß«, d. h., als Microcosmos wiederholt. Der Leib ist vor allem betroffener, pathischer Leib, »Microcosmos ..., der erleidet« (P I, S. 68). »Was also in der Natur geschieht, das ist ein Spiel, das ebenso im Menschen geschieht, gleich wie ein Traum, der praeludia gibt, aber das Werk nicht. [...] der Mensch ist die verborgen Welt, in dem die sichtbaren Dinge unsichtbar sind, und so sie sichtbar werden, sind es Krankheiten und keine Gesundheit, denn er ist microcosmos, nicht mundus.« (P I, S. 89)

Nicht »mundus«: das meint, der Mensch ist kein autonomes Subjekt. Das semiologische Modell entstammt der Erfahrung primärer Ohnmacht des Menschen in einer ihn durchdringenden Natur. Die analogischen Verfahren sind der Porosität der Grenzen zwischen Körper und Welt geschuldet. Die Sprache der Analogie gilt ab, daß der Mensch nicht Herr der Natur ist. Der Versuch, mittels der »kunst signata« sich partiell dem pathischen Leib-Sein zu entwinden, findet enge Grenzen daran, daß der Arzt sich niemals zum selbstbewußten Techniker der Körpermaschine erheben kann. Der Arzt versucht, auf dem Schauplatz der kosmischen Dramen – dem kranken Leib – ein mitgestaltender Akteur zu sein; doch innerhalb der respektierten Grenzen von Natur, der wir qua Leib angehören. Weit entfernt sind wir von der aufklärerischen Subjektphilosophie, durch welche der Mensch in radikaler Trennung von Natur sich zum Regisseur ihrer Erscheinungen aufwirft. Heilkunst heißt, den Menschen aus dem heraus zu verstehen, was in den Spuren seiner Verwicklung mit Natur zu entziffern ist. Therapie muß von daher »Allianztechnik« (Bloch) werden: zum Versuch, die Natur zum Mitproduzenten der Heilkunst zu gewinnen. Darin beerbt Bloch Paracelsus zu Recht.

Die paracelsische Semiologie fließt aus einer Metaphysik des Leibes, die in ihrem verborgenen Wahrheitsgehalt noch zu gewinnen wäre. Semiologie ist hier das vortechnologische Paradigma, dessen Grundaxiom ist, daß der Einbindung des Menschen in Natur nicht zu entgehen ist. Die paracelsische Zeichenlehre ist angemessen, wenn der Mensch sich nicht als Souverän im Reich der Natur setzt, sondern sich als Subjekt und *subiectum* zugleich verstehen lernt. In seinem gefährdeten Überleben kommt alles darauf an, durch behutsame Operationen, welche die zarte Verwebung des Leibes mit seinen nahen und fernen Umwelten nicht zerreißen, den Menschen in eine »heilsame« Korrespondenz zur Natur zu bringen. Semiologie ist im tiefsten darum der Ausdruck des Respekts und der Schonung, die dem Leib als komplexer Naturvermittlung entgegenzubringen ist. Ein so verstandener Leib ist die Einführung in die Sprache, die »Natur in ihren schönen Formen figürlich zu uns spricht« (*KdU* B, S. 169).

Schlechte Aussicht

Die Überlegungen zur »Sprache der Natur« gingen zurück auf eine Philosophie des Leibes, welche die anthropologischen Bestimmungen denkt, die den Menschen im Naturzusammenhang halten. Und nicht zufällig münden die Reflexionen über Natur und Leib in der paracelsischen Zeichenlehre. Jedoch ist hier Vorsicht geboten. Allzu verführerisch ist, wie Bloch das Denken des Paracelsus für das Prinzip Hoffnung gewinnt. Die Foucaultsche Skepsis ist, mehr als die hoffnungssättigende Beerbung der Vergangenheit durch Bloch, der Tatsache geschuldet, daß die Natur wie auch der Leib keine Territorien sind, die zur Heilung der Wunden taugen, welche die Geschichte der Macht blutend hinterläßt. So wenig heute von reiner Natur gesprochen werden kann, ohne deren anthropogene Konstitution zu übersehen, so wenig bietet sich eine Philosophie oder gar Praxis des Leibes an, die jenseits seiner sozialen Codierungen irgendeine Ursprünglichkeit rettend anböten. Zugleich aber mangelt es auch an einem Denken »am Leitfaden des Leibes« (Nietzsche), das nicht schon apriori den Leib in den Zeichencodes kultur-semiologisch aufgehen läßt. Die grundsätzliche Frage, was unser Leib sei und welche Bedeutung ihm im Aufbau des Menschlichen zukomme, hat seit der platonischen Wende zum Geist, die zugleich eine Abwendung vom Leibe war, in der europäischen Philosophie kaum systematische Aufmerksamkeit gefunden.[31] Der philosophischen Erhebung über das Physische gesellte sich seit der Spätantike die christliche Leibfeindschaft bei, welche den Körper zum Quell und Schauplatz der Sünden stilisierte. Dagegen wurden Seele und Geist zur unsichtbaren Heimat des Menschen erklärt. Zu allen Zeiten widersprachen dem die alltäglichen Erfahrungen der Menschen: der erotische Leib lehrt die Lust des Lebens, der bewegte Körper und seine Sinne erschließen zuerst die Welt der Dinge. Der Leib ist Ausgang und begleitende Stimme allen Handelns, erster und letzter Halt von Identität, Fundament selbst abstraktester Tätigkeit. Seine Vermögen – Kräfte, Wahrnehmung, Bewegung, Zeugung und Geburt – eröffnen erste Aufschlüsse über die kraftdurchwirkte Natur und technische Produktion. Was in leiblichen Vollzügen sich zeigt – Angst und Schrecken, Hunger und Durst, Wunsch und Befriedigung –, führt in die unabsehbar differenzierten Räume der Gefühle ein. Schönheit fand – in der Antike –

zuerst am Leib ihren Begriff. Gesellschaftlichkeit erschließt sich an der Unwiderstehlichkeit der Triebe hin zum anderen Leib. Alle Bilder des Glücks und des Friedens sind den Erfahrungen des Leibes entnommen – allzu oft dessen Spur darin auslöschend. Die Erfahrung von Geburt, Krankheit und Tod zeigt, daß es für ein sich selbst empfindendes Ich keine andere Weise des In-der-Welt-Seins gibt als durch den Leib. Selbstbewußtsein hebt in dem DA-sein *dieses meines* Leibes *jetzt* und *hier* an (Hermann Schmitz).[32] So unhaltbar die vorsokratische Elementenlehre naturwissen-schaftlich sein mag, behält sie leibphilosophisch insofern Wahr-heit, als die Elemente und ihre Qualitäten (warm/kalt; feucht/trocken) den Status von »Primärobjekten« (Michael Balint) haben, an denen sich grundlegende Strukturen der Leiblichkeit bilden – über Empfindungsqualitäten hinaus auch basale Raum- und Zeit-ordnungen einschließend. Vielleicht darf man sagen, daß die euro-päische Kultur nicht auf diesem Fundament aufbaute, sondern gewissermaßen das Haus des Daseins von oben nach unten kon-struierte. Das Groteske einer solchen Architektur täuscht darüber hinweg, daß man – philosophisch – in der Tat derart bauen kann. Nahezu alle Philosophen sind sich einig darin, daß das Fundament der Kultur die physisfreie Vernunft sei. Das Leben des Tieres ist sein Körper; nicht so verhält es sich beim Menschen. Kultur er-richten wir auf dem, was am radikalsten von Dingen und Tieren, von der Natur trennt. Von einer Kultur des Leibes zu sprechen, ist die philosophische Ausnahme.

Die heute sich bildenden Körper-Technologien (Gen-Technik; Prothesen-Technik; Klon-Körper)[33] sind ebenso wie die Com-puter-Technologie (als Loslösung von der Ortsgebundenheit des Denkens und der Erinnerung im Körper) die konsequente Fortset-zung des alten europäischen Traums, das Menschsein systematisch vom Körper zu trennen. Jede dieser Ent-Körperungs-Techniken ist, wie Tibon-Cornillot meint, auf die Idee der Unsterblichkeit bezogen, welche seit jeher das Zentrum aller Versuche bildet, sich der Endlichkeit des Körpers zu entwinden. Geburt und Tod als Körperereignisse bildeten dennoch in der abendländischen An-thropologie insofern eine fundierende Rolle, als unser Dasein (vom Christentum bis zu Heidegger) als »Sein zum Tode« bestimmt wurde und Unsterblichkeit nur als Transzendenz zu denken war. Religion, Metaphysik bis hin zum Fetisch der »Unsterblichkeit des Werkes« sollten den Stachel des Fleisches, seine Endlichkeit, brechen. *Memento mori* hieß immer: das dauerhafteste an uns ist das Skelett.

Der Tod, sagt dies, ist das Festeste unseres Körpers: und dies ist ein Skandalon für den Ehrgeiz der Wünsche, die in der Vernunft das Medium suchten, eine ideale Sphäre reiner Dauer zu bilden – dauerhafter als der Knochenmann. Heute sind wir mit Hilfe avanciertester Bio-Technologie an der Schwelle, das Gefüge der europäischen Ontologie zu verändern. Vielleicht wirken darin philosophisch noch unabsehbare Strategien der Negation des Todes. Der unsterbliche Leib – die Wiederauferstehung des Fleisches – ist informations- und biotechnologisch zumindest in denkbare Nähe gerückt. Simulations- und Phantomisierungstechniken sind in der künftigen Gesellschaft vielleicht die Strategien, die den klassischen Begriff der Identität (des Selbst) und des Körpers endgültig abzulösen vermögen. Die Ordnung des Lebens zwischen den Grenzakten der Geburt und des Todes läßt sich damit erstmals in der Geschichte auch praktisch aushebeln. Die Grenzen von Geburt und Tod, bisher Quellen der Angst und des Schmerzes, in jedem Fall Quellen grundlegender differentieller Akte, beginnen zu fließen. Am Ende eines solchen Prozesses könnte stehen, daß die jahrhundertelange Zerebralisierung der Kultur im Namen gerade dessen, was den Menschen auszeichnet, eine Gesellschaft hervorbringt, in der der Begriff des Menschen gegenüber technischen Produkten keinerlei Trennschärfe mehr hat. Es gäbe zwischen Mensch und Technik keine fundamentale Differenz mehr. Das hieße auch: die immer gesuchte Trennung von Natur wäre vollendet; die Gebundenheit an den Körper aufgehoben. Die Bio-Masse einer Gesellschaft würde durch das gewaltige Netz der Symbiosen von Mensch und Maschine, Gehirn und Informationstechnologie gebildet.

Im Zentrum dieser Entwicklungen steht, daß nach einer unsagbar langen und schmerzvollen Phase körperlicher Arbeit und nach gut drei Jahrhunderten mechanisierter Produktion heute die Zeichen-Technik an die Spitze der sozialen Relevanzhierarchien tritt. Im Maße, wie der Körper sich nicht nur in seinen mechanischen, sondern auch intellektuellen und sensorischen Funktionen simulieren und vergegenständlichen läßt, tritt der Körper aus der Produktion ab. Die De-Humanisierung der Arbeit heißt nicht mehr: der körperliche Mensch wird ausgebeutet, sondern: komplexe Produktions- und Steuerungssysteme de-corporieren und de-intellektualisieren die Arbeit. Im Zentrum der Mehrwerterzeugung steht nicht länger der pressierte Körper des Menschen, sondern die avancierteste Form der Daten- und Simulationstechnologie. Die neuen Medien, die an die Stelle leibgebundener sozialer und geschichtlicher Erfahrung der Wirklichkeit die Kunstrealität des Zeichens rücken, bereiten kulturell auf diese Entwicklung vor. Das Realitätsbewußtsein einer zunehmenden Anzahl von Menschen geht im semiotechnisch geschlossenen Kontakt zwischen Zeichenmaschinen und Gehirn auf.

Gewiß handelt es sich hierbei zum Teil noch um Science-fiction, vielleicht auch um pessimistische Kulturkritik. Jedoch hat jeder Versuch, eine Philosophie des Leibes und der Natur zu denken, heute angesichts solcher Entwicklungen sich zu behaupten. Darin ein »Prinzip Hoffnung« zu entdecken, erscheint äußerst fragwürdig – problematischer noch als zu der Zeit, als Bloch sein *Prinzip Hoffnung* schrieb. Und schon hier war offen, ob Bloch nicht, um das »Prinzip Hoffnung« zu retten, die in die Technik strukturell eingebauten destruktiven Potentiale verdrängen mußte. Die Weise, wie er aus der seinerzeit avanciertesten Front der Wissenschaft, der Atomtechnologie, den Hoffnungsfunken schlägt, ist wohl nicht nur eine einzelne historische Fehleinschätzung, sondern Symptom seines rettenden Verfahrens.

Eine Philosophie des Leibes und der Natur vorzubereiten, auch durch Anknüpfung an historisch oder gegenwärtig verdrängte Traditionen – wie es hier geschehen, notwendig aber auch bezüglich der Phänomenologie ist –: das bedarf mithin noch großer Anstrengung der Vermittlung der Geschichte des Leibes und der Natur mit den gegenwärtigen Technologien, die sich auf Körper- und Naturbeherrschung richten. Die Gelassenheit, die dabei vor Kulturpessimismus, skeptizistischer Geschichtsphilosophie wie einem voreilenden Prinzip Hoffnung gleichermaßen bewahren mag, wird sich kaum von der Schubkraft historischer Tendenzen, sondern eher von der Selbstentschiedenheit eines Lebensentwurfs tragen lassen, der die Möglichkeit seiner historischen Auslöschung jederzeit mitbedenkt.

1 Ernst Bloch: *Das Prinzip Hoffnung,* Frankfurt/M. 1959; im folgenden zitiert als Bloch, *PH.*

2 Theodor W. Adorno: *Ästhetische Theorie,* Frankfurt/M. 1970, S. 120.

3 J. W. Goethe: *Hamburger Ausgabe,* hg. v. E. Trunz, 7. Aufl. Hamburg 1967, S. 34.

4 Ebd. S. 444.

5 Novalis: *Schriften in 4 Bänden,* hg. v. R. Samuel, Stuttgart 1960 ff., hier: Bd. I, S. 100/1.

6 Novalis [Anm. 5], Bd. II, S. 267/68.

7 Novalis [Anm. 5], Bd. I, S. 95/96.

8 Adorno [Anm. 2], S. 115.

9 Novalis [Anm. 5], Bd. I, S. 107.

10 Vgl. Erich Rothacker: *Das »Buch der Natur«. Materialien und Grundsätzliches zur Metapherngeschichte,* Bonn 1979. Hans Blumenberg: *Die Lesbarkeit der Welt,* Frankfurt/M. 1981. Dietrich Böhler: *Naturverstehen und Sinnverstehen. Traditionskritische Thesen zur Entwicklung und zur konstruktivistisch-szientifischen Umdeutung des Topos vom Buch der Natur,* in: F. Rapp (Hg.): *Naturverständnis und Naturbeherrschung,* München 1981, S. 70–95. – Wolfgang Kayser: *Böhmes Natursprachenlehre und ihre Grundlagen,* in: *Euphorion* Bd. 31 (1930), S. 521–62. – E. R. Curtius: *Europäische Literatur und lateinisches Mittelalter,* Bern und München, 6. Aufl. 1967, S. 323 ff.

11 Novalis [Anm. 5], Bd. I, S. 85.

12 Gernot Böhme/Engelbert Schramm (Hg.): *Soziale Naturwissenschaft. Wege zu einer Erweiterung der Ökologie,* Frankfurt/M. 1985.

13 Werner Heisenberg: *Das Naturbild der heutigen Physik,* Hamburg 1957, S. 17 f.

14 Erich Jantsch: *Die Selbstorganisation des Universums,* München 1979. – Ilya Prigogine/Isabelle Stengers: *Dialog mit der Natur,* München/Zürich 1980.

15 Immanuel Kant: *Kritik der Urteilskraft,* 2. Aufl. Berlin 1793 – zitiert als *KdU B.*

16 K. M. Meyer-Abich: *Wege zum Frieden mit der Natur,* München 1985.

17 G. W. F. Hegel: *Werke in 20 Bdn.,* Frankfurt/M. 1970; zitiert wird die *Enzyklopädie der philosophischen Wissenschaften,* Bd. 2 als IX.

18 Novalis [Anm. 5], Bd. I, S. 89.

19 Hegel: *Vorlesungen über die Ästhetik* [Anm. 17], Bd. XIII–XV; Bd. 1 der »Ästhetik« wird zitiert als *Ästh. I.*

20 Vgl. H. Blumenberg [Anm. 10], S. 248 ff. (zur narzißtischen Struktur bei Novalis). Hartmut Böhme/Gernot Böhme: *Das Andere der Vernunft,* Frankfurt/M. 1983, S. 123–68.

21 Selbstverständlich handelt es sich bei vorstehender Kant-Auslegung um die einseitige Betonung eines bestimmten Gestus innerhalb der »Urteilskraft«, die im übrigen das offenste Buch Kants ist, weswegen es zu Recht auch von – Kant durchaus fernstehenden – Zeitgenossen wie Goethe und den Romantikern hochgeschätzt wurde.

22 Theophrastus Paracelsus: *Werke in 5 Bänden,* hg. v. W.-E. Peuckert, Darmstadt 1965; zitiert als: P + Bandzahl (römisch).

23 Johann Georg Hamann: *Sämtliche Werke,* hg. v. J. Nadler, Wien 1949–53; zitiert als HN + Bandzahl (römisch). Ferner: J. G. Hamann: *Briefwechsel,* hg. v. W. Ziesemer, Wiesbaden 1955–65; zitiert als ZH + Bandzahl (römisch).

24 Paracelsus: *Kritische Gesamtausgabe,* hg. v. K. Sudhoff, 1. Abt. München 1922, Bd. IX, S. 383 f.

25 Hugo de S. Victoire zitiert nach Rothacker [Anm. 10], S. 48 u. 82. Zu den mittelalterlichen Grundlagen einer Semiotik der Natur vgl. Henning Brinkmann: *Mittelalterliche Hermeneutik,* Tübingen 1980, bes. S. 45–51, 93–121, 145–153.

26 Vgl. Lucien Braun: *Paracelsus und der Aufbau der Episteme seiner Zeit,* in: S. Domandl (Hg.): *Die ganze Welt ein Apotheken.* FS Otto Zekert, Salzburg 1969, S. 7–18.

27 Jacob von Uexküll: *Bedeutungslehre,* in: Ders./G. Kriszat: *Streifzüge durch die Umwelten von Tieren und Menschen,* Frankfurt/M. 1970, S. 107–179. Thure von Uexküll: *Historische Überlegungen zu einer Semiotik der Medizin,* in: Zs. f. Semiotik Jg. 6, H. 1/2, 1984, S. 53 ff.

28 Michel Foucault: *Die Ordnung der Dinge,* Frankfurt/M. 1971, S. 63; zitiert als OdD.

29 Ernst Bloch: *Vorlesungen zur Philosophie der Renaissance,* Frankfurt/M. 1972, S. 60.

30 Umberto Eco: *Zeichen. Eine Einführung in einen Begriff und seine Geschichte,* Frankfurt/M. 1977, S. 111 ff.

31 Vgl. dazu Hermann Schmitz: *System der Philosophie,* Band II/1: *Der Leib,* Bonn 1965, S. 365 ff.

32 H. Schmitz [Anm. 31], Bd. I: *Die Gegenwart,* S. 192 ff.

33 Michel Tibon-Cornillot: *Die transfigurativen Körper. Zur Verflechtung von Techniken und Mythen,* in: D. Kamper/Chr. Wulf (Hg.): *Die Wiederkehr des Körpers,* Frankfurt/M. 1982, S. 145–164 sowie Ders.: *Von der Schminke zu den Prothesen. Elemente einer Theorie zwischen dem Innen und dem Außen des Körpers,* in: *Tumult* Nr. 2, 1980, S. 25–46.

Geheime Macht im Schoß der Erde.
Das Symbolfeld des Bergbaus zwischen Sozialgeschichte und Psychohistorie

Für Horst Bredekamp

1. Sozial- und mentalgeschichtliche Voraussetzungen der Bergbau-Modernisierung zu Beginn der Neuzeit

»Machet euch die Erde untertan!« (Gen 1,28) – damit wird keineswegs die heutige Form naturbeherrschender Technik durch Gott selbst schon vorab legitimiert. Die Agrarkultur, die dem Jahwisten bei diesem Satz vorschwebte, zielt nicht auf ein *dominium terrae*, gar auf despotische Herrschaft des Menschen über Natur.[1] Auch bei den frühen christlichen Exegeten findet sich keine Stütze für einen christlichen Auftrag zur Naturbeherrschung im technischen Sinn. Die privilegierte Stellung des Menschen ruht weniger auf einem Natur-Auftrag als auf seiner Einzeichnung in den heilsgeschichtlichen Plan Gottes. Auch der stoische Gedanke einer teleologisch auf das Wohl des Menschen hin eingerichteten Welt enthält keinen Schub zu einer technischen Entwicklung. Im Gegenteil: die Natur, wie sie ist, ist vollständig und bedarf nicht der technischen Umarbeitung zu ihrer Vervollkommnung. Bei Aristoteles wird die Mechanik gegenüber der Physik, die durchaus ein kontemplatives Verhältnis zur Natur beschreibt, deutlich abgewertet. Natürlich: man hatte Sklaven oder niedrige Handwerker, die die gesellschaftlich notwendige Arbeit auf einem gleichbleibenden Niveau der instrumentellen Technik erledigten. Für die antike Welt, deren theoretische und praktische Kenntnisse eine erste technische Revolution durchaus ermöglicht hätten, bleibt deshalb charakteristisch, was Hanns Sachs die »Verspätung des Maschinenzeitalters« genannt hat.[2]

Dies ändert sich auch nicht in der römischen Welt. So wird zwar im ganzen römischen Reich intensiv Bergbau getrieben, weil ein steigender Bedarf an Metallen für Militär, Ackerbau, Gebrauchsund Luxusgüter vorhanden war. Doch rückte die Entwicklung der Montantechnik während der römischen Herrschaft keineswegs über den vorchristlichen Stand hinaus. Erst recht gab es keine Hochschätzung der Arbeit: im Bergbau, in den Marmorgruben und Salinen arbeiteten Verurteilte und Sklaven.[3] So entwickelt sich weder in der biblischen noch paganen Tradition ein zwingendes Motiv zur technologischen Innovation im Zeichen darin angestrebter Beherrschung der Natur.

Eine Dynamisierung von Arbeitsethik und Technik setzt, scheinbar überraschend, erst im lateinischen Mönchstum ein.[4] Arbeit bekommt die Funktion, Dienst an der Bewahrung und Vollendung der Natur zu sein. Von den Klöstern geht eine starke Innovation des Handwerks, ja sogar der Maschinenentwicklung aus, weil repetitive und mühselige Arbeit ihren vormalig religiösen Charakter verliert und darum, wenn möglich, auf Maschinen übertragen wird.[5] Insbesondere die Benediktiner und Zisterzienser befreiten die Arbeit von ihrem Makel, Folge des Sündenfalls und also Zwang und Verurteilung zu sein. Lewis Mumford spricht hinsichtlich der Benediktiner-Klöster bereits von einer »moralisierten Megamaschine« aus kollektiver Arbeit, Disziplinen, Apparaten, effizienten Organisationen und sozialen Wohlfahrten.[6] Bei den Zisterziensern findet sich die Vorstellung der nichtvollendeten Schöpfung, woraus sich als Auftrag die Umarbeitung und Ordnung der wilden zu einer dem Menschen verträglichen Natur ergibt. Technikvermittelte Arbeit erhält theologischen Sinn. Die Dynamisierung der Technik ergibt sich folgerichtig aus der theologischen Ableitung eines Arbeitsethos, welches in der Arbeit die Fortführung des »göttlichen Schöpfungshandelns« (Krolzik) erkennt. Von den Zisterziensern und Benediktinern geht mithin eine Fülle von technischen und ideologischen Innovationen aus, welche in die Richtung des *dominium terrae* weisen. Nicht zufällig sind die Söhne des Bernhard von Clairvaux »die großen Bergingenieure und Wasserbauingenieure des *medium aevum*«.[7] Zisterzienser sind Salinen- und Bergwerksgründer, so etwa in Österreich. Damit gehören die mittelalterlichen Mönche zu den Wegbereitern der säkularen Technik.

Der Bergbau selbst hatte im Mittelalter jedoch einen durchaus sakralen Charakter. Überwiegend herrschte eine theozentrische Interpretation von Montanwissen und -technik. Die Erze, Mineralien, Reichtümer der inneren Erde dokumentierten die *magnalia dei*. Bergbau erhält so gottesdienstliche Bedeutung, obwohl natürlich auch im Mittelalter klare Regalrechte bestanden, die weltlichen Fürsten oder Kirchenfürsten hohe Ertragsanteile des Bergbaus sicherten. Das Innere der Erde hatte zwar sakrale Bedeutung, war jedoch Besitz der Landesherren. So besteht schon hier ein Widerspruch zwischen hagiologischer Legitimation und ökonomischem Kalkül des Montanwesens. Es sind vor allem die Bergleute selbst, die eine Sakralkultur des Montanbaus entwickeln, deren Spuren noch bei Novalis, Tieck, E. T. A. Hoffmann u. a. zu beobachten sind. Die Nähe zum mönchischen Arbeitsethos sowie die stadtferne Lage der Bergwerke hält die Montanentwicklung abseits der mittelalterlichen Stadtentwicklung mit ihren frühbürgerlichen Kultur- und Sozialformen. Vielmehr ist von einer durchgreifenden Christianisierung des Bergbaus zu sprechen, die die heidnischen und volksreligiösen Deutungsweisen des Gebirges und des Bergbaus zwar nicht vollständig verdrängt, doch aber nachhaltig christlich überlagert. Der Heiligen- und Marienkult dringt in den Bergbau ein und beherrscht weitgehend die sakralkulturellen Umwelten der stadtfernen Bergbau-Zentren in Tirol, Sachsen, Böhmen und Schlesien. Die heilige Anna z. B. ist die Erzmacherin; sie wird »zu jenem Mutterschoß, metallisch gesehen, zu jenem Bergwerk, das die edlen Metalle spendet«.[8] Durch solche Deutungsmuster versuchte man, alte Gottheiten – wie z. B. Hathor-Hekate-Isis als Göttin des Unterraums und Bergwerks oder Path-Hephaistos, den Schmiedegott – zu verdrängen. Christus besetzt die metallurgisch-alchemistischen Symbole Sonne und Gold, Maria den Mond und das Silber.

Freilich: mitten in dieser sakralkulturellen Fundierung des Arbeitsethos und der Armutshaltung der Bergleute (so noch bei Novalis) vollziehen sich nach vorne weisende Wandlungen. Im Mittelalter wird in der Theologie das Sündenbewußtsein entschieden verschärft; die Auseinandersetzung des Menschen mit Natur erscheint als Zwangsfolge des Sündenfalls und der Vertreibung aus dem Paradies. Der Gedanke der Mitarbeit an der Vollendung der Natur verbindet sich eigenartig mit der Auffassung der Natur als Fremde und Feindin: sie spiegelt in der physischen Abhängigkeit des Menschen ständig seinen Sündencharakter.[9] Die Unterwerfung der Natur, das Brechen des Naturzwangs durch technikvermittelte Arbeit erhält den theologischen Sinn, das quälende Sündenbewußtsein und die Verstoßung aus dem Paradies aufzuheben. Die theologische Deutung der Naturbeherrschung mit dem eschatologischen Ziel der Wiedergewinnung des Paradieses ist die Quelle jenes Technik-Traums, der das künstliche Paradies zum Heilszweck technischer Entwicklung erklärt. In einer vollständig technisch angeeigneten Natur stünde der Mensch erneut in einem so vollendeten Rapport zu seiner Umwelt, wie er es einst vor dem Sündenfall im Garten Eden tat.

Dies ist die strikte Gegenposition zu dem stoischen Gedanken der Vollständigkeit der Natur, die keiner Technik des Menschen zu ihrer Perfektion bedarf. Diese Idee mußte zerstört werden, um technische Entwicklungsschübe zu ermöglichen. Intelligenz und Wissenschaft wurden zu Medien der Wiederherstellung der uranfänglichen Gottesebenbildlichkeit und der Naturvollendung. Von hier aus ist der Schritt nicht weit zu jenem Gedanken des neoplatonischen Renaissance-Philosophen Marsilio Ficino (1433–99), der bereits die klassische Form des technikvermittelten Omnipotenz-Traums gefunden hat: der Mensch »ahmt alle Werke der göttlichen Natur nach, er perfektioniert, korrigiert und baut die Einrichtungen der niedrigen Natur aus. Darum ist die Macht des Menschen fast der göttlichen Natur gleich, denn in dieser Weise handelt der Mensch aus sich selbst.«[10] Dies ist der Beginn jenes Projekts, wonach er seine Bestimmung darein setzt, zum »Herren und Besitzer der Natur« (Descartes) zu werden. Die Natur ist in diesem Konzept nur noch das Fremde und Sündige, dessen Macht zu brechen ist – und dies lange, bevor real eine Technik entwickelt ist, die als »naturbeherrschend« gelten kann. Die Phantasmen laufen der Entwicklung voraus, die dazu bestellt ist, jene zu realisieren.

Vor der frühkapitalistischen Inbesitznahme des Bergbaus zeigt sich also eine von christlicher Theologie angeleitete ideologische, technologievorbereitende Entwicklung. In ihr wird die lebendige, in ihrer Macht zu fürchtende und zu verehrende Natur deanimiert und ideologisch für jedwede Herrschaftsform freigegeben. Es bedarf keiner Gefühle der Rücksicht auf Naturzusammenhänge mehr – Natur repräsentiert den Sündenstand schlechthin –, sondern vielmehr der theologischen Rücksicht des Menschen auf sich selbst: als Technit tritt der Mensch aus der Natur heraus und in die (selbstgewirkte) Heilsgeschichte ein. Naturbeherrschung ist Selbsterlösung.

Es ist für eine an Max Weber geschulte Denkweise überraschend, daß wichtige Motive der Technikentwicklung, des Arbeitsethos, der innerweltlichen Askese, der Rationalisierung der Lebensführung als Konfigurationen des Heils keineswegs dem Protestantismus, speziell dem Calvinismus, oder dem Stadtbürgertum entspringen; sondern vor ihnen wirken innovativ zum einen das katholische Mönchstum, nämlich die Klosterorganisation mit ihrer hochentwickelten Verflechtung von moralischer Lebensform, Technik und Arbeit, zum anderen der nichtbürgerliche, stadtferne Montanbau.

Natürlich kommt weiteres hinzu. Neben dem Bergbau (der auch für die Geldentwicklung und primäre Kapitalakkumulation wichtig wird) nennt J. D. Bernal die Schiffahrt (für die Handelserweiterung) und die Kriegstechnik (als Machtressource) als die drei entscheidenden Ebenen technologischer Entwicklung. Zumindest an den letzten beiden sind die Mönche und Bergleute unbeteiligt. Gleichwohl durchläuft nach Bernal »in den deutschen Bergwerken... die kapitalistische Produktion ihre ersten Entwicklungsstadien«.[11] Diese Feststellung bezieht sich auf das für den Bergbau goldene Zeitalter, das Jahrhundert zwischen 1450 und 1550, in welchem nach der vorausgegangenen Christianisierung nun eine intensive Kapitalisierung des Bergbaus einsetzt.

Ein-Mann-Betriebe, Kleintechnik, kooperative Zusammenschlüsse (Genossenschaften) werden abgelöst von Modellen, die entschieden moderne, kapitalistische Züge tragen. Im 15. Jahrhundert setzt die Praxis der stillen Teilhaber ein, die aufgrund der hohen Investitionskosten bei der Erschließung neuer Bergwerke und bei den technisch immer aufwendigeren Pump-, Förder- und Verhüttungsanlagen notwendig wurden. Jakob Fugger wurde zur Leitfigur der »an der mitteleuropäischen Montanproduktion partizipierenden Großunternehmer«.[12] 1525 sind etwa einhunderttausend Menschen in der mitteleuropäischen Montanwirtschaft beschäftigt. Fugger berechnet den Wert einer Jahresproduktion in den Bergwerken des Deutschen Reiches auf 25 Millionen Gulden – womit, nach Suhling, der Montanbau ökonomisch hinter der Landwirtschaft mit der Textilwirtschaft um Platz zwei konkurriert. Die Überführung der Produktionsverhältnisse des Montanbaus in kapitalistische führt aufgrund der kapitalintensiven Bewirtschaftung innerhalb weniger Generationen dazu, daß alle finanzschwachen Gewerkschaften und Kleinunternehmer verschwinden; Mechanisierungen der Produktion, Arbeitsteilung, Beamtenverwaltung und Lohnarbeit werden für den Bergbau charakteristisch. Revierfernes Kapital und Fürstenhäuser bestimmen die Montanwirtschaft. Der Metallhandel internationalisiert sich über die europäischen Seehandelszentren wie Antwerpen, Venedig, Danzig und Hamburg. Agricola, selbst Anteilseigner an einem der wichtigsten schlesischen Bergwerke, weiß bereits, im Blick auf den Habsburger Kaiser Karl V., vom Zusammenhang zwischen Bergbau und staatlicher Macht. Habsburg wird im 16. Jahrhundert zur Weltmacht auch aufgrund der Ausbeutung der Bergwerke in Tirol, Ungarn und Böhmen. Das deutsche Großkapital wiederum kann durch seine profitablen Montan-Beteiligungen als Kreditgeber von Fürstentümern auftreten. Der Bergbau ist eine der wichtigsten Machtquellen.

Ferner wird der mitteleuropäische Bergbau innovativ für andere Länder wie Spanien, England, Nord- und Südamerika. Aufgrund der Religionskriege und der mitteldeutschen Bergbau-Krise um 1650 gehen viele Bergfachleute mit ihrem technischen Spitzenwissen in diese Länder (oder werden angeworben), »wo sie die technischen Grundlagen für den künftigen Reichtum« dieser Länder legen.[13] Für viele Bereiche der frühindustriellen Revolution lieferte so die Bergbau-Technik wichtige Anstöße, in der Metallurgie nicht nur, sondern auch der Mechanik, der Hydraulik, der Wasserenergietechnik usw., die insgesamt zu einem mit keinem anderen Wirtschaftsbereich vergleichbaren Standard der Mechanisierung und rationalen Organisation der Produktion geführt werden.

Vom Bergbau wird schließlich die Entwicklung der Chemie und Medizin angetrieben. Neben der Destillationschemie – dem Alchemisten, Mnemotechniker und Missionar Raimundus Lullus (1232/34–1316) soll die erste Destillation von fast reinem Alkohol gelungen sein – ist es die Metallurgie, die die Chemie auf den Weg bringt. Metallschmelze und die Bestimmung des Metallgehaltes bilden das Paradigma des chemischen Experiments. Neue Metalle (über die sechs klassischen der Antike hinaus) werden entdeckt: Zink, Wismut, Kobalt (nach dem Berggeist-Namen »Kobold«), Kupfernickel. Dabei bemerkte man starke physiologische Wirkungen von Metallen, zumeist schädliche, aber auch medizinisch bemeisterbare, so daß vom Bergbau ausgehend eine Revolutionierung der Medizin ausging: nämlich die Ablösung der Kräutermedizin durch die Iatro-Medizin, die Chemie-Medizin, deren wichtigster Vertreter Paracelsus (1492/3–1541) wird. Schwefel, Quecksilber und Salz werden zu Grundstoffen, der alchemistischen Triade der medizinischen Therapie. Paracelsus ist es auch, der über Bergbaukrankheiten die erste Abhandlung schreibt – noch vor dem Arzt Agricola, der in seinem Standardwerk über den Bergbau *De re metallica* (1556) auch auf montane Berufs-Krankheiten eingeht.

Nach seiner Christianisierung im Mittelalter wird das Montanwesen im 16. Jahrhundert zum Paradigma der »Revolutionierung
eines gesamten Produktionsbereichs« (Suhling). Das Niveau der
Kapitalisierung der Produktion und der Technisierung der Arbeit
ist in Europa einzigartig. Hierfür bedurfte es auch der Profanierung des Naturverhältnisses des Menschen. Die im Montanbau
geleistete Affektneutralisierung im Umgang mit einer geheimnisvollen, dämonisch-bösen oder heilig-fruchtbaren Natur ist vorbildlich für die neuzeitliche Objekt-Einstellung überhaupt. Doch
bedarf es um 1500 großer Legitimationsanstrengungen, um eine
technisch-wissenschaftliche Rationalität durchzusetzen, die der
Natur gegenüber keine moralischen Hemmnisse mehr kennt. Der
Bergbau wird zu einem Deutungsfeld, auf welchem neben den
rationalen Einstellungen alte Formen mimetischer Allianztechnik
und hermetischer Wissenschaften überleben und von dort ausgehend eine Arkantradition bilden, die in der Romantik wieder
auflebt.

2. Legitimationsprobleme des frühneuzeitlichen Bergbaus: Paulus Niavis und Georg Agricola

Horst Bredekamp hat den Text von Paulus Niavis (d. i. Paul
Schneevogel): *Iudicum Iovis oder Das Gericht der Götter über den
Bergbau*[14] nachdrücklich in Erinnerung gerufen [siehe Abb. 8]. Er
ist für die Diskussion der Legitimationsprobleme des neuzeitlichen Naturumgangs aufschlußreich. Die personalisierte Erde
führt gegen den bergbautreibenden Menschen Anklage vor dem
höchsten Gott, Jupiter. Sie tritt auf »mit blassem Gesicht; sie trug
ein grünes Gewand, aus ihren Augen strömten Tränen. Ihr Haupt
wies Verletzungen auf, das Kleid hing zerrissen herab, und man
konnte sehen, wie ihr Leib vielfach durchbohrt war. Ihr folgten
Bacchus, Ceres, Nais, Minerva, Pluton mit Charon, die Faune
und eine große Menge anderer Götter.«[15] Merkur eröffnet als Anwalt der Erde die Anklage gegen den Menschen, den *homo faber,*
der mit traditionellen Attributen des Bergbaus ausgestattet ist:
Schlägel, Haueisen, Kapuzenkleidung. Zwergenfiguren (der Text
nennt sie »Penaten«) umringen den Menschen. Da Zwerge in der
Alchemie-Tradition als Weise der Metallurgie gelten (M. Eliade)
oder in der Montan-Ikonographie oft als Bergleute dargestellt

Abb. 8: Anonym: Prozeß zwischen Erde und Mensch vor Jupiter. Frontispiz zu Paulus Niavis: Iudicium Iovis. Leipzig 1492–95

werden, heißt dies: der Mensch ist angeklagt als Montane und Metallurg. Die Gerichtszene wird von einem böhmischen Einsiedler belauscht, der den Streit tradiert habe – so sei Niavis zu seinem Text gekommen.[16]

Dieser Text, entstanden im Zentrum des mitteleuropäischen Bergbaus während des ersten kapitalistisch-technologischen Entwicklungsschubes des Montanbaus, reflektiert eine Legitimationskrise, innerhalb derer die Ausbeutung der Berge zum »Gleichnis der globalen Auseinandersetzung des Menschen mit der Natur«[17] wird. Der Text des Niavis bezeichnet die Grenze,

»die dem anthropomorphen Bild der Natur das Nutzdenken des Menschen entgegenstellt«.[18] Gerade das *genus iudicale* kann aufgrund seiner Form als antagonistisch aufgebauter Gerichtsrhetorik eine historische Lage widerspiegeln, in der traditionelle und moderne Naturinterpretationen miteinander im Kampf liegen. Es geht um die Legitimation eines Selbstverständnisses des Menschen, aus dem heraus eine affektneutralisierte Einstellung zur Natur und deren Unterordnung unter säkulare Zwecke sich begründen läßt.

Dabei, so scheint es, hat die anklagende Erde gute Argumente auf ihrer Seite. Die im Bergbau übliche Abpumpung unterirdischen Wassers mache den Acheron wasserlos und störe die Übersetzung der Toten durch den Fährmann Charon. Die Metallgewinnung breche in Reservatsbereiche der Götter ein, sei also ein Sakrileg. Die Gier des Menschen begnüge sich nicht mit den jährlich gespendeten Früchten der Erde, sondern er penetriere rücksichtslos den Erdleib, verletze und zerstöre ihn, führe Verwüstungen – wegen es Eingriffs in den unterirdischen Wasserhaushalt – im Wein- und Akkerbau herbei, den Herrrschaftsgebieten des Bacchus und der Ceres. Pluto klagt über donnernden Lärm der Belüftungsmaschinen. Die Najaden klagen über Wasserentzug und Waldvertrocknung, die Faune über Verkohlungshütten und Waldvernichtung.[19] Diese Anklagepunkte bezeichnen früh bemerkte ökologische Schäden durch Bergbau: die Stollen-Technik und Verhüttungsindustrie führten zur Abholzung ganzer Waldgebiete mit anschließender Holz- und Wassernot. Der beschäftigungsintensive Bergbau hat bereits im 16. Jahrhundert Versorgungsprobleme, Lebensmittelknappheit und Teuerungen zur Folge –: d. h., es kommt zu Ungleichgewichten zwischen Bereichen, die mythologisch der Ceres zugeordnet sind, und dem Montanbau. Gewaltige Anstrengungen waren zur Deckung des Wasserbedarfs in der Verhüttung notwendig: Wasserumleitungen und -abschöpfungen ebenso wie Wasserenergietechniken, die als problematische Eingriffe in den Wasserhaushalt der Natur verstanden wurden.[20]

Auch wenn Niavis seine Gerichtsszene antik gewandet, so stehen hinter den Argumenten der Götter moderne Problemlagen des Bergbaus. Zentral aber ist der Vorwurf, daß der Mensch den Leib der Erde in seinen inneren Organen verletze, ihre Schönheit, Fruchtbarkeit und Lebendigkeit untergrabe, ihre gebärenden Kräfte zum Erliegen bringe und damit sich des schwersten Verbre-

Abb. 9: »Konzert der Metalle«. Alchimistische Symbole nach einem Kupferstich aus dem »Musaeum Hermeticum«. Frankfurt 1627

chens überhaupt schuldig mache: des Muttermordes. Die Erde, die den Menschen geboren habe und in deren Schoß er zurückkehre, würde langsam durch ihn umgebracht, womit er folglich die Grundlagen seines eigenen Lebens zerstöre.[21] Damit nimmt Niavis eines der ältesten und ehrwürdigsten Denkmuster der Menschheit auf, das bis zur wissenschaftlichen Revolution den Bergbau bestimmte und begrenzte: nämlich das Wissen um die Heiligkeit der Erde, den leiblich-lebendigen Charakter des Erdinneren und die Embryologie der Metalle in der Matrix (= Gebärmutter) der Erde [siehe Abb. 9].

In den Verteidigungsreden des Menschen zeichnet sich das Selbstbewußtwerden des neuzeitlichen Subjekts ab (Ceres nennt es »sein freches Selbstbewußtsein«). Schon die Anklage sei falsch: nicht auf Muttermord, sondern Stiefmuttermord müsse sie lauten. Denn stiefmütterlich verberge die Erde ihr Kostbarstes vor den Menschen, obwohl doch weder Jupiter noch irgendein anderer Gott daran zweifeln könnte, daß alles allein zum Nutzen des Menschen geschaffen sei. Hervorgerufen durch den verhärteten Haß und knauserigen Geiz der stiefmütterlichen Erde sei der Mensch gezwungen, durch der Hände mühselige und gefährliche Arbeit sich ihrer Schätze zu bemächtigen.[22] Die Penaten assistieren damit, daß der Mensch »den Erdball hier in seine Obhut zu nehmen« habe, was er nur durch das Medium der Arbeit vermöge: und zwar überall, auf dem Lande, zu Wasser, unter der Erde.[23]

Jupiter delegiert das Schlußurteil an die »Königin der Sterblichen«, Fortuna, die folgendes ergehen läßt: »Es ist die Bestimmung der Menschen, daß sie die Berge durchwühlen; sie müssen Erzgruben anlegen, sie müssen die Felder bebauen und Handel treiben. Dabei müssen sie bei der Erde Anstoß erregen, müssen das (bessere) Wissen vernachlässigen, den Pluto stören und unter den Wasserläufen nach Erzen suchen. Dennoch aber wird ihr Leib schließlich von der Erde verschlungen und durch böse Wetter erstickt; er wird vergiftet vom Wein, befallen vom Hunger, unwissend dessen bleibend, was sein Bestes ist: Diese und viele andere Gefahren seien das Los und die Bestimmung des Menschen.«[24]

Das *genus iudicale*, das Niavis nutzt, bezeugt, daß um 1500 noch gekämpft werden mußte: der Frontverlauf zweier geschichtsmächtiger Deutungsmuster ist erkennbar. Zum einen die Interpretation, in der die Natur als *Magna Mater*, die Erde als mütterlicher Leib und der Bergbau als behutsame, kultisch begleitete Kommunikation des Menschen mit dem geheiligten Inneren des Erdkörpers erscheinen. Hier figuriert der Mensch als Kind und Teil der Mutternatur, sein technisches und gesellschaftliches Handeln wird begrenzt von Normen, die auf eine Schonung der Natur hinauslaufen. Wie später bei Novalis, kann es auch hier keine Autonomie gesellschaftlicher Entwicklung und technischen Fortschritts geben: beides sind Momente der Naturgeschichte und unterliegen ihren Rhythmen und Kreisläufen, auf die der Mensch auch als Technit sich einzustellen hat. – Auf der anderen Seite steht die Deutung, die das Schema der Kindschaft des Menschen geradezu umkehrt: als mangelhaft ausgestatteter Stiefsohn muß der Mensch der Natur als Feind gegenübertreten und sein Überleben durch ihre Unterwerfung sichern. Der zentrale Gedanke des Kopernikus, mit dem dieser die stoische Teleologie der Natur verallgemeinert, nämlich *mundus propter nos conditus,* wird von Niavis bereits vorausgedacht – nicht zufällig am Beispiel des produktionstechnisch am weitesten entwickelten Bereichs der Gesellschaft, dem Bergbau.

An ihm wird ein Kern-Ideologem neuzeitlicher Zivilisationstheorie demonstriert: die Mangelausstattung erzwinge die Anstrengung des Menschen, sein Dasein in der Welt zu einem *dominium terrae* auszubauen – Zivilisation und Naturbeherrschung als Prothese des Organmangels. Am Beginn der Neuzeit wird damit eine Legitimation sichtbar, die bis heute anhält: die Autonomie der Vernunft und der Zwang zur Naturbeherrschung leiten sich aus der Natur selbst ab, nämlich der stiefmütterlichen Verkargung der Physis. Gewissermaßen ist die weibliche Natur, ist Terra selbst schuld an ihrer Vergewaltigung durch männliche Technik: rächt sich in dieser doch nur der Geiz der Mutternatur selbst. So wird die letzte moralische Begrenzung ausgelöscht, die der »leibmetaphorischen Naturdeutung« (Bredekamp) zugehört. Natur wird den Zwecken des Menschen ausgeliefert. Diese dienen nicht nur dem Überleben und der Selbstbehauptung, sondern dem Profit, den man durch Naturausbeutung gewinnt. In der affektiven Besetzung aber, die hierbei wirkt, setzen sich die Effekte der »Lebendigkeit der Natur« gleichsam verkehrt fort: die Rücksichtslosigkeit, mit der nunmehr Naturaneignung ins Werk gesetzt wird, entspricht ja mitnichten einer Natur als bedeutungslosem, mechanischem Materiezusammenhang, sondern sind proportional gerade dem anthropomorphen Naturverständnis. Die Feindlichkeit, die in der säkularisierten Technik wirkt, gilt nicht »toten Objekten«, sondern dem Leib der Mutternatur. Bei Niavis wird die Angst vor der Schuldanklage auf Muttermord damit gekontert, daß Mord nicht genannt werden dürfe, was ein selbst naturhaftes, universales Gesetz zum Töten sei. Die noch anhaltende Scheu vor verletzender Penetration des Mutterleibs wird überwunden durch Statuierung eines moralisch nicht qualifizierbaren Zwanges: der »Tod der Natur« sei Bedingung des Überlebens des Menschen, und dieses sei gefährlich und anstrengend genug. Das ist das heroische Gesetz der Männer. Die Natur ist deanimiert, entmythologisiert, entsakralisiert. Der Gewinn an technikvermittelter Autonomie entspricht dabei dem Verlust an Bedeutsamkeit der Natur. Die Kosten der Vernunft sind ablesbar an all jenen kleinen Toden, die die Natur außer uns und in uns stirbt.

Gegenüber der um Legitimation des Bergbaus noch ringenden Gerichtsrede des Niavis sind die sechzig Jahre späteren *De re metallica libri XII* (1556, dt. 1557) von Georg Agricola (= Georg Bauer, 1494–1555) bereits als erste wissenschaftliche Systematik des Montanwissens seiner Zeit anzusehen.[25] Die Sprache Agricolas ist moderner: es herrscht der Ton durchgesetzter technologischer Einstellung. Nach Studien der Naturwissenschaften und Medizin in Leipzig, einem zweijährigen Aufenthalt in Venedig geht Agricola 1526 in die Sudeten, das silberreichste Gebirge des damaligen Europa (»Ich war kaum dort angelangt, als ich von Begierde brannte, das Bergwesen kennenzulernen, weil ich fast alles über meine Erwartung fand«). In Joachimsthal wird er Stadtarzt, beschäftigt sich mit Iatro-Medizin, wird Montangelehrter, Sachverständiger und Berater der Reviere in Thüringen, Schlesien, Mähren, sogar im Harz. 1533 geht er nach Chemnitz, wo er Bürgermeister wird, ein reicher Mann, Anteilseigner an ertragreichen Bergwerken.

Goethe, selbst Bergbau-Kenner, charakterisiert ihn so: »Er hatte freilich das Glück, in ein abgeschlossenes, schon seit geraumer Zeit behandeltes, in sich höchst mannigfaltiges und doch immer auf einen Zweck hingeleitetes Natur- und Kunstwesen einzutreten. Gebirge, aufgeschlossen durch Bergbau, bedeutende Naturprodukte, roh aufgesucht, gewältigt, behandelt, bearbeitet, gesondert, gereinigt und menschlichen Zwecken unterworfen: dies war es, was ihn, ... denn er lebte im Gebirge als Bergarzt, höchlich interessierte.«[26] Damit hat Goethe Agricola gut getroffen: er handelt nicht mehr über die lebendig-rohe oder mythologisch bevölkerte Natur, sondern über das synthetische »Natur- und Kunstwesen« fortgeschrittener Montantechnik. In nur einem halben Jahrhundert hat sich die Front, wie sie Niavis zwischen der traditionellen und instrumentellen Auffassung der Natur gezeichnet hatte, qualitativ verschoben: die, wenn man so sagen darf, kopernikanische Wende des Montanwesens ist von Agricola entschieden vollzogen. Nur noch im I. Buch knüpft Agricola an die Legitimationskämpfe an, die Niavis vor allem noch bewegten. Dieses I. Buch ist die resümierende Inszenierung aller vergangener Debatten um die moralischen Grenzen des Bergbaus. In der klug gestaffelten Argumentationsrhetorik, die noch an den Gerichtsstreit bei Niavis erinnert, entfaltet Agricola sämtliche seit der Antike verbreiteten Vorbehalte gegen den Bergbau, um diese dann Zug um Zug zu widerlegen.

Zwei Fragen sind für Agricola leitend: ist »Bergwissenschaft« nützlich für die, die sie betreiben; und ist sie nützlich für die Menschheit?[27] – Die erste Frage wird rasch beantwortet. Den Vor-

Abb. 10: »Bewitterungsmaschinen«. Holzschnitt aus Georg Agricola:
De re metallica. Basel 1556

behalten – Expertenwissen helfe bei Erschließung und Abbau
wenig; der Reichtumsgewinn sei unbeständig; es drohten Berufs-
krankheiten und Lebensgefahren – begegnet Agricola mit Argumenten, die ihn zu einem frühen Vertreter profaner Expertenkul-
tur stempeln. Promoter der Montanausbeutung sind für ihn nicht
mehr naturwüchsig gebildete Praktiker, sondern jene Fachleute,

die das Wissen systematisch geordnet und verfügbar halten. Zufall und Glück sind auszuschalten. Parameter des Fortschritts ist die Wissenschaft, nicht das allenthalben verstreute Praxiswissen. Dem Argument des unbeständigen Profits begegnet Agricola ökonomisch: landwirtschaftliche Profiterzeugung sei zwar sicherer, dafür sei der Ausbeuteertrag im Montanwesen höher. Angesichts von Berufskrankheiten und Unfällen weicht Agricola wie ein moderner Industrietheoretiker aus: dies seien ernstzunehmende, statistisch aber unwesentliche Nebenfolgen des Fortschritts. Der »wirtschaftliche Nutzen« stünde zwar nicht höher als »Heil und Leben der Menschen«, letzteres aber sei durch den »Lebenstrieb« geschützt, der zu vorsichtigem Handeln anleite[28]: so werden Unfälle und Krankheiten der individuellen Unvorsichtigkeit der Arbeiter aufgebürdet [siehe Abb. 10].

Sodann aber geht es Agricola um die prinzipiellen Einwände gegen die Montantechnik. Hier entwickelt er eine universalistische Legitimation der Technik. Im griechisch-lateinischen Kulturraum bestens bewandert, nennt Agricola alle jene Argumente, die von Autoren wie Euripides, Menander, Pindar, Plinius, Ovid, Tibull, Horaz, Vergil u. v. a. m. zumeist gegen den Bergbau ins Feld geführt wurden. Es sind die klassischen Fundstellen, die bis heute immer wieder zitiert werden, wenn es gilt, antike Rhetorik gegen den Bergbau zu erinnern. Bei Agricola findet man sie bereits versammelt.

Die Gegenargumente liegen auf fünf Ebenen: der leibmetaphorischen (1), der anthropologischen (2), der ökologischen (3), der sozialphilosophisch-moralischen (4) und schließlich der religiösen Ebene (5). Auf ihnen wird über Sinn und Nutzen des Montanwesens entschieden.

Zur *leibmetaphorischen Ebene:* »Die Erde verbirgt nicht und entzieht auch nicht den Augen diejenigen Dinge, die dem Menschengeschlechte nützlich und nötig sind, sondern wie eine wohltätige und gütige Mutter spendet sie mit größter Freigiebigkeit von sich aus und bringt Kräuter, Hülsenfrüchte, Feld- und Obstfrüchte vor Augen ans Tageslicht. Dagegen hat sie die Dinge, die man graben muß, in die Tiefe gestoßen, und darum dürfen diese nicht herausgewühlt werden.«[29] – Nur an dieser Stelle kommt die Metaphern-Tradition der »Erde als Lebewesen« (H. Bredekamp) überhaupt noch vor. Der Mensch/Natur-Zusammenhang erscheint als Dyade von Mutter und Kind, als nutritive Einheit. Die Unterscheidung

Abb. 11: Mathias Merian d. Ä.: Nutrix ejus terra est. 1618

der sichtbaren und unsichtbaren Leibteile der Mutter-Erde begründet die Unterscheidung dessen, was dem Menschen zugemes-
sen und was ihm versagt sei. Der Einschluß des Menschen in den
natürlichen Nährstoff-Kreislauf beläßt ihn auf der Stufe des Infans – so wie Matthäus Merian d. Ä. es auf einer Kupferstich-
Illustration zu Michael Maiers alchemistischem Emblembuch
Atalanta Fugiens von 1618 dargestellt hat: Terra hält den Menschen
als Säugling an ihrer Brust – *nutrix ejus terra est* lautet die Inscrip-
tio [siehe Abb. 11].[30] Das Verbot der Aneignung des Unsichtbaren
im Erdleib enthält verkappt das Inzesttabu, das seit je in der Tradition der sexualisierten Erde mitenthalten war. Das Kind nutzt
zwar, als Teil des mütterlichen Körpers, den nutritiven Säftefluß,
doch auf dem uterinen Inneren liegt ein Verbot. In dieses darf das
Kind so wenig eindringen wie der Mensch ins Erdinnere. – Agri-

cola gibt diese mächtige Tradition nur angedeutet und so nüchtern wie möglich wieder. Für ihn, dem die Erde längst ein Materieaggregat ist, ist die sexualisierende Rede vom Erdleib bereits anstößig.

Auf *anthropologischer Ebene* referiert Agricola die Auffassung des Menschen als durch Leib und Seele gebildetes Lebewesen. Metalle braucht er für beides nicht. Ist die Seele »mit der Speise der guten Erkenntnisse« gesättigt und der Leib durch die »Früchte der Erde und verschiedenartigen Tiere . . . trefflich« genährt und durch Kleidung geschützt, so erübrige sich der Bergbau für die Selbstreproduktion. Hier wie schon zuvor verkehrt Agricola die Argumente der Gegner ins Konservative. Wie in der leibmetaphorischen Tradition natürlich niemals ein Totalverbot des Bergbaus verhängt war, so auch auf anthropologischer Ebene niemals eine blockierende Festschreibung des Menschen auf die Ebene elementarer Reproduktion. Doch der Gewinn, den Agricola aus solcher Radikalisierung zieht, ist deutlich: die Gegner der Metallerzeugung werden auf die Position prinzipieller Fortschrittsfeinde festgelegt. Wer nicht für den Bergbau ist, fällt hinter den Gang der Geschichte und der Selbstentfaltung der Gattung.

Auf der *ökologischen Ebene* referiert Agricola Argumente, die schon bei Niavis begegneten. Der Bergbau verwüste die Feldkultur, führe zum Raubbau an Wäldern mit der Nebenfolge der Ausrottung nützlicher Tierarten, belaste und vergifte den Wasserkreislauf. Das Argument ist: die Kosten der Umweltzerstörung und die negativen Folgen z. B. durch Nahrungsmittelvernichtung übersteigen den ökonomischen Nutzen des Bergbaus. Agricola hält dies für eine falsche Rechnung [siehe Abb. 12].

Breiter entfaltet Agricola die *sozialphilosophisch-moralische Ebene*. Hier nämlich hat es Agricola mit der alten kulturkritischen Reflexion des Eisernen Zeitalters zu tun. Der Bergbau und die Metallurgie seien Ursachen kulturellen Verderbens der Menschen. Innerhalb der Zeitalter-Folge, die Ovid in der Kosmogonie seiner *Metamorphosen* entwickelt, wird der Bergbau ins Eiserne Zeitalter gelegt.[31] Mit diesem setzt die Epoche der moralischen Verwilderung, der Entstehung des Eigentums, des Verbrechens, der Aggression und vor allem des Krieges ein. Agricola nimmt diese Vorbehalte auf. Besonders betont er den Übergang vom Naturaltausch zum Warentausch. Die aus dem Berg gewonnenen Metalle werden zu »Wertmessern . . . nicht nur der Früchte, sondern über-

Abb. 12: »Wasser- und Holzarbeiten«.
Holzschnitt aus G. Agricola: a. a. O.

haupt aller Dinge, die verkauft werden«.[32] Mit den Metallen und der »Erfindung des Geldes«[33] habe man jenes abstrakte Wertäquivalent, das eine Epoche der Konkurrenz, der Eigentumsabgrenzungen, der gegenseitigen Vernichtung und der Eroberungskriege einläute. Im Schema der Weltalter-Theorie des Ovid heißt dies, daß die Menschen durch den Bergbau und seine sozialen Folgen aus den Epochen des friedlichen, staatenlosen Miteinanders in Übereinstimmung mit der Natur herauskatapultiert werden in eine historische Dynamik, die jede Naturwüchsigkeit in den sozialen Interaktionen und im Stoffwechsel zwischen Mensch und Natur zerstört. Auch hier nun legt Agricola die Bergwerks-Gegner auf Positionen eines schlechten Konservatismus fest. Den Metallen als Ursache aufzulasten, was Folge ihres Gebrauchs durch die Menschen sei, ist für Agricola ein unaufgeklärter Rest von Animismus: als bergen Metalle mehr als ihr materielles Dasein, etwa eine verderbliche Dämonie, der die Menschen erliegen.

Auf *religiöser Ebene* schließlich referiert Agricola die Meinung, an der Waffentechnik sei abzulesen, daß die Menschen durch die Potenz, die ihnen durch Montankunst und Metallurgie in die Hand gespielt werde, sich an die Stelle der Gottheit setzen. Die »Donnerbüchsen (Bombarden)« haben »Zeus die Blitze geraubt und aus den Händen gerissen«.[34] Eine göttliche Macht versammle sich in der ungeheuren Vernichtungsenergie, durch welche die Menschen gottgleiche Herren über Leben und Sterben anderer würden.

In all diesen Argumenten wird etwas spürbar von der Geschichte der Angst, die den Zivilisationsprozeß begleitet. Wenn man von Platon den Begriff des »guten Wissens« aufnimmt, so ist keine Gesellschaft bis heute sicher, ob ihre Entwicklung von einem »guten Wissen« angeleitet wird. Die Ängste, die bis heute der Wissenschafts- und Technikkritik zugrundeliegen, speisen sich aus der Ahnung, daß an der Grundstruktur der Wissenserzeugung etwas falsch sein könnte. Scheint es nicht so, als sei die Verbindung des Wissens zu dem, was das »Böse« ist – nämlich Zunahme an Gewalt, Unrecht und Vernichtung –, immer eine engere gewesen ist als die Verbindung zwischen Wissen und Glück? Die von Agricola aufgegriffene Deutung, in der das Eiserne Zeitalter das tragische ist und woraus dann der »Haß auf die Metalle«[35] aufbricht, hat etwas mit der »Dialektik der Aufklärung« zu tun, die vielleicht wirklich mit dem Eisernen Zeitalter einsetzt. Mitten in dem umwälzenden Modernisierungsprozeß des Bergbaus, den Agricola beschreibt und vorantreibt, muß die Unsicherheit stillgestellt werden, die über diesem liegt: es könnte sein, daß der Mensch in den gewaltigen Zivilisationsanstrengungen, die sein Leben verbessern und das Glück sichern sollen, bewußtlos sein Unglück, ja seinen Untergang herbeiführt.[36] Und diese Unsicherheit macht Angst. Der aufgeklärte Agricola geht auf diese Angst vor den tragischen

Aspekten des Eisernen Zeitalters nicht eigentlich ein. Er verhält sich wie fortan nahezu jeder Fortschrittsvertreter: er stilisiert Einwände als rückschrittlich, klärt Zivilisationsangst als irrational auf und legitimiert den technischen Fortschritt durch seine Wertneutralität.

Und er entwickelt eine Rhetorik, die sich fiktiv auf die Position der Gegner einläßt, um sie durch Aufweis innerer Aporien zu zerstören. Auch dies ist modern. Das läuft sinngemäß so: Ihr also, Ihr Montanbau-Gegner, sagt, daß Ackerbau und Kleidungserzeugung notwendig sind, Bergwerke dagegen nicht, das unsichtbare Innere der Erde tabu. Sehen wir also nach: wieso eßt Ihr Fische? Leben diese nicht in unsichtbaren Erdteilen? Und Essen und Kleidung wollt Ihr doch auch. Sehen wir nach: geht dies ohne Technik? »Allein der Mensch vermag ohne Metalle nicht die Dinge zu beschaffen, die zur Lebensführung und zur Kleidung dienen.« –: Das behaupte ich und beweise es Euch dadurch, daß »in der Landwirtschaft, die unserem Leibe den größten Teil des Lebensunterhalts gewährt, ... keine Arbeit geleistet und vollendet [wird] ohne Werkzeuge«. Die im Gebrauch befindlichen »landwirtschaftlichen Werkzeuge sind aber meistenteils aus Eisen«. Wie denn? Ihr wollt Landbau, aber keinen Bergbau? Ja, Ihr wollt Euch waschen, ohne daß der Pelz naß wird. Und essen – wie wollt Ihr das? Braucht der Töpfer nicht Metallwerkzeuge? Und, wie ich sehe, Ihr laßt Euch Wildbret, Vögel und Fische munden? Wie aber habt Ihr sie gefangen? Etwa nicht mit Metallwerkzeugen? Und angezogen seid Ihr auch, tragt, wie ich sehe, schöne Kleider »aus Wolle, Leinen, Federn, Haaren, Pelzen und Leder«. Naturprodukte, sagt Ihr. Aber wie werden sie denn hergestellt? Arbeiten der Schafscherer, der Wollspinner, der Weber, der Tuchmacher, der Schneider, der Gerber, der Kürschner, der Schuhmacher etwa ohne Gerätschaften aus Metall? Und warm und trocken sitzt Ihr da beisammen! Aber »die Gebäude endlich, die denselben Körper gegen Regengüsse und Winde, Kälte und Hitze schützen«, können sie denn »errichtet werden ohne Äxte, Sägen und Bohrer«? Ach, Ihr Träumer, »wozu bedarf es noch weiterer Worte? Wie denn die Metalle aus dem Gebrauche der Menschen verschwinden, so wird damit jede Möglichkeit genommen, sowohl die Gesundheit zu schützen und zu erhalten als auch ein unserer Kultur entsprechendes Leben zu führen. Denn wenn die Metalle nicht wären, so würden die Menschen das abscheulichste und elendste Leben unter wilden Tieren führen; sie würden zu den Eicheln und dem Waldobst zurückkehren, würden Kräuter und Wurzeln herausziehen und essen, würden mit den Nägeln Höhlen graben, in denen sie nachts lägen, würden tagsüber in den Wäldern und Feldern nach der Sitte der wilden Tiere umherschweifen.«[37]

Dies ist ein rhetorisches Argument gegen die Technikkritiker bis heute: sie wollten zurück zu den schweifenden Sammlern und Jägern. »Da solches der Vernunft des Menschen, der schönsten und besten Mitgift der Natur, gänzlich unwürdig ist«, so muß jeder Bergwerks-Gegner »töricht und hartnäckig« sein, einer, der sich aus dem Kreis der doch selbst natürlichen Vernunft ausschließt.

Man darf sagen, daß es bei Agricola bereits die Erzeugung der Unvernunft in den Legitimationsstragegien der Vernunft selbst gibt. Jedes Denken nicht in den Bahnen der einmal gewählten Zivilisation, des Fortschritts und der Technik ist Ausdruck der Unvernunft. Die alte Frage nach dem Verhältnis von Vernunft und Natur wird nicht mehr gestellt. Ausgehend von der »normativen Kraft des Faktischen« – der historische Stand der Zivilisation und Technologie wäre ohne Bergbau nicht denkbar – wird auf die Unausweichlichkeit von Technik überhaupt geschlossen. Aus der anthropologischen Tatsache, daß der Mensch ein Instrumente benutzendes Tier ist, daß er also arbeiten und eine eigene, soziale Umwelt schaffen muß, wird eine Rechtfertigung für den Typ wissenschaftlicher Zivilisation, wie sie Agricola als unausweichlich vorschwebt. Es ist diese höchst moderne Position, die Agricola von heute her als einen der Großen der Technikgeschichte erscheinen lassen.

Mit Entschiedenheit hat Agricola zudem das Argument der Wertneutralität der Technik zur Geltung gebracht. Es ist irrational, sagt Agricola, dem Bergbau am Verderben der Menschen schuld zu geben. Wenn es kein Leben ohne Metalle gibt, ist das, was sie bedeuten, bestimmt durch das, was die Menschen aus ihnen machen. Die normative Frage nach dem »Gutsein« des Bergbaus ist falsch gestellt. Es hängt allein von der moralischen Qualität der Benutzer ab, ob Bergwerk, Metalle, Geld gut sind oder nicht. Zwietracht und Krieg sind den Metallen und ihrer Bearbeitungstechnik äußerlich. Unzweifelhaft ist, daß es ohne Bergbau und Metallurgie keine Zivilisation gibt. Und diese basiert auf der Doktrin: daß die Natur »dem Menschengeschlecht« zum

»vielfachen und nötigen Nutzen« dient.[38] Es gibt keine andere Ordnung der Natur als die, welche ihr durch die Zwecke der Menschen gesetzt wird. Innerhalb dieser Zweckordnung ist der Bergbau und die Technik ein wertfreies Mittel. Agricola hat damit die Ideologie der Technologen vorformuliert. Technik und Wissenschaft sind jeder normativen Argumentation gegenüber immun. Dies ist der qualitative Sprung, der Agricola von der Deutungsgeschichte des Bergbaus in allen älteren Kulturen trennt. Er hat den Schritt in die Moderne vollzogen: Naturphilosophie, von der aus normative Argumente gegen Bergwerksausbeutung abgeleitet werden, ist verabschiedet; der Projektcharakter des Modells technischer Zivilisation bleibt im Gewand anthropologischer Notwendigkeit verdeckt; das Handeln der Experten und Techniker ist vom Zwang praktisch-moralischer Argumentation befreit.

3. Bergbau und Alchemie

Was bei Niavis und Agricola als Grenze zwischen zwei geschichtsmächtigen Deutungen des Bergbaus sichtbar wurde, ist nicht in ein historisches Kontinuum einzutragen. Die moderne technische Naturbearbeitung erwächst nicht entwicklungslogisch aus vormodernem Naturumgang. Zwischen beiden besteht ein »epistemologischer Bruch«. Was Mircea Eliade für das Verhältnis von Alchemie und Chemie demonstriert, nämlich die Diskontinuität zwischen beiden, gilt allgemein. In vielen Kulturen ist die Alchemie eine heilige Wissenschaft, die ihren Sakralstatus durch Teilhabe an der Heiligkeit der Erdmutter gewinnt.[39] Zwischen Alchemie und Chemie liegt der Bruch, der Heiliges und Profanes trennt. Empirische Wissenschaft und Technik konnten sich erst konstituieren durch die Entheiligung der Materien, die nicht nur etymologisch, sondern durch eine mythische Genealogie an der Heiligkeit der *Mater* teilhaben. Wachsen die Minerale nicht als Embryonen im Inneren der Erde? Ist nicht metallurgische Kunst in Wahrheit Embryologie, Geburtshilfe-Wissen? Aus solchen Voraussetzungen kann sich eine empirisch-analytische Wissenschaft wie die Chemie nicht *entwickeln*.

Chemie gibt es erst, wo die Materien nichts sind als profane, aber regelhafte Verbindungen von Elementen, die nichts bedeuten als sich selbst. Das chemische Zeichen ist eindeutig und nicht etwa ein

»polysemantisches Zeichen«, ein Signifikant z. B. des Merkur, was man etwa vom Quecksilber annahm. Das Zeichenreich der Stoffe war bis in die Renaissance linguistisch, nicht naturwissenschaftlich. Natur ist Sprache, und alles Naturwissen ist semiologische, hermeneutische Kunst. Seit der Renaissance wurde der epistemologische Bruch, wie Foucault gezeigt hat[40], auf der Ebene der »Zeichen der Natur« strukturell und universell vollzogen. Dennoch ist wichtig, die historische Singularität dieser Übersetzung des materiellen Universums aus sprachlichen in mathematische und logische Zeichen festzuhalten. Gewaltige Wissensressourcen, die durch Jahrtausende sich gebildet hatten und ubiquitär verbreitet waren, werden hierbei abgebrochen und ausgelöscht.

In der Profanierung des Bergbaus spiegelt sich ein qualitativer Sprung in Naturbild und Technikform, der nur langsam bewältigt werden kann. Vielleicht sind die katastrophalen Effekte und Gefahren heutiger Technikformen auch als eine historische Unreife zu verstehen, die aus der Nicht-Bewältigung dieses singulären epistemologischen Bruchs resultiert. Zu dieser Unreife gehört, daß die Auszeichnung und Durchsetzung des Profanwissens mit einer intensiven Verdrängung verbunden war und immer noch ist. Vormodernes Wissen im Kontext sakralkulturellen Naturumgangs mußte rigoros »ausgeschlossen«, »zensiert«, »irrationalisiert« und »verschoben« werden, nämlich in den Aberglauben, die Täuschung, den Schein, den Wahnsinn und das Unbewußte sowie, durch Diskursdifferenzierung, in Kunst und Literatur. Mit zwei Folgen: dem Weiterwirken animistischer, mythischer oder auch nur leibnaher Wissensformen in Arkantraditionen oder sozial irrelevanten Subsystemen. Sowie im unbegriffenen Weiterwirken affektiver Wertbesetzungen im Inneren der Wissenschaften selbst. Das zeigt sich an den geheimen Omnipotenz-Phantasien des wissenschaftlichen Rationalismus[41] ebenso wie an dem unheimlichen Fortwirken der Träume der Alchemisten in der neuzeitlichen, ja allerneuesten Technik. In der Symbolgeschichte menschlicher Machtergreifung kann das Bergwerk als umgekehrter Turm von Babel gelten.

Wissen war bis zur Renaissance Wissen von der Natur als Physis, also vom Anderen des Menschen selbst. Bildete das Sich-Selbst-Verstehen vom Leibe her, so verstand man am eigenen Leib auch die Natur, von deren Leib der Mensch Leib hat und ist. Wie umgekehrt in der Natur als Organismus nichts prinzipiell Fremdes begegnet, sondern das, was man selbst ist, in anderer Weise. Diesen Zusammenhang von Mikro- und Makrokosmos zu begreifen, macht den heiligen Charakter des Wissens aus. Indem man sich selbst z. B. im Ackerbau oder im alchemistischen Versuch oder der Schmiedekunst als Verständiger des Erdleibs erweist, hat man an dessen Heiligkeit teil.

Nun hat man sich in der Perspektive wissenschaftlicher Aufklärung angewöhnt, die alte Redeweise von der Erde als Leib und Großer Mutter[42] als anthropomorph zu bezeichnen: Natur erscheint in der Bildgestalt, die der Mensch von sich selbst hat –: »metaphorische Projektion«. Doch ist dies eine Sicht aus der heutigen Perspektive. Weil wir heute die Erde als profanes Materieaggregat verstehen, ist sie als Lebewesen eine Projektion des eigenleiblich Gespürten auf tote Objekte: Metalle, Gestein, Minerale. Es ist zweifelhaft, ob damit die vormodernen Einstellungen angemessen wiedergegeben werden.

In den Alchemien der Völker erscheint es nämlich umgekehrt: die Fruchtbarkeit der Erde wird nicht als weiblich verstanden, weil man die Gebärkraft der Frauen als Schema der Erklärung auf die Produktionsrhythmen der Erde übertragen hat. Sondern die Priorität liegt auf seiten der Erde. Noch Platon, Philosoph der ersten Aufklärung, erinnert sich: »Denn die Erde hat nicht den Frauen nachgeahmt Schwangerschaft und Geburt, sondern diese ihr.« (Menexenos 238a) Jede individuelle Geburt – allgemeiner jede demiurgische, besonders künstlerische Produktion – wiederholt den kosmischen Prozeß und die »Entstehung des Menschengeschlechts, die als Auftauchen aus der tiefsten chtonischen Matrix-Höhle verstanden wird«.[43] Die Geburt ist Mimesis, durch die die Frauen die heiligen Gebärvorgänge der Erdmutter wiederholen. Insofern wäre ohnehin statt von anthropomorphen genauer von gynäkomorphen Vorstellungen zu reden. Geburt und Tod des Menschen spielen in demselben Kreislauf, in welchem der mütterliche Erdkörper alles Leben aus sich hervorbringt und – im Tod – in seinen Schoß zurücknimmt. Oft besteht der Glaube, daß die Entstehung der Erde sich dem Selbstopfer eines Gottes verdankt, aus dessen zerstückeltem Leib alles wächst: Erde, Metalle, Steine, Pflanzen, Tiere und Mensch. Menschenopfer sind hiernach Mimesis der Kosmogonie. Das Opfer stellt die Übereinstimmung mit jener ursprünglichen Geburt der Erde im »Selbstopfer eines Gottes« her und sichert damit die heilige Ordnung der Welt und ihre

Fruchtbarkeit. Oder die Welt geht aus der heiligen Hochzeit eines archaischen Götterpaares zurück: Natur ist zuerst sexuelle Genealogie.

Für Eliade ist das Ritual von Leiden, Tod und heiliger Hochzeit, das Drama der produktiven Wandlung durch den Tod hindurch zu einer höheren Ebene des Daseins auch das Schema des alchemistischen Prozesses. Die Alchemie taucht in verschiedenen Kulturen mit der Entstehung des Bergbaus und der Schmiedekunst auf. Bergbau und Metallurgie hatten gewaltige Folgen für die Effektuierung des Ackerbaus, aber auch und vor allem für die Kriegstechnik und Staatenbildung. In den Mythologien vieler Völker ist das Eiserne Zeitalter darum auch eine Zeit des endlosen Schreckens, der grausamen Kriege, der Versklavungen und Verelendungen: das abgefallene Zeitalter, großartig und schrecklich. Auch darin spiegelt sich der Zivilisationsschub, der durch den Bergbau und die Beherrschung der Schmiedekunst möglich wurde. In den tragischen Mythologien der Eisenzeit wird zum ersten Mal der Gedanke gefaßt, daß der Mensch seinen Inventionen und der dadurch vervielfältigten Macht womöglich nicht gewachsen ist.

Doch sind dies spätere Überlieferungen, mit denen die Rituale der Bergleute, Schmiede und Alchemisten zunächst nichts zu tun haben. Eisen war den Menschen zunächst nur als meteoritisches Eisen bekannt und deswegen heilig: stammte es doch vom Himmel und war mithin Zeichen des Göttlichen. Erst etwa von 1200–1000 v. Chr. wurden in Armenien sichere metallurgische Verfahren entwickelt, die sich von hier aus über die Welt ausbreiteten (außer Amerika) und die Grundlage für das »Zeitalter der Metalle«[44] legten. Die durch Bergbau und Erzschmelze gewonnenen Metalle behielten jedoch den heiligen Status des »himmlischen« Eisens.

Die Vorstellung der mütterlichen Erde ließ nun aber die Metallverarbeitung als gynäkologischen Prozeß verstehen. In der Gebärmutter (*Matrix, delph, delta*) der Erde wachsen noch immer die Metalle als Embryonen, reifen ihrem Ziel entgegen – und das ist das Gold, in welches, ließe man der Erde nur genug Zeit, alle Metalle sich transformieren würden. Daß diese Vorstellung bis ins 18. Jahrhundert lebendig blieb, belegt Eliade mit einem französischen Alchemisten, der 1741 schreibt: »Wenn es keine äußeren Hemmnisse gäbe, die sich der Ausführung ihrer Pläne entgegenstellten, würde die Natur ihre Pläne vollenden. ... Deshalb müssen wir die Geburt der Metalle als ebenso unvollkommen betrach-

Abb. 13: Titelillustration zu Johannes Baptista van Helmont:
Opera Omnia. Frankfurt 1682

ten wie diejenigen der Fehl- und Mißgeburten, die nur erfolgen,
weil die Natur von ihrem Tun abgelenkt wird und einem Widerstand begegnet, der ihr die Hände bindet, und Hemmnissen, die
sie daran hindern, in der gewohnten Ordnung zu wirken... Das
ist auch der Grund, weshalb sie mehrere Metalle herstellen muß,
obgleich sie nur ein einziges Metall herstellen möchte.«[45] Und dies
ist das Gold, »das Kind ihrer Sehnsucht«, »ihr legitimer Sohn, weil
nur das Gold das wahre Produkt ist«.[46] Die religiöse Sättigung des
Goldes beruht auf dieser Vollkommenheit, Ziel und Ruhepunkt
zugleich der Zeit zu sein: erreichte Unvergänglichkeit und Erlösung. Die alchemistische Synthese des Goldes zielt darum weniger
auf den ökonomischen als den sakralen Wert des Goldes: der Alchemist versucht, die Schwangerschaft der Erde in seinem Labor
nachzuahmen und zu beschleunigen, sich also, wie Eliade bemerkt, an die Stelle der Zeit zu setzen, um ein Ziel zu erreichen,
das jenseits der Zeit liegt: Symbol des Goldes, das nicht der Kon-
tingenz verfällt, vollkommenes, ersehntes Erzeugnis der *Magna
Mater* selbst [siehe Abb. 13].

Alchemie ist wie der Bergbau und die Metallurgie zunächst Sa-
kralpraxis. Schmiede, Alchemisten, Bergleute sind Techniten und
zugleich »Verbreiter der Mythologien, Riten und metallurgischen
Mysterien«.[47] Sie sind damit Kulturträger und Initiationsmeister,
jene Weisen, die den Zusammenhang der Kultur mit der Ordnung
des Heiligen sicherstellen. Technik ist also eingelassen in einen
kosmologischen und eschatologischen Kontext. Sehr wohl akku-
mulieren die Bergleute und Alchemisten instrumentelle Fertigkei-

ten und technisches Wissen. Doch »bedeutet« die instrumentelle oder apparative Struktur der Technik immer auch anderes, das durch die Art der Konjunktion und Koalition mit dem mütterlichen Erdleib bestimmt ist.

Die Überzeugung von der Lebendigkeit der Natur erfüllt wohl alle vorneuzeitlichen Kulturen. Es sind Erfahrungen und Mysterien zugleich, wenn der Mensch in das Leben der Materien wissend eindringen und die Lebensrhythmen der Stoffe beeinflussen, ja steuern kann. Das erklärt die Verantwortungslast, welche »die Bergleute und Metallurgen mit dem Eingriff in den verborgenen Wachstumsprozeß der Erze übernehmen«.[48] Ihre Technik ist Auseinandersetzung mit der gewaltigen Sexualität der Erde. Deshalb findet sich bei Schmieden und Montanen eine Fülle von Beschwichtigungsriten, Opfern, Vorsichtsregeln und sexuellen Abstinenzgeboten für die Zeit vor und während des Werks. Initiationslenker führen Schmiede und Bergleute in ihr Handwerk ein, indem sie diese einen Prozeß der Auflösung, Zerstückelung, des »kleinen Todes« (H. P. Duerr)[49] durchlaufen lassen. Seltsame Beziehungen bestehen zwischen der eigenen Sexualität und der Sexualität der Erde. Reinheit des Leibes, d. i. die ganz in ihm versammelte Kraft des Lebens, unterstützt die sexuellen Konjunktionen der Metalle. Meditative Vorbereitung ist selbstverständlich. Der sexuelle Sinn der rituellen Praktiken erklärt sich aus der sexualisierten Sicht der Erde selbst. Der Zusammenhang des Kosmos wird gebildet durch Sympathien, die die Stoffe miteinander verbinden. Hochzeit der Metalle; Zeugungen von Stoffen und Menschen im Hierosgamos von Himmel und Erde, Gott und Erdmutter; Wachstum der Erze in der Erdmatrix; Geburten und Aborte in den Schmelzöfen und Retorten: überall begegnet die Kraft der Sexualität als Mitte des kosmischen Lebens.

Sehr früh entwickelt sich die Unterscheidung von einer exoterischen und einer esoterischen Seite der Montan- und Schmiedekunst. Es ist ein eschatologischer Impuls, der in die Alchemie eingeht. Die Suche nach dem Gold, dem Stein der Weisen, der roten Tinktur, dem Elixier des Lebens, dem *arbor philosophorum*, das Zeugen des »Sohns des Philosophen« – all dies zielt auf einen U-Topos, die Inseln der Seligen, jenseits der Zeit. Die alchemistische Vervollkommnung der Natur – im Bergwerk oder in der Retorte – zielt auf die Entbindung von der Zeit, zielt auf Unsterblichkeit und Unendlichkeit, auf die metallisierte, goldene Exi-

Abb. 14: Illustration zu H. Jamsthaler: Viatorium spagyricum.
Frankfurt 1625

stenzform, die den Tod durchschritten und Teil am Göttlichen
hat.[50] Das alchemistische Werk, das den Makrokosmos nachahmt,
ist zugleich ein meditativer Prozeß des Alchemisten, der in der
Wandlung der Metalle seine eigene Wandlung betreibt.[51] Wird die
Metallwandlung nur möglich durch vorausgehende Auflösung der
Stoffe in die *prima materia*, so entspricht dem auf seiten des Alchemisten, meditativ einen Regreß »auf das vorgeburtliche, embry-
onale Stadium«[52] zu durchlaufen [siehe Abb. 14]. Dies ist eine
charakteristische Meditationsfigur der Alchemie. Es ist der
Glaube, daß die vorwärtstreibende Grenzüberschreitung der
symbolischen Rückkehr an den Ursprung bedarf. Das philosophische Gold erreicht nur, wer die Kosmogonie zurückgelaufen ist,
sich in ihren Anfang auflöst und von dort aus wiedergeboren wird
im utopischen Raum, dem goldenen Zustand der Vollkommenheit. Dies sind Denkfiguren, die die hermetische Tradition bestimmen bis hin in die Renaissance-Alchemie und Montan-Kultur. So
erklärt Paracelsus, daß der, welcher »zum anderen Male geboren
und clarificiert« werden, also ins Reich Gottes eingehen wolle, die
Separation von Leib, Seele und Geist durchlaufen müsse und dabei
»in seiner Mutter Leib ... wiederum muß und in ihr das irdische
natürliche Fleisch verlieren«.[53] Und noch bei Georg von Welling,

Abb. 15: Illustration zu Salomon Trismosin: Splendor Solis.
Rorschach 1599/1600

dessen Werk Goethe 1768 von Susanna von Klettenberg zum Studium erhält, heißt es: »DENN ich kann das Himmelreich nicht gewinnen, wenn ich nicht ein zweites Mal geboren werde. Deshalb möchte ich in den Schoß meiner Mutter zurückkehren, um wiedergeboren zu werden, und das werde ich bald tun.«[54] [Siehe Abb. 15]

Damit befinden wir uns bereits in den Voraussetzungen der hermetischen Naturphilosophie Goethes, die bis in die späten *Faust* und die *Wanderjahre* ihre Faszinationskraft nicht verlieren.[55] Und wir befinden uns im Kern einer Reihe von romantischen Erzählungen. Hierzu gehört zuvorderst die Initiationsreise Heinrich von Ofterdingens in das Berginnere; dazu gehört das Sterben des Elis Fröbom im Bergwerk zu Falun, der archaischen Zone der Bergkönigin (E. T. A. Hoffmann); ferner die Tannhäuser-Erzählung und die *Runenberg*-Novelle von Tieck sowie die darauf beru-

henden Opern-Libretti von Richard Wagner und Hofmanns-
thal.[56]

Es sind alte naturmystische Praktiken der Initiation, des kleinen
Todes und des *rebirthing*. Sie tauchen, ihres alchemistischen und
meditativen Hintergrunds entfremdet, um 1800 wieder an der historischen Nahtstelle auf, wo eine alte Kulturpraxis nun das Sym-
bolreservoir hergibt für die epochale Entdeckung des Unbewußten: in diesem begegnet die Alchemie und das Bergwerk wieder.
Bergwerk und Unbewußtes sind Archive der Erinnerung. Die Initiation in den mütterlichen Erdleib ist nach 1800 nur noch Moment einer als neurotisch, gar psychotisch geltenden Regression.
Das alte alchemistische Wissen sinkt buchstäblich ins Unbewußte
ab. Durch keine Rituale und Kulturpraktiken mehr abgesichert,
wuchert die Verbindung mit der *Magna Mater* Erde in den Phantasmen und Obsessionen von seltsamen Jünglingen – als Bedrohungen und zugleich Kritik der – wie Novalis fürchtet – versteinerten Identität der Vernunft.

Um 1900 geht die Struktur des alchemistischen Wandlungspro-
zesses unbegriffen in das Szenario jener Wissenschaft ein, die das
Unbewußte zum Gegenstand hat: die Psychoanalyse. In der alchemistischen Medizin war selbstverständlich, daß Heilung nur
gelingen kann, wenn man die Reise zurück zu den Ursprüngen
wagt – eben den »kleinen Tod« erleidet, den Zustand der Entdiffe-
renzierung, den die Alchemisten die *nigredo*, die Schwärze nennen. Nur durch Regression und Wiederholung ist Heilung,
höhere Integration und vielleicht Vollendung möglich. Das ist der
Sinn des Initiationstodes. Es ist die Psychoanalyse, die diese alchemistische Grunderfahrung zum Setting einer nun profanen Therapie macht: der Patient löst – unter der methodischen Anleitung des
Analytikers (Initiationsmeisters) – seine gegenwärtige Subjektfor-
mation im Regreß auf die genetischen Wurzeln seiner Herkunft
auf, er entdifferenziert sich, leidet die *nigredo* durch, lebt die Prozesse seiner psychischen, manchmal auch der physischen Geburt
nach, wiederholt das Drama der mikrokosmischen Schöpfung und
gewinnt im Durcharbeiten dieser Wiederholung – so verspricht es
der Analytiker wie der Alchemist – jene neuen Energien (»neuen
Stoffe«), die ihn zur Wandlung seiner Ich-Strukturen befähigen.
Die romantischen Bergwerks-Erzählungen bilden die Schnittstelle, wo durch das Ableben vormoderner Montanpraxis diese
frei wird für neue symbolische Besetzungen, die die protopsycho-

analytische Phase bilden: Naturgeschichte geht in Subjektgeschichte über. Das Bergwerk wird zur Szene des Subjekts.

4. Bergbauwissenschaft und hermetische Naturästhetik bei Novalis

Biographischer Hintergrund der Montan-Kunst des Novalis

Beschränkt man den Blick auf das Bergmanns-Kapitel des *Ofterdingen*-Romans, so könnte man annehmen, daß das Montan-
Motiv der Romantik keinerlei Kontakt zur Geschichte und Gegenwart des Montanbaus hat, sondern nichts als poetische Metapher
ist. Daran ist zu zweifeln. Erstaunlich ist eher die hohe Zahl von
Montan-Fachleuten unter den Autoren um 1800: Alexander von
Humboldt, Franz von Baader, Novalis, Theodor Körner und Hen-
rik Steffens haben an der Freiberger Berg-Akademie studiert oder
waren Schüler des dortigen weitberühmten Montan-Lehrers Abraham Gottlieb Werner. Auf Reisen waren Besichtigungen von Bergwerken ebenso obligat wie Theaterbesuche oder die Inspektion von
Irrenhäusern. Wenn Tieck, Ernst Moritz Arndt, Gotthilf Heinrich
Schubert, Johann Peter Hebel, Achim von Arnim, E. T. A. Hoffmann, Joseph von Eichendorff, Wilhelm Hauff über Bergwerke
schreiben, wissen sie, allermeist, aus eigener Anschauung und
Kenntnis, wovon sie reden.
 Hinsichtlich Friedrich von Hardenbergs (Novalis) ist seit den
Erforschungen seines beruflichen Werdegangs die Legende vom
ätherischen Romantiker zusammengebrochen.[57] Zwei Studien-
gänge (Jura in Jena, Leipzig und Wittenberg 1790–94 sowie Montanwissenschaft in Freiberg 1797–99) zeigen Hardenberg wissenschaftlich qualifiziert ausgebildet. Der technische Entwick-
lungsstand des Bergbaus und dessen komplexe kameralistische,
juristische und administrative Verwaltungsstruktur erfordern pro-
fessionalisierte Experten in Technologie und Management (Novalis wird Fachmann der neu entstandenen »Berg-Kameralwissen-
schaft«). Als solcher Experte war Hardenberg diszipliniert,
engagiert, loyal, effizient, ehrgeizig, mit einer für sein Alter glänzenden Karriere und hervorragenden Aussichten für die Zukunft.
»Die Schriftstellerei ist eine Nebensache ... dem praktischen Leben«, schreibt Novalis am 5. 12. 1798. Naturwissenschaften und

Berufspraxis bildeten mehr als bei jedem anderen zeitgenössischen Autor, und entschiedener noch als bei Goethe, den Mittelpunkt dieses kurzen Lebens.

An Caroline Just schreibt er im Februar 1796: »Die Ordnung… wird mir jetzt Bedürfniß… Ich lebe jetzt auch mit Liebe ganz meinem Geschäfte… Ich muß mir ein gutes Schicksal verdienen und nur die Tugenden eines Geschäftsmanns führen den belohnendsten aller Wege. Jeder Fehltritt, jede Declination wird zum Hinderniß, zur Säumniß. Selbst die langen Entbehrungen gewöhnen mich an die wohlthätigsten Tugenden – zum geduldigen Fleis und zur Genügsamkeit. Das Feuer muß einen Ausgang haben… nur die Ordnung der Arbeitsamkeit bleibt ihm übrig.« – Das klingt wie der Katechismus einer abgerungenen Leistungsethik im Geist des Kapitalismus. Nach den Freiberger montanwissenschaftlichen Studien, Hardenberg ist nun schon Salinen-Assessor, heißt es am 10. 12. 1798 an Friedrich Schlegel: »Der *Kaufmann* ist jetzt an der Tagesordnung, Chymie – und Mechanik oder Technologie im allg[emeinen] müssen jetzt vorzüglich dran. Das Andre muß warten.« In diesem Sinn hat Hardenberg bis zu seinem Tod an der Front aufgeklärter Wissenschaft und Technik gearbeitet. Anders als seine »symphilosophischen« Fragmente oft vermuten lassen, hat Hardenberg eine strenge wissenschaftliche, juristische und verwaltungstechnische Berufshaltung. Er entfaltet diese exoterische Seite seines Lebens in jenem Feld, welches im Zuge des sogenannten Rétablissements des Kurfürstentums Sachsen nach dem Siebenjährigen Krieg sich zum Zentrum wissenschaftlich-technischer, ökonomischer und administrativer Innovationen entwickelt: dem Salinen- und Montanwesen.[58] Dieses kann als Paradigma der Synthese feudal-absolutistischer Staatswirtschaft und wissenschaftlicher Aufklärung gelten.

Freilich wäre Hardenberg nicht Novalis, wenn dieser exoterischen Seite nicht eine esoterische entspräche. Sie wird vor dem Vater und den Vorgesetzten weitgehend verborgen und findet in den berufspraktischen Studien und Schriften keinen Ausdruck. Zu Beginn des Studiums in Jena und Leipzig studiert er keineswegs pflichtgemäß Jus, sondern tut in den schönen Wissenschaften frei sich um. Es bedarf erzieherischer Ermahnungen, so etwa von Schiller, um den Jüngling zur Ordnung zu motivieren. Die Aufrufe zur Pflicht hat Hardenberg zu einem Bedürfnis nach Ordnung verinnerlicht. Und er hat – wie in einer Kompromißbildung – die Welt der Pflicht insgeheim zu einem Glied in einem philosophisch-poetischen Konzept verwandelt. »Jeder Federzug« der nüchternen Praxis, schreibt er, »ist Glied in der teleologischen Kette« (an Caroline Just, 23. 2. 1796). Und im Brief vom 8. 7. 1796 an Friedrich Schlegel, worin er von der rastlosen Arbeit im Beruf schreibt, heißt es: »Ich fühle in Allem immer mehr die erhabenen Glieder ein[es] wunderbaren Ganzen – in das ich hineinwachse, das zur Fülle meines Ichs werden soll.« Realsymbol dieser teleologischen Steigerung der Alltagsgeschäfte ist Sophie von Kühn, von der es darum im selben Brief heißen kann: »Mein Lieblingsstudium heißt im Grunde, wie meine Braut. Sofie heißt sie – Filosofie ist die Seele meines Lebens und der Schlüssel zu meinem eigensten Selbst.«

Sophie zu lieben, ist für Novalis die Fortsetzung seiner unterdrückten Liebe zu den schönen Wissenschaften, die er der aufgeklärten Berufsmoral aufzuopfern hatte. Sophie wird ihm zum Anlaß einer poetischen Verwandlung, durch die die wissenschaftlich-technische Welt zum Element einer ästhetischen Teleologie wird. In den Jahren 1795 bis 1797 ist dies noch nicht der kognitiv rekonstruierbare Entwurf eines ästhetischen Programms; eher handelt es sich um die psychische Balancierung des anders nicht haltbaren Widerspruchs zwischen den Ansprüchen des Herzens und der Einbindung in eine streng-nüchterne Praxis.

Entsprechend katastrophal wirkt der Tod Sophiens im März 1797. Im Verlauf der Trauerarbeit, die an den Briefen nach dem 19. 3. 1797 abzulesen ist, richtet Novalis das verlorene Realsymbol Sophie in seinem Inneren als »Bild«, als »Wunderbild« seines »besseren Selbst« (IV, 211)[59] wieder auf. Dieser Vorgang, in gemilderter Form Bestandteil jeder Trauer, steht bei Novalis im Dienst der Abwehr einer Angst: daß er, beraubt um das »Lebendige«, für das »kein Ersatz« (IV, 211) ist, zu einer »entsetzlichen Verknöcherung des Herzens« (IV, 215) verurteilt sein könnte. Der »Usurpator« »Verstand« und »indifferente Kälte« drohen versteinernd von ihm Besitz zu ergreifen (IV, 215, 207/08). Das wäre die Depression als Preis der Rationalität. Novalis deutet Wissenschaft und Beruf als einen Prozeß, durch welchen der Verstand »unvermerkt das Herz aus seinen Besitzungen verdrängt« hatte (IV, 215). Den Schmerz dieser Verdrängung in der gehorsamen Pflichterfüllung hatte Sofie/Filosofie gemildert. »Sofie gab dem Herzen den verlorenen Traum wieder.« (ebd.)

Ihren Tod verarbeitet Novalis in einer Form, die das Verhältnis von exoterischer Rationalität und esoterischer Poesie strukturieren wird. In der Angst vor dem lebenden Tod, der »Versteinerung« (IV, 207) durch den Verstand identifiziert sich Novalis mit dem toten Liebesobjekt, um sein »Herz«, sein »Lebendiges« zu retten. Das *ist* paradox. Der Todeserfahrung den höheren Gesichtspunkt des Lebendigen zu entnehmen, soll ihn vor dem Kältetod der »Offizialgeschäfte« (IV, 215) und der Wissenschaften schützen. Der Wunsch, Sophie nachzusterben, wird zum Begehren der Poesie und zum esoterischen Motiv der wissenschaftlichen Arbeit: »Die Wissenschaften«, schreibt er bereits am 29. 3. 1797, »gewinnen ein höheres Interesse für mich, denn ich studiere sie nach höheren Zwecken – von einem höheren Standpunkte. In ihnen, in Aussichten auf die unsichtbare Welt, in wenigen Freunden und in Pflichtgeschäften, will ich bis zum letzten Athemzuge leben, der, wie mir scheint, so entfernt nicht ist, als ich oft fürchte.« (IV, 215) Das folgende Freiberger Semester, das Hardenberg mit der Spitze der Montan-Wissenschaft vertraut macht, enthält von Beginn an einen hermetischen Kern. Er ist lebensgeschichtlich motiviert, bildet sich in der Folge jedoch dahin aus, daß Novalis – abseits des akademischen Lehrprogramms und seiner späteren montanen Verwaltungsarbeit – ein intensives Studium hermetischer Schriften hinter sich bringt.[60] Dadurch erst wird möglich, daß er im *Ofterdingen* der eigenen bergbauwissenschaftlichen Praxis das Bild eines hermetischen Montanwissens, einer »Montan-Sofie« (H. B.) entgegenhält. Er rettet darin, obwohl der Verlust der realen Sophie verarbeitet scheint, ihr Bild als Schlüssel zur poetischen Ausbildung seines »eigensten Selbst« (IV, 188). – Ob dies gelingen kann, mag fraglich sein, wenn irgend die »Seelenauszehrung«, die er im März 1797 nach dem Tode Sophies fürchtet, mit der physischen Auszehrung im Winter 1800/01 in einem wohl nie endgültig entzifferbaren Zusammenhang steht.

Freiberger Montanwissenschaft

Im Bergwerk-Kapitel des *Ofterdingen* spiegeln sich die Freiberger Studienjahre Hardenbergs. Freiberg, seit 1168 Silberbergbau-Stadt, hat 9400 Einwohner und betreibt 1794 219 Zechen mit 5043 Bergleuten.[61] Der Regent Sachsens, Xaver, stiftete im Zuge des sächsischen Retablissements 1765 eine der ersten technischen

Hochschulen der Welt. Sie wird schnell zum internationalen Zentrum der Montanwissenschaft. Als Hardenberg sich im Dezember 1797 inskribiert, ist er der 493. Student des Jahrgangs. Die Ausbildung folgt auf hohem wissenschaftlich-technologischem und praktischem Niveau. Ziel des Landesherrn ist es, den seit dem 17. Jahrhundert unrentablen Bergbau durch massiven Einsatz wissenschaftsangeleiteter Technik zu einer staatswirtschaftlich einträglichen Quelle zu verwandeln: sowohl hinsichtlich der Salinen wie der Kohle- und Erzbergwerke.[62]

Die Bergakademie-Gründungen (1770 folgten Berlin und Chemnitz) und der Zusammenschluß der Montanwissenschaftler und Kameralisten zur »Societät der Bergbaukunde« 1786 sind Symptom der Verwissenschaftlichung des Montanbaus. Im Vorwort des ersten Sammelbandes der Sozietät heißt es programmatisch: »da wir sehen, daß eine lang vernachlässigte, von den Antipoden des Lichts ängstlich verhinderte Aufklärung, auch in den Regionen unter der Oberfläche der Erde wirklich für so wichtig geachtet zu werden anfängt, als sie geachtet zu seyn schon längst verdient hätte«[63], bedurfte es dringlich einer Selbstorganisation aller Montankundigen. Dies ist die Sprache der Aufklärung: Licht zu bringen in sämtliche Praxisräume, selbst unter die Oberfläche der Erde (wie schon längst am Himmel). Nach dem frühkapitalistischen Entwicklungsschub von 1450 bis 1550 erfolgt jetzt die eigentliche Verwissenschaftlichung. Im Bergbau – so erkennt man – herrscht zu viel naturwüchsiges Praxiswissen, das regional begrenzt und zudem geheimgehalten wird[64]; man arbeitet getrennt und unsystematisch. Aufklärung tritt an mit dem Programm systematischer Veröffentlichung und Beschleunigung des Montanwissens. Der Kampf der Sozietät gegen die »bey verschiedenen Bergwerken üblichen Manipulationen, sogenannte Geheimnisse, entweder einzelner sterblicher Menschen, oder Handwerksmäßiger Innungen«[65] entspricht dem Modell neuzeitlicher Wissenschaft: Zugänglichkeit und Kontrolle, organisierte Produktion und internationale Kommunikation des Wissens.[66] War der Bergbau traditionell Sphäre des Geheimnisses und der hermetischen Wissenschaft, so ist dies der Montan-Entwicklung endgültig hinderlich. Die »*Vortheile des Bergbaus*« sind nicht mehr umstritten. Ethische, religiöse oder naturphilosophische Bedenken, die es um 1500 noch zu überwinden galt, bestehen nicht. Die montane Ausbeutung ist durch keinerlei Schranken gefesselt. Bergbau, so steht den Gründungsmitgliedern der Sozietät fest, »ist die erste Quelle der Reichthümer«.[67] Doch gilt dabei auch, was generell für moderne Wissenschaft zutrifft: ihre Blindheit gegenüber der Macht. Das Interesse der Wissenschaftler an Forschung hat sich dem ökonomischen Interesse und der Kontrollmacht des Staates anzubequemen. In der Satzung der Sozietät wird deswegen das Prinzip Öffentlichkeit sofort eingeschränkt: »Hier ist zu erklären, daß politische und Finanzgeheimnisse, nicht mitverstanden sind.«

Die Verflechtung von Wissenschaft und Staat ist etwa auch an A. G. Werner zu beobachten: eine seiner großen wissenschaftlichen Leistungen ist die kartographisch-geognostische Erschließung der sächsischen Bodenschätze. Novalis wirkt an diesem Projekt, in welchem er »wichtige Capitel aus der Grammatik dieser Sprache der allgemeinem Physik« und »Urkunden dieser uralten Naturgeschichte« zu entziffern hofft (IV, 298), vorübergehend mit. Das Gesamtprojekt wird nach über 20 Jahren, ein Jahrzehnt nach Novalis' Tod, abgeschlossen: Werner versteht sein Modell geognostischer Geographie als paradigmatischen Beitrag zur Naturgeschichte; wirklich aber ist es die Grundlage der industriellen Ausbeutung der Bodenschätze Sachsens im 19. Jahrhundert.[68]

In diesem Klima und solchen Widersprüchen erfährt Novalis seine Ausbildung und praktiziert er seinen Beruf. Er gehört nicht zu den »Antipoden des Lichts«. Als Aufklärer entdeckt er das Dunkel, als Wissenschaftler erschließt sich ihm das Fremde und Andere des Berges; als Mann der Sichtbarmachung entdeckt er, was der Sicht der Rationalität entgeht. Gehört er als Montankundiger zur zweiten Revolution des Bergbaus, so greift er als Dichter auf die Legitimationsprobleme und die kulturelle Phantasmatik des Montanwesens zurück, die im 16. Jahrhundert unterzugehen begann.

Die Spannung zwischen Montankunde und Montanpoesie hat Novalis vermutlich mit Widersprüchen der Verwissenschaftlichung selbst verbunden, die er an seinem Lehrer Werner beobachten konnte – was hier nur angedeutet werden kann. Die Leistungen Werners in der Mineralogie können, von Foucault her, dem Typus des klassifikatorischen Tableaus räumlich angeordneter Naturgeschichte zugeordnet werden; während er in der Geognosie dem von Lepenies beschriebenen Prozeß der Verzeitlichung der Wissensformen angehört.[69] So ist die neptunistische Lehre etwa, deren dogmatischer Verfechter Werner auch noch ist, als viele seiner eigenen Schüler wie z. B. A. v. Humboldt sich davon abwenden, zwar wissenschaftlich falsch, jedoch forschungspsychologisch verständlich und entschieden historisch ausgerichtet. Ist Werner darin eine zugleich rückwärts- wie vorwärtsgewandte Übergangsfigur der Wissenschaftsgeschichte am Ausgang des 18. Jahrhunderts, so konnte Novalis an ihm weitere Züge wahrnehmen, die ihm wichtig wurden. Zum einen war Werner nicht eigentlich schriftorientiert, sondern, wie vielfach bezeugt ist, ein charismatischer Lehrer von hinreißendem Vortrag, von patriarchalischer Souveränität und Fürsorglichkeit.[70] Darin wirkt das Meister-Adepten-Verhältnis fort, wie es Novalis in den *Lehrlingen zu Sais* und im *Ofterdingen* als vorneuzeitliche Form der Wissensvermittlung porträtiert. Wichtiger aber ist, daß der epistemologische Aufbau der Wernerschen Fossilienlehre eigenartig widersprüchlich ist. Neben moderner chemischer und physikalischer Klassifikation hält er, der über ein eidetisches Gedächtnis und differenzierte physiognomische Wahrnehmungskunst verfügt, an sinnlicher Erfahrung fest.[71] Ja, Werner hat eine entschieden vormoderne Scheu vor instrumenteller Datenerhebung. Eben dies meint Novalis, wenn er vom »divinatorischen Sinn« (IV, 298) Werners spricht. Leibvermittelte Eindrücke, sinnliche Anschauung, naturphysiognomisches Urteil schließt Werner nicht nur nicht aus der Wissenschaft aus, sondern hält sie in jeder forscherischen Naturbeziehung für unabdingbar. Diese auch bei Goethe[72] beobachtbare Abwehr der Dazwischenkunft von Beobachtungsapparaten zwischen sinnlichem Leib und Gegenstand hindert Werner daran, in der Mineralogie den Schritt zu gehen, der seit Galilei die Astronomie als Wissenschaft begründete oder wodurch Newton die Optik zum Paradigma erheben konnte: strikte instrumentelle Forschungstechnik. Diese epistemologische Spannung im Wernerschen System mag dazu beigetragen haben, daß Novalis in seinem Beruf ein aufgeklärter Technologe war, während er in der Poesie jene vormoderne Linie zog, die bei Werner in der engen Konjunktion von Leib und Mineral angelegt war: nämlich in holistischen Strukturen zu denken, in der Einheit von Mensch und Natur. So heißt es in einem Fragment von 1798: »Erwerbsbergbau – wissenschaftlicher, geognostischer Bergbau. – Kann es auch einen schönen Bergbau geben?« (II, 543). Diesen »schönen Bergbau«, in dem die Zeichenschrift der Natur durch Ästhetik entziffert wird, hat Novalis im *Ofterdingen* entworfen. Er konnte dies nur im Rückgriff auf alte Symboliken, in denen sich Praktiken des Montan-Baus spiegeln, die der Berg-Akademiker Hardenberg längst hinter sich gelassen hatte.

Das Buch des Goldes – Das goldne Buch

An Schleiermacher schreibt Friedrich Schlegel im Mai 1800 über den *Ofterdingen*: »Das Ganze soll eine Apotheose der Poesie seyn, es sind indessen vor der Hand herrliche Bergmannsträume, das Centrum das Symbol des Goldes.«[73] Novalis notiert in der Freiberger Zeit über Bücher: »Wenn Geist gleich edlem Metall ist, so sind die meisten Bücher Ephraimiten. (Münzen mit geringem Edelmetallgehalt, H. B.) Unsre Bücher sind ein unförmliches Papiergeld, das die Gelehrten in Kurs bringen. Diese Papiermünzliebhaberey der modernen Welt ist der Boden, auf dem sie, oft in Einer Nacht, emporschießen.« (II,462)

Mehreres ist hieran bemerkenswert. Schlegel konnte noch nicht sehen, daß die »Bergmannsträume« eine wichtige Stufe der Einweihung Heinrichs ins Geheimnis der Kunst darstellen. Bergwerk und »Apotheose der Kunst« gehören zusammen. Von »Bergmannsträumen« zu sprechen, ist ein Hinweis auf die vielschichtige Bedeutung des Erdinneren und Montanen im Roman. Es geht aber nicht allein um Bergwerk. Die Bezüge des Montan-Kapitels zu den beiden Träumen Heinrichs wie zum Klingsohr-Märchen machen deutlich, daß die unterirdische Welt (1) zur Topographie des Subjekts gehört, nämlich das Unbewußte, Traumhafte, Imaginäre bezeichnet; (2) aber, insbesondere in der Gestalt des subterranen Metallgartens mit künstlichen Grotten und (metallischen) Wasserspielen, die Zone höchster Artifizialität und damit der Kunst überhaupt symbolisiert.[74] (3) Schließlich erkennt Schlegel richtig die zentrale Bedeutung des Goldes. Es ist der König der Metalle, Ziel aller metallurgischen Prozesse; es ist als »philosophisches Gold« Ziel der Initiationen und Zustand der Vollkommenheit; es ist Symbol der Weisheit und des Reichtums, der Fülle und der Souveränität; es ist schließlich in der Formel »goldne Zeit« sowohl Ausdruck der Zeitenruhe, der Ewigkeit und Vollendung wie auch Ursprung und Ziel aller Zeiten, dasjenige nämlich, das den Zeitfluß nicht als leeres Verstreichen, sondern als teleologische Ordnung erscheinen läßt; das Gold ist also Metapher der Geschichtsphilosophie.[75]

Aus der Notiz des Novalis zum Gold der Bücher und zur »Papiermünzliebhaberey der modernen Welt« geht hervor, was der Roman *Heinrich von Ofterdingen* selbst sein soll: nämlich goldenes Buch, der unendliche, absolute Roman, welcher einer Buchproduktion entzogen werden will, die vom Geld-Ware-Geld-Kreislauf ergriffen ist. Die Initiation ins Bergwerk soll Heinrich mit der esoterischen, »goldenen« Seite der Kunst vertraut machen, die der Roman des Novalis in sich selbst bereits zu realisieren sucht. Die Formstruktur des Romans ist der alchemistischen Goldherstellung analog: wie diese aus den unedlen Metallen das Gold, so prozessiert der Roman aus den historischen Lagerstätten der Gattungsformen und Sprechweisen das absolute Buch, die goldene Chiffrenschrift der Erlösung.[76] Darin ist jene Wendung gegen die moderne Vermarktung der Bücherwelt enthalten, die Heinrich hinsichtlich des Montanbaus vom alten Bergmann lernen soll.

Der alte Bergmann: Sakralkultur des Bergbaus

Heinrich wird auf seiner Reise durch Mentoren und symbolische Begegnungen mit dem Weltwissen ebenso wie mit dem Universum poetischer Sprechweisen vermittelt, damit er werde, was ihm von Beginn an, in den Träumen, vorgezeichnet ist: Dichter. Es sind Situationen nicht psychologischer Reifung, sondern stufenweiser Initiation in die für Novalis zentrale geschichtsphilosophische Instanz der Poesie. Im gegenwärtigen zerrissenen Weltzustand hat die Poesie die Aufgabe, in Erinnerung an ein vormals goldenes Zeitalter auf eine künftige Versöhnung von Mensch, Geschichte und Natur durch Aufhebung aller zerstreuten Diskurse hinzuarbeiten. Auf dieser Reise nun begegnet Heinrich dem alten Bergmann.

Dieser Bergmann hat »von Jugend auf ... eine heftige Neugierde gehabt zu wissen, was in den Bergen verborgen seyn müsse, wo das Wasser in den Quellen herkomme, und wo das Gold und Silber und die köstlichen Steine gefunden würden, die den Menschen so unwiderstehlich an sich zögen« (I, 239). Der »Wille zum Wissen«, die erotische Neugierde aufs verborgene Innere der Natur ist Urmotiv des Montanen, nicht Aneignung und Reichtumserwerb. Bergbau ist kein bloßes Handwerk, sondern »seltne, geheimnisvolle Kunst« (I, 241). Die erste Einfahrt in den Berg wird mit

Zeichen der Ergriffenheit und Wunscherfüllung beschrieben. Dem Initianden scheinen die Bergleute nicht Arbeiter, sondern »unterirdische Helden« zu sein, in »ernstem, stillem Umgange mit den uralten Felssöhnen der Natur« (I, 241). Die Messe am Morgen erinnert, selbst in ihrer christlichen Form, an rituelle Praktiken zur Versöhnung der Erde, wenn man das Sakrileg begeht, in ihr Inneres einzudringen. Bei Novalis bleibt die Feierlichkeit noch spürbar, die Vorsicht und der Respekt, die den Bergmann bei der ersten Einfahrt dauerhaft prägen sollen. In offenbarer Gleichgültigkeit gegenüber der Tatsache, daß der Herzog von Böhmen aus den Bergwerken »ungeheure Schätze« gewinnt, von den Besitzverhältnissen also absehend, verpflichtet sich der Bergmann auf eine Berufsethik freiwilliger Armut. Der historische Grund davon wird unterschlagen, damit der Bergbau als poetischer Entwurf, als »ernstes Sinnbild des menschlichen Lebens« (I, 246) gerettet wird: Bergbau als Kunst- und Lebenslehre. Es ist ein spezifisches Wissen, das dem Bergmann die ökonomische Naturausbeutung verbietet: »Die Natur will nicht der ausschließliche Besitz eines Einzigen seyn. Als Eigenthum verwandelt sie sich in ein böses Gift, was die Ruhe verscheucht, und die verderbliche Lust, alles in diesen Kreis des Besitzers zu ziehn, mit einem Gefolge von unendlichen Sorgen und wilden Leidenschaften herbeylockt. So untergräbt sie heimlich den Grund des Eigenthümers, und begräbt ihn bald in den einbrechenden Abgrund, um aus Hand in Hand zu gehen, und so ihre Neigung, Allen anzugehören, allmählich zu befriedigen.« (I, 245)

Zweifellos ist dies ein Einspruch gegen die Kapitalisierung des Bergbaus, der Natur überhaupt. Eine romantische Haltung: Antikapitalismus als moralischer Protest, der aus Tabus herrührt, die der Natur selbst entnommen zu sein scheinen. Der Bergmann verhält sich abstinent gegen die Bildungen des Berginneren, sobald sie an den Tag getreten sind: »Sie haben für ihn keinen Reiz mehr, wenn sie Waaren geworden sind.« (I, 244) Seine Kunst befriedigt sich nicht am Nutzen, sondern erfüllt sich in sich selbst, d. h. im Inneren des Berges. Montankunst und Autonomie-Ästhetik liegen nahe beisammen. Denn Bergbau ist nicht nur Symbol alchemistischer Praxis, sondern auch ästhetischer Produktion. Die gehobenen Schätze, die in den verderbenbringenden Kreislauf des Geldes eingespeist werden, schaffen offensichtlich eine Macht, die der Bergmann nicht will: was den Herzog nur freuen kann.[77] Novalis kontrastiert zwei Praktiken: Bergbau und Metallurgie im Kapital-Kreislauf und die Montankunst, die jede Nutzenkalkulation verbietet. Für den Bergmann ist Profitgier, der Metallhunger, ein »gefährlicher Wahnsinn« (I, 244). Sein eigenes gefährliches Geschäft begehrt andere Lust und anderes Wissen. Der zwischen sakralen und ästhetischen Momenten pendelnde Praxisbegriff des Bergmanns begehrt die »wundersame Freude an Dingen, die ein näheres Verhältniß zu unserem geheimen Daseyn haben mögen« (I, 242). Berginneres, Metalle, Erzadern und die »geheime« Subjektform des Bergmanns stehen in einem seltsamen Zusammenhang.

Die Gedichte: esoterisches Wissen

Dieses Geheimnis ist nicht in Prosa, sondern nur in Poesie sagbar. Im Gedicht spricht die verborgene Wahrheit des Bergmanns:

> Der ist der Herr der Erde,
> Wer ihre Tiefen mißt,
> Und jeglicher Beschwerde
> In ihrem Schooß vergißt.
>
> Wer ihrer Felsenglieder
> Geheimen Bau versteht,
> Und unverdrossen nieder
> Zu ihrer Werkstatt geht.
>
> Er ist mit ihr verbündet,
> Und inniglich vertraut,
> Und wird von ihr entzündet,
> Als wär' sie seine Braut. (I, 247)

Die Deutung des Berges als Lebewesen tritt hervor, nicht ohne lyrische Peinlichkeit. Die Erde ist weiblicher Leib, Braut und Mutter. Bergbau ist Einfahrt in den Schoß der Erde: Montankunde, Erotik und Sexologie in einem. Die Erde als Leib ist eine zentrale Metapher der Romantik, wobei Tieck, Hoffmann, Arnim, Schubert, Eichendorff durchweg auf Novalis zurückgehen. Novalis aber hat dieses Deutungsmuster wie auch das des Montanbaus als gynäkomorphe Technik den Schriften der Alchemie entnommen. Der Bergmann befindet sich zur Natur in einer Allianzbeziehung. Seinem Handeln begegnet willig die Natur. Die Allianz zwischen Montanen und Berg ist erotisch; Bergbau ist coitales Eindringen in die Wachstumsstätten des Erdleibes, Penetration und Geburtshilfe in einem. Diese Lust hat ihren Lohn in sich; sie fordert Abstinenz, soziale Isolation, »innerweltliche Askese«. Darin sind Bergmann und Künstler verwandt. Im Bergbau erfährt Heinrich, was zur Ausstattung des romantischen Künstlers (und Alchemisten) gehört: das Wissen um die Leiblichkeit der Erde und die Liebe zur Natur. Bergmann und Künstler realisieren das Prinzip der Natur, »Allen anzugehören«; sie respektieren ihre Lebendigkeit und gewinnen statt Geld das philosophische Gold einer Erfahrung, in der sie sich mit der Natur, wie mit einer Braut, vereint wissen – doch auch dies nur symbolisch.[78]

Dieser Stufe der Einweihung folgt in einem zweiten Lied, »dunkel und unverständlich«, eine weitere. Das Gedicht erzählt, unter Aufnahme des Atlantis-Mythos, von einem versunkenen Schloß, einem darin eingeschlossenen König – dem Gold – und seinen Untertanen. Novalis verschmilzt romantische Wasser-Philosophie und Montan-Legende. Der König hört den von den »Gestirnen« erzählenden Quellen zu und . . . :

> Er badet sich in ihrer Flut,
> Wäscht sauber seine zarten Glieder
> Und seine Stralen blinken wieder
> Aus seiner Mutter weißem Blut. (I, 249)

Deutlich ist die matrilineare Codierung des Motivfeldes. Der König (= das Gold: eine alchemistische Gleichsetzung) symbolisiert die Verschmelzung mit der mütterlichen Natur. Ganze Geschlechter leben, wie es heißt, in Bann dieses inkorporierten Königs –: ein gleichsam voraufgeklärtes, in Natur (ihrem Blut, Strom) eingeschlossenes Leben. Diesen Frühzustand der Menschheit versteht Novalis als symbiotischen Bann der Natur. Es ist ein »Goldenes Zeitalter«, doch auch Zeit einer unbewußten Gefangenschaft der Menschen:

> Sie fühlen sich durch ihn beglückt
> Und ahnden nicht, daß sie gefangen. (I, 249)

Das Bewußtsein hiervon wird durch wenige geweckt, die »schlau und wach« sind: das Werk umfassender Aufklärung beginnt, an deren Ende der »Tag der Freyheit« steht. Geheimnis und Bau des Schlosses werden durchdrungen, das »Innere entblößt«, der König aus seiner »Kammer« geholt; Montanbau und Aufklärung

werden eins. Der Mensch wird »Meister« der »wilden Fluten«.
Diese terrestrische Kulturarbeit, welche die im König-Gold reprä-
sentierte Macht der Natur beherrschen lernt, schlägt auf der dritten Stufe merkwürdig um:

> Am Ende wird von Banden los
> Das Meer die leere Burg durchdringen
> Und trägt auf weichen grünen Schwingen
> Zurück uns in der Heymath Schooß. (I, 250)

Die apokalyptische Flut als Befreiung des Menschen von der Geschichte und Rückstrom ins amorphe Urelement der Natur. Die
Kultur- und Befreiungsarbeit wird eingeklammert durch die Identität von Geburt und Tod im Meeres- und Mutterschoß, dem
mythischen Kreislauf der Natur, deren Bild der pränatalen Ho-
möostase entnommen ist. Dies ist das Wissen, auf das als letztes
sich die Kunst des Bergmanns bezieht und das Heinrich von diesem lernen soll.

Alchemistische Symboliken der romantischen Kunst

Hiernach ist Heinrich reif für eine weitere Initiation. Riesige Höhlen liegen in der Nähe. In Begleitung des Bergmanns will man sie
besuchen. Auf dem Weg dorthin heißt es: »Der Mond stand in
mildem Glanz über den Hügeln, und ließ wundersame Träume in
allen Kreaturen aufsteigen. Selbst wie ein Traum der Sonne, lag er
über der in sich gekehrten Traumwelt, und führte die in unzähligen
Grenzen getheilte Natur in jene fabelhafte Urzeit zurück, wo jeder Keim noch für sich schlummerte, und einsam und unberührt
sich vergeblich danach sehnte, die dunkle Fülle seines unermeßlichen Daseyns zu entfalten.« (I, 252) Die Initiation tritt ins
Zeichen des Mondes, der Luna, Herrscherin über Nacht und
Traum. Luna erscheint »selbst wie ein Traum der Sonne«, sie ist
deren Inversion, Inversion des Tages und Bewußtseins. Im Zeichen Lunas ist die ganze Landschaft invertiert, »in sich gekehrte
Traumwelt«, die einen Regreß des unendlich Verstreuten auf das
uranfänglich Einfache ermöglicht, den »Keim«, der selbst eine
Inversion, Introversion, die »Sehnsucht« seiner unermeßlichen
Möglichkeiten darstellt.
 Diese Kette der Korrespondenzen und verinnernden Einschach-
telungen soll erfahren werden. Die Traum-Metaphorik bringt

Mond und Berginneres in die Nachbarschaft des Unbewußten und Vorgeschichtlichen. Beides gehört zusammen: der Traum vermittelt in der Sprache des Unbewußten die individuelle Frühgeschichte. Weite Dimensionen liegen jenseits des Wachbewußtseins des bürgerlichen Subjekts: es ist Heinrich, als habe sich »eine versteckte Tapetentür in ihm (sich, H. B.) geöffnet. Er sah sein kleines Wohnzimmer dicht an einem erhabenen Münster gebaut, aus dessen steinernem Boden die ernste Vorwelt emporstieg.« (I, 252) In der Berghöhle geht es um eine qualitative Erweiterung der Topographie des Subjekts. Wenn Novalis einmal notiert: »Wir träumen von Reisen durch das Weltall: ist denn das Weltall nicht in uns« (II, 417/18), so liegt dies auf derselben Ebene: Novalis entdeckt in der Erschließung des Weltalls wie des Erdinneren, Ereignissen der Naturwissenschaft, zugleich einen psychohistorischen Sprung. Das »kleine Wohnzimmer« des Bewußtseins ist durch »versteckte Türen« mit weiten Dimensionen der individuellen und naturgeschichtlichen Zeitentiefe verbunden. In der Höhle, die Heinrich betritt, begegnet er seiner eigenen Geschichte.[79] Und die uralten Knochenreste und Felsbildungen vermitteln ihm die erdgeschichtliche Dimension: Paläontologie und Geologie.

Seltsame Assoziationen wecken die Knochen in der Höhle. Während die Bauern im mythischen Bann der Angst bleiben und den Hohlraum der Erde mit dem eigenen Grauen anfüllen, heißt es von Heinrich: »Wie, dachte er bey sich selbst, wäre es möglich, daß unter unsern Füßen eine eigene Welt in einem ungeheurem Leben sich bewegte? daß unerhörte Geburten in den Vesten der Erde ihr Wesen trieben, die das Feuer des dunklen Schooßes zu riesenmäßigen und geistesgewaltigen Gestalten auftriebe? Könnten dereinst diese schauerlichen Fremden, von der eindringenden Kälte hervorgetrieben, unter uns erscheinen, während vielleicht zu gleicher Zeit himmlische Gäste, lebendige, redende Kräfte der Gestirne über unsern Häuptern sichtbar würden? Sind diese Knochen Überreste ihrer Wanderungen nach der Oberfläche, oder Zeichen einer Flucht in die Tiefe?« (I, 253/54) Das unterirdische Reich erweitert grandios den Vorstellungsraum Heinrichs. Die Knochen könnten Reste subtranen wie supralunaren Lebens sein. Die plane Lebensvorstellung gewinnt an Tiefe und Höhe zugleich. Zwischen Kosmos, irdischem Leben und Erdinnerem wird ein ständiger Austauschprozeß phantasiert. Auch dies ist ein alchemistischer Gedanke: zwischen Kosmos, Erde und Mikrokosmos fließen Korrespondenzen, Analogien, Sympathien, ablesbar an den Signaturen der Dinge, die ein dynamisches Netz von Chiffren bilden. Auf diese den Dingen eingravierte Schrift zielt das kosmologische Geheimwissen des Weisen – und der Roman des Novalis.

Um die Einweihung des künftigen Poeten in dieses Wissen der Natursprache, *lingua naturae,* geht es[80] – der romantische Künstler als Erbe des Alchemisten. Denn alchemistisch ist auch die andere Ebene der Phantasie Heinrichs: das Erdinnere als Schoß, der Lebewesen aus sich gebiert und in den Lebewesen sich flüchten. Der Austausch zwischen Kosmos und Erde wird als Aus- und Eingehen im Erduterus verstanden. Geburt und Tod sind miteinander verschlungen. Heinrich hat also die Lektion der Gedichte begriffen.

Der alchemistische Hintergrund davon ist: die Destillations- und Metallurgiekunst ist Imitation, ist Mimesis der Geburten und des Todes (der *nigredo*), welche die Erde von sich aus in ihrem Inneren veranstaltet. Alchemie ist immer auch männliche Aneignung der Gebär-Potenz und ist der Wille, Souverän des Todes zu werden. Sind Bergbau und Alchemie traditionell assoziiert, kommt bei Novalis ein Drittes hinzu: die Assoziation beider mit Kunst. Der Dichter spricht aus dem intimen Wissen um das Innere der Natur, er ist Mimetiker der verkörpernden (gebärenden) wie inkorporierenden (tödlichen) Potenzen der Weiblichkeit. Romantische Dichtung, in die Heinrich eingeführt wird, ist eine sexuelle Codierung der Welt, die von Phantasmen der omnipotenten *Magna Mater* erfüllt ist. Der Einweihungsort – das Delta der Erde – und die Modalität (Phantasie und Traum) – verweisen darauf, daß der romantische Naturbegriff herzuleiten ist aus den ins Unbewußte abgesunkenen Symbolbildungen, die im Diskurs der Wissenschaften keinen Ort haben. Darum wird die romantische Rede über Natur – als Kontrafaktur des montanwissenschaftlichen Diskurses – angeschlossen an vorrationale Praktiken der Alchemie und der Sakralkultur des Bergbaus. Deren Zitierung in einem Roman von 1800 hat jedoch zugleich die Funktion, Chiffren des Verdrängten und Unbewußten zu bilden, das unter dem Druck der Rationalität sich als »erdzugewandte« Zone im Inneren des Subjekts auskristallisiert.

Der hermetische Montan-Diskurs bei Novalis ergibt sich aus dem Verhältnis zur aufgeklärten Bergbauwissenschaft einerseits und den Verdrängungsleistungen des Berg-Kameralisten Hardenberg andererseits. In der Kunst findet die verlorene, durch Wissenschaft ausgegrenzte Naturphilosophie der sogenannten »chemischen Philosophen« der Renaissance ihren Ort der Erinnerung; und die Kunst wird zum Medium der Einbehaltung dessen, was das aufgeklärte Subjekt in der Phase seines Autonom-Werdens zum Opfer bringen mußte [siehe Abb. 16].

Naturgeschichte und Geschichte; Naturallianzen

Schließlich ist das Berginnere der Ort, an welchem sich Heinrich das Ineinanderspiel von Lebensgeschichte, Menschheitsgeschichte und Naturgeschichte offenbaren soll. Man trifft in der Höhle einen Einsiedler, der – nach einem umhergeworfenen Leben zwischen Krieg und Politik – sich in den Berg zurückgezogen hat: Ort der *vita contemplativa*.[81] Im Gespräch zwischen Einsiedler und Bergmann wird der kosmos- und naturgeschichtliche Sinn des Bergbaus enthüllt: »Ihr seyd beynah verkehrte Astrologen, sagte der Einsiedler. Wenn diese den Himmel unverwandt betrachten und seine unermeßlichen Räume durchirren: so wendet ihr euren Blick auf den Erdboden und erforscht seinen Bau. Jene studieren die Kräfte und Einflüsse der Gestirne, und ihr untersucht die Kräfte der Felsen und Berge, und die mannichfaltigen Wirkungen der Erd- und Steinschichten. Jenen ist der Himmel das Buch der Zukunft, während euch die Erde Denkmale der Urwelt zeigt.« (I, 260) Daß Bergbau und Astrologie verbundene Wissensformen sind, entnimmt Novalis erneut der Alchemie.[82] Gestirne und Erdinneres schließen die Geschichte in Naturkonstellationen ein, durchziehen die Historie mit einem universalen Spannungsfeld sich durchkreuzender Signifikanten, die zu erkennen der Stein der Philosophen wäre.

Für Novalis heißt dies: Himmelskunde und Geognosie sind die entferntesten und zugleich umfassendsten Klammern von Geschichte und Geschichten. Historie ist zuletzt immer Universalgeschichte der Natur, nicht Handlungsgeschichte des Menschen. Der Blick des Adepten wird dadurch weiträumiger: Erde und Kosmos, naturgeschichtlich betrachtet, verändern den Begriff von Natur (als stumme Materie und Kausalmechanismus) und das gesellschaftliche Selbstbewußtsein des Subjekts. Montankunde weckt den Blick dafür, daß die Erde eine dramatische, gleichsam

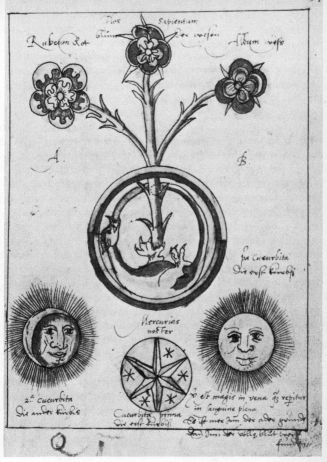

Abb. 16: »Die blaue Blume der Alchemie«.
Illustration aus dem »Alchimistischen Manuskript«. Basel

heroische Vorgeschichte hat, in der menschliches Leben nicht möglich war (I, 261/2). Diese wilde Produktionsphase bildete die gewaltige Retorte der Natur, in deren wüstem Inneren jene stofflichen Ressourcen geschaffen und ausgeboren wurden, die viel später das menschliche Leben tragen. Die Epoche »jener grausenvollen Geburtswehen« ist vorbei, eine »allmähliche Beruhigung der Natur« (I, 261) trat ein. An die Stelle gewaltiger Produktion, die den Menschen vernichten würde, tritt jetzt eine Sänftigung der »erzeugenden Kraft«. Novalis drückt diesen Epochenwechsel symbolisch so aus: der »wildgeborene Fels« wird durch die »stille treibende Pflanze, eine stumme menschliche Künstlerin« (I, 262) abgelöst.[83]

Diese erdgeschichtliche »Entwilderung« (I, 87) ermöglicht den Menschen. Natur, in ihrer gegenwärtigen Form, bietet dem Menschen Allianzen an: »innigeres Einverständnis«, »friedlichere Gemeinschaft«, »gegenseitige Unterstützung und Belehrung« (I, 261/62). Der geognostische Blick läßt Heinrich erkennen, daß die beruhigten Naturformen als Angebot an den Menschen gelesen werden können. Wer Natur nur in eingeschränkter Gegenwart einnimmt – der Kaufmann, der Techniker, der Herrscher – oder im mythischen Bann der Vergangenheit – wie die Bauern –, der erkennt nicht die Allianzen, die nach den »grausenvollen Geburtswehen« nunmehr zwischen Mensch und Natur bestehen. »Wir können immer besseren Zeiten entgegensehen« (I, 261/62) – dieser Satz gilt nicht für den rationalistischen Naturdompteur, sondern für die ästhetisch-geognostische Perspektive hermetischer Montankunst. Durch sie ist zu erkennen, daß die Natur von sich aus friedliche Kreisläufe anbietet (Symbole: Pflanze als *ruhige* Form des Werdens, Stein als *beruhigte* Form ehemals dramatischer Erdgestaltungen). So kann der Mensch als alliierter Sohn der Erde sein Überleben sichern. Wo Selbsterhaltung nicht in eine auch naturangemessene Technik und Praxis umgesetzt wird, besteht auch nicht die Aussicht auf »immer bessere Zeiten«. In der Naturphilosophie liegt die Wurzel des romantischen Antikapitalismus und der Technikkritik.

Das Symbolfeld des Bergbaus erschließt eine Interpretation der Erde als anderes Subjekt, Gegenüber und Mitspieler des Menschen, als dessen Vergangenheit im individuellen und erdgeschichtlichen Sinn. Bergbau symbolisiert das Unbewußte und Historische, das in den »Höhlen« des Subjekts abgelagert ist.

Selbsterkenntnis und Naturerkenntnis fließen zusammen, erweitern sich zugleich in eine universale Naturgeschichte von Kosmos und Erde, die die Rahmenbedingungen der menschlichen Geschichte bilden. Die Poesie wird zum Medium des Naturzusammenhangs und tritt darin die historische Nachfolge der Alchemie an. Der davon abgeleitete Naturumgang ist als Entwurf von Allianztechnik (Bloch) zu lesen: sie ist vom Wissen um das historische Prozessieren der Materien selbst bestimmt. Dieses Wissen geht jeder Einzeltechnik normativ voraus. Rücksichtnahme, Respekt, Schonung, Vorsicht, Koalition kennzeichnen die angemessenere Haltung des Menschen zur Natur. Diese Haltung hat in der unzensierten Begegnung mit dem Unbewußten und Imaginären im Subjekt ihre Voraussetzung. Sie überwindet die archaische, nackte Angst vor einer bösen und das sehnsüchtige Hoffen auf eine gute Natur ebenso wie die die angemaßte Autonomie, die von Natur nichts zu fürchten und nichts zu hoffen hat, weil diese jener durch Gewalt unterworfen ist.

5. E. T. A. Hoffmann: Alchemistischer Wahn in Labor und Bergwerk

Die »schwarze Höhlung« im Elternhaus: »Der Sandmann«

E. T. A. Hoffmann ist wie Novalis ein Alchemist dem Geiste nach, ein entschieden wilderer, ganz und gar ungläubig, ohne das naturphilosophische Geraune und den grandiosen Anspruch aufs »goldene Buch«, doch, was die alten Motive angeht, ungleich spielerischer, experimenteller, artistischer als Novalis. Schmelztiegel, geheimnisvolle Elixiere und Mixturen, nächtliche Stoffsynthesen durch Hexen oder Zauberer, wundersame Salben, rätselhaft wirkende Steine, Metalle, Kristalle –: Hoffmann belebt das ganze Arsenal alchemistischer Künste und Utensilien wieder, schreibt es jedoch, ähnlich und doch gänzlich anders als Novalis, in neue Diskurse ein: den über den Künstler, der der eigentliche Nachfahre der Alchemisten in der Moderne ist, und den der Sexualität.

Natürlich mobilisiert Hoffmann auch die alte Verbindung von Magie und Technik. Dunkle Mechaniker treiben ihr Spiel – als bewegten wir uns nicht in der Protophase der industriellen Revolution, sondern im 16. und 17. Jahrhundert, wo die Kombination von Magie und Mechanik noch offen zutage lag. Zur alchemistischen Technik gehören die Homunculi und Androide, die in der Hoffmannschen Welt ihren festen Platz haben: Musikmaschinen, sprechende Puppen, astrologische Apparate, Schachautomaten und schließlich die künstliche Frau, Olimpia, Krönung des Androiden-Traums. Auch Mensch-Maschinen-Synthesen, in denen der Mensch auf furchtbare Weise sich den apparativen Strukturen der Maschinen anpassen muß, finden sich (so im *Kater Murr*). Insgesamt ein Reservoir dämonischer Bilder von Technikangst wie von technischer Omnipotenz. Der Mensch als »zweiter Schöpfer« beginnt fratzenhaft zu werden. Die dämonischen Verkoppelungen von Menschenkörper und Maschine bei Hoffmann führen aber nicht nur auf die Alchemie und magische Mechanik zurück, sondern verweisen auch voraus auf E. A. Poe und Villiers de l'Isle Adam *(Die Eva der Zukunft)*[84] und über diese hinaus auf Kafka *(In der Strafkolonie)* und die Junggesellenmaschinen des 20. Jahrhunderts.[85]

In der Erzählung *Der Sandmann* wird von dem psychotisch desintegrierten Nathanael, einer der scheiternden Künstlerfiguren Hoffmanns, als Knabe eine typisch alchemistische Szenerie belauscht oder phantasiert: sein Vater versucht zusammen mit dem Advokaten Coppelius, der vielleicht auch identisch ist mit dem Mechanikus Coppola, einen künstlichen Menschen zu zeugen: mitten im bürgerlichen Haushalt ist ein alchemistisches Labor verborgen![86]

Synthetisches Leben ist ein alchemistischer Urtraum, wie die Synthese des Goldes. Leben künstlich zeugen: das ist die Eroberung des letzten Geheimnisses der Mutter Erde, die den lebenserzeugenden Prozeß als Naturrätsel, nämlich als Rätsel des Uterus, für sich behält. Dagegen protestierte schon der Mensch im *Iudicium Iovis* des Niavis; und Alchemisten jeder Prägung versuchten den Schleier des Zeugungsgeheimnisses zu lüften; sie wollten das Unsichtbare *sehen* und das Gesehene *machen*. Selbst Paracelsus hält die künstliche Zeugung für möglich. Daran knüpft Hoffmann an.

Er ist vielleicht der erste, der entdeckt, daß hierin eine grandiose Männerphantasie spukt. Wie immer bei ihm, führt die Spur auf die Nachtseite der gesitteten Ordnung, die vor Augen und im Bewußtsein liegt. Es sind Männer, ehrenwerte Bürger, Beamter wohl und Advokat, die nächtens den Androiden zeugen, Gott nachahmend und vielleicht überbietend. Gewiß ist dies zuerst ein Sakrileg gegen den patriarchalischen Gott, der freilich selbst schon die schöpferische Produktivität der Frauen und der weiblichen Natur in eigene Regie und Macht nimmt. Bei Hoffmann geht es dabei auch weniger um die Revolte luziferischer Technik. Vielmehr verschlüsselt die Alchemie-Szene eine männerbündische Koalition, welche die Angst und den Respekt vor der Gebärkraft der Frau zu brechen sucht. Zeugen und Gebären werden der Natur entrissen und zu Problemen technischer Manipulation und künstlicher Produktion von Männern. Das aufgedeckte Rätsel stürzt die Sphinx-Natur in den Abgrund. Der »Tod der Natur« (C. Merchant) vollendet den Triumph des Menschen, wenn sie als namenloses Anderes und verschleiert Fremdes getilgt ist: und das wäre in der Herrschaft über den Zeugungsvorgang. Die Gen-Techniker und Retorten-Produzenten heute wirken, als wären sie den Phantasmen der Alchemisten entwichen, Entsprungene der romantischen Bücher Hoffmanns, worin der Omnipotenz-Traum schon umgesetzt ist, Kleinbürger, die ihr Götterhandwerk im Geheimraum der bürgerlichen Familie und zivilen Ordnung betreiben.

Freilich ist dies nicht der ganze Sinn der Hoffmannschen Szene. Nicht zufällig nämlich wählt Hoffmann zum Ort der künstlichen Zeugung den Taburaum des Elternhauses – und welches wäre dieser für Nathanael, wenn nicht das elterliche Schlafzimmer. Er will, selbst ein kleiner Alchemist, um jeden Preis, *wissen, sehen* und *hören*: »den Kopf lauschend durch die Gardine hervorgestreckt«, »auf die Gefahr entdeckt ... und hart gestraft zu werden« (III, 27). Seinem verstörten Blick öffnet sich »eine schwarze Höhlung«: Herd, »blaue Flamme«, »seltsames Gerät«, Retorten, »hellblinkende Masse«, Dämpfe, Metalle. Dies ist das alchemistische Labor als Mimesis der uterinen Erdhöhle. Es gehört nun aber zur Raffinesse der Hoffmannschen Erzählung, daß er das Motiv der Homunculus-Synthese mit dem Diskurs über die Sexualität in der bürgerlichen Familie verbindet. Denn wie die Neugier auf das unsichtbare Innere weiblicher Generativität den Bergmann und Alchemisten in den Berg oder ins Labor treibt, so drängt es in der Form voyeuristischer Sucht den kleinen Nathanael in jenen Raum des Elternhauses, wo das Geheimnis der Menschenzeugung, also der Eltern-Sexualität, verborgen zu sein scheint.

Sexualität in der bürgerlichen Familie hat bei Hoffmann den

Abb. 17: Alchemistische Zeugung in der Retorte.
Aus: Trésor des trésors. Paris, ca. 1620–50

durch Verdrängung und Mystifikation erzeugten dämonischen
Status, der auch die Zeugungsversuche der Schwarzkünstler charakterisiert, die durch Schweigen, dunkle Chiffrierungen und Ge-
heimbünde ihr Tun auf der Nachtseite des wissenschaftlichen
Lichts gegen neugierige Zugriffe schützen. Vielleicht aber ist dort
nichts – außer der Phantasie der Ausgeschlossenen. Hoffmann legt
nahe, daß es im alchemistischen Versuch und in der Sexualität um
dasselbe geht, um Zeugung, Geburt, unbekannte Lust. Im Labor
des Elternhauses wird mit der Alchemie zugleich die Sexualität der
Eltern den Kindern entzogen. Hoffmann verfährt dabei präzise in

alchemischen Konfigurationen. In der Ikonographie des alchemistischen Prozesses – so etwa im *Rosarium Philosophorum* (um 1550) – erscheinen Bilder, auf denen ein coitierendes Paar zu sehen ist: der Frau ist der Mond zugeordnet, dem Mann die Sonne. Beide sind nackt, tragen aber Kronen, denn ihr Coitus symbolisiert die höchste Synthese der Alchemie, die heilig-königliche Hochzeit der entgegengesetzten Gestirne, Geschlechter und Elemente. Das coitierende – manchmal geflügelte – Paar schwimmt auf dem Wasser; diesem gleichsam entstammend, schwimmt Luna auf dem Rücken und empfängt Sol.[87] Auf der Illustration der Stufe *solutio perfecta* des alchemistischen Prozesses steht eine große Retorte in einer fruchtbaren Landschaft; in der Retorte schwimmend das coitierende Paar.[88] In einer anderen Abbildung schwimmt das Paar in einer halb von Wasser gefüllten Erdgrotte: Coitus von Luna und Sol in der Erdmatrix.[89] Das führt auf den Bergbau zurück, der gezeigt hatte, daß die natürliche Metallurgie der Erde als Ergebnis sexueller Konjunktionen des Erdschoßes mit Planeten, vermittelt über deren Einstrahlungen, zu verstehen ist. Wie auf der Illustration zum »Trésor des Trésors« die Elementenhochzeit in einer Retorte, so geschieht bei Hoffmann der alchemistische Akt in einer »schwarzen Höhlung«. In dieser Sprachwendung werden Uterus, Erddelta und Laboratorium identisch [siehe Abb. 17].

Nathanaels Vater und Coppelius bilden die Elementenhochzeit nach, um den Homunculus zu zeugen. Die alchemistische Dämonie schreibt Hoffmann in die Urgeschichte sexueller Codierungen der bürgerlichen Familie ein. Der alchemische Akt wird von Nathanael erlebt als Verwandlung des Vaters in ein »Teufelsbild«, als gewaltförmige Handlung: eine »glutrote Zange« wird geschwungen, glühende Metalle werden in der »Höhlung« des Schmelzofens gehämmert.[90] Sexualität ist Gewalt des Vaters. Die Homunculus-Synthese scheint fast gelungen, es fehlen nur die Augen. Als Coppelius dies ausruft, schreit der im Lauschversteck verborgene Nathanael auf. Coppelius ergreift ihn und will ihm die Augen entreißen: »Nun haben wir Augen – Augen – ein schön Paar Kinderaugen.« (III, 29) An dieser Stelle wird Nathanael von psychotischen Ängsten überflutet. Vom Vater gerade noch gerettet vor der Herausnahme der Augen, wird er von Coppelius auseinandergeschraubt wie ein mechanischer Android. Was Nathanael, psychoanalytisch gesehen, als eine ihn panisch überflutende Fragmentierungsangst erlebt, erscheint von der Motiv-Tradition her anders:

als Anatomie des menschlichen Körpers, den man zergliedern können muß, um das Geheimnis seiner Synthese verstehen zu lernen. Dieses Motiv bestimmt die Puppe Olimpia, die Nathanael später »bis zum Wahnsinn« liebt, ein Produkt des Physikers Spalanzani und des Mechanikus Coppola. In der Fragmentierungsangst des Jungen also wieder ein doppeltes: die Kodierung des männlichen Kindes in der Konfrontation mit der sexuellen Urszene und dem in ihr verborgenen Geheimnis der eigenen Herkunft; und das Geheimnis alchemistischer Analyse und Synthese, das als teuflisch und sexuell in einem erscheint: denn der Alchemist zielt, indem er der Natur die Technik der Zeugung abgewinnen will, auf Göttlichkeit – das ist luziferisch. Der Mann, der den weiblichen Schoß in einen von ihm beherrschten künstlichen Uterus, in ein Labor also umbaut, dieser Mann ist souverän wie Gott. »Der Alte hat's verstanden«!, »zischte und lispelte Coppelius«, als er Nathanael auseinanderschraubt (III, 28). Der Alte: Gott-Vater.

An dieser Stelle wird Nathanael ohnmächtig. Die grausige Begegnung mit Alchemie und Sexualität versetzt ihn in einen »Todesschlaf«, aus dem erwachend er ins Auge der Mutter blickt, die den »wiedergewonnenen Liebling« herzt. Es scheint, als habe Nathanael im alchemistischen Coitus die Mutter gelöscht, der er angehört nur außerhalb der elterlichen Sexualität, dem Labor der Lüste des Vaters. Die Exklusion der Mutter ist aber nur Schein. Ein Jahr später wiederholt sich das alchemistische Experiment mit tödlichem Ausgang: ein »entsetzlicher Schlag geschah«, der Vater ist »tot mit schwarz verbranntem, gräßlich verzerrtem Gesicht« – »die Mutter ohnmächtig daneben!« (III, 29) Unauffällig markiert das Ausrufezeichen: die Mutter war doch dabei. Und sie war es wirklich. Die »schwarze Höhlung«, der »dampfende Herd« und die »Masse« bilden den mütterlichen »Sexualapparat«, in dem die Väter manipulieren. Nathanael registriert nur die verzerrten Züge, die zuckende Bewegung, das Schwingen der glutroten Zange, das Hämmern der »Väter«. Aber er löscht, um die Beziehung zur Mutter nicht zu verlieren, diese aus dem Bild. Hoffmann schildert das Szenario patriarchalischer Sexualität: die Frau ist passive Retorte, Schmelztiegel, Hohlraum, Labor männlicher Sexualität; der Vater gewalttätig, zwingend, zerstückelnd, todesdrohend.

Im Advokaten Coppelius, der später im Mechanikus Coppola wiederkehrt, ist dies alles zur Namenschiffre geworden: coppo ital. = die Augenhöhle; copella = der Probiertiegel bei alchemistischen Operationen; die Copula = die Verbindung und die Begattung; die Copulation = die eheliche Verbindung (Verheiratung) und die Verschmelzung der Geschlechtszellen bei der Befruchtung.[91] Coppelius/Coppola tritt immer auf (III, 24–26), wenn die Sexualität der Geschlechter aneinanderzukoppeln ist, Copula der Eltern; tritt auf als alchemistische Koppelung der polaren Elemente; tritt auf als sexuell-alchemischer Coitus; als Copula, Verbindung, trennt er zugleich das Element ab, das von der Verbindung ausgeschlossen ist; so ist er die Copula »und« wie gleichzeitig das »nicht«, die Negation: das *alpha privativum* der Lust der Kinder und besonders des Nathanael; er ist der, der die Augen zu rauben droht und die Kastrationsdrohung repräsentiert; er ist darum schließlich der Tod, »riesengroß« unter den Menschen zu Füßen des Turmes aufragend, von dem Nathanael sich herabstürzt (III, 52).

Das alchemistische Experiment wird von Hoffmann umgestaltet zur Szene der psychosexuellen Sozialisation Nathanaels. Diese ist oft genug analysiert worden, sie muß hier nicht noch einmal nachgezeichnet werden.[92] Anzumerken bleibt, daß Nathanael von der Urangst immer eingeholt wird, wenn er als Mann sich zu identifizieren sucht. Die Alchemisten-Szene blockiert fortan seine Sexualität. Er weicht in der Liebe zu Olimpia, dem androiden Produkt eines Vaterpaares, auf narzißtische Positionen aus. Sein Selbst, das er über Olimpia als Spiegel-Selbst zu heilen versucht, verbleibt, insofern diese sich als fragmentierbare Puppe des Vaters erweist, vollständig in dessen Gewalt, unauflöslich abhängig vom Gesetz des Vaters. Es scheint so, als bestünde der psychotische Schub Nathanaels darin, daß das Phantasma von ihm Besitz ergreift, er selbst sei das Produkt der alchemischen Omnipotenz des Vaters, d. h. Erzeugnis einer Vergewaltigungssexualität, im Verhältnis zu der Nathanael, mit der Mutter identifiziert, sich immer als der »Auseinanderschraubbare«, als synthetischer Android phantasiert. Er ist kein phallischer Mann, kein alchemistisch-sexueller Technit, sondern dessen Objekt.

Psychoanalytisch gesehen ist Nathanael, wie schon Freud annahm, in der femininen Position, die er zum symbolischen Vater behält, der latent Homosexuelle; er widersetzt sich in der Beziehung zur Verlobten Clara unbewußt dem heterosexuellen Begehren. Psychiatrisch gesehen, ist er der suizidale Psychotiker, Rätselbild des Wahnsinns. Alchemistisch gesehen figuriert er den

Hermaphroditen, das männlich-weibliche Produkt der alchemistischen Hochzeit. Im romantischen Blick aber ist er der scheiternde Künstler ohne soziale Heimat und ohne das für Hoffmann so wichtige, identitätssichernde ästhetische Ideal.[93] – Und wer ist Nathanael ohne diese Blicke? Niemand. Er hat leere Augenhöhlen, die sich mit Leben erst füllen, wenn ihm der Leser Augen einsetzt, die seine eigenen sind. Ein Schibboleth der Deutungen.

Der Appetit der Berge: E. T. A. Hoffmanns »Die Bergwerke zu Falun«

Der literarische Bruder Nathanaels, Elis Fröbom aus der Erzählung *Die Bergwerke zu Falun* führt zurück in die Welt der Berge, von denen der schauerliche Sandmann sich scheinbar entfernt hatte. Bei Hoffmann ist der Montanbau, ist die Alchemie nicht mehr Zitat versöhnter Naturbeziehung, sondern erfüllt mit den Unheimlichkeiten bürgerlicher Sexualität, an denen Novalis mit seinen friedvollen Naturbildern besänftigend vorbeifabelt. – Wie bei vielen romantischen Erzählungen lautet die Grundfrage: wie wird aus einem Jüngling ein Mann – mit Ehefrau, Familie, Arbeit –, oder warum scheitert jemand an diesem Skript der Normalität, weicht ab, wird Künstler, Sonderling, Wahnsinniger, Besessener?

Alles könnte so glatt gehen. Der Vater ist tot – ein entmachteter Rivale; Elis übernimmt den Beruf des Vaters (Seemann) und wird dessen Stellvertreter: »seine arme Mutter nährend und pflegend« (V, 201), »jubelt« Elis vor Lust, wenn er, von der See heimgekehrt, »dem Mütterchen die Dukaten in den Schoß geschüttet« (V, 202). Während seine Kameraden saufen und sich mit Prostituierten, die »sich leider böser Lust geopfert« (V, 200) haben, amüsieren. Nun, da jedoch auch die Mutter gestorben ist, wird Elis Bergmann, arbeitet fleißig, sauber, gewissenhaft – wer wollte mehr von einem strebsamen jungen Mann? Obendrein bietet ein Minenbesitzer ihm Tochter und reiche Aussichten auf die Zukunft: der Umriß des bürgerlich erfolgreichen Mannes erscheint – patriarchalischer Vorstand der Familie, aufgrund des christlichen Sozialethos allenthalben geachtet, ein Held der Arbeit und Moral. Daß daraus nichts wird, liegt am Bergbau. Dies muß verstanden werden, um zu erklären, warum Elis aus der patriarchalischen Logik ausschert und auch nicht eine technisch-ökonomische Einstellung zur Natur aufbringen kann. – Zurück zum Anfang.

Der Tod der Mutter erschüttert das Gleichgewicht der ödipal bestimmten Lebenspraxis dieses Sohns als Quasi-Ehemann der Mutter. Und keine kulturelle Integration ohne progrediente Ödipalisierung des Mannes – so gilt es nicht nur für die romantische Literatur. »Der Tod der Mutter« jedoch, so erzählt Elis, »zerreiße ihm das Herz, er fühle sich von aller Welt verlassen, einsam, wie auf ein ödes Riff verschlagen, hilflos, elend.« (V, 201) Elis, der Seemann, hat psychischen Schiffbruch erlitten; das Lebensschiff ist zerschellt. »Das Leben ekelt mich an« (V, 202), ja, es scheint ihm, er müsse der Mutter nachsterben: ihm ist, »als sprängen alle Adern in seiner Brust, und er müsse sich verbluten« (V, 201) – Zeichen seiner Verschmelzung mit der Mutter. Dies war ihm unbewußt, weil er in der Übernahme der Vater-Rolle, als Seefahrer, den Anschein männlicher Autonomie gewahrt hatte; doch diese Pseudo-Identität bricht nun zusammen. »Wie ein irres zweckloses Treiben« (V, 201) erscheint ihm die männliche Seefahrt, eine »Arbeit, die mir nur ein mühseliges Treiben um nichts dünken würde« (V, 202). Der Tod der Mutter zwingt Elis, sein geheimes Begehren aufzugeben in gerade der Form, in der es lebbar schien: als Seemann vermochte er der kleine Ödipus seiner Mutter zu bleiben. Daß dies ihm unbewußt blieb, ist gerade das Normale.

Es muß etwas geschehen. Folglich begegnet ihm der alte Bergmann Torbern, von dem man später erfährt, daß er ein Revenant ist, ein wiederkehrender Toter. Torbern ist vor mehr als hundert Jahren, 1687, verschüttet worden; ein besessener Bergmann, »der, ohne Weib und Kind, ja, ohne eigentliches Obdach in Falun zu haben, beinahe niemals ans Tageslicht kam, sondern unaufhörlich in den Tiefen wühlte« (V, 214). Die Leute erzählen sich, »er stehe mit der geheimen Macht, die im Schoß der Erde waltet und die Metalle kocht, im Bunde« (ebd.). Leute-Meinung, denn hier geht es nicht um Teufelspakt.[94] Vielmehr um eine andere magisch-alchemistische Vorstellung. Alchemistisch ist zunächst der Gedanke, daß die Erde nicht nur einmal, bei ihrer Entstehung, Metalle ausgeboren habe, sondern diese weiter in ihrem »Schoß« wachsen lasse; Hoffmann betont sogar noch das Alchemistische, auf die Erdretorte anspielend: die Erde kocht Metalle. Als Montan-Alchemist ist Torbern sozial isoliert, ein in der Tagwelt Heimatloser, der sich jedoch auf die mütterliche Natur und ihre

Abb. 18: Die große offene Pinge des Bergwerks zu Falun.
Kol. Kupferstich von J. F. Martin. 18. Jahrh.

Geburten versteht, ein Liebhaber weiblicher Anatomie, Berg-Gy-
näkologe. Alten Montan-Wissens getreu, warnt er vor hem-
mungslosem Raubbau an Erzen aus »gewinnsüchtiger Gier« (V,
214). Man weiß doch, daß die Bergwerke zeitweise in Ruhe gelassen werden müssen, damit der Erdschoß sich erholen und neues
Metall legieren kann. Torberns »tiefe Wissenschaft« beruht insofern auf »wahrer Liebe zum wunderbaren Gestein« (ebd.). Arkanwissen, Armut und Isolation, erotische Allianz mit dem Berg,
Verbot rein instrumenteller Einstellung und ökonomischer Ausbeutung –: dies verbindet Torbern mit dem alten Bergmann bei
Novalis, aber auch mit Anwaltsreden der Götter für die Schonung
der Terra im *Iudicium Iovis* von Niavis. Torbern ist also kein böser
Dämon, wie so oft Revenant-Figuren, sondern Inbegriff des Weisen und mit der weiblichen Natur Verbundenen. Die Bergbau-
Entwicklung jedoch geht über ihn hinweg. Man beutet trotz seiner
Warnungen die Minen rücksichtslos aus, bis der Berg zusammen-
stürzt und Torbern unter sich begräbt (ebd.). Torbern ist die von
moderner Zweckrationalität überholte Figur der vorneuzeitlichen
Montankunst, wie sie ihren letzten Höhepunkt in der Renaissance-Alchemie hatte [siehe Abb. 18].

Im Zeitalter der Aufklärung ist Torbern zur Legende degeneriert, eine Gestalt des Aberglaubens. Im Faluner Bergwerk herrscht eine rein technische und ökonomische Einstellung, christlich überwölbt. Torbern taucht in dieser Welt nur noch zu besonderen Momenten auf – wie jetzt bei Elis nach dem Tod der Mutter. Er hat hier die Funktion des Initiationslenkers, der den krisenhaften Übergang von einer psychosexuellen Konfiguration zu einer anderen begleitet. Beim Zusammenbruch nämlich der ödipalen Konfiguration stürzt Elis zurück auf eine ältere Stufe, die archaische Mutter-Kind-Dyade: und hier, wie sich zeigen wird, setzt Torbern ein, nicht um ihm herauszuhelfen, sondern genau dort zu fixieren: weil nämlich dies die psychische Stufe ist, die – ins Montane übersetzt – seinem vorneuzeitlichen Bergbau-Modell entspricht.

Ähnlich wie bei Novalis entsteht die Erzählung durch Überblendung zweier scheinbar unverbundener Muster. Zum einen findet sich die Aufnahme traditioneller montankundlicher Motive. Diese werden eigenartig verbunden mit dem Motiv des Wahnsinns, des Unbewußten und der Sexualität. Und zwar so, daß Hoffmann in den alten Symbol-Feldern den um 1800 nicht begrifflich formulierbaren Zusammenhang erfaßt, nach welchem die normale heterosexuell-patriarchalische Codierung des Mannes scheitern kann, wenn bestimmte Bedingungen der Bildungsgeschichte ihn zur Rückkehr auf präödipale, »matrilineare« Positionen zwingen. Ideologisch ist dies zugleich der Rückfall aus dem Christentum auf eine heidnische, naturreligiöse Stufe.

Nach der Begegnung mit Torbern fühlt Elis, daß »der Alte [ihm] eine neue unbekannte Welt erschlossen [habe, H. B.], in die er hineingehöre, und aller Zauber dieser Welt sei ihm schon zu frühester Knabenzeit in seltsamen geheimnisvollen Ahnungen aufgegangen« (V, 204). Das neue Unbekannte ist das Uralte der Kindheit: Freud um 1800. Die Bergbau-Initiation durch Torbern erfolgt im Schema des *Déjà-vu*: der vom Mutterverlust zerrissene Elis visualisiert die vergessenen Ahnungen »frühester Knabenzeit«. Hoffmann stellt damit eine symbolische Gleichung her zwischen der archaischen Welt des Erdinneren und dem Frühzustand des Subjekts. Er parallelisiert damit indirekt auch die progrediente Lösung des Ödipus-Konflikts mit der Möglichkeit zu affektneutralisierter Naturausbeutung. Von dieser Gleichung ausgehend, kann die Frage beantwortet werden, warum es gerade das

Berginnere ist, das die Bildung männlicher Identität verhindert (Heterosexualität, Vater und Ehemann, Naturausbeuter).

Nach der Begegnung mit Torbern schläft Elis ein und träumt. Er gerät auf die »Nachtseite der Wissenschaften« (G. H. Schubert) und die Nachtseite des bürgerlichen Subjekts zugleich. Elis träumt vom Meer, über dessen spiegelnder Fläche der dunkle Himmel sich wölbt: ein gehöhlter Raum. Die Phantasie verschiebt sich und das Meer verwandelt sich in einen »Kristallboden«, über den sich ein »Gewölbe von flimmerndem Gestein« (V, 204) spannt. Wie bei Novalis folgt der Text einer Inversionslogik: der kosmische Himmelraum stülpt sich nach innen, wird zur Erdhöhle. Der Traum visualisiert damit die Aussage Torberns, daß in der »tiefsten Teufe«, »in dem wunderbaren Gestein die Abspiegelung dessen zu erkennen« sei, »was oben über den Wolken verborgen« (V, 203). Bergbau ist, wie schon Heinrich durch den Einsiedler erfuhr, invertierte Astrologie: das folgt dem Prinzip »Was oben ist, das ist auch unten«, das den Schriften des sagenhaften Hermes Trismegistos zugrundeliegt. Wieder findet man: das Unbewußte ist das Bildmedium montaner Traditionen der Renaissance.[95] Der Traum aktiviert alte Imagines des *Mundus subterraneus* (Athanasius Kircher, 1601–1680).[96] Elis entdeckt einen metallisch-kristallinen »Zaubergarten«, wo arabeskenhaft verschlungene »Blumen und Pflanzen von blinkendem Metall«, »wunderbare Metallblüten« emporwachsen. Die Grenzen organischer und anorganischer Welt verfließen. Elis bewegt sich träumend in der Welt, die in der hermetischen Tradition so oft beschrieben wurde: das Innere des Erdleibes mit seinen Metalladern, subterranen Flüssen, Gesteinszweigen, die sich zu einem riesigen, im Erdmittelpunkt wurzelnden Baum zusammenfügen, ästhetisches Zauberspiel der Mineralien, Kristalle, Metalle. Das Anorganische ist Urbild des Organischen; oder auch: das Anorganische lebt – Vulkanausbrüche sind Eruptionen gehemmter Körperflüsse, Ebbe und Flut das Atmen der Erdlunge, Felsen bilden das Erdskelett, unterirdische Flüsse das Adersystem, Edelmetalle die Früchte des anorganischen Gebärens.

Durch eine winzige Verschiebung können diese alten Bilder an die Front der ästhetischen Reflexionen der Moderne rücken. Schon bei Novalis und Hoffmann sind die unterirdischen Metallgärten nicht nur Zitat des Vergangenen, sondern Inbegriff einer Ästhetik, die in der absoluten Künstlichkeit, in der Negation also des organischen Stroms des Lebens, ihr Ziel hat. Dazu gehört auch die künstliche

Beleuchtung unter Tage, die metallischen und gläsern-kristallinen Materialien, aus denen die Industrie des 19. Jahrhunderts ihren ästhetischen Ausdruck erzeugen wird: Paläste, Passagen, Kunstwelten aus Glas und Eisen, die »künstlichen Paradiese«, worin Baudelaire, in strikter Verneinung alles Organischen und Natürlichen, die Spuren der Moderne liest.[97] Nicht Pflanze, sondern Stein (so schon in Tiecks *Runenberg*), nicht Wasser und Luft, sondern Metall und Feuer, nicht organisches Wachstum, sondern kristalline Statik, nicht offene Landschaft, sondern die Metropole und ihre Unterwelten, nicht Haut und Körper, sondern Android und Automat, nicht natürliche Sonne, sondern »soleil noir«[98], das Kunstlicht des harten ästhetischen Blicks, nicht Erlebnissprache, sondern Zeichenlegierung. Der unterirdische, metallische Garten ist Allegorie der Kunst selbst, Kunstgarten, Gegennatur und zweite Schöpfung: am deutlichsten in Stefan Georges Algabal-Zyklus *Im Unterreich*, dessen Schlußgedicht die Kunst als einen *mundus subterraneus* entwirft, ohne Zeit und Jahreswechsel, ohne Farbe und Wärme, ohne Licht und Sonne – Welt der *nigredo,* und doch Stätte der Zeugung der Kunst: »dunkle grosse schwarze blume«.[99]

Dies ist – außer der technischen – die andere Zukunft der Bergwerke zu Falun. Noch aber und zuerst phantasiert Hoffmann die sexualisierte Welt des Erdleibes als Ahnung früher Kindheit. Elis sieht auf dem Grund des Erduterus die Metallpflanzen aus den Herzen »jungfräulicher Gestalten, die sich mit weißen glänzenden Armen umschlungen hielten« (V, 204), aufwachsen.[100] Dies ist ein Gegenbild zur männerbündischen Zeugung im *Sandmann*, gewissermaßen weibliche Parthenogenese. Dem Lächeln der Jungfrauen entsteigt Musik. Elis träumt sich in ein synästhetisches Paradies ineinanderfließender Sinneswahrnehmungen und leiblicher Wonne[101], die ihn erfüllen in dieser »Welt von Liebe, Sehnsucht, brünstigem Verlangen« (V, 205): Träume im Venus-Berg, Kultort des paganen Sexus. Im Gefühl befreiter Schwere »schwebte er wie in schimmerndem Äther« – eine Vorstellung, die an die kosmischen Schwebe- und Flugphantasien Giordano Brunos erinnert. So wie Bruno im unendlichen All, schwebt Elis im Äther des Erduterus: Aviatik unter der Erde [siehe Abb. 19].

Doch an dieser Stelle schlägt der Traum um. Torbern taucht auf: »Riesengestalt, aus glühendem Erz gegossen«. Und als Elis ihn erkennt, sieht er zugleich in der Tiefe »das ernste Antlitz einer mächtigen Frau«, der Bergkönigin, aufleuchten. Das »Entzük-

Abb. 19: Der »arbor philosophica« wächst aus einem Frauenkörper.
Aus: Pandora. Basel 1588

ken« verkehrt sich in »zermalmende Angst« vor diesem »starren
Antlitz«, angesichts dessen »sein Ich zerfloß in dem glänzenden
Gestein« (ebd.). Im Traum finden wichtige Symbolverschiebun-
gen statt. Es sind zuerst Erinnerungsspuren des nirwanischen
Gleichgewichts in der Verschmelzung mit der omnipotenten Mutter, die hier das Bild des Erdleibes bzw. der Bergkönigin *(domina
mater)* annimmt. Das Paradiesische dieser Wunschphantasie ist
nicht zu halten: der Anblick des in glühendes Erz gegossenen
Torbern, der völlig zum Teil der subterranen, metallurgischen Ge-
bärarbeit wird und damit auch stirbt, verändert die Signatur des
Erdleibes. Die erhaben und unheimlich schöne Bergkönigin weckt
Todesangst »im Anblick des entsetzlichen Medusenhauptes« (V,
218). Festzuhalten ist die Bild-Spaltung: das Mütterliche zer-
springt in einen paradiesischen und einen tödlich-zermalmenden

Anteil. Beides sind Erzeugnisse der phantasierten Omnipotenz des Weiblichen, in die Elis sich ebenso einschmiegen möchte, wie er sich tödlich von ihr bedroht fühlt. Der Angstschub löst sofort eine Abwehrbewegung aus: Elis hört die »Stimme seiner [realen, H. B.] Mutter«, die aber die eines »holden, jungen Weibes« ist, nämlich, wie sich später herausstellt, Stimme der Ulla Dahlsjö, die er heiraten soll: der Traum arbeitet in metonymischen Ketten.

Die Frau, die ihm zugeteilt wird, repräsentiert das ödipale Erbe, die rationale Naturbeziehung und Arbeitsmoral; sie soll ihn schützen vor der Regression auf die verlockenden und angsterregenden Frühzustände narzißtischer All-Einheit, vormoderner Natur-Mensch-Symbiose und synästhetischen Genusses. Bis zu seinem endgültigen Eingehen in den Schoß der Erde, den Ort des Todes, der Zeitlosigkeit und der pränatalen Konservierung (Elis' Leichnam wird fünfzig Jahre nach seiner Verschüttung »in einer Teufe von dreihundert Ellen im Vitiolwasser« [V, 220] völlig konserviert wiedergefunden), bis zum Tode also wird die Geschichte des Elis ein ständiges Pendeln zwischen antinomischen Gefühlszuständen sein. In diesem Pendeln verläuft der Kampf um das Selbst, um die Formen bürgerlicher Subjektverfassung, die in der Romantik in Krise geraten sind. Denn das verlockende Glück des Berges ist zugleich der Abgrund, der sich mitten in der absoluten ästhetischen Selbst-Setzung der romantischen Kunst öffnet. Ikarus in den Bergen.

Die Antinomien der Kunst, die sich in der montanen Symbolwelt spiegeln, sind bei Hoffmann jedoch in helle psychologische Beleuchtung gesetzt. Er wußte bereits, was hundert Jahre später die Psychoanalyse mit Mühe zu fassen versuchte: Das Selbst, um das hier gekämpft wird, ist in seinen ältesten Spuren das Gefühl vom eigenen Leib, der nicht Mutterleib ist.[102] Es gehört zu den genetischen Bedingungen der Subjektkonstitution, diese Trennung des eigenen Leibes zu vollziehen – ohne traumatische Angst; ohne ewig schmerzliche Sehnsucht nach dem verlorenen Paradies der Symbiose; mit der Aussicht auf ein Überleben nicht allein, sondern auf ein glückendes Leben diesseits der Trennung vom mütterlichen All-Einen; versöhnt mit den Grenzen des Selbst, die offen genug sind, kommunikative Beziehungen aufzunehmen, durchlässig zu bleiben, ohne Zwang zur Verpanzerung, ohne Angst vor Ich-Auflösung in den Ekstasen der Liebe, des Begehrens, der Lust.

Freilich ist dieser Weg für Elis verschlossen. Angstfreie Identitätsbildung gelingt nicht. Ulla Dahlsjö, der »leuchtende Engel« (V, 212), ist nicht, woran sein Begehren sich knüpfen kann: sie ist das desexualisierte Marienbild des Weiblichen, ein Derivat der entmachteten Mutter, Ausdruck des Mangels, der als Gesetz über Familie und Arbeit in der bürgerlichen Gesellschaft liegt. Die gesittete Ordnung über Tage, überglänzt vom engelhaften Gloriolenschein Ullas, läßt ihn kalt – so kalt, wie auch sein Gefühl von Natur ist, solange er musterhaft im Bergbaubetrieb arbeitet. »Hei!«, ruft ihm Torbern zu, »des Pehrson Dahlsjö Tochter Ulla willst du zum Weibe gewinnen, darum arbeitest du hier ohne Lieb' und Gedanken.« (V, 213) Im Kreis familialer und technischer Ökonomie erscheint denn auch Elis das Berginnere »wie eine Hölle voll trostloser Qual, trügerisch ausgeschmückt zur verderblichen Verlockung!« (V, 218) Aber noch in dieser Abwehr des Begehrens ist die Anstrengung erkennbar, die Elis aufbringt, um überhaupt sich auf das bürgerliche Skript der Selbst-Bildung einzulassen. »Er fühlte sich wie in zwei Hälften geteilt, es war ihm, als steige sein besseres, sein eigentliches Selbst hinab in den Mittelpunkt der Erdkugel und ruhe aus in den Armen der Königin, während er in Falun sein düsteres Lager suche.« (V, 218) Das Abwehrmuster der »Dämonisierung des Dämonischen« (Berginneres als Hölle, Torbern als Teufel) trägt nicht weit. Im Gegenteil, das Glücksversprechen der archaischen Mutter im subterranen Dunkel macht das Ehebett mit der lichten Ulla zum »düsteren Lager«: die Umkehrung der Lichtverhältnisse zeigt, wohin sein Wunsch geht – fort von der zunehmend reizlosen Genitalität, hin zu einem leiblichen Gefühl, worin er die psychohistorische »kopernikanische Wende«, nämlich die Überwindung der »ptolemäischen«, primärnarzißtischen Ich-Zentralität, wieder rückgängig macht: im »Mittelpunkt der Erde« ist Elis das Zentrum des Alls, Zentrum der mütterlichen Umarmung.

Spricht Ulla von Liebe, so Elis von unterirdischen Schätzen. Es sind zwei unvereinbare Diskurse: die klare Rede über bürgerliches Glück im Schatten des väterlichen Gesetzes und die »wunderliche, unverständliche Rede« (V, 218) des Elis. Im Blick auf Natur gilt dasselbe. Wo andere nichts sehen oder nur »taubes Gestein«, entziffert Elis die »geheimen Zeichen, die bedeutungsvolle Schrift, die die Hand der Königin selbst hineingrabe in das Steingeklüft« (V, 219). Zwei Sprachen, zwei Schriften, zwei Blicke. Elis, dessen

»eigentliches Ich« in den Berg gehört, fällt zunehmend aus dem Diskurs konsensueller Bedeutungen heraus, er ist exkommuniziert aus dem Kontext eingespielter Symbolwelten – und das schließt ihn zunehmend ein in das, was seit der Aufklärung Wahnsinn genannt wird. In dieser Spaltung spiegelt sich mehr als ein individuelles Schicksal, nämlich das Verhältnis der romantischen Künstlergeneration zur aufgeklärten und prosaischen Welt, in der sie hätte Karriere machen sollen. Wahnsinn aber ist hier bei Hoffmann auch die Wiederkehr der Bedeutsamkeit der Natur, ihrer Chiffrenschrift, einer seltsamen Kommunikation, die vermittelt wird über objektive »Zeichen«: Gesteine, Metalle, Wasser- und Erzadern, Kristalle, Höhlen, Schimmern und Glimmern des Lichts – »Partitur des Planeten« (T. Bjørnvig). Die *lingua naturae* ist zur Sprache der Kunst geworden, der sich zu verschreiben, Schrift-Steller zu werden, den Ausschluß aus der bürgerlichen Welt zur Folge hat.

Gegenüber Novalis ist es modern, wenn Hoffmann den Blick, der die Chiffrenschrift der Natur entziffert, als Moment des Wahnsinns identifiziert. Im Gelände der Rationalität ist die Rede von der Bedeutsamkeit der Natur abgespaltene Privatsprache. Naturzeichen sind exkommunizierte Symbole, Klischees, an die sich unbegriffene Phantasmen knüpfen, die im öffentlichen Symbolgebrauch keinen Ort mehr haben.[103] »Bergmannsmärlein« sind für den aufgeklärten Dahlsjö das, wovon Elis redet. Er redet also irre. Der Wahnsinn, das Irre der Sprache aber repräsentiert das archaische Wunschpotential des Elis, das »glanzvolle Paradies«, »das im tiefen Schoß der Erde aufleuchtet«.

Die romantischen Erzählungen verdeutlichen, daß die männlichen Phantasmen über die Symbiose mit dem mütterlichen Erdleib nahezu unausweichlich zurückführen in die historische Vorgeschichte des Subjekts, wo dieses sich noch nicht autonom setzte und die Natur noch nicht technisch zu beherrschen gelernt hat. Indem die Romantiker Geschichten erzählen von psychotischen Durchbrüchen, in denen die *domina mater,* die Venus-Bergkönigin, wiederersteht, behaupten sie umgekehrt – und das ist ihre Kritik der Aufklärung –, daß die Bildung des Vernunftsubjekts in eins mit Strategien der Naturbeherrschung zu sehen ist.

Ganz anders jedoch als Novalis will Hoffmann den Rekurs auf einen Mythos des Montanbaus, der im Einklang mit Natur erfolgt, nicht aufrechterhalten. Als Elis nach Falun kommt, packt ihn Grausen: der »ungeheure Höllenschlund« der Pinge, der »Anblick der fürchterlichen Zerstörung« – vielleicht hatte Hoffmann Abbildungen der außerordentlich großen und tiefen offenen Pinge in Falun gesehen[104] –, die schroffen Steingebilde, »manchmal riesenhaften versteinerten Tieren, manchmal menschlichen Kolossen ähnlich«, der »Schwefeldunst« des Erdinneren, als würde dort »der Höllensud« (V, 207) gekocht: dies sind seine ersten Eindrücke in Falun, deutlich überlagert von den Angstphantasmen des Initiationstraumes. Die Fragmentierungsängste des Nathanael wiederholen sich bei Elis als Verschlingungsängste und Grausen vor Versteinerung. Sein eigener Traum vermischt sich mit dem kolportierten Traum eines Seemanns (V, 207/08), dem sich das Meer zu einem Abgrund öffnet mit »aufgesperrtem Rachen, zu Tode erstarrt«, während »Polypenarme« den Seemann in die Tiefe ziehen wollen. Elis phantasiert die Pinge im mythischen Schema der Angst vor dem Medusenhaupt und der Erdvagina, ohne daß ihm Riten der Angstbewältigung zur Verfügung stünden.

Hoffmann hat verstanden, daß die Phantasmen bedrohlicher Weiblichkeit erst »wild« werden, als sie durch die Aufklärung zu Aberglauben und Wahn erklärt wurden. Waren sie zuvor kulturelle Selbstverständlichkeiten, welche die Begegnung der Adepten mit der angsterregenden Potenz der weiblichen Natur institutionalisierten, so »verinnerlichen« sich diese Erfahrungen in der Zeit der Aufklärung. Die in Kulturpraktiken integrierten Ängste werden zu frei flottierender Angst im Inneren des Subjekts selbst. Gab es zuvor Riten der Angstbewältigung, so werden die Ängste, die die Aufklärung für irrational hält, dem Subjekt allein aufgebürdet. Nun kommt es nicht mehr auf die Kraft der Institutionen an, sondern auf die Struktur der Sozialisation, ob es dem Subjekt gelingt, die Angstschübe zu bewältigen, die im Übergang von der Mutter-Kind-Dyade zur Phase der Separation notwendig auftreten. In der Romantik wird deutlich, daß die kleinfamiliale Sozialisation mit ihrer Zentrierung der Kinder auf die Mutter zu einer Vervielfachung seelischer Angst führt. Das Unbewußte füllt sich mit den Arsenalen mythischer Angst, bevölkert sich mit den Figuren grausig-verlockender Weiblichkeit – und gerade, weil es diese Enklave (die Höhle, das Bergwerk) im Subjekt ist, die die Erbschaft des Mythischen und des magisch-animistischen Naturverhältnisses übernimmt, erscheinen die archaischen Figurationen nur noch als Pathologie des Subjekts, als Wahnsinn.

Hoffmann steht mit der literarischen Wiederbelebung der Medusa, der verschlingenden Erdvagina, der Bergkönigin keineswegs allein. In Tiecks *Runenberg* warnt der Vater den im Bann der Venus stehenden Christian vor dem »Anblick des Gebirges« und sagt von der Runentafel, dem Geschenk der Göttin: »Sieh her, wie kalt sie funkeln, welche grausamen Blicke sie von sich geben, blutdürstig, wie das rote Auge des Tigers.«[105] Von hier ist es nur ein Schritt zu Baudelaires Gedichten über die sphinxhaft gelassenen, von Kraft, Sexualität und Wissen bebenden Frauenkatzen, mit ihrem verschlingenden Blick und geschmeidigen Flanken.[106] Für den Vater des Christian versteht sich, daß der durch Venus bezauberte Sohn ein Herz »von kaltem Metall« habe. Und natürlich erfährt Christian den Anblick des Göttinnenleibs auf dem nächtlichen Berg, in dessen Sog er unaufhaltsam gerät, so daß der Vater glaubt, Christian sei »in alte gesammelte Wasser und Untiefen« des Berginneren versunken.[107] In Eichendorffs Erzählung *Das Marmorbild* ist die Venus ein Steinbild, dessen Anblick je nach Art der Animation entweder glücksverheißend oder tödlich wirkt. Im nächtlichen Fest verwandelt sich die erotische Szene um die Göttin in eine »Obszöne« des »tödlichen Grauens«: die Venus erstarrt und die sie umgebenden Blumen winden sich »wie buntgefleckte, bäumende Schlangen gräßlich durcheinander«.[108] Metamorphose der Venus in Medusa. Hoffmann, der weniger als andere Romantiker Angst vor der sexuellen Bebilderung seiner Phantasie hat, faßt die Berg-Pinge in der Doppelbedeutung von Gesicht und weiblichem Genital: der »ungeheure Höllenschlund«, der »aufgesperrte Rachen«, die »schwarzen Höhlen«, der »entsetzliche Höllenschlund«, die »häßlichen Polypenarme«: dies ist Erdschoß, Vagina, Frauenleib, Gesicht in einem.

Mythengeschichtlich entspringt dieses Phantasma vorpatriarchalischen Traditionen. Freud, dem im Klima der Hochblüte grausiger Frauenbilder das Medusenhaupt nicht entging, deutet es als den Anblick des »kastrierten« mütterlichen Genitals. Die davon ausgelöste Angst sei die des Knaben vor der eigenen möglichen Kastration. Die Versteinerung durch den Medusenblick versteht Freud als Abwehrmechanismus: als phallisches Sich-Versteifen im Sinne der Selbstversicherung des Jünglings, der im Anblick weiblicher Kastriertheit zum phallischen Panzer wird.[109]

Man sieht: Psychoanalyse ist auch Symbolauslegung im Dienst männlicher Selbsterhaltung. Bei den Romantikern ist das Symbolfeld noch durchlässiger für den mythengeschichtlichen Hintergrund. Hoffmann kombiniert – wie Tieck und Eichendorff – das Berginnere mit dem »trügerischen Meer« (V, 212), beides als Varianten der Verschlingungsangst. Medusa entstammt indirekt dem Meer. Ihre Mutter ist die Seeschlange Keto. Ihr Antlitz wird auch als Gesicht der Nacht, Luna, und des Wahnsinns geschildert. Als Perseus Medusa das Haupt abschlägt, entspringt der blutenden Wunde Pegasus, das Poetenleitbild. Meer, Nacht, Mond, Wahnsinn, archaische Weiblichkeit, Poesie sind also der Medusa nah. Doch ist auch an die mythische Vorstellung der *vagina dentata* und der verschlingenden Erdvagina zu denken. Inmitten bürgerlicher Welt halten sich Erinnerungsspuren an die »Göttinnen des Draußen«. Es sind die Poeten, die das Verdrängte erinnern. Wie Pegasus entspringt ihre Bildwelt dem Blut archaischer Schrecken in der Geschichte der Geschlechterbildung.[110]

Bei Hoffmann ist das Medusen-Phantasma die Kontrafaktur zu den symbiotischen Entgrenzungszuständen, welche die »gute« Bergkönigin verspricht. »Unten liegt mein Schatz, mein Leben, mein alles«, ruft Elis. »Da will ich wühlen und bohren und arbeiten und das Licht des Tages fürder nicht mehr schauen!« (V, 216) Was wie eine Penetrationsphantasie aussieht, ist im Gegenteil Flucht vor dem genitalen Zwang in der Ehe über Tage. Im Berg lockt Verschmelzung: »Sie erfaßte ihn, zog ihn hinab, drückte ihn an ihre Brust, da durchzuckte ein glühender Strahl sein Inneres, und sein Bewußtsein war nur das Gefühl, als schwämme er in den Wogen eines blauen, durchsichtig funkelnden Nebels.« (Ebd.) Diese Imagination spiegelt kein inzestuöses Begehren, sondern entstammt früheren Erfahrungen des instabilen Körper-Selbst im Umgang mit dem mütterlichen Leib. Diese Erfahrungen sind in den romantischen Montan-Diskurs eingeschrieben, weil die Idee großer umschließender Einheiten der Natur den Menschen auf der Stufe beschreibt, wo er nicht von Natur abgegrenzt ist. Macht in ihrer doppelten Bedeutung – behütend-schützend und bedrohlich-verschlingend – liegt allein bei der Natur, nicht beim Menschen. Dessen Stellung ist strukturell instabil – ähnlich dem Infans, ähnlich dem romantischen Jüngling. Unmittelbar abhängig davon, wie die Mutternatur erscheint, ist das Subjekt hin und hergeworfen zwischen Todesangst und Liebe. In die antinomischen Berg-Metaphern blendet Hoffmann seine Erfahrungen von der Spannung zwischen paradiesischem Glück und tödlichem Vergehen ein. Die Annäherung an diese archaische Spannung erfolgt im Schema der psychischen Regression. Es ist die »Seele«, der alles aufgebürdet ist. Und wenn, wie bei Elis, die Integration in soziale Selbstbilder nicht gelingt, ja, die Norm-Identität gegenüber dem Wunsch nach »primärer Liebe« (M. Balint) als bloßer Mangel erscheint, muß die Regression auf archaische Zustände des Selbst oder der Natur in Psychose umschlagen.

Für den Leser haben romantische Erzählungen wie diese oft den Klang der Sirenen, dessen glückversprechender Schöne man gern sich hingeben möchte. Hoffmann aber verdeutlicht, daß derlei Erfahrungen schon zu seiner Zeit so sehr aus der Gesellschaft ausgegrenzt sind, daß jeder, der dem Gesang der Sirenen oder der Lockung der Bergkönigin folgt, dem Wahnsinn verfällt. Für die Romantiker ist die Beschwörung des Berginneren oder der Venus-Mutter nicht phantasiertes Wunschland, Narkotikum des philiströsen Alltags, sondern Arbeit am Wahnsinn. Der Ort des absoluten Glücks im »Herzen der Königin im Mittelpunkt der Erde« (V, 220) ist *the point of no return,* ist der Tod, den Elis im Berg findet.

Die Pointe der Geschichte des Elis, daß er als schöne Leiche von einer hutzligen Alten, dem ehemals »leuchtenden Engel« Ulla, in die Arme geschlossen wird –: das ist satirische Desillusionierung, schmerzliches Gelächter, in das der Prototyp der Hoffmannschen Künstlerfiguren, Johannes Kreisler, immer ausbricht, wenn sein poetischer Traum auf die Wirklichkeit stößt. In diesem Sinn ist Hoffmann kein Anti-Aufklärer, Phantast der Gegenbilder, Poet der Wunschräume jenseits der Prosa aufgeklärter Wirklichkeit. Im Gegenteil: unter den gesetzten Bedingungen der Aufklärung, einer restlos immanent gewordenen Welt, einer durch Verwissenschaftlichung verlorenen Bedeutsamkeit der Natur arbeitet Hoffmann sich ab am Schicksal des hierbei Verdrängten, Ausgegrenzten, Vergessenen. Seine Wahnsinnigen besiegeln den Sieg der Aufklärung wie sie diese zugleich kritisieren: denn im Wahnsinn erscheint der Mangel der Vernunft. Die verlorenen Bindungen an Natur, die zensierten narzißtischen Wünche, die alchemische Zeichensprache des Unbewußten bilden das Imaginäre im Vernunft-Subjekt, die »Partitur« des Anderen, die der Romantiker zum Klingen bringt, um nicht zu vergessen, was verdrängt werden mußte, um zu werden, was wir sind: aufgeklärt.

1 Vgl. dazu Udo Krolzik: »*Machet Euch die Erde untertan...!*« *und das christliche Arbeitsethos,* in: K.-M. Meyer-Abich (Hg.): *Frieden mit der Natur,* Freiburg i.Br. 1979, S. 174–195.

2 Hanns Sachs: *Die Verspätung des Maschinenzeitalters,* in: *Imago* 20 (1934), S. 79–94.

3 Friedrich Freise: *Geschichte der Bergbau- und Hüttentechnik,* Bd. 1: *Das Altertum,* Berlin 1908.

4 Dazu Krolzik [Anm. 1].

5 Krolzik [Anm. 1], S. 179.

6 Lewis Mumford: *Der Mythos der Maschine,* Wien 1974, S. 301 ff.

7 Georg Schreiber: *Der Bergbau in Geschichte, Ethos und Sakralkultur,* Köln und Opladen 1962, S. 24. – Lothar Suhling: *Aufschließen, Gewinnen und Fördern. Geschichte des Bergbaus,* Reinbek bei Hamburg 1983, S. 76 f.

8 Schreiber [Anm. 7], S. 46. – Gerhard Heilfurth: *Der Bergbau und seine Kultur. Eine Welt zwischen Dunkel und Licht,* Zürich 1981.

9 Vgl. Hans Blumenberg: »*Nachahmung der Natur*«. *Zur Vorgeschichte des schöpferischen Menschen* (1957), in: Ders.: *Wirklichkeiten in denen wir leben,* Stuttgart 1981, S. 55–103.

10 Zit. nach William Leiss: *The Domination of Nature,* Boston 1972, S. 36/37.

11 John Desmond Bernal: *Die Wissenschaft in der Geschichte,* Berlin 1961, S. 278.

12 Lothar Suhling: *Nachwort zu Agricola: Vom Berg- und Hüttenwesen* (1557), München 1977, S. 572. – Ders.: [Anm. 7], S. 90 ff. – Ders.: *Bergbau, Territorialherrschaft und technologischer Wandel,* in: U. Troitzsch/G. Wohlauf (Hg.): *Technikgeschichte,* Frankfurt/M. 1980, S. 139–179. – Bernd Biesecker: *Industrielle Frühformen im mittelalterlichen Bergbau,* in: *Technologie und Politik* 16 (1980), S. 222–249. – Jacob Striedter: *Die Entstehung eines deutschen frühkapitalistischen Montanunternehmertums im Zeitalter Jacob Fuggers,* in: *Beitr. z. Gesch. d. Technik und Industrie (Jb. d. Vereins d. Dt. Ingenieure)* 19 (1929), S. 1–12.

13 Bernal [Anm. 11], S. 278.

14 So der Titel der deutschen Übersetzung von Niavis durch Paul Krenkel (Hg.) in: *Freiberger Forschungshefte, Reihe Kultur und Technik* D3, Berlin (DDR) 1953. – Horst Bredekamp: *Der Mensch als Mörder der Natur. Das* »*Iudicium Iovis*« *von Paul Niavis und die Leibmetaphorik,* in: H. Reinitzer (Hg.): *All Geschöpf ist Zung' und Mund* (*Vestigia Bibliae* Bd. 6 [1984], S. 261–83). – Zu Niavis bereits Carolyn Merchant: *The Death of Nature,* San Francisco 1980, S. 32 f.

15 Niavis [Anm. 14], S. 15/16.

16 Niavis [Anm. 14], S. 10/11.

17 H. Bredekamp [Anm. 14], S. 268.

18 Ebd. S. 267.

19 Diese Argumente bei Niavis [Anm. 14], S. 16 ff.

20 Schreiber [Anm. 7], S. 541 ff.

21 So eröffnet Merkur sofort die Anklage mit der schärfsten Verfehlung des Menschen (Niavis [Anm. 14], S. 16).

22 Niavis [Anm. 14], S. 20–22, 33 f.

23 Niavis [Anm. 14], S. 29.

24 Niavis [Anm. 14], S. 38 (leicht veränderte Übersetzung).

25 Dies gilt noch nicht von dem ersten deutschsprachigen Bergbuch, dem Lehrdialog des Ulrich Rülein von Calw: *Ein nützlich Bergbüchlein* (um 1500). Vgl. dazu Wilhelm Pieper: *Ulrich Rülein von Calw und sein Bergbüchlein*, [Mit Urtext-Faksimile] (= *Freiberger Forschungshefte*, Reihe *Kultur und Technik*, D7), Berlin (DDR) 1955.

26 J. W. Goethe: *Materialien zur Geschichte der Farbenlehre*, in: *Hamburger Ausgabe* [= HA] Bd. XIV, S. 93. – Zur Biographie Agricolas s. Wilhelm Treue im Nachwort der Ausgabe von Agricola [Anm. 12], S. 565 ff.

27 Agricola [Anm. 12], S. 1/2.

28 Agricola [Anm. 12], S. 4.

29 Agricola [Anm. 12], S. 4.

30 Michael Meier: *Atalanta Fugiens*, hg. v. L. H. Wüthrich, Kassel 1964, S. 17. So auch in Johann Daniel Mylius: *Philosophia Reformata*, Frankfurt 1622, S. 96.

31 Ovid: *Metamorphosen*, Buch I, v. 89 ff.

32 Agricola [Anm. 12], S. 3.

33 Agricola [Anm. 12], S. 8.

34 Agricola [Anm. 12], S. 8.

35 Agricola [Anm. 12], S. 9.

36 Dieses Schema bestimmt noch die Montan-Erzählungen mit tödlichem Ausgang, wie sie in der Romantik Regel sind.

37 Zitate bei Agricola [Anm. 12], S. 10–12.

38 Agricola [Anm. 12], S. 16.

39 Zum folgenden vgl. vor allem Mircea Eliade: *Schmiede und Alchemisten* (1956), Stuttgart 1980, S. 10 ff. – Hermann Kapp: *Die Alchemie*, 2 Bde., Heidelberg 1886. – Edmund O. von Lippmann: *Entstehung und Ausbreitung der Alchemie*, Berlin 1919. – Leonard v. Renthe-Fink: *Magisches und naturwissenschaftliches Denken in der Renaissance*, Darmstadt 1933.

40 Michel Foucault: *Die Ordnung der Dinge* (1966), Frankfurt/M. 1974, S. 46 ff.

41 Vgl. dazu Hartmut und Gernot Böhme: *Das Andere der Vernunft*, Frankfurt/M. 1983. – Horst-Eberhard Richter: *Der Gottes-Komplex*, Reinbek bei Hamburg 1979.

42 Hierzu vgl. Horst Bredekamp: *Die Erde als Lebewesen,* in: *kritische berichte* Jg. 9 (1981), H. 4/5, S. 5–37. – Tiefenpsychologisch, doch sehr materialreich Erich Neumann: *Die Grosse Mutter. Eine Phänomenologie der weiblichen Gestaltungen des Unbewußten* (1956), Olten und Freiburg i. Br. 1985. – Albrecht Dietrich: *Mutter Erde. Ein Versuch über Volksreligion,* 2. Aufl. Leipzig und Berlin 1913. – Alfred Bertholet: *Das Geschlecht der Götter,* Tübingen 1934.

43 M. Eliade [Anm. 39], S. 44.

44 M. Eliade [Anm. 39], S. 24.

45 Zitiert nach M. Eliade [Anm. 39], S. 54/55. – Vgl. E. E. Ploss/ H. Roosen-Runge/H. Schipperges/H. Buntz: *Alchimia. Ideologie und Technologie,* München 1970, S. 80.

46 Eliade [Anm. 39], S. 55.

47 Eliade [Anm. 39], S. 26.

48 Eliade [Anm. 39], S. 46.

49 Hans Peter Duerr: *Traumzeit. Über die Grenze zwischen Wildnis und Zivilisation,* Frankfurt/M. 1978. Der »kleine Tod« ohnehin, aber auch die Zerstückelung spielt in der Stufenfolge des alchemischen Werks eine große Rolle, vgl. z. B. den Kupferstich aus Salomon Trismosin: *Splendor Solis,* in: *Aureum vellus,* Rorschach 1599, S. 187, der den zerstückelten Leib eines Alchemisten zeigt – Vorstufe zur Wandlung und Wiedergeburt (in: Alchimia [Anm. 45], S. 134).

50 Daß der utopische Impuls der Alchemie auch politische Perspektiven enthält, zeigen Frances A. Yates: *Aufklärung im Schatten des Rosenkreuzes,* Stuttgart 1975, sowie Ernst Bloch: *Das Prinzip Hoffnung,* Frankfurt/M. 1959, S. 740 ff.

51 Vgl. dazu C. G. Jung: *Psychologie und Alchemie,* Olten und Freiburg i. Br. 1975.

52 Eliade [Anm. 39], S. 127.

53 Paracelsus: *Werke in 5 Bdn.,* hg. v. W.-E. Peuckert, Bd. V, Darmstadt 1976, S. 64, 82 u. ö.

54 Georg von Welling: *Opus Mago-Caballisticum et Theosophicum,* Homburg vor der Höhe 1735, zit. nach R. D. Gray: *Goethe the Alchemist,* Cambridge 1952, S. 32. – Vgl. Eliade [Anm. 39], S. 163 ff. zum *regressus ad uterum.*

55 Neben dem Goethe zu eng auf die Alchemie festlegenden Buch von R. D. Gray [Anm. 54] die ausgezeichnete Untersuchung von Rolf Christian Zimmermann: *Das Weltbild des jungen Goethe. Studien zur hermetischen Tradition des deutschen 18. Jahrhunderts,* 2 Bde., München 1969/79. Ferner den Beitrag auf S. 145 f. dieses Bandes.

56 Vgl. dazu Manfred Frank (Hg.): *Das kalte Herz,* Frankfurt/M. 1978 [Textsammlung mit ausführlichem Nachwort *Steinherz und Geldseele. Ein Symbol im Kontext.*] – Von Tieck ist noch *Der Alte vom Berge* zu berücksichtigen.

57 Richard Samuel: *Der berufliche Werdegang Friedrich von Hardenbergs,* in: *Romantik-Forschungen,* Halle/Saale 1929, S. 83–112. – Gerhard Schulz: *Die Berufslaufbahn Friedrich von Hardenbergs* (Novalis), in: *Jb. d. Dt. Schiller-Gesellschaft* 7 (1963), S. 253–312.
58 Vgl. Schulz [Anm. 57], S. 280. – Ein eindrucksvolles Zeugnis des
sächsischen Montanwissens im 18. Jahrhundert stammt von Balthasar
Rössler: *Speculum metallurgiae politissimum oder Hell-polierter
Berg-Bau-Spiegel,* Dresden 1790.
59 Die in Klammern angegebenen Stellennachweise beziehen sich auf
Novalis: *Schriften.* 4 Bde., hg. v. Paul Kluckhohn u. Richard Samuel,
Stuttgart 1960ff.
60 Zum Studium hermetischer Schriften vgl. Ulrich Gaier: *Krumme Regel. Novalis' »Konstruktionslehre des schaffenden Geistes« und ihre
Tradition,* Tübingen 1970, S. 109–160.
61 G. Schulz [Anm. 57], S. 266ff. – R. Samuel: [Anm. 57], S. 92ff. Zu
Freiberg vgl. Autorenkollektiv: *800 Jahre Freiberger Bergbau* [= *Freiberger Forschungshefte,* D 70], Leipzig 1970. – Suhling nennt die
Erschließung der Silbervorkommen im Lande Meißen »eines der
weitreichendsten Ereignisse der mitteleuropäischen Wirtschafts- und
Sozialgeschichte jener Zeit« (in: L. Suhling [Anm. 7], S. 75).
62 Damit folgt das Fürstentum Sachsen einer politischen Linie, der die
Fürstentümer seit dem Mittelalter treu waren: Bergwerke als Macht-
quelle. Im Blick auf Freiberg ist dies eine historische Gewißheit;
schon 1488 wußte man: »Hette Meissen nicht das Berckwerck zu
Freyberg gehabt, Meissen were langst Behemisch worden« (Anonyme
Schneeberger Quelle zit. nach: L. Suhling: *Territorialherrschaft*
[Anm. 12] S. 148). Mitte des 16. Jahrhunderts erreichten die Regal-
einkünfte der sächsischen Fürsten die Höhe von $\frac{2}{3}$ der gesamten
Staatseinnahmen. Der Edelmetall-Bergbau als »das große Herz« des
Staates (G. Schreiber, a. a. O., S. 11): daran wollte man nach der Aus-
zehrung durch den Krieg wieder anknüpfen.
63 Ignaz von Born/Friedrich Wilhelm Heinrich von Trebra (Hg.): *Berg-
baukunde,* 2 Bde., Leipzig 1789/90; hier: Bd. 1, Vorwort. – Vgl. Josef
Dürler: *Die Bedeutung des Bergbaus bei Goethe und in der deutschen
Romantik,* Frauenfeld/Leipzig 1936, S. 9f. – Born und Trebra sind
Direktoriumsmitglieder der Sozietät; Born ist Wiener Hofrath und
Direktor der Österreichischen Abteilung, Trebra ist königl. Großbri-
tannischer Viceberghauptmann aus Clausthal-Zellerfeld, also dem
Oberharzer Bergbau-Gebiet. Sachsen ist mit 14 Mitgliedern vertreten; ihr Landesdirektor ist von Charpentier, Professor in Freiberg und
einer der Lehrer des Novalis. Goethe ist Ehrenmitglied und Lichtenberg außerordentliches Mitglied der Harzer Sektion (34 Mitglieder).
Es gibt ferner Mitglieder aus Preußen, Schweiz, Schweden, Norwe-
gen, Dänemark, Italien, Frankreich, England, Spanien, Mexico, Ruß-

land. – Von Trebras Schriften sind erwähnenswert: *Mineraliencabi-nett*, Clausthal 1795, sowie: *Erfahrungen vom Innern der Gebirge*, Dessau und Leipzig 1785. Besprechung durch A. G. Werner: *Neue Theorie von der Entstehung der Gänge mit Anwendung auf den Berg-bau*, besonders dem freibergischen. Freiberg 1796, S. 44 ff.

64 »Dies hält die Fortschritte in nützlichen Kenntnissen dieses weiten Feldes, allerdings sehr auf, und begünstigt noch immer den Miß-brauch des Geheimwissens, zur Hülle der Unwissenheit, und oft wohl gar der Betrügerey.« (Born/Trebra [Anm. 53], Bd. I, S. 1)

65 Ebd. S. 4.

66 Im Aufruf zur Einsendung von Abhandlungen wünschen sich Born und Trebra kurze, faktenreiche, nützliche Beschreibungen für schnel-len Wissensumlauf, »ohne Zierlichkeit«, »etwas Speculation mit un-ter... (kann) durchgehen«.

67 Born/Trebra [Anm. 63], Bd. 1, S. 1.

68 Zu Werner vgl.: Hans Dieter Schmid: *Friedrich von Hardenberg (No-valis) und Abraham Gottlieb Werner*, Phil. Diss. Tübingen 1951. – J. Dürler [Anm. 62], S. 12–29. – G. Schulz [Anm. 57], S. 267 f. – Jo-hannes Hegener: *Die Poetisierung der Wissenschaften bei Novalis*, Bonn 1975, S. 404 ff.

69 A. G. Werner: *Von den äusserlichen Kennzeichen der Fossilien*, Leip-zig 1773 (Repro. Amsterdam 1965) – M. Foucault [Anm. 40] S. 165 ff. – Wolf Lepenies: *Das Ende der Naturgeschichte*, Frankfurt/M. 1978, S. 16 ff., 29–77. Foucault bestimmt die strukturellen Forma-tionen der Episteme, Lepenies untersucht hinsichtlich der Naturge-schichte vor allem die Botanik. Die Ergebnisse lassen sich auf Werner den Linné der Mineralogie, übertragen.

70 Vgl. H. D. Schmid [Anm. 68], S. 12–27. – Heinrich Steffens: *Was ich erlebte*, München 1956, S. 128 ff.

71 A. G. Werner [Anm. 69], S. 14 ff. – H. D. Schmid [Anm. 68], S. 2 ff. 29 ff.

72 Vgl. S. 149 f. dieses Bandes.

73 Novalis, *Dichter über ihre Dichtungen*, hg. v. Jans-Joachim Mähl Passau 1976, S. 93.

74 Vgl. die Träume Heinrichs in Novalis I, 167–69, 278/79; der Traum des Vaters: I, 200–02; Klingsohrs Märchen: I, 290–315. Die Verwebung dieser Träume und des Märchens mit dem Bergwerks-Kapitel kann hier nicht ausgeführt werden.

75 Vgl. Hans-Joachim Mähl: *Die Idee des Goldenen Zeitalters im Werk des Novalis*, Heidelberg 1965, S. 305–424. – Zur frühromantischen Idee des »absoluten Buches«, bes. bei F. Schlegel und Novalis, vgl Hans Blumenberg: *Die Lesbarkeit der Welt*, Frankfurt/M. 198 S. 233 ff., 267 ff. – J. Hegener [Anm. 68], S. 138 ff.

76 Neben dem Gold ist auch das Kunst-Symbol der »blauen Blume

alchemistisch: In einer Handschrift von 1550 bilden drei Blumen die Krönung des Opus: die rote des Goldes, die weiße des Silbers und in der Mitte die blaue als *flos sapientum,* Blume der Weisen. (In: *Alcimia* [Anm. 45], S. 202/03). Desgleichen ist das Initiationsbad, von dem Heinrich in seinem ersten Traum träumt, alchemistisch: Bad der Reinigung und Wandlung.

77 Vgl. die Marx und Novalis schlicht analogisierende Auslegung von Wolfgang Kloppmann: *Eine materialistische Lektüre des Bergmann-Kapitels im »Ofterdingen«,* in: *Romantische Utopie – Utopische Romantik,* hg. v. G. Dischner u. R. Faber, Hildesheim 1979, S. 222 ff. – Vgl. ferner Johannes Mahr: *Übergang zum Endlichen. Der Weg des Dichters in Novalis' »Heinrich von Ofterdingen«,* München 1970, S. 120–152. Der zitierte Text gestaltet offenbar das *Blüthenstaub*-Fragment Nr. 13 um: »Die Natur ist die Feindin ewiger Besitzungen. Sie zerstört nach festen Gesetzen alle Zeichen des Eigenthums, vertilgt alle Merkmale der Formation. Allen Geschlechtern gehört die Erde; jeder hat Anspruch auf alles. Die Frühern dürfen diesem Primogeniturzufalle keinen Vorzug verdanken.« (II, 417) – Eine naturmythologische Fassung von Gedanken, die heute in der Ökologie wiederaufgenommen sind.

78 Im Fortgang des Gedichtes wird die Montankunst auf die »mächtigen Geschichten/der längst verfloßnen Zeit« bezogen: klarer Hinweis, daß es hier um ein Gegenbild zum aufgeklärten Bergbau geht. Erneut wird erwähnt, daß der Bergmann »des Goldes Ströme/In seines Königs Haus« führt, jedoch »mit Freuden arm« bleibt: dies ist die Linie vom mittelalterlichen Mönchstum über die landesherrliche Ausbeutung der Bergleute bis zum romantischen Künstler: Linie innerweltlicher Entsagung, die ihren Mangel damit kompensiert, daß die Welt sich »um Gut und Geld« »erwürgen möge«, während der Montane auf den Gebirgen »der frohe Herr der Welt« (I, 247/48) sei. Kunst ist der »Gipfel«, der für soziale Ohnmacht entschädigt.

79 Zu erinnern ist: in der Höhle trifft Heinrich auf alte Schriften und Bilder, worin er, mit einiger Unheimlichkeit, entdeckt, daß dort seine eigene Geschichte aufgezeichnet ist – einschließlich der Zukunft (I, 264/65). Wie zuvor der Traum Archiv der Erinnerung und Vorweis der Zukunft war, so gilt dasselbe jetzt vom Bergwerk: Novalis hat dieses als Allegorie des Unbewußten angelegt. Der Einsiedler bezeichnet das Lebensbuch Heinrichs als »Roman von den wunderbaren Schicksalen eines Dichters«: Heinrich findet in der Höhle bereits den Roman *Heinrich von Ofterdingen* von Novalis, ist erster Leser seines Autors, dessen Schrift wiederum Wieder-Holung der Urschrift aus der Höhle ist. Leben ist lesen ist schreiben ist lesen ist schreiben . . . : dies ist die Struktur des absoluten Buches.

80 Erich Rothacker: *Das »Buch der Natur«. Materialien und Grundsätz-*

liches zur Metapherngeschichte, Bonn 1979. H. Blumenberg [Anm. 75] umgeht, wie in seinen übrigen Büchern, die hermetische und alchemistische Tradition. Vgl. auch S. 33 ff. dieses Bandes.

81 Novalis weiß noch nichts davon, daß Orte der *vita contemplativa*, wie das Berginnere, die Wüste, der Wald, in der Romantik zu Orten des Wahnsinns werden: Wackenroder/Tieck: *Ein wundersames morgenländisches Märchen von einem nackten Heiligen*; Tieck: *Der Runenberg*; E. T. A. Hoffmann: *Der Einsiedler Serapion* und *Die Bergwerke zu Falun*.

82 Eine ähnliche Konstellation entwickelt Goethe in den *Wanderjahren* (HA Bd. VIII, S. 118 ff., 488 ff.). Vgl. S. 152 ff. dieses Bandes.

83 Eine solche naturgeschichtliche Konstellation findet sich auch in den »Lehrlingen zu Sais« (I, 86/87). Vgl. Hegener [Anm. 68], S. 275 ff. Der Symbolgegensatz von Fels und Pflanze ist in Tiecks *Runenberg*, wiewohl er die gesamte Novelle strukturiert, nur noch statisch. Vgl. dazu H. Böhme: *Romantische Adoleszenzkrisen. Zur Psychodynamik der Venuskult-Novellen von Tieck, Eichendorff und E. T. A. Hoffmann*, in: *Text & Kontext*, Sonderreihe Bd. 10 (1981) S. 133–76.

84 Vgl. Peter Gendolla: *Die lebenden Maschinen. Zur Geschichte der Maschinenmenschen bei Jean Paul, E. T. A. Hoffmann und Villiers de l'Isle Adam*, Marburg/Lahn 1980.

85 Jean Clair/Harlad Szeemann (Hg.): *Junggesellenmaschinen*, Ausst. Kat. Venedig 1975.

86 E. T. A. Hoffmann: *Der Sandmann*, in: *Werke in 15 Tln.*, hg. v. Georg Ellinger, Berlin-Leipzig-Wien-Stuttgart o. J. (1905), Tl. III, S. 23–52 hier S. 26–28. [Zitiert wird im Text durch römische Ziffer = Teilband arabische Ziffer = Seitenzahl]. – Sehr brauchbar ist die materialreiche Einzelausgabe von Lienhard Wawzzyn (Hg.): *Der Automaten Mensch. E. T. A. Hoffmanns Erzählung vom Sandmann*, Berlin 1976 Ferner die Textsammlung von Klaus Völker (Hg.): *Künstliche Menschen*, München 1971.

87 Abbildungen aus dem *Rosarium Philosophorum* (1550) im Bd. 2 de *Artis Auriferae*, Basel 1593 bei C. G. Jung [Anm. 51], S. 378, 549 Daß diese *coniunctio* als königliche Hochzeit angesehen wurde, bezeugt die *coniunctio solis et lunae* aus Salomon Trismosin: *Splendor Solis* in der Sammelschrift *Aureum Vellus*, Rorschach 1599 (Jung [Anm. 51], S. 107).

88 *Trésor des trésors* (ca. 1620–1650). Abbildungen in: *Alchimie* [Anm. 55], S. 156/57, und Jung [Anm. 51], S. 473. Sonne und Mond als Symbole entgegengesetzter Stoffe, die im alchemistischen Experiment vereinigt werden sollen, finden sich, ohne Personifikation, auch in »technischen« Laborbildern, wie Nathanael eines vor sich habe amg (vgl. Jung [Anm. 51], S. 265).

89 *Rosarium Philosophorum* [Anm. 87], Bd. 2, S. 262. Vgl. H. Brede-
    kamp [Anm. 42], S. 16.
90 Wie nahe Feuer und Sexualität beieinander sind, zeigte Gaston Bache-
    lard: *Psychoanalyse des Feuers* (1949), München 1985.
91 Der Name Spalanzanis, Physiker und Vater der Androide Olimpia,
    geht auf den italienischen Naturwissenschaftler Lazzaro Spalanzani
    (1729–99) zurück, dem als erstem die künstliche Befruchtung von
    Fröschen gelang.
92 Friedrich A. Kittler: *»Das Phantom unserer Ichs« und die Literatur-
    phsychologie: E. T. A. Hoffmann – Freud – Lacan,* in: ders./H. Turk
    (Hg.): *Urszenen. Literaturwissenschaft als Diskursanalyse,* Frank-
    furt/M. 1977, S. 139–166. – Sigmund Freud: *Das Unheimliche,* in:
    ders.: *Studienausgabe,* hg. v. A. Mitscherlich, Bd. IV, Frankfurt/M.
    1970, S. 242–274. – P. Gendolla [Anm. 84], S. 164–188. – Hans-
    Thies Lehmann: *Exkurs über E. T. A. Hoffmanns »Sandmann«. Eine
    texttheoretische Lektüre,* in: G. Dischner/R. Faber (Hg.) [Anm. 77],
    S. 301–323. – Werner Obermeit: *»Das unsichtbare Ding, das Seele
    heißt.« Die Entdeckung der Psyche im bürgerlichen Zeitalter,* Frank-
    furt/M. 1980, S. 104 ff.
93 Hierzu Peter von Matt: *Die Augen der Automaten. E. T. A. Hoffmanns
    Imaginationslehre als Prinzip seiner Erzählkunst,* Tübingen 1971.
94 Freilich glaubt dies Elis selber immer dann, wenn er sich psychisch der
    Erdoberfläche und ihrer Welt, vor allem der heterosexuellen Verbin-
    dung zu Ulla nahe fühlt; dann ruft er Torbern zu: »Hebe dich hinweg«
    (V, 213) – seit der Versuchung Jesu durch den Satan (Matth. 4,10) die
    apotropäische Formel par excellence. Jesus fährt fort mit dem Zitat
    von 5. Mose 6,13: »Du sollst anbeten Gott, deinen Herrn, und ihm
    allein dienen.« Es ist zu bemerken, daß Elis, durch den Mittler Tor-
    bern »verführt«, aus der christlichen Ordnung herausfällt; er tauscht
    den höchsten Signifikanten, den Christengott, durch die »Bergköni-
    gin«, eine Venus-Figur, aus. Das hat den Zusammenbruch christlicher
    Ehe und christlichen Bergbaus zur Folge (Bergbau als Gottesdienst).
    Elis ist als Liebhaber der Bergkönigin Heide. Wenn er dagegen auf die
    Seite Ullas gependelt ist, hält er den Repräsentanten der anderen Seite,
    Torbern, für den Versucher.
95 C. G. Jung [Anm. 51] hat zuerst psychische Individuationsprozesse
    mit der Symbolwelt der Alchemie in Verbindung gebracht; doch so,
    daß beides, die Subjektwerdung wie die hermetischen Symbole, nicht
    mehr historisch gelesen werden, sondern statische Struktur- und Bild-
    muster darstellen, die sich gegenseitig erhellen. Die Jungsche »Ent-
    deckung« selbst stellt die Ausführung romantischer Einsichten dar,
    nur daß Romantiker wie Hoffmann die Überblendung von Alchemie,
    Montankunst und Individuation schärfer, konfliktreicher und histori-
    scher gesehen haben.

96 Athanasius Kircher: *Mundus Subterraneus*, Amsterdam 1666.

97 So etwa Charles Baudelaire: *Rêve Parisien*, in: *Ges. Schriften*, hg. v.
M. Bruns, Bd. 6 *(Die Blumen des Bösen)* hg. v. F. Blei, Dreieich 1981,
S. 210–13.

98 »Soleil noir« – in der Alchemie *sol niger* – wird in der Lyrik des französischen Symbolismus, in Auseinandersetzung mit A. Dürers Stich
»Melencolia I« zur Metapher nicht nur der modernen Melancholie,
sondern der absoluten Künstlichkeit der ästhetischen Objekte. Vgl.
Théophile Gautier: *Melancholia; Gérard de Nerval: El Desdichado;
Henri Cazalis: Devant la Mélancolia d'Albrecht Durer*. Dazu: Hartmut Böhme: *Zur literarischen Rezeption von Albrecht Dürers Kupferstich »Melencolia I«*, in: H. Segeberg/J. Schönert (Hg.): *FS f. Karl
Robert Mandelkow*, Frankfurt/M.-Bern-New York 1988.

99 Stefan George: *mein garten bedarf nicht luft und nicht wärme*, in:
Werke in 2 Bdn., München/Düsseldorf 1958, S. 47.

100 Aus dem Körper aufwachsende Pflanzen, besonders Bäume – *arbor
philosophica* – ist ein altes Bildmotiv der Alchemie, z. B. bei Ripley
Scrowle: *Four Rowls drawn in Lübeck*, 1588, bei Hieronymus Reus-
ner (Hg.): *Pandora: Das ist die edelst Gab, oder der werde und
heilsame Stein der Weysen*, Basel 1588, S. 227 (hier erwächst *arbor
philosophica* aus dem Körper einer Jungfrau, die auf zwei Brennöfen
steht). Vgl. Jung [Anm. 51], S. 524, 478 sowie 136, 297, 310.

101 Bei Tieck wird ein solches synästhetisches Paradies als Venus-Kult in
einer Erdhöhle entwickelt (L. Tieck: *Der getreue Eckart und der Tan-
nenhäuser*, in: *Werke in 4 Bdn.*, hg. v. M. Thalmann, Bd. II, Darmstadt 1978, S. 55/56).

102 Margret Mahler: *Die psychische Geburt des Menschen. Symbiose und
Individuation*, Frankfurt/M. 1978.

103 Alfred Lorenzer: *Sprachzerstörung und Rekonstruktion*, Frankfurt/
M. 1970, bes. 72 ff., 161 ff. – Ders.: *Kritik des psychoanalytischen
Symbolbegriffs*, Frankfurt/M. 1970, S. 87 ff.

104 Hoffmann hatte mindestens gelesen: G. H. Schubert: *Ansicht von der
Nachtseite der Naturwissenschaft*, Dresden 1808, S. 215 f. (über Fa-
lun) sowie: Ernst Moritz Arndt: *Reise durch Schweden im Jahre 1804*,
Berlin 1806, S. 208 ff.

105 L. Tieck: *Der Runenberg* [Anm. 101], S. 78/79.

106 Charles Baudelaire: *Les chats*, in [Anm. 97], S. 113, 55, 84.

107 Tieck: *Der Runenberg* [Anm. 101], S. 80.

108 J. v. Eichendorff: *Das Marmorbild*, in: *Werke*, hg. v. G. Baumann,
Bd. II, Darmstadt 1958, S. 339.

109 Sigmund Freud: *Das Medusenhaupt*, in: *Ges. Werke* Bd. XVIII, London 1941, S. 47/48.

110 Vgl. S. 128 ff. dieses Bandes.

Lebendige Natur. Wissenschaftskritik, Naturforschung und allegorische Hermetik bei Goethe

I.

Einen seiner freiesten Entwürfe des Verhältnisses von Mensch und Natur hat Goethe in seiner Schrift über Johann Joachim Winckelmann nahezu versteckt:

Wenn die gesunde Natur des Menschen als ein Ganzes wirkt, wenn er sich in der Welt als in einem großen, schönen, würdigen und werten Ganzen fühlt, wenn das harmonische Behagen ihm ein reines, freies Entzücken gewährt – dann würde das Weltall, wenn es sich selbst empfinden könnte, als an sein Ziel gelangt aufjauchzen und den Gipfel des eigenen Werdens und Wesens bewundern. Denn wozu dient aller der Aufwand von Sonnen und Planeten und Monden, von Sternen und Milchstraßen, von Kometen und Nebelflecken, von gewordenen und werdenden Welten, wenn sich nicht zuletzt ein glücklicher Mensch unbewußt seines Daseins erfreut. (HA XXII, 98)[1]

Ein derart vorsichtig bedingender wie jubilatorischer Ton ist in Goethes Schriften selten. Die poetische Emphase der Natur findet sich, je älter Goethe wird, um so seltener. Und wenn doch einmal, so eher in der Lyrik, in einigen Passagen des *Faust* oder der *Wanderjahre*. Und selbst hier ist das, was jenen jubilatorischen Kern der Goetheschen Naturauffassung anbetrifft, zunehmend in hermetische Sprechweisen und reflektierende Vorbehalte eingeschlossen. Goethe hat längst den eigenen Beginn der Erfahrung und des Wissens von Natur historisch bedacht: der jugendliche Impetus, die enthusiastische Setzung kosmischer Ganzheit, in die sich der Sprechende selig einfühlt –: dieser Zug in eine grandiose Einheit mit Natur, bevor das logozentrische Bewußtsein seine unheilbaren Schnitte zwischen Subjekt und Objekt zieht, liegt hier – 1805 – für Goethe nicht nur lebensgeschichtlich, sondern auch menschheitsgeschichtlich lange zurück. Kaum einige Seiten später sieht Goethe, anläßlich der Klage Winckelmanns über die Philosophen, sich zu der allgemeineren Bemerkung veranlaßt, »daß kein Gelehrter ungestraft jene große philosophische Bewegung, die durch Kant begonnen, von sich abgewiesen, sich ihr widersetzt, sie verachtet habe, außer etwa die großen Altertumsforscher« (HA XII, 120). Hier spricht Goethe auch von sich. Kant steht für ihn repräsentativ für neuzeitliches, kritisches Bewußtsein, das die Formationen des Wissens diesseits einer kosmologischen Ordnung des Seins auf die immanenten Strukturen des Verstandes begründen, aber auch auf diese einschränken muß. Die Begegnung mit Schiller konfrontierte Goethe mit dieser epochalen Bewußtseinsform – einer ihm durchaus fremden – und zwang ihn, sich seiner naturforscherischen und philosophischen Eigenart inne zu werden.

Die Goethesche Reaktion läßt sich so umreißen: Man kann hinter Kant nicht zurück; dennoch aber ist Kant nicht die Wahrheit. Daß Goethe, trotz Kant und Newton, auf vorkritische, ja vormoderne Konzepte von Natur insistiert – nicht länger naiv, sondern von Schiller gewissermaßen zu sentimentalischer Reflektiertheit gezwungen –: diese wissenschaftsgeschichtliche Seltsamkeit ist um so bedenkenswerter, als heute nicht länger von der fraglosen Geltungsuniversalität der Naturwissenschaften ausgegangen werden kann. Man wird heute, anders als die Naturwissenschaftler des 19. Jahrhunderts, die im Brustton ihrer positivistischen Überzeugungen bedauern konnten, daß Goethe anstelle seiner »pseudowissenschaftlichen« Studien nicht Dramen und Gedichte geschrieben hat – man wird heute leichter eine substantielle Bedeutung der Goetheschen Naturforschungen einräumen wollen, in die er über Jahrzehnte einen gut Teil seiner Zeit und Kraft verausgabt hat. Dabei geht es nicht um die Rehabilitation der Ergebnisse seiner Forschungen, die sehr oft unhaltbar bleiben, und erst recht nicht um die Rettung eines Klassikers. Sondern jene paradoxe Haltung, die Kant als epochale Wendemarke respektiert, und dennoch einen Naturbegriff zu wahren unternimmt, der im Kantschen Sinn »überschwänglich« ist, wäre von heute aus zu lesen als das sensible Wahrnehmen davon, daß die Fortschritte der Naturbeherrschung auch einen gravierenden Verlust bedeuten. Nicht das Einzelwissen Goethes, wohl aber der Wissenstypus, dem er folgte, bedarf einer neuerlichen Reflexion – um so eher als das Kantsche Paradigma von Erkenntnis auf eine theoretische wie die Natur praktisch betreffende Weise in eine unabsehbare Krise geraten ist.

Die historische Marginalität seiner Position ist Goethe völlig durchsichtig. So sehr, daß man den Hermetismus seines Altersstils verstehen könnte als eine Schreibweise, die die innersten Überzeugungen seines Naturdenkens aufgrund der Einsicht in ihre historisch exzentrische Positionalität ins Verborgene rückt. Der Goethesche Hermetismus wäre dann eine Form von Erinnerungsarbeit, der Archivierung von Gedächtnisspuren und verlorenen Wissensbeständen, die gegenüber dem ratiozentrischen Bewußtsein der zeitgenössischen Wissenschaften nahezu notwendig den Status eines »Subtextes«, ja des »Verdrängten« und »Unbewußten« haben. Dies natürlich nicht im Freudschen Sinn. Sondern der Hermetismus ist die Sprachform einer von Goethe bewußt gewählten Strategie, in die Erinnerung einzuschreiben, was dem Zeitbewußtsein entgeht. Diese Erinnerungsarbeit Goethes ist angelegt auf zukünftige Entzifferung. Um diese muß es heute zunächst gehen: die Aufarbeitung des historisch Verdrängten von Naturkonzepten, um deren Verdrängung Goethe bereits wußte. Er empfand diese als ebenso notwendig wie verlustreich. Und da in seinen Augen die Romantiker außer dem zwischenzeitlich hochgeschätzten Schelling dies nicht taten, verlangte Goethe sich einen Gegendiskurs ab, der die Last bewahrender Erinnerung, trauernder Verabschiedung und utopischen Offenhaltens zu tragen vermochte.

Jene oben zitierte Stelle aus der Winckelmann-Schrift enthält genau diese Momente. Sie ist plaziert in die Skizze eines unwiederholbar Vergangenen: der Antike, die in bewußter Idealisierung als ein Lebenszusammenhang entworfen wird, welcher der unvordenklichen Fülle des Seins noch nahe ist, das aus der schönen Ordnung des Kosmos sich schenkt. Die Situation der Moderne, so schreibt er weiter, ist dagegen durch den zweckrationalen Gebrauch partikularer Fähigkeiten gekennzeichnet; »Außerordentliches« entsteht allenfalls durch deren Integration. Ferner kennzeichnet die heutigen Menschen (»wir Neuern«) eine eigenartig pendelnde Bewegung zwischen dem »Unendlichen« und dem »beschränkten Punkt«: eine Bemerkung, die nur als Konsequenz aus der mit der kopernikanischen Wende eingeleiteten Transformation des Kosmos ins unendliche All und dem damit auch umgewälzten Selbstverständnis des Menschen im Universum verstehbar ist.

Zwischen diese Pole von Antike und Moderne rückt Goethe den zitierten, konditional eingeschränkten utopischen Entwurf. Dessen Offensein zur Zukunft verdankt sich der Kraft vergegenwärtigender Erinnerung. Was Goethe ins Utopische zu retten versucht, ist genau, was in der erkenntniskritischen Wende Kants unter Zensur geriet, verdrängt und vergessen werden mußte. Mit dem jubilatorischen wechselseitigen Spiegeln von Mensch und Weltall – man erkennt die traditonsreiche Lehre von der Entsprechung von Mikrokosmos und Makrokosmos – legt Goethe die Spur des Erinnerns, das die Balance einer ebenso anthropozentrischen wie kosmozentrischen Teleologie zitiert, als Spur der Zukunft aus. Das »freie Entzücken« des Menschen und das »Aufjauchzen« des Alls bilden ein erotisches Responsorium, das die verklungene Musik der Sphärenharmonie wieder aufnimmt – im Konditionalmodus, der hier der Modus der unabgegoltenen Erinnerung einer Zukunft ist. Nicht zufällig nennt Goethe jenes der kosmischen Teleologie erwachsende Glück des Menschen »unbewußt«. Dieser Ausdruck ist – in der Epoche der Bewußtseinsphilosophie, die die kosmischen Korrespondenzen zerriß – die genaue Angabe des Ortes jenes Responsoriums: die vorreflektorische Kosmosphilosophie der Antike, die dem wissenschaftlichen Bewußtsein unzugänglich geworden ist, und die darum den Status einer unabgelösten, verdrängten Erinnerung bekommt, also hermetisch wird wie die Sprache des alten Goethe.

II.

Der germanistische Blick auf die deutsche Literatur des 18. Jahrhunderts ist schief. Wir identifizieren dieses Jahrhundert als das der Aufklärung bis hin zu deren Radikalisierung, Komplementierung oder bestimmten Negation im Sturm und Drang, Jakobinismus, Klassik und Romantik. Das scheint der Entwicklung in Frankreich zu entsprechen, wo schon Zeitgenossen das 18. Jahrhundert als »Siècle de lumière« bezeichnen. Die »Querelle des anciens et des modernes« ist überwunden, die *Encyclopédie* und die Französische Revolution gelten als praktische Einlösungen des aufgeklärten Zeitalters. Die Naturwissenschaften bleiben durchschnittlich ausgeklammert und damit das Bewußtsein, daß Aufklärung hier ihren Kern hat. In seinen *Grundlagen der Philosophie* verweist d'Alembert dagegen schon 1750 zur Bestätigung des Epochenbewußtseins, nämlich Zeitalter der Philosophie zu sein, vor allem auf die Naturwissenschaften:

Die Wissenschaft der Natur gewinnt von Tag zu Tag neuen Reichtum; die

Geometrie erweitert ihre Grenzen und hat ihre Fackel in die Gebiete der Physik, die ihr am nächsten lagen, vorgetragen; das wahre System der Welt ist endlich erkannt, weiterentwickelt und vervollkommnet worden. Von der Erde bis zum Saturn, von der Geschichte der Himmel bis zu der der Insekten hat die Naturwissenschaft ihr Gesicht gewandelt... Alle diese Ursachen haben dazu beigetragen, eine lebhafte Gärung der Geister zu erzeugen. Diese Gärung, die nach allen Seiten hin wirkt, hat alles, was sich ihr darbot, mit Heftigkeit ergriffen, gleich einem Strom, der seine Dämme durchbricht. Von den Prinzipien der Wissenschaften an bis zu den Grundlagen der offenbarten Religion, von den Problemen der Metaphysik bis zu denen des Geschmacks, von der Musik bis zur Moral, von den theologischen Streitfragen bis zu den Fragen der Wirtschaft und des Handels, von der Politik bis zum Völkerrecht und zum Zivilrecht ist alles diskutiert, analysiert, aufgeführt worden. Neues Licht, das über viele Gegenstände verbreitet wurde; neue Dunkelheiten, die entstanden, waren die Frucht dieser allgemeinen Gärung der Geister: Wie die Wirkung von Ebbe und Flut darin besteht, manches Neue ans Ufer zu spülen und wieder anderes von ihm loszureißen.[2]

Zweierlei ist hieran bemerkenswert. Zunächst, daß d'Alembert die Naturwissenschaften ins Zentrum der alle Bereiche der Gesellschaft umfassenden Aufklärung setzt. Hier aber ist das 18. Jahrhundert nur die Vollendung des 16. und vor allem des 17. Jahrhunderts, in welchen die entscheidenden Durchbrüche zur neuen Kosmologie, die wichtigsten technischen Erfindungen, die dazu erforderliche Mathematik und Forschungsstrategie erfolgten. Wenn d'Alembert die Naturwissenschaften zum Paradigma der Aufklärung macht, so wäre dies also zurückzudatieren auf die kopernikanische Wende (1543), das Programm der technischen Naturbeherrschung in Francis Bacons *Neuem Organon der Wissenschaften* (1620ff.), auf Descartes' Konzept der universellen Mathematik *(Von der Methode, Prinzipien der Philosophie)*, Galileis experimentelle Widerlegungen des Aristotelismus und Newtons abschließende Formulierung des Weltsystems auf der Basis des Atomismus und des Gravitationsgesetzes *(Principia Mathematica,* 1686). Es ist also das Zeitalter des Barock, das den entscheidenden epistemologischen Bruch erzeugt, der das aristotelisch-thomistische Weltbild zum Einsturz bringt und das Mittelalter von der Neuzeit, als deren Resümee sich dann die Aufklärung versteht, trennt. Wenn in der Goethezeit erste Momente einer Wissenschaftskritik auftreten – und darin kommen über literaturgeschichtliche Fraktionen hinweg so verschiedene Geister überein wie Hamann, Herder, Goethe selbst oder die juvenile Avantgarde der Romantiker –, dann sind dies nicht Reaktionen nur auf die unmittelbar vorangegangene Aufklärungsepoche, sondern auf einen 250jährigen Prozeß. In dessen Verlauf hat der naturwissenschaftliche Wissenstyp und dessen Wirklichkeitskonzept monopolartigen Charakter angenommen. Was als Wissen gelten wollte, hatte den regulae der Vernunft zu gehorchen, und diese waren die der Mathematik und des Experiments. Und was als wirklich gelten wollte (und nicht als Traum, Wahnsinn, »Träume der Metaphysik«), hing – bis zu Kants *Kritik der reinen Vernunft* – letztendlich von der Definitionskompetenz und den Überprüfungsverfahren ab, welche in der Physik sich vom mikroskopischen Raum bis zum unendlichen All bewährt hatten. Hier galt: die Sinne sind Quellen der Täuschung; mißtraue den (aristotelischen) Autoritäten, d. h. den Büchern, den Überlieferungen der Religion, dem Gemurmel des common sense. Wahr und wirklich ist nur *ein* Buch, nämlich das in Zahlen geschriebene der Natur. Die mathematische Quantifizierbarkeit ist es, die über einen Aussagegegenstand entschied – ähnlich dem Kapital, das durch die kalkulatorische Abstraktion des Tauschwerts eine effiziente Ordnung in das ungeheure Gewirr der sinnlich-qualitativen Vielheit der Dinge, Menschen und Einrichtungen brachte. Die Wahrheit einer Sache ist, vermittelt durch Geld, Äquivalent einer beliebig anderen Sache werden zu können. Auch dieser Prozeß der Rationalisierung der qualitativ differenten Dinge ist »Aufklärung« lange vor dem 18. Jahrhundert. Diese Entwicklungen also sind es, die d'Alembert ins »Jahrhundert der Philosophie« münden läßt und ins Panorama vernünftig durchsonnter Naturnützlichkeit und Fortschrittsgesellschaft, der *Encyclopédie,* einträgt.

Zweitens aber, und das überrascht, spricht d'Alembert von den »neuen Dunkelheiten, die entstanden«, davon, daß »manches Neue« ans Ufer gespült, »und wieder anderes von ihm losgerissen« wurde. Die Aufklärung ist für d'Alembert zweideutig. Nahezu kein authentischer Aufklärer von Newton bis Kant, der von dieser Zweideutigkeit, die wir heute mit Horkheimer/Adorno »Dialektik der Aufklärung« nennen, nicht schon erfaßt war. Nicht nur, natürlich, Rousseau, auch z. B. Voltaire:

»Jedermann schickt sich an, den Geometer und den Physiker zu spielen« – sagt er bereits 1735. – »Man befaßt sich mit mathematischen Verhältnissen. Das Gefühl, die Einbildungskraft und die Grazien sind verbannt ... Die schönen Wissenschaften verkommen zusehends. Nicht, daß es mich ärgerte, daß die Philosophie betrieben wird, aber ich möchte nicht, daß sie zum Tyrannen wird und alles übrige ausschließt.«[3]

Verbannen und Ausschließen als Gesten der Aufklärung? Und das sagt ein Mann, der wie kein zweiter sich zum Propagandisten des Newtonschen Weltbildes, es als mechanistische Weltmaschine mißdeutend, auf dem Kontinent machte? Im Kampf gegen die alten Mächte, Kirche, Religion, Metaphysik, Vorurteile, setzten die Aufklärer auf eine Vernunft, die ihnen nicht selten zum *horror vacui* wurde. Darüber half kaum der brüchige Optimismus hinweg, dessen höchster und angestrengtester Ausdruck die »Theodizee« in der Nachfolge Leibnizens war – bis sie 1755 mit dem Erdbeben von Lissabon endgültig zusammenbrach.

Aufklärung erzeugt neue Dunkelheiten? Reißt Stücke vom Ufer des Festlandes? Erzeugt hohe, schwer tragbare Kosten? Ist Verlust und Verdrängung womöglich, notwendige vielleicht, von Wissens- und Erfahrungsformen, die es wert wären, erinnert und aufgehoben zu werden? Und wäre Aufklärung, indem sie alte Mächte erübrigt, zugleich die Etablierung neuer Herrschaft, vernünftiger zwar, doch Herrschaft nicht weniger? – Heute, angesichts des vielleicht zu Ende gegangenen Zeitalters der Aufklärung, stellen sich diese Fragen schärfer. Doch bestand für sie ein Bewußtsein schon um 1800. Das Naturkonzept Goethes und seine Wissenschaftskritik sind ein Symptom davon, daß zwischen dem Höhepunkt intellektueller Aufklärung und dem Beginn des technologischen Industriezeitalters, also in der protoindustriellen Phase zwischen Sturm und Drang und Romantik, sich eine erste Rationalitätskrise findet.

III.

Was eigentlich an der »experimentellen Philosophie« (Newton) ein Ungenügen weckt, ist leicht zu verdeutlichen an der Einstellung Goethes zum Experiment.

Sieht man auf die Newtonsche Zeichnung zur Refraktion des Lichts oder auf die hochentwickelten Teleskope Casgrains von 1772 oder William Herschels von 1784[4], so wird daran klar, wodurch neuzeitliche Wissenschaft sich von vormoderner unterscheidet: das Mißtrauen gegen die Sinne. Das ptolemäische Weltbild, sosehr es mathematisiert war, blieb immer ein Weltbild des Augenscheins. Dieser aber, so wurde durch die kopernikanische Wende deutlich, führt zu einer regelrechten Verkehrung der Wahrheit. Wissenschaft beginnt mit instrumentenvermittelter Beobachtung, aber auch, wie die Zeichnung Newtons zeigt, mit der methodischen *Erzeugung* des Phänomens, das untersucht werden soll. Nicht wie sie sich von den Sinnen her erschließt, wird Natur erkannt, sondern die Natur des Lichts wird abgelesen an einer künstlichen, apparativ erzeugten Erscheinung, in einer künstlichen Situation – dem verdunkelten Labor –, mit künstlich stilisierter Wahrnehmung, dem Daten-lesen-Können. In der Natur kommt das, was Newton untersucht, so wenig vor wie das Ideal reibungsfreier Flächen, an denen Galilei, durch herunterrollende Kugeln, die aristotelische Theorie widerlegte, nach der jede Bewegung durch Antrieb zustandekomme. Erst dadurch, daß Galilei im Experiment ein Phänomen idealisierte, das in der Natur nicht vorkommt, gelang ihm die Formulierung des Trägheitsprinzips. Genau diese Zugangsweise zur Natur erregt das Mißtrauen Goethes, ja seine Wut:

Damit aber diese Lichter zum Vorschein kommen, setzt er dem weißen Licht gar mancherlei Bedingungen entgegen, durchsichtige Körper, welche das Licht von seiner Bahn ablenken, undurchsichtige, die es zurückwerfen, andre, an denen es hergeht; aber diese Bedingungen sind ihm nicht einmal genug. Er gibt den brechenden Mitteln allerlei Formen, den Raum, in dem er operiert, richtet er auf mannigfaltige Weise ein, er beschränkt das Licht durch kleine Öffnungen, durch winzige Spalten, und bringt es auf hunderterlei Art in die Enge. Dabei behauptet er nun, daß alle diese Bedingungen keinen anderen Einfluß haben, als die Eigenschaften, die Fertigkeiten (fits) des Lichtes rege zu machen, so daß dadurch sein Innres aufgeschlossen werde, und was in ihm liegt, an den Tag komme.[5]

Was Newton in seinem *experimentum crucis* erzeugt, das »beliebte Spectrum«, nennt Goethe ironisch »das Gespenst«, womit er sich die damalige Bedeutung von lat. spectrum, engl. spectre = Gespenst zunutze macht. An anderer Stelle nennt er es ein »noch dazu verkünsteltes Phänomen« (HA XII, 961), das erst entstünde, wenn durch vielfache Bedingungen »das klare, reine, ewig ungetrübte Licht« der Sonne »in die Enge« getrieben, »gezwungen«, wird, bis es sich in einer restlos von lebensweltlicher Erfahrung abgehobenen Weise zeigen *muß*. Goethe polemisiert hier gegen einen doppelten Zwang: den, der dem Licht, und den, der dem

Menschen, seinem Auge, angetan wird. Goethe spürt, daß die Naturwissenschaft eigentlich nicht Natur zum Gegenstand hat, nicht jedenfalls im Sinne der aristotelischen *physis* als dem vom Menschen nichtgemachten Bereich. Insofern das Experiment das zu Untersuchende herstellt (konstruiert), ist es *techné* – Technik. Es erzeugt kein Wissen von Natur, sondern poietisches Wissen (Herstellungswissen). Dieser Kunstcharakter des Experiments erst ermöglicht die Formulierung von Gesetzen: im Experiment zeigt sich mit Notwendigkeit immer dasselbe, nicht das Zufällige, nicht das, was meistens geschieht (wie in der *physis*) und nur so »von Natur da ist oder entsteht«.[6]

Man wird sagen müssen, daß der Naturbegriff Goethes genau auf letzteres zielt, auf die vorneuzeitliche, aristotelische Physis. Ihr ziemt »anschauendes Hinnehmen«[7], also *theoria,* ein Erschließen der Natur von dem her, was begegnet und widerfährt. Wie bei Aristoteles wird bei Goethe der Natur Unabhängigkeit vom Menschen zugesprochen, und darin ist der Respekt, ja die Ehrfurcht fundiert, die Goethe normativ jeder Naturforschung voranstellt. Auch dies ist vormodern.

Nun heißt dies nicht, Goethe habe nicht experimentiert. Im Gegenteil. Jahrzehntelang arbeitet er an Steinen, Knochen, Pflanzen, Licht. Was er in seiner der naturwissenschaftlichen Methode am nächsten stehenden Schrift, »Der Versuch als Vermittler von Subjekt und Objekt«, an Newton (der nicht genannt, aber gemeint ist) kritisiert, ist nicht das Experiment überhaupt, sondern das *experimentum crucis,* die mathematische Universalisierung *einer* Versuchsanordnung. Er hält dagegen eine Mannigfaltigkeit variierender Versuche für eine Pflicht, also eine kontinuierliche Reihe von unterschiedlichsten Präsentationen eines Phänomens, weil es als Teil der »lebendigen Natur« »in einer Verbindung mit dem Ganzen stehe« (HA XII, 517). Das Newtonsche Experiment dagegen folgt dem Aufbau: isolieren, zerlegen, quantifizieren, wieder zusammensetzen. Das ist technische Forschungslogik. Was dagegen Goethe mit der »Vermannigfaltigung« des *Versuchs* anstrebt, sind »Erfahrungen höherer Art«, die merkwürdigerweise auf ein Wissen von der »Disproportion unseres Verstandes zu der Natur der Dinge« zulaufen sollen. Wenig später faßt er die »Erfahrung höherer Art« in den Begriff des Urphänomens.[8]

Was soll das aber heißen? – Zunächst ist zu sagen, daß der Newtonsche Wissenstyp die Natur unter dem Aspekt des Herstellens, der *techné*, präsentiert. Mehrfach ist gezeigt worden, daß dazu eine prinzipielle Distanzierung von Natur Voraussetzung ist. Naturwissenschaftliches Wissen ist Ergebnis einer Trennung, einer inszenierten und methodisch erforderten Entfremdung von Natur. Morris Berman[9] zeigt, daß das Experiment erst durch ein »nicht-teilnehmendes Bewußtsein« möglich wird. Distanz ermöglicht Erkenntnis. Bereits Francis Bacon formulierte, daß die Natur ihr Geheimnis nicht freigibt, wenn man sie ungestört bei sich läßt. Das Experiment hat für ihn den Sinn, sie zu irritieren, zu belasten, zu zwingen, zu nötigen, ja zu quälen: die *natura vexata*, die erboste, nämlich die Antworten unter Zwang gestehende Natur.[10] Natur ist bei Bacon bereits die technisch angeeignete, nützliche Natur. Und Bacon wußte, daß die zu maschinellem Funktionieren vexierte Natur eines Experimentators bedarf, dessen Geist diszipliniert ist und seine »Arbeit wie von einer Maschine erledigt«.[11] Deutlich ist: Objekt Natur und Subjekt Forscher werden interpretiert im Schema des Herstellens, der Technik. Sie sind Quasi-Maschinen. Hier beginnt, was Arno Baruzzi[12] das Denken sub specie machinae nennt. Die Realisierung jenes Prinzips von Thomas Hobbes *(De corpore)*, nach welchem der Mensch die Dinge und sich selbst einsieht im Maß, wie er sich und sie herzustellen vermag. Das Erkenntnissubjekt ist ein Züchtungsprodukt von Disziplinen, ebenso wie die Natur unter dem Aspekt des technischen Produkts objektiviert wird. Autonomie des Geistes ist dessen Automation[13] – so wie Körper und Universum ohnehin als Maschine konzeptualisiert werden (Descartes, Leibniz, Holbach). Der Grundsatz von Hobbes: »Ubi ergo generatio nulla . . . ibi nulla philosophia intelligitur«[14] ist die Formel der Neuzeit – und für Goethe ein Skandalon.

Wenn Goethe die Disproportion des Verstandes und der Natur zur »höheren Erfahrung« macht, so restauriert er eine Natur nichtmaschinaler Art. Maschinal begriffene Natur wäre die vollendete Proportion von Verstand und Natur. Im Experiment sucht Goethe – als habe es Kant nicht gegeben – die lebendige Natur, *natura naturans*, die dem in sie eingeschlossenen, sinnlich-leiblich betroffenen Subjekt widerfährt, die erfahren, gegenständlich begriffen, angeschaut, im Zusammenhang des Ganzen reflektiert, schließlich im Erstaunen, in der Scheu des Betrachters sich selbst überlassen werden will. »Die Natur gehört sich selbst an«, sagt Goethe 1820 in seinem »Vorschlag zur Güte«.[15] Darauf zielt, was

Goethe 1820 in Kantscher Terminologie mit »Anschauender Urteilskraft« meint –: eine Wissensform, die freilich Kants Kritik verfällt und eher der aristotelischen *theoria* entspricht: »daß wir uns, durch das Anschauen einer immer tätigen Natur, zur geistigen Teilnahme an ihren Produktionen würdig machten« (HA XIII, 30/31). Goethes Wissenschaft entstammt partizipierendem Bewußtsein.

Festzuhalten ist zunächst: Goethes Naturforschung ist keine Wissenschaft im Sinne von *techné*, auch wenn er auf historischer Ebene eine selbstbehauptende Auseinandersetzung mit den bedrohlichen Elementen der Natur für nötig hält (HA XIII, 308/09).[16] Technische Wissenschaft aber wäre die gemeinsame Pointe der Aufklärungsbewegung von Bacon bis zu Newton. Demgegenüber versucht Goethe, das vorneuzeitliche Wissen einer den Menschen übersteigenden Natur und die daraus abzuleitenden Konsequenzen für das Selbstverständnis des Menschen zu wahren und in neue, der Zeit um 1800 angemessene Form zu bringen. Wir wissen, daß Goethe damit, nach Leo Kreutzer, historisch auf der Seite der Verlierer steht.[17]

IV.

Formeln »verwandeln das Lebendige in ein Totes; sie töten das innere Leben«[18]: damit begründet Goethe seine Reserve gegenüber der Mathematisierung der Natur. »Abbildungen, Wortbeschreibung, Maß, Zahl und Zeit stellen immer noch kein Phänomen dar« (HA XII, 434). Mathematik bezieht sich für Goethe »aufs Quantifizierbare ... auf das äußerlich erkennbare Universum« (HA XII, 453). Damit sie auf die lebendige Natur nicht »wie eine Nekrose« (ebd. 452), also tötend wirke, damit sie ferner nicht »als Universalmonarch über alles zu herrschen« (ebd.) sich anmaße, müsse man dem Quantifizierbaren nach dem allgemeinen Gesetz der Polarität aller Erscheinungen das Qualitative der Natur entgegensetzen. Goethe unterscheidet damit eine mathematische, nämlich mechanistische Physik von einer qualitativen, die man in der Schellingschen Terminologie als dynamische und spekulative gegenüber der realen Physik bezeichnen kann. »Es ist vieles wahr, was sich nicht berechnen läßt« (HA XII, 458), formuliert Goethe lange vor Heidegger. Nun würde das jeder Physiker zugeben, nur nicht, daß Goethe das mathematisch »Undarstellbare« (ebd.) zu einem konstitutiven Bestandteil der Naturwissenschaft erklärt. Er nennt dies »das bewegliche Leben der Natur« (HA XIII, 57), ihre »unendliche Produktion auf alle Weise und nach allen Seiten« (ebd. 56), dem ein »lebendiges Anschaun der Natur« zu korrespondieren habe, das »selbst so beweglich und bildsam« sich erhalten müsse wie die Natur selbst (ebd.). Man kann jetzt typisieren: ist für die (Newtonsche) Naturwissenschaft die anorganische Materie das paradigmatische Objektfeld, so für die Naturforschung Goethes der Organismus. Nicht mechanische Physik, sondern genetische Biologie, der Kant die Fähigkeit zur Verwissenschaftlichung rundweg abspricht, ist für Goethe die Grundwissenschaft.

Wenn Natur als lebendige Produktivität begriffen werden soll, wird ihre Zergliederung zum Studium des Toten. Die Kritik Goethes an medizinischer Anatomie und seine Vorschläge zu einer ästhetisch fundierten »plastischen Anatomie« sind von hier aus getragen.[19] Was analytische »Chemie und Anatomie zur Ein- und Übersicht der Natur beigetragen haben« (HA XIII, 54/55), steht dabei außer Frage. »Aber diese trennenden Bemühungen, immer und immer fortgesetzt, bringen auch manchen Nachteil hervor. Das Lebendige ist zwar in Elemente zerlegt, aber man kann es aus diesen nicht wieder zusammenstellen und beleben« (ebd.). Daß Wissenschaft und Technik nicht etwa nur metaphorisch zum Tod der Natur führen, sondern daß real Tiere, Pflanzen, Landstriche, der Erdleib sterben müssen, damit ein unbegrenzter Forschungs- und Vernutzungsprozeß in Gang kommen kann, ist eine harte Lehre.[20]. »Die Natur verstummt auf der Folter«, sagt Goethe und meint damit das Newtonsche Experiment (HA XII, 434). Das hieße umgekehrt: Natur lebt, und ihr Leben artikuliert sich für uns im Sprechen. Die Sprache der Natur – eine ehrwürdige Tradition von der Gnosis und dem Alten Testament bis zum Mittelalter und zur Renaissance – diese Sprache verstummt endgültig im Prozeß der Verwissenschaftlichung der Welt. Hamann, der große Anreger des Sturm und Drang, denkt Goethe hier voraus:

Eure mordlügnerische Philosophie hat die Natur aus dem Wege geräumt, und warum fordert ihr, daß wir dieselbe nachahmen sollen? – Damit ihr das Vergnügen erneuern könnt, an den Schülern der Natur auch Mörder zu werden –.[21]

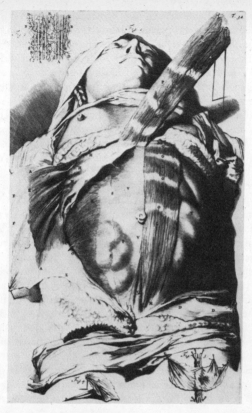

Abb. 20: Anatomische Abbildung aus dem Atlas von G. Bidloo.
Stich nach einer Zeichnung von Gérard de Lairesse. 1685

Für Hamann hat die wissenschaftliche Aufklärung »den Text der
Natur, gleich einer Sündfluth, überschwemmt«[22], und Kunst hat
die Aufgabe, »die ausgestorbene Sprache der Natur« wiederzubeleben.

Goethe ist hier nüchterner und zugleich fordernder. Er nämlich
schränkt die Wiederbelebung der »Sprache der Natur« nicht auf
Kunst ein. Dies wäre, was Hamann nicht bedenkt, die Ausgrenzung lebendiger Natur ins Reservat der Kunst und damit Besiege-

lung der Ausdifferenzierung von Wissenschaft und Ästhetik als eines irreversiblen Prozesses. Eben das trifft Goethes Kritik. Nicht in der Kunst nur, in der Forschung selbst ist die »Sprache der Natur« wiederzubeleben. Methodologisch geschieht dies unter dem Titel der Synthese »als ein lebendiges Wesen«, die der, wie Goethe sagt, analytischen Zerfleischung ihre gestaltende Kraft entgegensetzt (HA XIII, 48 ff.).

Wiederbelebung ist bei Goethe wörtlich und praktisch gemeint. Das ist am zentralen Motiv der Wiederbelebung Ertrinkender in den *Wahlverwandtschaften* und vor allem den *Wanderjahren* abzulesen. Die »Sprache der Natur« zu verstehen, heißt hier zunächst, die ästhetische Signatur des Leibes zu erfahren: dies geschieht dem pubertären Wilhelm in der ästhetisch-erotischen Urszene der Offenbarung der Leibschönheit des Fischerknaben, der dann ertrinkt. Daraus erwächst das Motiv zur Naturforschung, nämlich der Medizin. Nachdem Wilhelm auf dem Theater ein Vertrauter des exponierten Leibes geworden ist, die klassische und plastische Anatomie durchlaufen hat, kommt er, in der symbolischen Schlußszene des Romans, praktisch in die Lage, seinen ertrinkenden Sohn zu retten. Nach der gelungenen Wiederbelebung sagt Wilhelm zu Felix: »Wirst du doch immer aufs neue hervorgebracht, herrlich Ebenbild Gottes!« (HA VIII 460).[23] Dies meint, im Medium wissenschaftlicher Praxis, die Wieder-Belebung, ja Schaffung des Leibes als ästhetischer Signatur, als Text und Chiffrenschrift des Göttlichen in der Natur. Der partikular medizinische Akt ist in der Konstruktion Goethes das »Besonderste, das sich ereignet«, und darin zugleich »immer als Bild und Gleichnis des Allgemeinsten auftritt« [siehe Abb. 20 u. 21].[24]

Der Gedanke des Todes der Natur, den man bei Goethe und Hamann wie bei den Romantikern finden kann, geht auf einen historisch bedeutsamen Ursprung zurück, nämlich auf das *Iudi cium iovis* des Renaissancegelehrten Paulus Niavis von ca. 1496.[25] Dieser Text ist im Zentrum des schlesisch-thüringischen Bergbaugebiets während des ersten kapitalistisch-technologischen Entwicklungsschubs des Montanbaus entstanden. Es handelt sich um eine fiktive Gerichtsverhandlung, in der der Mensch als Montan und Metallurg von der in Fetzen gekleideten, an ihrem Leib verwundeten, weinenden Terra des Mordes angeklagt wird. Nicht zufällig am Beispiel des produktionstechnisch und ökonomisch

Abb. 21: Anatomisches Wachsmodell von Ercole Lelli. Bologna 1440–46

am weitesten entwickelten Bereichs der Gesellschaft, dem Bergbau – mit dem Goethe wie Novalis und Alexander v. Humboldt so
viel zu tun hatte –, wird der Frontverlauf zweier geschichtsmächtiger Deutungsmuster erkennbar. Zum einen die Interpretation, in
der die Natur im Schema der Magna Mater, die Erde als mütterlicher Leib und der Bergbau als behutsame, schonende, kultisch
begleitete Interaktion des Menschen mit dem geheiligten Inneren
des Naturleibs und seinen Materien erscheinen. Hier figuriert der
Mensch als Kind und Teil der Mutternatur, sein technisches und
gesellschaftliches Handeln ist normativ begrenzt. Technik und

Montanwissen sind Momente einer Naturgeschichte, unterliegen den Kreisläufen und Gleichgewichten der Natur, auf die der Mensch auch als Techniker sich einzustellen hat. – Solche von der verletzten Erde – man denkt an die *natura vexata* des Bacon – vorgebrachten Argumente dreht der angeklagte Mensch rhetorisch um: als mangelhaft ausgestatteter Stiefsohn hat der Mensch der Natur als Feindin gegenüberzutreten und sein Überleben durch ihre Unterwerfung zu sichern. Hier erscheint ein Kernideologem neuzeitlicher Zivilisation: die Mangelausstattung des Menschen begründet Technik und Wissenschaft als die Wege zum *dominum terrae*. Hier am Beginn der Moderne erscheint schon eine Legitimation, die bis heute anhält: der Zwang der Naturbeherrschung leitet sich aus Natur selbst ab – aus der stiefmütterlichen Verkargung des menschlichen Leibs. Gewissermaßen ist die weibliche Natur selbst schuld an ihrer Vergewaltigung und Ermordung durch männliche Technik: rächt sich in dieser doch nur der Mangel der Mutternatur selbst. Hier wird zum ersten Mal gedacht, was die Naturwissenschaft auf ihre Bahn bringt: erst der Tod der Natur ermöglicht das Überleben des Menschen. Die Natur muß deanimiert, entmythologisiert, entsakralisiert werden. Der Gewinn an technikvermittelter Autonomie ist proportional dem Verlust an Bedeutsamkeit der Natur. Die Kosten der Vernunft sind fortan ablesbar an all jenen kleinen Toden, die die Natur außer uns und in uns stirbt. Von hier gehen die tiefsten Beunruhigungen Goethes aus.

V.

Goethe versucht einen Typ von Wissenschaft zu etablieren, der der Natur gegenüber gewaltfrei, freilich wesentlich auch nur anschauend bleibt. Ferner wendet er sich gegen die methodologische Disziplinierung des Forschungssubjekts, das eine Deanimation der Natur nur leisten kann, wenn sein wissenschaftliches Handeln von allen sympathetisch auf Natur gerichteten Gefühlen gereinigt ist. Empfundener Leib und Sinne aber sind für Goethe Fundament der Forschung. Hierin wirkt das Erbe des Sturms und Drangs fort. Die frühe emphatische Besetzung der Natur[26], die den gesamten Kosmos zum Projektionsschirm grandioser Selbstgefühle stilisiert, verfällt freilich seit der Weimarer Zeit, mit dem Beginn wirklichen Naturstudiums, der Kritik Goethes. Das Andere der Natur ist fortan für Goethe nicht gewahrt, wenn Natur zum narzißtischen Spiegel schlechter Subjektivität degeneriert. Dennoch bleibt aus der frühen Zeit, in die auch die alchemistischen Studien Goethes fallen[27], die Grundüberzeugung von der »lebendigen Natur« und dem sympathetischen Bezug auf sie erhalten – bis in die spätesten Werkstufen der *Wanderjahre* und des *Faust*. Es geht dabei auch um Würde und Integrität des Leibes.

Goethe weiß wohl, daß neuzeitliche Wissenschaft mit der mikroskopischen und teleskopischen Erschließung des Raums beginnt: »In der Mitte« aber, so sagt er, »liegt das Besondere, unseren Sinnen angemessene, worauf ich angewiesen bin.«[28] Goethes Wissenschaft ist Wissen von der sinnlichen Welt, baut sich von hier aus auf bis zur höchsten Begriffsbildung, die immer noch anschauungsgesättigt bleiben soll, wie etwa das Urphänomen. Weil dies so ist, hält er es für »das größte Unheil der neuen Physik, daß man die Experimente gleichsam vom Menschen abgesondert hat«. »Der Mensch«, hält er dem entgegen, »ist der größte und genaueste physikalische Apparat, den es geben kann.« Diese seine Besonderheit und ihre Grenzen reflektiert Goethe sehr genau, wenn er Eckermann gegenüber resümiert: »...jedoch gingen meine Richtungen immer nur auf solche Gegenstände, die mich irdisch umgaben und die unmittelbar durch die Sinne wahrgenommen werden konnten; weshalb ich mich dann auch nie mit Astronomie beschäftigt habe, weil hierbei die Sinne nicht mehr ausreichen, sondern weil man hier schon zu Instrumenten, Berechnungen und Mechanik Zuflucht nehmen muß...«[29] Doch wird man sehen, daß es gerade die Astronomie ist, in deren Sphäre Goethe seine esoterischste Allegorie eines leiblich fundierten Wissens ansiedelt: Makarie in den *Wanderjahren*.

Es ist nun aufschlußreich, daß der Bergakademie-Professor Abraham Gottlieb Werner, Lehrer des Novalis, in vielfachem Kontakt mit Goethe, Begründer der wissenschaftlichen Mineralogie, und im Streit der Vulkanisten und Neptunisten um die Erdentstehung (Geognosie) für die neptunistischen Überzeugungen Goethes der wissenschaftliche Kronzeuge –: daß also dieser Werner in merkwürdig vormoderner Einstellung den Verzicht auf instrumentelle Datenerzeugung anrät – gerade in einem von Goethe zuerst bearbeiteten Feld, der Mineralogie. Statt dessen seien Gliedmaßen, Augenmaß, leibliches Gefühl zu kultivieren. Noch der aufgeklärte Werner hat eine Scheu davor, Erkenntnis vom Leibe zu entfremden. Erkenntnis vollzieht sich bei ihm, wie Goethe einmal sagt, als das, was »nur am Subjekt gewahrt wird«[30], also leibvermittelt. Bei Werner ist dies eine unbegriffene Scheu davor, den Leib aus dem Erkenntnisprozeß zu verdrängen –: dies aber ist geradezu ein Parameter »neuer Physik«. Werner systematisiert das Wissen nach leiblichen Sensationen, dem Geschmack, dem Tasten, der optischen Gestalt, dem Gefühle der Schwere, dem Geruch der Minerale. Sinnlichkeit also entziffert die Natur, weil zwischen ihnen, wie Dürler sagt, eine »intime Beziehung« besteht.[31] Goethe reflektiert dies bewußt:

Gewiß sind die Sinne die feinsten und erregbarsten Messer und Reagenten der ihnen gehörigen Qualitäten und Verhältnisse der Materie, und wir müssen innerhalb des individuellen Kreises des Organismus ebenso die Gesetze der materiellen Welt erforschen, wie der Physiker äußerlich durch mannigfaltigen Apparat.[32]

Goethe wünscht, die Physik komplementierend, eine Wissenschaft vom Stoffwechsel Mensch-Natur und dem leiblichen Eingelassensein in organische Natur. Es gibt, wie er meint, keine Natur als nur in bezug auf den Menschen. Natürlich ist das anthropozentrisch, freilich in einem anderen Sinn als Technik, weil goethische Wissenschaft »ohne Beziehung auf Nutzen und Zweckmäßigkeit« aufs »lebendige Ganze« (AA XVII, 719/20) zu gehen habe.[33] Goethes Wissenschaft ist Phänomenologie der Sichtbarkeit, darum auch die Valenz des Auges. Dies ist so, weil so die Integrität sowohl der Natur wie des menschlichen Leibes gewahrt beleibt, der Natur keine »Gewalt«[34] angetan wird und der Mensch im Zusammenhang der Natur sich reflektieren lernt. Befreite Natur und befreite Subjektivität sind komplementäre Utopien:

Wenn der Naturforscher sein Recht einer freien Beschauung und Betrachtung behaupten will, so mache er sich zur Pflicht, die Rechte der Natur zu sichern; nur da, wo sie frei ist, wird er frei sein, da wo man sie mit Menschensatzungen bindet, wird auch er gefesselt werden.[35]

VI.

Die oben zitierte Reflexion über die Verdrängung des Leibes in der Experimentaltechnik steht auch in den *Wanderjahren*, in »Makariens Archiv« (HA VIII, 473). Damit verweist die Reflexion auf

Makarie selbst. Makarie ist die rätselhafteste Figur des Romans, eine esoterische Allegorie der Goetheschen Naturphilosophie. Die Makarie-Passagen sind der späteste Reflex der Hybris des jungen Goethe, einen »Roman des Weltalls« (7. 12. 81 an Ch. v. Stein) zu schreiben, wovon das Fragment »Über den Granit« (1782) einziges Zeugnis ist. Einer solchen Idee hing auch gleichzeitig Herder an, wenn er 1782/83 eine kosmologische Naturdichtung auf der Grundlage von Kopernikus, Newton und Buffon erhofft.[36] Nichts Geringeres schwebt auch Schelling in seiner *Philosophie der Kunst* (1802/05) vor, der einen neuen Demokrit oder Lukrez wünscht, wenn er den Begriff eines »absoluten Lehrgedichts« faßt, welchem »unmittelbar oder mittelbar das All selbst, wie es im Wissen reflektiert wird, der Gegenstand ist«.[37] Man ahnt etwas von der Ungeheuerlichkeit des Goetheschen Vorsatzes und wird die Vorsichtigkeit würdigen, mit der er in den *Wanderjahren* darauf zurückkommt.

Worum geht es? Inmitten der sozialorientierten Nüchternheit des Romans, der um die Transformation von traditionaler zu moderner Gesellschaft kreist, ist Makarie eine eigenartig ruhende, gleichsam »seiende« Gestalt, auf die als heimlichen Pol das dynamische Personengefüge bezogen wird. Sie lebt priesterlich abgeschirmt; man nähert sich ihr in ritueller Choreographie; sie ist mit den Geheimnissen aller vertraut; ihrem Blick enthüllt sich »die innere Natur eines jeden«; ihre Stimme scheint die einer »unsichtbar gewordenen Ursibylle« (HA VIII, 65) zu sein; gleichzeitig wird sie als »die schweigsamste aller Frauen« (ebd. 223) apostrophiert; im Verhältnis zu ihr scheint die Wahrheit jeder Person auf. Diese sakralisierende Exponierung ist jedoch nur äußere Erscheinung ihres Arkanums, das der Erzähler nur unter aufklärerischen Vorbehalten, fast widerwillig, einklammernd, verschachtelnd freigibt. Darin drückt sich das Bewußtsein Goethes aus, der gesellschaftlichen Entwicklung gegenüber hier an etwas regressiv Ungleichzeitiges, Unaufgeklärtes zu rühren, wovon doch unabweisbar ist, daß es zum Kern Goethescher Überzeugungen gehört. Kurz gesagt handelt es sich darum, daß Makarie »nicht sowohl das ganze Sonnensystem in sich trägt, sondern daß sie sich vielmehr als ein integrierender Teil darin bewege« (ebd. 126). Sie ist eine »lebendige Armillarsphäre« (ebd. 451) – ein Gerät also zur Bestimmung von Planetenbahnen –; sie sieht noch nicht entdeckte Sterne, bewegt sich am Jupiter vorbei und nähert sich der äußer-

sten Grenze des Sonnensystems, dem Saturn, wobei eine Rückkehr Makariens, die jetzt »Entelechie« genannt wird, in Zukunft
erhofft wird. Seltsam genug.[38]

Heinz Schlaffer[39] hat zur Bestimmung des poetischen Verfahrens
von Goethe die Unterscheidung von esoterischer und exoterischer
Seite vorgeschlagen. Hannelore Schlaffer[40] hat in ihrer Wilhelm-
Meister-Arbeit dies inhaltlicher als mythopoetische Praxis gefaßt,
als »Diaphanie« – als Durchscheinen mythischer Zusammenhänge
in der Welt der gesellschaftlichen Prosa. Diese ist gewissermaßen
Vorderraum der Bühne, hinter der sich die »Wiederkehr des Mythos« vollzieht. Sittlichkeit, Gesellschaft, Wissenschaft, geschichtliche Dynamik, die Subjektivität des einzelnen ohnehin, ja selbst
die Kunst – sie alle treten in die Moderne ein, die jedoch durch die
gleichzeitige Resurrektion des Mythos entthront wird. Mit der
Aufdeckung hintergründiger antiker und christlicher Verweiszu-
sammenhänge stützt Hannelore Schlaffer ihre These. Makarie in-
karniert die Poesie des Kosmos, ist Mythos der Unsterblichkeit
und der ewigen Wiederkehr, Abbild der Sphärenharmonie, festge-
haltenes Bild mythischer Erinnerungen, die im Zeitalter der Aufklärung und beginnenden Industrialisierung als Unvernunft gelten
und doch durch diese nicht aufgehoben werden:

Während alle anderen Figuren ... von der Sinnlichkeit des Lebens und der
Kunst sich entfernen, um zum Ernst sittlicher Arbeit zu gelangen, geht
Makarie den Weg zurück von der Technik und Wissenschaft zur Kunst, um
endlich selbst nichts zu sein als Kunstgebilde und Geschöpf.[41]

Platons *Timaios* lebt mythopoetisch in Makarie wieder auf. Die
Eleganz dieser Deutung läßt vieles übersehen. Imaginäre Welt-
raumreisen und Astropoesie sind literarisch längst vorformuliert,
in den kosmischen Visionen Jean Pauls, in Herders *Ideen,* in der
englischen und deutschen kosmologischen Lyrik des 18. Jahrhunderts, in Kants *Theorie des Himmels,* bei Giordano Bruno und
Keplers *Somnium,* der ersten Traumreise zum Mond. Dieses, nicht
der Mythos, ist die Traditionslinie Makariens, und mit ihr ist Goethe seit dem Projekt eines »Romans des Weltalls« verbunden. Sie
führt zurück in die Renaissance und die Wirkungsgeschichte der
kopernikanischen Wende. Der »Roman des Weltalls« ist zudem
verbunden mit dem Aufsatz »Über den Granit«, welcher den geognostischen Studien Goethes entstammt und mit seinen Montan-
bau-Interessen zusammenhängt. Dieses Motiv kehrt in den *Wan-*

derjahren wieder in der Figur des Montan. Montan ist Geognost und Bergbauwissenschaftler, von Wilhelm angetroffen »auf dem ältesten Gebirge, auf dem frühesten Gestein dieser Welt« (HA VIII, 31), also dem Granit. Makarie und Montan verweisen also auf die frühen achtziger Jahre, auf die kosmo- und geognostischen Studien Goethes, in die Nachbarschaft der einleitenden Kapitel von Herders *Ideen*. Und sie führen zurück in die Zeit um 1770, der Alchemie-Phase Goethes, und damit erneut in die Renaissance, der Sphäre des frühen Faust. Im II. Teil, Buch 8 von *Dichtung und Wahrheit* (HA IX, 351 ff.), wird retrospektiv der einzige Kosmogonische Mythos erzählt, den Goethe je als geschlossenen entwikkelt hat: er ist alchemistisch, nach polaren Prinzipien wie Gott und Luzifer, Licht und Finsternis, Geist und Materie genetisch ausgefaltet. Kein Zweifel, daß Goethe die Alchemie-Phase, insbesondere die technisch-operative Seite, schnell hinter sich gelassen und auch die esoterische, meditative und kosmogonische Seite der Alchemie, die er hier erinnert, überwunden hat. Kein Zweifel aber auch, daß Goethe grundlegende alchemistische Prinzipien positiv aufgehoben hat, nämlich in seiner Naturphilosophie.

Daß der Makarie/Montan-Komplex in die Renaissance zurückverweist, erhellt bereits daraus, daß es in der Neuzeit nur eine Stelle gibt, an der Montanwissen, Astronomie und Kosmogonie unmittelbar zusammengedacht wird – und das ist die Alchemie.[42] Erhärtet wird dies dadurch, daß zur Polarität von Makarie und Montan als dritte Figur Wilhelm konstelliert wird, der Arzt und Anatom. Die Trias von Erdinnerem, Kosmos und menschlichem Leib, also von Montanwissen, Astronomie und Heilkunst, ist genuin alchemistisch – man denke an Robert Fludd, Paracelsus, Michael Maier, Athanasius Kircher.[43]

Der Sinn dieser alchemistischen Konstellation Makarie-Montan-Wilhelm besteht darin, das Wissen von Himmel, Erde und Menschen – Astronomie, Montanwissen, Medizin – zur Einheit zu bringen. Und dies ist im Zeitalter der Zerstückelung der Wissensbestände – der Goethe im Roman selbst das Wort redet – literarisch nur möglich in vergessenen, verdrängten Formen der hermetischen Wissenschaft.[44]

Das Deutungsschema, womit Universum, Erde und Leib in einen kosmischen Zusammenhang gebracht werden, ist die alte, in der Alchemie dann systematisierte Korrespondenzenlehre von Mikro- und Makrokosmos. Auf diese greift Goethe hier zurück.

In der theoretischen Alchemie ging es wesentlich um den Entwurf der Göttlichkeit des gesamten Naturzusammenhangs, der darin sich offenbart, daß der Leib der Erde, der menschliche Leib und der Kosmos ein lebendiges, harmonisches, in seiner Dynamik polar strukturiertes Ganzes bilden.

Die Erde wurde – von Leonardo bis Goethe – als Leib verstanden, die Gebirge als Knochen, die (unterirdischen) Flüsse als Adern, die Wälder als Haare. Die Metalle wuchsen in der Matrix – der Gebärmutter – der Erde, unter Einfluß der Planeten, deren Namen sie trugen und zu denen sie in musikalisch-harmonikaler Korrespondenz standen. Alles zusammen bildete ein selbstreguliertes Gleichgewicht, das der Montane und Metallurg zu erforschen und zu respektieren hatte, wenn er Anleitungen zur bergwerklichen Aushöhlung des Erdleibs gab oder im Labor, dem uterinen Schmelztiegel, eine Mimesis der Metalltransformationen im Erduterus ins Werk setzte.[45] Erkennen vollzog sich als Lesen der Chiffrenschrift der Natur, als Vernehmen der Sprache, in der Natur figürlich zu uns spricht.[46] Und natürlich ist Wissen Arkanwissen. Von daher erklärt sich auch ikonologisch die Nähe von Alchemie und Emblematik. Emblemkunst beruht auf der hermetischen Signifikanz der Dinge, bebildert und legt aus den chiffrierten Text der Natur.

Damit ist schon fast die Figur des Montan entziffert –: sie muß nur noch ergänzt werden durch das namenlose »terrestrische Mädchen«. Diese Frau nämlich, und nicht Montan, ist das Ergänzungsbild zu Makarie. »Wenn ich nun aber«, sagt Montan zu Wilhelm, »eben diese Spalten und Risse als Buchstaben behandelte, sie zu entziffern suchte, sie zu Worten bildete und sie fertig zu lesen lernte ...? ... Die Natur hat nur eine Schrift« (HA VIII, 34). Diese auch in der Farbenlehre vertretene Semiotik der Natur stößt auf die aufgeklärte Skepsis Wilhelms, der dies für Projektion, Unterschiebung hält – eine psychologisierende Deutung, die noch die Alchemie-Forschung C. G. Jungs beherrscht. Darum schweigt Montan. Sein Wissen ist hermetisch – wie das Makariens. Und er ist zugeordnet dem klassischen Temperament der Alchemisten, der bleiernen Melancholie, dem saturnischen Element –: auch das verweist auf Makarie, die auf den Saturn sich zubewegt. Die melancholische Einsamkeit im Gebirge, wo der Adept sich mit dem Urältesten vertraut macht, entspricht der esoterisch-meditativen Abscheidung des Alchemisten von der Welt, der er sich danach mit der exoterischen Seite seines Wissens wieder zuwendet.[47] Wilhelm nämlich begegnet ihm wieder als nunmehr nutzenorientiertem Steiger, der den Bergleuten die Erdschätze erschließt, auf freilich geheimnisvolle Weise, nämlich durch eine lebende »Wünschelrute« – jene Frau also, die »die Einwirkung der unterirdisch fließenden Wasser, metallischer Lager und Gänge sowie der Steinkohlen« an ihrem Leibe fühlt, »sowohl chemische als physische Elemente durchs Gefühl gar wohl zu unterscheiden wisse, ja sogar schon durch den Anblick das Schwerere vom Leichtern unterscheide« (HA VIII, 443/44).

Das ist nun wörtlich ein Bezug auf den Freiberger Montanprofessor A. G. Werner. Die Gesteinsfühlerin ist das Gegenbild zu Makarie als »lebendiger Armillarsphäre«. Beide Figuren zusammen sind Gestaltung der Kritik Goethes an Experimentaltechnik und seiner Überzeugung, daß der menschliche Leib der umfassendste »physikalische Apparat« sei. Wilhelm wiederholt diese Kritik nach Besuch der Sternwarte. Wir erkennen jetzt diese Überzeugung als alchemistisch, nicht mythisch. Denn dahinter steht die Deutung des menschlichen Leibs als Mikrokosmos, als Kosmos Anthropos.[48] Leibliche Gefühle und Organe stehen in lebendiger Korrespondenz zum Leib der Erde und zum Leib des Himmels. Letzterer ist Großer Mensch, Makranthropos. Auf dieser Grundlage entwickelten sich in der Renaissance drei miteinander verbundene Wissenschaften, die hier in den »Wanderjahren« konfiguriert werden: Montanwissenschaft – Astronomie – Medizin [siehe Abb. 22].

Die Gebirgsstudien Montans terminieren allegorisch im »terrestrischen Mädchen«, im Grenzwissen davon, »daß in der Menschennatur etwas Analoges zum Starrsten und Rohsten vorhanden sei« (HA VIII, 444); wie umgekehrt Makarie das Grenzwissen figuriert, daß der Kosmos und das »innere Selbst« des Menschen korrespondieren: »Wir träumen von Reisen durch das Weltall«, sagt Novalis: »Ist denn das Weltall nicht in uns?«[49] So wie Montan in seiner bergwerklichen Technik die exoterische Seite der Erdfühlerin darstellt, so ist dem Kosmos Anthropos Makarie der Astronom zugeordnet. Er ist zugleich auch Mathematiker und Arzt (erneut eine übliche alchemistische Kombination) und bildet die exoterisch-rationale Kontrolle des arkanen Wissens von Makarie. Doch bleibt er ihr gegenüber – wie Montan im Verhältnis zur Gesteinsfühlerin – der Unterlegene, Anerkennende und

Abb. 22: Anonym: Der kosmische Mensch als Astronom, Astrologe und Aderlaßmann. Frankreich, 17. Jahrh.

schließlich Verehrende. Die Natur als Ganzes ist weiblich [siehe Abb. 23].[50]

Nehmen wir schließlich das »Bergfest« (HA VIII, 259 ff.) hinzu. Hannelore Schlaffer bezeichnet es als orphisches »Rad der Geburten«. Richtiger verstanden ist das Fest jedoch als die allegorische Darstellung eines der vielen, seit Jahrhunderten gepflegten bergwerklichen Festrituale, die Goethe wohlvertraut waren. Kunst, Ikonographie und Rituale des Bergwerks waren immer Exponate der sakralen oder hermetischen Dimension des Montanbaus.[51] Hier bei Goethe handelt es sich, soweit erkennbar, um eine inszenierte Vereinigung von Kosmos und Erdinnerem, Licht und Fin-

Abb. 23: »Kosmos anthropos«. Brüder Limburg: Illumination zu »Les très riches Heures du Duc de Berry«. 1410–16

sternis, Feuer und Erde, um die Darstellung des Sternenstroms und Himmelskreises durch die Grubenlampen im nächtlichen Gebirge. Das Fest der Bergleute – die sich hier als »eine große geheime Vereinigung« erweisen – ist Schaustellung des kosmischen Sinns des Montanbaus: das ist alchemistische Tradition. Das Fest wird zum Anlaß der Gespräche über die Erdentstehung – das alte Interesse Goethes –; die Geogonie wird nun aber von Montan ins Unerforschliche, Schweigen verschlossen. Zu erinnern ist hier, daß die symbolische Korrespondenz von Bergbau und Kosmos auch im *Heinrich von Ofterdingen* des Novalis und in den *Bergwerken zu Falun* von E. T. A. Hoffmann zentral ist. Basis dieses Denkmusters ist die alchemistische Signaturenlehre, das Lesen der *signatura rerum* (Jacob Böhme) im Buch der Natur. Kommen wir zuletzt zu Wilhelm, dem Arzt. Die Erfahrung des Montanen und des Kosmischen stellen für ihn eine Initiation dar: in das hermetische Wissen vom Erdleib und Makranthropos. Beides wird über Initiationslenker vermittelt – Montan und den Astronomen – sowie durch die Begegnung mit geheimnisvollen Frauen, die den Kosmos Anthropos in seinen zwei Dimensionen – Erde und All – repräsentieren. Der Leib repräsentiert das Ganze der Schöpfung. Dieses Wissen soll Wilhelm der hermetische Hintergrund seines ärztlichen Handelns werden. Das schließt ihn an eine weitere Tradition an, nämlich die paracelsische Medizin.[52] Paracelsus, der große Wundarzt und Wanderer – wie Wilhelm –, entwickelt die erste europäische holistische Medizin, in alchemistischer Form und auf Grundlage des Modells vom kosmischen Leib mit seinen »Sympathien« zu den Stoffen (Erden, Materien) und den Planeten. Von daher erhellt sich noch einmal die Episode mit dem ertrunkenen Fischerknaben. Die Offenbarung der »menschlichen Gestalt« (HA VIII, 272) stand bereits damals im kosmischen Zeichen, nämlich der »dreifachen Sonne« –: realer Sonnenschein, die Sonne der Leibesschönheit und die »innere« Sonne Wilhelms, als aufgehendes Licht der erotisch-ästhetischen Einsicht in die Integrität des menschlichen Leibes. Das weist auf die »zwei Sonnen« Makariens voraus (HA VIII, 449). Der Fischerknabe, die terrestrische Frau und Makarie sind Figurationen von menschlichem Leib, Erde und Universum, die drei möglichen Lesarten vom Kosmos Anthropos. Und sie sind Repräsentanten der aristotelischen Elementenlehre: Wasser, Erde, Luft und Feuer, wobei jeder Figur bestimmte Elemente fehlen – wie z. B. dem Fischerknaben: er ist so sehr Wasser, daß ihm die Luft fehlt; er ertrinkt –: erst zusammen bilden sie ein Ganzes. Ein guter Arzt wird erst, wer nicht nur viel gelernt hat, sondern in die Gefährdungen und Harmonien des

Naturganzen initiiert ist, den elementaren und kosmischen Zusammenhang der Natur versteht und von daher das ärztliche Tun,
paracelsisch und prometheisch zugleich, als re-creation ins Werk
setzt, als Arbeit an der Wiederherstellung des integrierten
Mensch-Natur-Zusammenhangs, als Mimesis des Schöpferischen
in der Natur. Darum sind Arzt und Künstler Verwandte.

Der Astronom und Montan einigen sich, nachdem sie die Kom-
plementarität von Makarie und Erdfrau erkannt haben, darauf,
daß zwei Seiten der Naturforschung gegeneinander zu führen
seien: die technische Seite, die eine Welt des Stoffes den höchsten
Fähigkeiten des Menschen zur Bearbeitung übergibt – dies wäre
materielle Aneignung der Natur –, und die zweite, reflektierende,
die auf eine Partizipation am kosmischen Naturganzen zielt. »Die
höchste Gestalt, wozu sich der Mensch auszubilden hat«, wäre die
Integration dieser exoterischen und esoterischen Seite der Naturwissenschaft, ein Ziel, auf das hin Goethe den Bildungsgang Wilhelms zum »paracelsischen« und »naturwissenschaftlichen« Arzt
paradigmatisch anlegt. Dies wäre auch das utopische Vermächtnis
Goethes selbst.

VII.

Goethe ist ein ebenso einsichtiger Kritiker von Wissenschaft und
Technik wie seine dagegengehaltene Naturinterpretation auf Traditionen begründet ist, die heute tiefen Verdacht, ja Berührungsangst wecken. Das ist zunächst unser Problem. Goethe war nicht
so naiv, mythische, religiöse oder alchemistische Naturkonzepte
wirklich zu übernehmen. Daß er sie verarbeitet, läßt manchmal
übersehen, daß er sie auch kritisiert und modifiziert. Historisch
steht er in einer Epoche, in der mythische oder alchemistische
»Bilder« der Natur gerade noch real erlebbar waren – vor ihrem
Untergang in der entzauberten Welt der Industrie. Das wußte er.
Doch konnte Goethe die Kritik der Moderne noch in Bildern der
Vormoderne spiegeln. Dies charakterisiert sein poetisches Verfahren – in den *Wanderjahren* wie im *Faust*. Das ist heute nicht mehr
möglich. Goethe wäre beerbbar unter zwei Voraussetzungen: (1)
daß man die rationalistische Zensur und die Angst vor Denkformen aufhebt, in denen Goethe tatsächlich dachte, und (2) daß man
diese Denkformen radikaler Reflexion unterzieht. Damit meine

ich, daß in den Formen des Nicht-mehr-Möglichen – des Mythos, der Alchemie, der Natursprachenlehre – Spuren des Wahren liegen. Sie werden freigelegt für heutiges naturphilosophisches Denken, wenn man sie in der historischen Dialektik der Aufklärung sieht. Goethes Erbe ist nicht der Mythos, die Alchemie, die Signaturenlehre, die Naturfrömmigkeit, sondern daß er diese in Kunst transformiert. Kunst allein und ästhetische Erfahrung sind für ihn die möglichen Orte, an denen nichtideologisch die Idee einer erlösten Natur aufscheint, wenn auch nur negativ. Wenn Goethe – als Modell aller Wissenschaft – Medizin zur Heil-*KUNST machen wollte – so wie der romantische Physiker Johann Wilhelm Ritter eine Physik als Kunst* entwarf –, so ist das heute zwar etwas Unvorstellbares, erinnert jedoch daran, was nicht ist: heile, heilende Wissenschaft. Klaus Röhring nennt den »heilenden Blick« die »Befähigung, die ökologische Partitur des Planeten zu lesen«[53], das Ganze im Besonderen zu sehen und das Besondere nicht im Allgemeinen untergehen zu lassen. Hierbei kann Kunst, wenn es Wissenschaft – noch – nicht vermag, ein Verweis darauf sein, wohin Natur von sich aus vielleicht möchte.[54]

Anmerkungen

1 Soweit nicht anders angegeben, werden Goethe-Texte nachgewiesen durch die *Hamburger Ausgabe* in 14 Bänden, hg. v. E. Trunz (1950ff.), und zwar direkt im Text abgekürzt: Hamburger Ausgabe + Bandzahl = römische Zahl + Seitenzahl = arabische Zahl. Nach demselben Prinzip wird – in den Anmerkungen – zitiert nach WA = Weimarer Ausgabe sowie nach AA = Artemis-Ausgabe, hg. v. E. Beutler.
   Der Aufsatz geht zurück auf einen Vortrag, den ich am 2. 2. 1984 an der Universität Hamburg im Rahmen der Vortragsreihe »Das 18. Jahrhundert in Deutschland: Literatur und Kunst im gesellschaftlichen Kontext« gehalten habe. – Unterdessen ist erschienen von Alfred Schmidt, *Goethes herrlich leuchtende Natur: Philosophische Studie zur deutschen Spätaufklärung*, München/Wien 1984. – Dies Buch von einem Philosophen, dessen Studie über den *Begriff der Natur in der Lehre von Marx* (3. Aufl. Frankfurt/M. / Köln 1978) in mehreren Auflagen erschien, weckt große Erwartungen. Indessen ist die Lektüre enttäuschend. Die von Schmidt eingangs konfrontierten Linien der Natur-

wissenschaft seit Galilei und Newton gegenüber der Technik-Philosophie von Heidegger und Bloch bleiben im Gang der Untersuchung gänzlich unberücksichtigt. So fehlt es Schmidt sowohl an pointierten Fragestellungen wie eigenen Thesen. Statt dessen kommentiert er ohne neue Einsichten alte Begriffe und Textstellen bei Goethe – manchmal in wenig nachvollziehbarer Reihenfolge. Dieses eher eklektizistische als innovative Buch zu Gothes Naturforschung hat, in Ermangelung anderer, jedoch seinen Wert als Einführung in die naturphilosophischen Überlegungen und praktischen Forschungen Goethes.

2 Jean le Rond d'Alembert, *Eléments de Philosophie I; Mélanges de Littérature, d'Histoire et de Philosophie* (1758), IV, S. 1 ff.

3 Voltaire, *Erzählungen, Dialoge, Streitschriften* in 3 Bdn., hg. v. M. Fontius, Berlin (DDR) 1981, I, 11.

4 Die Abbildungen –: das Telekop Casgrains aus: Maurice Daumas, *Scientific Instruments in the 17th and 18th Century and their Makers*, London 1970, Abb. 90.
   Das seinerzeit größte Teleskop der Welt, erbaut von Wilhelm Herschel bei A. Bettex, *Die Entdeckung der Natur*, Zürich o. J., S. 113; die Newtonsche Zeichnung seines wichtigsten Experiments, über dessen künstlichen und gewaltsamen Charakter Goethe sich mehrfach erregt, z. B. in: I. D. Bernal, *Wissenschaft*, Bd. 2, Reinbek 1970, Abb. 132.

5 Goethe, *Farbenlehre, Polemischer Teil*, in WA II, Abt., Bd. 2, S. 9.

6 Aristoteles, *Nikomachische Ethik* (1972), S. 134. – Zum Problemzusammenhang vgl. Cornelius Castoriadis, *Technik*, in: Ders., *Durchs Labyrinth: Seele, Vernunft, Gesellschaft*, Frankfurt/M. 1981, S. 196–220.

7 Gernot Böhme, *Naturwissenschaft als Technik oder die Frage nach einem neuen Naturbegriff*, in: Zs. f. Didaktik der Philosophie 3, Nr. 4 (1981), S. 187–196.

8 HA XII, 18 – Man beachte: genau dieses Zurücktreten des Menschen hinter einen universalen (begrifflich-mathematischen) Erkenntnisanspruch ist es, was bei Goethe im Verhältnis zur Natur andere als – kantisch gesprochen – verstandesmäßige Kräfte freisetzt. Was hier zum Zuge kommt – das wird an dem Topos »Urphänomen« deutlich –, ist aber auch nicht die Kantsche Urteilskraft, sondern vielmehr die an Erfahrung gebundene naturphilosophische Einsicht in die lebendige, »sprechende« Einheit der Natur. Diesen renaissancehaften Zug hat Goethe als einen Typus von Naturwissen, der von der modernen Wissenschaft und Philosophie ausgegrenzt wurde, historisch reflektiert. Sehr aufschlußreich ist die Bemerkung, die Goethe im historischen Teil der Farbenlehre anläßlich Robert Boyles macht: »Die Scheidung zwischen Geist und Körper, Seele und Leib, Gott und Welt war zustande gekommen. Sittenlehre und Religion fanden ihren Vorteil dabei: denn indem der Mensch seine Freiheit behaupten will, muß er sich der Natur entgegensetzen; indem er sich zu Gott zu erheben strebt, muß er sie

hinter sich lassen, und in beiden Fällen kann man ihm nicht verdenken, wenn er ihr so wenig wie möglich zuschreibt, ja wenn er sie als etwas Feindseliges und Lästiges ansieht. Verfolgt wurden daher solche Männer, die an eine Wiedervereinigung des Getrennten DACHTEN. Als man die teleologische Erklärungsart verbannte, nahm man der Natur den Verstand; man hatte den Mut nicht, ihr Vernunft zuzuschreiben, und sie bleibt zuletzt geistlos liegen. Was man von ihr verlangte, waren technische, mechanische Dienste, und man fand sie zuletzt auch nur in diesem Sinne faßlich und begreiflich.« (HA XIV, 122)

 9 Morris Berman, *Wiederverzauberung der Welt: Am Ende des Newton-schen Zeitalters,* München 1983, S. 16 ff., 50 ff.
10 Francis Bacon, *Das neue Organon,* Berlin (DDR), 2. Aufl. 1982, S. 134–37 (zur Herrschaft über Natur), 109 (natura vexata). Vgl. Berman, S. 26 ff. (zu Bacon), sowie Carolyn Merchant, *The Death of Nature,* New York 1980. In Deutschland vertritt ähnliche Thesen der Naturphilosoph K. M. Meyer-Abich, *Das Meer vor uns und das Meer hinter uns,* in: W. Graf Vitzthum (Hg.), *Die Plünderung der Meere,* Frankfurt/M. 1981, S. 21 ff. oder in: Ders., *Wege zum Frieden mit der Natur,* München 1984.
11 Francis Bacon [Anm. 10], S. 36 (modifizierte Übersetzung).
12 Arno Baruzzi, *Mensch und Maschine: Das Denken sub specie machinae,* München 1973, bes. S. 46 ff.
13 Ebd. S. 71.
14 Th. Hobbes, *De corpore,* P.I. Kap. 1, Sekt. 8 (deutsch: *Vom Körper,* hg. v. M. Frischeisen-Köhler, 2 [1967]). Dazu – im Vergleich mit dem Vico-schen Grundsatz *verum et factum convertuntur* – s. Arno Baruzzi [Anm. 12], S. 52 ff., bes. Anm. 15.
15 *Vorschlag zur Güte* (1820) in: WA II. Abt., XI, 65 (auch hier die Idee einer mit Natur versöhnten, nicht ihr feindseligen, sondern sogar von ihr angeleiteten Naturwissenschaft). Die Notiz »Anschauende Urteils-kraft« s. HA XIII, 30 f.
16 Zum notwendigen Kampf mit Natur vgl. Harro Segeberg, *Technikers Faust-Erklärung. Über ein Dialogangebot der technischen Kultur,* in: *Technikgeschichte,* 49 (1982), bes. 243 ff. Zu beachten ist jedoch, daß der von Goethe oft notierte Zwang zur tätigen, kämpfenden Naturaus-einandersetzung von ihm niemals zur axiomatischen Legitimation ei-ner technisch bestimmten Forschungslogik, wie dies durchweg in den Naturwissenschaften bis ins 19. Jahrhundert geschieht, gewendet wird. Goethes Problem war eher, wie tätige Naturauseinandersetzung im Dienst der Selbsterhaltung sowie Ehrfurcht und Schonung der Na-tur vereinbar sind.
17 Leo Kreutzer, *Mein Gott Goethe,* Reinbek 1980, S. 33.
18 »Mathematischen Formeln verbleibt immer etwas Steifes und Ungelen-kes, mechanische Formeln sprechen mehr zu dem gemeinen Sinn, aber

sie sind auch gemein und behalten immer etwas Rohes, sie verwandeln das Lebendige in ein Totes, sie töten das innere Leben, um von außen ein Unzulängliches heranzubringen.« (Zit. nach G. Benn, *Goethe und die Naturwissenschaften*, in: G. Benn, *Ges. Werke*, Bd. 3, Wiesbaden 1968, S. 743.) – Zu Goethes Einstellung zur Mathematik vgl. HA XII, 452 ff.

19 Zur »plastischen Anatomie« zuerst und am gründlichsten Klaus Bartels, *Arbeit, Technik, Kunst: Untersuchungen über die Wundarztthematik in Goethes »Wilhelm Meister«*, Diss., Hamburg 1974. Ferner Stefan Blessin, *Die Romane Goethes*, Königstein/Ts. 1979, S. 135 ff.; Hannelore Schlaffer, *Wilhelm Meister: Das Ende der Kunst und die Wiederkehr des Mythos*, Stuttgart 1980, S. 111 ff.

20 Dazu besonders Carolyn Merchant, *The Death of Nature* [Anm. 10].

21 Johann Georg Hamann, *Aestetica in nuce,* hg. v. Sven-Aage Jörgensen, Stuttgart 1968, S. 113.

22 Hamann [Anm. 21], S. 119.

23 Textstellen zum Thema der Wiederbelebung: HA VIII, 268 ff., 323 ff. (verbunden mit Anatomie-Thema), 458 ff. sowie HA VI, 335 ff., 452 ff. (*Wahlverwandtschaften*).

24 AA XVII, 706.

25 Vgl. dazu Horst Bredekamp, *Der Mensch als Mörder der Natur. Das »Iudicium Iovis« von Paulus Niavis und die Leibmetaphorik,* in: *Vestigia Bibliae,* 6 (1984), S. 261 ff. – Eine deutsche Übersetzung, bei Paul Krenkel (Hg.) *Paulus Niavis: Iudicium iovis oder Das Gericht der Götter über den Bergbau,* Freiberger Forschungshefte. Kultur und Technik (1953). – Dieser auch literarisch bedeutende Text könnte dem Freiberger Bergbauprofessor Abr. G. Werner, dem Lehrer des Novalis und Korrespondenten Goethes, durchaus bekannt sein. Vgl. S. 69 ff. dieses Bandes.

26 Die frühe Naturauffassung Goethes findet man im *Werther,* der Urfassung des *Faust,* der frühen Naturlyrik – überblickt man alle Zeugnisse, wird klar, daß das Tobler-Fragment *Die Natur* – lange Zeit als paradigmatisch angesehen für die frühe Naturauffassung Goethes – allenfalls einen Teilaspekt davon verdeutlichen kann.

27 Dazu grundlegend R. Chr. Zimmermann, *Das Weltbild des jungen Goethe. Studien zur hermetischen Tradition des deutschen 18. Jahrhunderts,* München 1969. – Ders., *Goethes Verhältnis zur Naturmystik am Beispiel seiner Farbenlehre,* in: Antoine Faivre u. R. Chr. Zimmermann, *Epochen der Naturmystik,* Berlin 1979, S. 333–363. H.-M. Rotermund, *Zur Kosmogonie des jungen Goethe,* in: *DVjS* 28 (1954), S. 472 ff. – Andreas B. Wachsmuth, *Goethe und die Magie,* und *Die Magia Naturalis im Weltbilde Goethes,* in: ders., *Geeinte Zwienatur: Aufsätze zu Goethes naturwissenschaftlichem Denken,* Berlin und Weimar 1966, S. 26–56 und 157–200.

28 AA XVII, 705, vgl. HA VIII, 293.
29 AA XVII, 728 sowie Goethe an Eckermann am 1. 2. 1827.
30 WA II. Abt., Bd. 11, 376 (hier übrigens gegen Kants Erkenntnistheorie
    gerichtet).
31 Josef Dürler, *Die Bedeutung des Bergbaus bei Goethe und in der Ro-
    mantik,* Frauenfeldt/Leipzig 1936, S. 19.
32 AA XVII, 729.
33 AA XVII, 719/20.
34 AA XVII, 723.
35 AA XVII, 721.
36 J. G. Herder, *Sämmtliche Werke,* hg. v. Bernhard Suphan, Bd. 11
    (1879), S. 293.
37 Fr. W. J. Schelling, *Philosophie der Kunst,* Darmstadt 1980, S. 308. –
    Vgl. zur kosmischen Dichtung Hartmut Böhme/Gernot Böhme, *Das
    Andere der Vernunft,* Frankfurt/M. 1983, S. 169 ff.
38 Gerhart von Graevenitz weist mich darauf hin, daß der traditionsge-
    schichtliche Ursprungsort der Weltraumreise Makariens schon vor
    Bruno und Kepler in *De mundi universitate libri duo sive Megakosmos
    et Macrocosmos* des Bernardus Silvestris (Mitte des 12. Jahrhunderts)
    zu suchen ist.
39 Heinz Schlaffer: *Exoterik und Esoterik in Goethes Romanen,* in: *Goe-
    the-Jb.,* 95 (1978), S. 212 ff.
40 Hannelore Schlaffer [Anm. 19].
41 Ebd., S. 192.
42 Zur Alchemie vgl. außer den in Anm. 26 genannten Titeln noch das in
    seiner Grundthese kaum zu haltende Buch von Ronald D. Gray, *Goe-
    the the Alchemist: A Study of Alchemical Symbolism in Goethe's Lite-
    rary and Scientific Works,* Cambridge 1952. – Gustav F. Hartlaub,
    Goethe als Alchemist, in: *Euphorion,* 58 (1954), S. 19 ff.
43 Hermetiker, oft auch Alchemisten, waren jedoch auch die Gelehrten,
    die heute als Väter der Naturwissenschaften und der Rationalität gel-
    ten – wie Kopernikus, Brahe, Bruno und . . . Newton. Zu der alche-
    mistischen und hermetischen Seite Newtons und dem alchemistischen
    Hintergrund der Renaissance-Wissenschaften ist grundlegend Betty
    J. T. Dobbs, *The Foundations of Newton's Alchemy,* Cambridge/USA
    1975. Vgl. ferner Frank E. Manuel, *A Portrait of Isaac Newton,* Cam-
    bridge/USA 1968. – A. G. Debus, *The Chemical Dream of the Renais-
    sance,* Cambridge/USA 1968. – R. S. Westfall, *The Role of Alchemy in
    Newton's Career,* in: M. L. R. Bonell/W. R. Shea (Hg.), *Reason: Expe-
    riment and Mysticism in the Scientific Revolution,* New York 1975,
    S. 189–232. – Morris Berman, *Wiederverzauberung der Welt* [Anm. 9],
    S. 101–116. – Bemerkenswert bleibt, daß Goethe auch deswegen in
    einen so unversöhnlichen Gegensatz zu Newton geraten mußte, weil
    das 18. Jahrhundert das Newton-Bild weitgehend von seinem hermeti-

schen Hintergrund gereinigt hat und nur den »Rationalisten« Newton
überlieferte. Erst in den vierziger Jahren des 20. Jahrhunderts wurde
man auf kaum zu überschätzende Einflüsse der Alchemie auf Newton
aufmerksam. Realisiert man die »hermetische« und die »rationalistische« Seite Newtons als Signaturen einer intellektuellen Struktur, so ist
Newton Goethe viel verwandter, als dieser es ahnen konnte.

44 Diesen Zusammenhang übersieht Hannelore Schlaffer in ihrem direkt
auf die Antike zurückgreifenden Deutungsmuster der »Wiederkehr des
Mythos« geradezu systematisch. Mythos und Aufklärung sind als dialektisch verschränkte Begriffe seit Horkheimer/Adorno eingeführt –
jedoch übersieht man häufig, daß in Europa kein Weg auf den Mythos
zurückführt als durch den Hermetismus der Renaissance. Dieser aber
ist durch die vehementen Abgrenzungskämpfe der neuzeitlichen Naturwissenschaft gegen ihre sog. irrationalistischen Vorläufer derart
nachhaltig diskreditiert, daß bis in Arbeiten wie der H. Schlaffers eine
deutliche Berührungsangst gegen den Hermetismus besteht – trotz der
Arbeiten R. Chr. Zimmermanns.

45 Vgl. dazu Mircea Eliade, *Schmiede und Alchemisten,* 2. Aufl. Stuttgart
1980. – Horst Bredekamp, *Die Erde als Lebewesen,* in: *kritische berichte,* 9, Nr. 4/5 (1981), S. 5–37.

46 Die Sprechweise von der Chiffrenschrift bzw. dem Buch der Natur
findet in der 2. Hälfte des 18. Jahrhunderts bei Hamann, Herder, Goethe, W. v. Humboldt, Novalis u. a. wieder eine steigende Bedeutung,
die noch nicht hinreichend erforscht ist. Allgemein vgl. Hans Blumenberg, *Die Lesbarkeit der Welt,* Frankfurt/M.

47 Vgl. hierzu C. G. Jung, *Psychologie und Alchemie,* Olten u. Freiburg/
Br. 1975.

48 Dazu Heinrich Schipperges, *Kosmos Anthropos: Entwürfe zu einer
Philosophie des Leibes,* Stuttgart 1981.

49 Novalis, *Werke, Tagebücher und Briefe,* hg. v. H. J. Mähl u. R. Samuel,
Bd. 2 (1978), S. 233. – Mit keiner Figur oder Allegorie steht Goethe
dem naturphilosophischen Kosmos-Anthropos-Denken des Novalis
so nah wie mit Makarie – das wäre eine lohnende Untersuchung.

50 Daß für Goethe (wie für die Romantik), den Renaissance-Hermetis-
mus wie für die vorneuzeitlichen Auffassungen die Natur weiblich ist,
steht außer Frage. Es fehlen aber immer noch – außer etwa bei C. Merchant – dazu systematische und historische Untersuchungen. Die
Gesteinsfühlerin in den *Wanderjahren* hat deutliche Bezüge zur Pen-
del-Szene in den *Wahlverwandtschaften,* worin Goethe die Untersuchungen des romantischen Physikers par excellence, Johann Wilhelm
Ritter, über einen südtirolischen Gesteinsfühler aufnimmt. Vgl. Otto
Brahm, *Eine Episode in Goethes Wahlverwandtschaften,* in: *Zs. f. dt.
Altertum,* 26 (1882), S. 194–198.

51 Zur Kunst und Festtradition des Bergbaus vgl. z. B. H. Winkelmann

(Hg.), *Der Bergbau in der Kunst,* Essen 1958. – Bernhard Heilfurth, *Der Bergbau und seine Kultur,* Zürich 1981. – Georg Schreiber, *Der Bergbau in Geschichte, Ethos und Sakralkultur,* Köln/Opladen 1962. Klaus Tenfelde, *Das Fest der Bergleute,* in: Gerhard A. Ritter (Hg.), *Arbeiterkultur,* Königstein/Ts. 1979, S. 209–245. Charakteristisch ist, daß H. Schlaffer diese Kontexte außer acht läßt.

52 Die Bedeutung von Paracelsus für Goethe ist nicht gut erforscht; vgl. einleitend, aber unzureichend Karl Sudhoff, *Paracelsus und Goethe,* in: *Medizinische Welt,* 6, II (1932), S. 1409–1412. Umfassender Agnes Bartscherer, *Paracelsus, Paracelsische Medizin und Goethes Faust: Eine Quellenstudie,* Dortmund 1911.

53 Klaus Röhring in Klaus M. Meyer-Abich (Hg.), *Frieden mit der Natur,* Freiburg/Br. 1979, S. 39.

54 Th. W. Adorno, *Ästhetische Theorie,* Frankfurt/M. 1970, S. 107.

Der sprechende Leib. Die Semiotiken des Körpers am Ende des 18. Jahrhunderts und ihre hermetische Tradition

I.

Vielleicht wurde im 18. Jahrhundert den Menschen zum ersten Mal nachdrücklich bewußt, daß jenes eigenartige Gebilde aus Fleisch, Knochen, Sehnen, Nerven, das sie bewohnten, alles andere als eine selbstverständliche Gegebenheit ist. Man hatte verwirrend viel gelernt. Die Anatomie hatte seit Vesalius systematisch den Körper diesseits der Haut erschlossen. Dies war ein befremdlicher und erregender Schritt: in die Raumtiefe des Körpers vorzustoßen, Schicht für Schicht wie ein Archäologe abzuheben, ins immer Kleinere einzudringen, wie am Himmel das unendliche Große hier das unendlich Teilbare zu entdecken. Was zeigte sich nicht alles dem ärztlichen Blick: die Kreisläufe des Blutes (ähnelten sie nicht den Revolutionen der Sterne?); die Rätselspuren der Nerven, die auf geheimnisvolle Art das Gehirn mit der Peripherie des Körpers verbinden; die räumliche Verteilung der Organe, ihr funktioneller Zusammenhang; das Innere der Zeugungsstätten, die Schmelztiegel der Menschwerdung; das Pumpwerk des Herzens; die Hebelanlagen aus Muskeln und Sehnen; all die fein abgestimmten Mechaniken der Körperfabrik; die Druckpumpen des Atmungsapparats; die Irritabilität und Sensibilität von Muskeln, worin sich eine seltsam menschenfremde, vielleicht elektrische Kraft zeigt; die Verteilungen des vielgestaltigen Schmerzes; das Farben- und Formenspiel des geöffneten Leibs; die furchtbare Arbeit des Gewebefraßes, des Eiters, der Entzündungen, der Tumoren; das lustvolles Erschrecken auslösende Museum der Mißbildungen und Verstümmelungen; die eigentümlichen Verrichtungen von Säuren, die für sich genommen von gefährlicher Tödlichkeit sind, ein befremdendes inneres Feuer, das geradezu als Tätigkeit des Lebens angesehen werden muß; die ekelerregende Diffusität von schmierigen, schleimigen, glibberigen Substanzen, deren tiefe Notwendigkeit man begreifen lernte; die erschreckenden Gerüche, die aus diesem wundersamen inneren Mechanismus aufbrodeln; die opaken Verwicklungen und Windungen des Gehirns, worin alles Menschliche sich zu konzentrieren schien; die immer kühneren Operationen der Chirurgen am lebenden Körper: was für eine labyrinthische Ordnung, wieviel stupende Lösungen und wieviel unvorhergesehene Rätsel. Es war dies eine Expedition, deren Kühnheit in nichts der intellektuellen Eroberung des Weltalls und der Kolonialisierung fremder Kontinente nachstand. Dieser verdächtige Bruder tierischer Organismen sollte also der Raum sein, in welchem Gott sich ebenbildlich darstellte?! Dies sollte also die Bühne abgeben, auf der der Geist und die Seele ihre Dramen aufführten!? Doch gab es sie überhaupt? Wo denn hatten die Autoren und Regisseure dieser Schauspiele ihren Sitz? Und wenn man ihre Orte zu haben glaubte, z. B. das Gehirn, hatte man damit denn schon deren Bewohner, Seele und Geist? Ins immer Tiefere, Feinere, Kleinere verlegte man die Grenze zwischen Sichtbarem und Unsichtbarem: ohne sie je zu finden. Hatte diese Grenze also überhaupt einen Sinn? Wurde nicht das, worin die Menschen ihr Selbstsein setzten, ja zu fühlen glaubten: wurden nicht Seele und Geist geradezu gespenstisch, unsicher, unglaubwürdig? Unaufhaltsam entglitt sich der Mensch in dem Maße, wie er seinen Körper öffnete, ins Innere vordrang und immer mehr von den corporalen Mechaniken begriff. Metaphysik und Mechanik des Körpers drifteten unheilbar auseinander. Fast hatte der alte Leib/Geist-Dualismus etwas Freundliches: man konnte damit leben, daß dieser Schnitt die Bedingung eines Dramas war, wodurch das Fleisch zum Schauplatz der dunklen Versuchungen der Sünde und der tätigen Reue des Geistes wurde, das Theater von Schuld und Sühne, Verfehlung und Gnade, Tod und Erlösung. Dieser Riß im Subjekt (sofern man von einem solchen überhaupt sprechen darf) war kommod im Vergleich zu den Zumutungen, die die anatomischen Enträtselungen dem Selbstbewußtsein stellten: Feuer, Elektrizität, Pumpen- und Hebelmaschinen, fürchterliche Versäuerungen, höllenmäßige alchemistische Transformationen trieben ihr ebenso klares wie im letzten rätselhaftes Spiel – und keine Spur, darin den Schauplatz des Selbstbewußtseins, der Gefühle, des Geistes auffinden zu können. Der Körper, scheinbar vertrautes Gehäuse fühlbaren Lebens, wurde zur Schnittstelle des absolut Unpersönlichen, Fremden, des unvermittelbar Anderen der Natur. War die metaphysische Bühne durchs Theatrum Anatomicum abgelöst? Doch wenn dem so war, war dann der Körper überhaupt noch ein Mitspieler des Sinns, Repräsentant von Bedeutungen, Quelle und Durchgang kosmologischer Signifikanten?

Und damit nicht genug. Öffnete sich der Körper nach innen in unabsehbare Tiefen des Wissens, so überhäuften sich auf seiner Oberfläche die kulturellen Stilisierungen und Attitüden. Es schien, als würde die Haut von immer neuen, schwer entzifferbaren Texten überzogen, von den komplizierten Semiotiken der Kleidung, den differenzierten Gestiken des Comments, den feinsten Spuren der Lebensgeschichte, den lasterhaften Verirrungen und tugendhaften Vorzügen in den Chiffren der Physiognomie. Elend und Glück, Verruchtheit und Anstand schrieben ihre Zeichen in den kleinsten Falten der Haut, im nuancierten Schimmer des Blicks, in den ungreifbaren Modulationen der Stimme. Die Gestalten von Schädel, Stirn, Augenhöhlung, Wange, Nase, Mund und Kinn verrieten dem Kundigen letzte Geheimnisse. Nichts war ohne Bedeutung, keine Körperhaltung, keine gestische oder mimische Gebärde, kein Ausdruck des Gesichts: sie alle wurden zu einem riesigen Gewebe von Zeichen verknüpft, in welchem ein geheimnisvoller Sinn über dem Abgrund zwischen Wesen und Erscheinung hin- und wiederspielte. Denn dies strahlte die Angst des bürgerlichen Jahrhunderts an: daß zwischen dem, was ein Mensch darstellt, zwischen seiner Erscheinung, und dem, was er ist, seinem Wesen, ein Riß klafft, der das Gefüge des intersubjektiven Handelns eigentümlich verunsichert. Aus der Beobachtung des Hofes mit seiner hochdifferenzierten Etikette hatte man die Strategien der Codierung verstehen gelernt: die edelste Geste, der vornehmste Ausdruck, der liebreizendste Blick sind die Fallen, in die man stürzt. Form ist bürgerlichem Bewußtsein allemal Finte, der man erliegt. Schnell ist man in der Gunst gefallen, hat guten Glaubens sein Vermögen verloren; die Unschuld der Tochter ist den Theatraliken der Galanterie zum Opfer gefallen; der Konkurrent, der in der Maske des Kompagnons mit einem kooperierte, hat längst Verrat begangen. Die Lüge hat das reizendste Gesicht, das Laster trägt das Kleid der Unschuld, die Intrige blüht am üppigsten als falsche Braut des Vertrauens, die Gemeinheit ziert sich mit Eleganz, die Gewalt larviert sich im sanften Augenausdruck. Aufs genaueste ist zu beachten, wer wen wie ansieht, an wen zuerst und an wen gar nicht das souveräne Wort gerichtet wird: ununterbrochen fließt duch die Körper ein Strom signifikatorischer Akte, in denen Geltungen zugeteilt und beansprucht werden, in denen das Spiel der Macht aufgeführt wird in nichts als dem zarten Medium der Zeichen und Codes. Was der Sprache eigentümlich schien, die Modalisierung der Sprechakte in den Gegensätzen von Wahrhaftigkeit und Unaufrichtigkeit, Wahrheit und Lüge, ergreift vom Körper, ja vom Menschen insgesamt Besitz. Die bürgerliche Unterscheidung von Rolle und Identität wurde zum Versuch, ein Authentisches – das subjektive Selbst – aus den Systemen der Körperzeichen und Verhaltenscodes auszuschneiden: unberührbarer, unverstellbarer Kern in den Schalen und Masken, die den Körper verhüllen und dem Gesicht aufgesetzt werden. Doch wie in der Anatomie die ständig entgleitende Grenze zwischen Sichtbarem und Unsichtbarem eine unaufhaltsame Arbitrarität der Zeichen erzeugt, auf die doch das Wissen angewiesen bleibt, so stürzt auch das Deutungsmuster vom »inneren«, »natürlichen« Selbst und seinen maskierenden Entäußerungen in ein analoges Dilemma: dieses Selbst ist unsichtbar, soll sich aber im Ausdruck zeigen. Wieder hat man nichts als die Unsicherheit der Zeichen, deren Beziehung zum Signifikat, dem »wahren Selbst« absolut ungewiß ist. Alles, was ist, muß sich ausdrücken, aber kein Ausdruck ist, was er sagt. Darum muß, am Hofe anders als im bürgerlichen Leben, eine Lesekunst entwickelt werden, die die geheimen und unwillkürlichen Zeichen am Körper zu dechiffrieren vermag, die die Scharaden und Maskierungen des Ich durchkreuzt, die die Codes der Szenen enträtselt und »aufklärt«. Nicht nur spielen die Körper auf der Bühne ihre undurchsichtigen Rollen, sondern die Körper selbst werden zur Bühne, auf der die moralischen Signifikanten auftreten. Ja, der Körper wird zur *via regia* der Identifizierung des Subjekts. Wer das Lexikon, die Syntax und Pragmatik seiner Ausdrücke und Zeichen beherrscht, die Semiotik also von Kleidung, Physiognomien, Gestik und Mimik gelernt hat, dem wird die opake Fläche des Körperbildes zum Glas, hinter dem sich die verborgenen Antriebe und geheimen Formationen des Selbst beobachten lassen. Welch ein Betätigungsfeld für politische Ratgeber, Polizeitheoretiker, Pädagogen, philosophische Ärzte, Kaufleute und Ehemänner. Alles wird zur Simulation, um desto sicherer den darin verborgenen Sinn, die kaschierte Identität auszumachen. Die *ars semiotica* hat ihre Stunde.

Und es schlug die Stunde der Liebe. Nichts genügte ihr, nicht die Geilheit, das Abenteuer, die Galanterie, die Verführung, das Geld. Im Meer der Verstellungen und Listen überfiel den Bürger die Sehnsucht nach der Insel des Authentischen. So wurde der reine Körper erfunden, der das Theater des unverdorbenen Herzens, des innigen Gefühls und der natürlichen Güte aufzuführen hatte, als sei's ein Stück ohne Dramaturgie. Privatheit sollte das Unmittelbare, die hüllenlose Wesenheit des Selbst zum Austausch bringen, ohne die irritierende Dazwischenkunft der Zeichen. Dafür bedurfte es eines Fetisches, der *tabula rasa* eines Körpers, dessen Haut aus nichts als Hymen bestand: die Jungfrau ohne Falsch, ein unbeschriebenes Blatt, auf das einzig der Griffel des Erwählten seine Schrift eingrub. Derart versicherte er sich des einzigen Ortes unmaskierter Wahrheit in der Welt, die Insel der Unschuld, das heimische Tahiti, auf dessen Strände die Königsstandarten des weißen Eroberers ihr Signum setzten: Spur der Macht im weißen Sand wie auf dem weißen Leib, Aneignung einer zu sich selbst unmittelbaren Natur in einer restlos von Zeichen vermittelten, durchseuchten Welt. Die bürgerliche Sehnsucht nach Natur, von Rousseau bis zu Georg Forsters Tahiti, von Emilia Galotti bis zu E. T. A. Hoffmanns Olimpia: darin wird die zeichenlose Unschuld einer Liebe gesucht, der zu begegnen nur um den Preis ihrer Zerstörung möglich ist. Erst Hoffmann durchschaut, daß dieser makellose Spiegel des Begehrens selbst das Produkt einer Codierung ist: der weiße Leib als Maschine der Liebe. Radikaler konnte die Sehnsucht nach Natur im Spiel der Liebe nicht widerlegt werden. Hoffmann zieht die Konsequenz aus den Hunderten von Dramen, die sich auf der makellosen Oberfläche des weiblichen Körpers abspielten. Er begriff, daß die Reinheit des Leibes als Inbegriff unmittelbarer Natur nicht etwa von den Masken des Begehrens befreit, sondern im Gegenteil deren innerster Signifikant ist: der unschuldige Leib bezeichnet die Integrität des Phallus, bildet also die Flucht aus der längst gemachten Erfahrung von der Kastration und der Zerstückelung des Körpers. Darin war dieser bis in die feinsten Verästelungen des Begehrens zum Schauplatz von semiotischen Codierungen geworden. Einen anderen als den fragmentierten, phantasmatischen Körper einer imaginären Zeichenschrift schien es nicht zu geben.

Die sprachlose Sprache des Leibes wurde in der Vielheit der medizinischen, moralischen und anthropologischen Diskurse zum unvernehmbaren Gemurmel. Diätetiken, Physiognomiken, Pathognomik, *»physische Semiotik«* (Goethe), *»Semiotik der Affekte«* (Lichtenberg), *»Semiotica moralis«* (Chr. Wolff), eine *»semiotica civilis«* (Chr. Thomasius) entstehen. Sie sollen dazu befähigen, »das Verborgene des Herzens anderer Menschen auch wider ihren Willen aus der täglichen Konversation zu erkennen«[1] –: eine Art Ausspähungsdiagnostik. Dies ist der neue Ansatz neben den höfischen Etiketten und der beginnenden bürgerlichen Psychologie mit ihren »Seelenzeichenkunden« (K. Ph. Moritz). Mit Kant weiß man: »je zivilisierter, desto mehr Schauspieler« (*Anthr.* A 42). Man bedarf also des Arztes nicht nur, sondern auch des philosophischen Arztes, der eine Symptomatologie des sozialen Körpers entwirft wie der Mediziner eine semiotische Diagnostik des physischen Körpers. Je vielfältiger die Diskurse, um so wilder der Leib. Man setzt sich ihm auf die Spur, stellt ihm diskursive Fallen, die immer ins Leere schnappen, denn den natürlichen Leib, den man einkreiste, den gibt es nicht. Der tiefe Riß, der seit den strategischen Disziplinierungen des 17. Jahrhunderts den Körper von seinem Bewohner trennte, läßt sich nicht überbrücken. Die Fremdheit des Leibes verschwinden zu machen, setzt man die Strategien ein, die jene erst erzeugt hatten: Diskursivierung, Disziplinierung, Zivilisierung. Zwei Modelle gewinnen dabei fundamentale Bedeutung, die beide als Homogenisierung des Heterogenen des Leibes verstanden werden können: das Modell der Körpermaschine und das Modell der Moralisierung. Seit Descartes' Zeiten hatte sich die Maschine, das Uhrwerk als konstitutive Metapher des medizinischen Diskurses zu einem neuen Paradigma entwickelt, das die seit der Antike herrschende semiotische oder säftemedizinische Interpretation der Krankheit ablöste. Die irritierenden, unendlichen Verkettungen der Körpersymptome in ihrem kosmologischen Zusammenhang wurde abgelöst durch die plane Fläche homogener Objekte, die von der Blattlaus bis zum menschlichen Körper, von der Ballistik der Kanonen bis zu den Bahnen der Gestirne prinzipiell gleichen Gesetzen unterlagen. Die Anatomie, durch welche die Medizin sich zur Wissenschaft erhob, wurde ihrerseits zum Modell wissenschaftlicher Methodik: zerlegen, zergliedern, zusammensetzen sind Grundoperationen der Wissenschaft. Der lebendige Leib mit seinen rhizomartigen Verzweigungen in die Räume der Natur, seinen vagen Sympathien, Verwandtschaften und Analogien, hatte ausgedient. Wissen befestigte sich aus der Distanz zum operationablen Körperding, an dem die Symptome der Krankheiten und ihre endogenen Verknüpfungen interessierten, nicht aber das Subjekt der Krankheit. Dieser Ordnungsstrategie der Medizin korrespondiert die der Moral insofern, als auch diese die unübersichtliche Vielheit der Stimmen und Stimmungen des Leibes von sich wies und einer homogenisierenden Prozedur unterwarf: Moral ist die Produktion des berechenbaren Körpers, der am moralischsten dann ist, wenn seine Bahn ähnlich präzis ist wie die eines Sterns oder des Blutkreislaufs. Merkwürdigerweise wurde dies als Effekt des freien sittlichen Charakters verstanden: Freiheit ist, wenn der Körper die Stimmen der Vernunft so geradlinig zur Aufführung bringt wie ein Stein im Vakuum das Fallgesetz. Das moralische Laboratorium trat dem physikalischen und dem anatomischen Seziersaal an die Seite.

Es gehört zur Dialektik der Aufklärung bereits im 18. Jahrhundert, daß solche Rationalisierungen des Leibes eine Fülle von sowohl ästhetischen wie medizinischen Kritiken und Alternativen hervortrieb, von denen hier ein Strang näher charakterisiert werden soll, nämlich die Leibkonzepte, die auf vormoderne Semiotiken des Körpers zurückgehen, auf hermetische medizinische Traditionen zumal. Kann man die mechanistische Medizin und moralische Disziplin als Strategien der »Entsemiotisierung« verstehen, so zeigen sich am Ende des Jahrhunderts und dann in der Romantik Spuren einer »Resemiotisierung« des Leibes. In heutiger Perspektive interessiert sie darum, weil, wie Thure von Uexküll vermutet, wir an die Grenze des naturwissenschaftlichen Paradigmas der Medizin gestoßen sind und uns in der Phase der Vorbereitung eines neuen, nämlich semiotischen Paradigmas befinden.[2]

II.

Empirische Analyse und Analogienzauber, experimentelle Beobachtung und Magie, chemische Rezeptur und astrologische Talismane, Erfahrung und Spekulation liegen bei Paracelsus eng zusammen. Der Ungeschiedenheit der Untersuchungs- und Operationsebenen der Heilkunst entspricht, daß der menschliche Körper nicht als Einzelding aus der Gesamtheit der Dinge herausgeschnitten und als derart isolierter zum Objekt des Wissens wird. Der Körper, um den es Paracelsus geht, hängt mit allem zusammen und: in ihm hängt alles zusammen. Das ist der erste Sinn davon, was Paracelsus den »kosmischen Leib« des Menschen nennt. Dieser Begriff enthält einen derart hohen Anspruch, was die komplexe Verwebung des menschlichen Körpers mit seiner nächsten und fernsten Umwelt angeht, daß damit die damalige Medizin und Naturwissenschaft überhaupt überfordert ist – sofern man damit die Möglichkeit meint, diesen Anspruch kausalanalytisch einzulösen (was bis heute nicht gelungen ist).

Freilich geht es bei Paracelsus auch nicht um anatomische, mechanistische oder kausale Ätiologien und Therapien im neuzeitlichen Sinn. Kann man sagen, daß im 17. Jahrhundert der Kausalmechanismus zwar als Kraft entwickelt wird, die von endogenen Körperprozessen bis zur Bewegung der Sterne den Raum der Natur einheitlich durchdringt und strukturiert – um den Preis rigoroser Verkürzung des menschlichen Leibes –, so findet man bei Paracelsus einen Leibbegriff, der zwar keinerlei »Reduktion von Komplexität« im Sinne eines mechanistischen Systems enthält, dafür aber für das empirisch-analytische Selbstverständnis der Neuzeit unbefriedigend, rhapsodisch, voller magisch-religiöser Reste, unüberprüfbar und spekulativ erscheinen muß. Trotz seiner vielen Polemiken gegen scholastischen Dogmatismus und trotz seines Lobs der Erfahrung läßt sich mit Paracelsus keine neuzeitliche Erfahrungswissenschaft und keine Technik begründen.

Sein naturwissenschaftlicher Grundansatz ist nicht materiell-kausalistisch, sondern hermeneutisch. Die Krankheit muß in ihrem Sinn verstanden werden – erst dann hat man den Rahmen, materiell, etwa durch Salben und Mixturen, zu intervenieren. Die Körper- und Krankheitslehre des Paracelsus entspricht darum seinem prinzipiell semiotischen Ansatz in der Naturphilosophie. Gerade der Arzt bewegt sich im Universum der Zeichen: »Denn das muß ein jeglicher Arzt wissen, daß alle Kräfte, so in den natürlichen Dingen sind, durch die Zeichen erkannt werden, woraus dann folgt, daß die Physiognomie und Chiromantie der natürlichen Dinge durch einen jeglichen Arzt zum nächsten verstanden werden sollen.«[3]

Die semiologische Konzeption der Natur, des Leibes und der Krankheit ist der Hauptgrund dafür, daß Paracelsus mit der klassischen Humoralpathologie bricht. Diese versteht, obwohl auch sie symptomatologisch verfahren muß, Gesundheit und Krankheit als Verhältnisse der Säfteverteilung im Körper. Die Säfte stehen zwar im Zusammenhang mit den Elementen; sie bilden auch typische Mischungen, woraus sich die Temperamentenlehre ableitet; und die Temperamente wiederum haben Bezug zu astralen Konstellationen –: dennoch ist die Humoralpathologie eine materiell fundierte Lehre. Die Säfte bilden endogene Aggregate, Kreisläufe und Balancen – ohne einen darin aufscheinenden »Sinn«, der alles Materielle zu seinem Zeichen verwandelt. Eben dies aber ist bei Paracelsus das charakteristische.

Er deutet den gesunden und kranken Körper als dynamisches Ereignis im Kraftfeld kosmologischer Zeichenprozesse – man beachte: Zeichen als Kraft! –, wodurch der Mensch eine »sprechende« Position in der Welt zugeteilt bekommt. Die Kräfte, Dynamiken, Effekte im Reich der Natur folgen bei Paracelsus einer anderen Matrix als der der Naturwissenschaft, welche später in der Gravitation die gesetzliche Grundlage der dynamischen Vorgänge in der Welt findet. Effekte sind bei Paracelsus einer Art *vis semiotica* geschuldet. Leib, Dinge, Erde und Sterne bilden bedeutsame Proportionen und Konstellationen, die als solche Wirkungen durch den Raum hin haben. Darum hat Paracelsus auch nicht mit dem Problem der Fernwirkungen zu kämpfen, die für viele mittelalterliche Naturforscher ein unlösbares Problem darstellten. Die *aemulatio* – die Ähnlichkeit ohne Ortsgebundenheit – überspringt, wie Foucault zeigte[4], weite Räume, impressioniert, inkliniert, vernetzt die Dinge ohne materielle Vermittlung (wie sie in der Kontaktkausalität vorausgesetzt wurde) durch den Effekt der Ähnlichkeit selbst. Analogien affizieren die Dinge, sie strahlen aus, teilen sich mit, rücken die Dinge in Korrespondenz, verketten sie miteinander und bringen sie damit in die Fluchtlinie einer beide gleichermaßen betreffenden Dynamik, eines »gemeinsamen Schicksals«. Die semiologische Ordnung des Paracelsus ist nicht nur eine Form des Wissens, sondern die Mimesis der in den Zeichen wirksamen Lebendigkeit der Natur. Das Zeichen ist das Wesen der Dinge.

Vom semiologischen Ansatz her ergibt sich eine im Vergleich zur cartesianischen Linie fremdartige Philosophie des Leibes und der Krankheit. Paracelsus unterscheidet grundsätzlich in einen Realkörper und einen siderischen Leib. Das klingt weniger mystisch, wenn man genauer hinsieht, was damit gemeint ist: Paracelsus erfaßt damit einmal das abgrenzbare Körperding, den in die Haut eingeschlossenen anatomischen Körper, zum anderen die nicht in geometrischen Lage- und Abstandsbeziehungen anzugebende, darum absolute Räumlichkeit des Leibes, der nicht materiell erzeugt, sondern durch semiotische Codes gebildet wird. Der

Astralleib, auf den sich die Astralmedizin richtet, ist die Formel dafür, daß der menschliche Körper nicht in der »groben massa« Adams aufgeht. Vielmehr ist er aus einem »subtilen Fleisch« gebildet, dem Fleisch der Zeichen, durch welche der Mensch zum bedeutenden Schauplatz seiner Umwelten wird. Die paracelsische Rede folgt hier der alten Lehre von der Entsprechung des Mikro- und Makrokosmos. Doch erhält diese bei ihm einen medizinsemiotischen Akzent, der es erlaubt, Paracelsus als einen frühen Vorläufer einer Medizin zu erkennen, die den Körper als Ensemble komplexer Mensch-Umwelt-Interaktionen versteht. Der Körper steht mit der Natur nicht nur im materiellen Stoffwechsel (etwa durch Nahrung, über die Paracelsus übrigens eine interessante Theorie entwickelt[5]), sondern auch in einem ständigen Zeichenaustauschprozeß. Dem trägt Paracelsus Rechnung durch die Bezeichnung des Leibes als »Auszug« und »Extrakt« des Kosmos, als »kleiner Welt« und »Mikrokosmos«. Der Astralleib ist die (noch) magisch-astrologische Fassung der Einsicht, daß »der Mensch von viel tausend Vätern und so viel tausend Müttern gesetzt« ist (I, 529). Es gibt zwei Zeugungen, zwei Geburten: biologisch-materiell durch die Eltern und die »zweite« Geburt durch die bedeutsame Konstellation der Zeichen, in die jemand hineingeboren ist. Dies muß man nicht nur astrologisch verstehen. Denn der siderische Leib ist die semiotische Markierung des weitesten Rahmens und aller nur denkbaren Seinsebenen, innerhalb derer sich natürliche, historische, gesellschaftliche und schließlich kosmische und göttliche Vermittlungen am Körper des Menschen darstellen.

In der Schrift *Volumen Paramirum* (vor 1531) entwickelt Paracelsus in ungefährer Ordnung die Ebenen, die bei der medizinischen Betrachtung des menschlichen Leibes zu berücksichtigen sind. Es sind (1) das *ens astrale*, (2) *ens veneni*, (3) *ens naturale*, (4) *ens spirituale* und (5) *ens deale* (I, 171–240). Die Sternenwelt (1) wirkt auf den Menschen nicht unmittelbar ursächlich, formiert auch nicht Wesen und Eigenschaften (dies ist gegen die Astrologie gesprochen), sondern gibt die Bedingungen der Lebenserhaltung von Körpern überhaupt an: Zeit, Klima, Wachstum durch (kosmische) Wärme und Kälte, »Lebenshauch« der Sterne. Die intrasomatische Ebene (2), das *ens veneni*, bestimmt den Leib als in sich vollkommenen, doch mit den Dingen in Gemeinschaft und Austausch stehenden. Wie es kosmische zu- und abträgliche Bedingungen des Lebenserhalts gibt, so auch »gute« und »böse« Stoffwechsel mit der natürlichen Umgebung. Letzteres ist vor allem am Nahrungskreislauf erkennbar, dessen Zentrum der Alchemist des Körpers, der Magen nämlich ist. Krankheiten sind hier vor allem »Stoffwechselkrankheiten«. Die Ebene des *ens naturale* (3) bezeichnet den Mikrokosmos, das interne leibliche Firmament, den Lauf der inneren Planeten. Den inneren Organen sind folglich Planeten zugeordnet (Leber/Jupiter; Galle/Mars; Hirn/Mond; Milz/Saturn; Herz/Sonne, Lunge/Merkur; Niere/Venus). Hierbei geht es um »körperinnere« Zeiten, Rhythmen, Bahnen, Abläufe in Analogie zu den Sternen. Auf dieser Ebene spielen auch die vier Elemente ihre Rolle, die Complexionen bilden, nämlich die vier Temperamente. Das *ens spirituale* (4) bezeichnet die somatisierenden Wirkungen, die von Wille, Intention und Imagination ausgehen. Dies können sowohl Effekte im Subjekt wie zwischen Subjekten (zwischen »Geistern«) sein; oder es geht um Krankheiten, die aus Konflikten zwischen körperlichen und spiritualen oder nur spiritualen Effekten erwachsen. Im Prinzip jedoch gilt, daß immer, wenn der *spiritus* leidet, auch der Leib leidet. Modern gesprochen, handelt es sich hier – im Gegensatz zur »Inneren Medizin« auf Ebene 2 und 3 – um den Bereich der Psychosomatik. Die Ebene (5): *ens deale* ist keine Zone des Arztes, weil es hier z. B. um göttliches Strafhandeln geht, insofern es den Leib betrifft: worauf jedoch der Arzt keinen therapeutischen Einfluß nehmen kann (oder will).

Diese verkürzte Darstellung zeigt, wie praxisbezogen Paracelsus das klassische Analogiemuster von Mikro- und Makrokosmus ausdifferenziert. Trotz gegenläufiger Textstellen, von denen es eine Reihe gibt, wird die Korrespondenz zwischen Leib und Umwelt jedoch nicht primär materiell, sondern semiotisch unterhalten. Es entspricht späteren Auffassungen vom Körper als Organmaschine, wenn man die analogische Vernetzung von Leib und Kosmos hier als metaphorische Projektion deutet. Bei Paracelsus ist es umgekehrt: materielle Ursachen sind der kleinste Ausschnitt im Kräftefeld des Universums; sie sind dessen kleine Bühne im Augenschein – der jedoch trügt; denn ihm erschließt sich nur ein Geringes vom komplexen Zeichenspiel der Natur. Das Sichtbare ist Erscheinung des Unsichtbaren oder weit Entfernten; das will sagen: die Dinge sind an Signaturen zu erkennen, die der vermittelnden Darstellung im Erscheinenden bedürfen. Der kosmische Leib ist von daher nicht Projektion des Körpers an den Himmel, sondern der physische Körper ist Metapher des (unsichtbaren) kosmo-semiotischen Leibs des Menschen.

Dies gilt trotz der Elementenlehre, in deren Bahnen Paracelsus denkt. Die Genealogie des Leibes aus den Elementen ist zu verstehen aus dem Prinzip der Analogie, die den Kosmos durchwebt. Der elementische Leib, im welchem das Fleisch die Erde, das Blut dem Wasser, die Wärme dem Feuer und der Atem der Luft entspricht, ist ein per analogiam erzeugtes, kein empirisch-analytisches Faktum. Analogie enthält Identität und Differenz in einem: Identität der formalen Funktionen bei Verschiedenheit der Substanzen. Das (sichtbar) Materielle setzt die Differenz, während die (unsichtbaren) Formkräfte (Paracelsus nennt die *archei*) die Korrespondenz oder die analogische Konfiguration erzeugen. Zum Beispiel: die Milz, als Körperorgan betrachtet, ist materiell verschieden vom Saturn, dem Stern. Doch hat die Milz im Körper die »Bedeutung«, die »Funktion« des Saturns, was z. B. an der Melancholie zu erkennen ist: die Erkrankung des Organs »bedeutet«, ins Zeichen des Saturns, des Sterns des Trockenen und Düsteren, Einsamen und Schwermütigen zu treten. Natürlich kann aber auch umgekehrt, wenn auch nur »gebrochen wie durch Glas«, der Saturn im Körper des Menschen melancholiefördernd wirken.

Die wechselseitige Influenz von Leib und Kosmos ist nicht kausal, sondern gewissermaßen kommunikativ: nämlich eine Korrespondenz (eine Art »Post«) zwischen den *signatoren*, die die Dinge signieren oder signifizieren sowie miteinander vernetzen. Nehmen wir zum Beispiel die Korrespondenz von Wasser und Blut. Ihr *archeus signator* ist die Lebenskraft, der *spiritus vitalis*, der ein ganzes System »natürlicher Zeichen« erzeugt (*signatura rerum naturalium*, V, 101 ff.). Das sagt: im Leib »bedeutet« das Blut, was das Wasser im Raum der Natur bedeutet. Dadurch bilden sich zwischen Blut und Wasser semantische Achsen, Verknüpfungen, Kombinationen, Verschiebungen, Übertragungen – Bezüge also, die wir heute leicht als linguistische erkennen. Blut und Wasser sind also zuerst als Paradigmen, als kombinierbare bedeutungtragende Einheiten charakterisiert.[6] Daraus können dann syntagmatische Verknüpfungen entstehen, gewissermaßen Narrationen, die zwischen Wasser und Blut analogisch verlaufen. Eine Erzählung etwa lautet: »Die Erde wird bei bestimmten kosmologischen Konstellationen von Wasser überflutet.« Dies ist eine gleichsam klassische Erzählung, die von der biblischen Sintflut und den antiken Wasser-Mythologien (von denen Paracelsus viele kennt) bis zu den Wasser-Studien Leonardos reicht. Medizinisch läßt sich daraus die Narration bilden: »Bei bestimmten Konstellationen wird das Erdige im Leib vom Wasser überflutet«, d. i. die Krankheit Wassersucht. Die paradigmatische Kombination von Wasser und Blut erzeugt zwei analog strukturierte Geschichten (die »Naturkatastrophe« und die »Krankengeschichte«). Aus dem naturgeschichtlichen Wissen, daß Überschwemmungen durch Verstärkung des Elements Feuer, der Qualität »Trocken« und des Gestirns Sonne, die beides enthält, zurückgehen, folgt krankengeschichtlich: der Arzt therapiert die Wassersucht durch Sulphur (»er dörret... aus, denn er ist die Sonne« unter den Stoffen) und durch Crocus (d. i. crocus martis bzw. veneris, Eisenfeilspäne bzw. Kupferoxyd): diesen eignet unter allen Metallen am stärksten die Qualität »Trocken« (I, 67–73).

Dieses gewiß seltsam anmutende Beispiel erklärt gleichwohl das Funktionieren der semiotischen Medizin des Paracelsus: der Arzt erkennt zuerst die (Un-)Ordnung des Körpers im Kosmos der Zeichen, um sie dann therapeutisch zu beeinflussen. Die Verabreichung von Mitteln ist wirksam vor allem, weil sie die Einführung ausbalancierender Zeichen ins gestörte kosmologische Szenarium der Körper-Signifikanten darstellen. Zuvörderst stellt der Arzt ein kosmologisches Lexikon und eine Grammatik her (das »Buch der Natur«). Diese erlauben ihm, die Krankheitssymptome als Störungen im semiotischen Leib des Menschen zu erkennen. Die Therapie ist in dem Sinn immer magisch, als die therapeutischen Mittel kraft ihrer Signatur wirken: sie verständigen den kranken Leib mit den wohltätigen Harmonien des natürlichen Universums.

Hiermit wird Paracelsus zum ersten Theoretiker eines semiotischen Konzepts von Leib und Krankheit. Die »Kunst der signatur« (V, 192) ist die Primärkompetenz des Arztes. Der Arzt muß Zeichen- und Spurenleser sein, weil der menschliche Leib, insofern er Quintessenz der Elemente und Mikrokosmos ist, derjenige Ort im Universum ist, an welchem sich die kosmischen und irdischen Zeichenketten am engsten vernetzen. Die Sonderstellung des Menschen in der Natur besteht darin, daß er Verwandter aller Dinge ist und also die Signaturen des Kosmos inkorporiert. Der paracelsische Zeichenkörper realisiert, daß der Leib eine Einschreibefläche, ein Schriftraum von Kulturgeschichte und Naturgeschichte ist. Der Astralleib: das heißt mithin, den menschlichen Körper in der denkbar weitesten Verknüpfung mit den kosmischen und irdischen Bedingungen seiner Möglichkeit zu sehen. Die Struktur des Leibes erkennen heißt, die Signatur des Kosmos und der Rede in ihm zu erkennen. Der Leib offenbart sich als Analogon noch des Allerfernsten und Unmenschlichsten. Darin ist für Paracelsus der Leib ein *subiectum*, ein Unterworfener der Schrift, die durch ihn hindurchläuft und ihn porös gegenüber allen denkbaren Signifikationen macht. Doch ist der Mensch auch »irdischer König«, weil er mit der »Kunst signata« (V, 126) ein Mittel hat, Schirm und Helfer des kranken Leibes zu werden. »Was der Himmel wirket, das müssen sie leiden und erdulden.« (I, 160) Und wenn der Himmel zum »verrückten Himmel« wird, so verrückt die Ordnung des Leibes (ebd.): die Zeichen der Krankheit treten ins Sichtbare, bilden Symptome und Indizes, die der Arzt liest, um die heilsame Korrespondenz zwischen Körper und Welt wiederherzustellen. Im glücklichsten Fall kann der Arzt sich zum Mimeten der kosmischen Konfigurationen bilden, so daß »in seiner Hand wieder ein Himmel (ist), der den andern stillt und bestimmt« (I, 160). Bei Paracelsus deutet sich der Autonomie-Anspruch des Subjekts noch kaum an; er bewegt sich innerhalb der Grenzen von Natur, zu der jedermann qua Leib gehört. Wenn die Zeichen Momente eines in die Dinge versenkten Textes sind, so muß die Sprache des Menschen sich zur mimetischen Wiedergabe des unvordenklichen Zeichenuniversums der Natur bilden: im Verhältnis dazu ist die Bildung autonomer Subjektivität im Kontext historisch sich wandelnder Kommunikationsereignisse nicht denkbar. Der Mensch bei Paracelsus ist in den Horizont der Signaturen eingeschlossen; er versteht sie, aber er produziert sie nicht. Darin wirkt die Schöpfungstheologie fort: der Menschensprache geht die Sprache der Natur voraus.

III.

Hätte Paracelsus die sprachtheoretische Kontroverse des platonischen Dialogs »Kratylos« gekannt, er wäre zum vehementen Anwalt der physei-Auffassung des sprachlichen Zeichens geworden (im Zeichen ist das Wesen der Dinge gegenwärtig).[7] Sie kommt dem sprachtheologischen Konzept einer adamitischen Ursprache, in welcher die Zeichen Nachahmung der Dinge sind, am nächsten. Im mittelalterlichen Universalienstreit hätte Paracelsus die Position innegehabt, nach der die Zeichen in den Dingen verankert sind *(universalia sunt in re)*. Nach Paracelsus wird diese Auffassung am nachdrücklichsten von Jakob Böhme (*De signatura rerum*, 1622) vertreten.[8] Dann versickert diese Tradition und wird zur Unterströmung sowohl einer rationalistischen Konzeption der Natur wie einer konventionalistischen Theorie der Sprache. Doch auch als Unterströmung behält die Natursprachenlehre einige Mächtigkeit; bis zu Benjamin und Adorno verliert sie sich nie ganz. Jedoch wird der Zusammenhang mit Naturforschung, worin vor allem sie bei Paracelsus ihren Platz hatte, zunehmend aufgegeben. Die Natursprachenlehre entfaltet Wirksamkeit am ehesten in der Physiognomik und in ästhetischen Konzepten der poetischen Sprache.[9] In diesem Prozeß ist der Königsberger Johann Georg Hamann (1730–88), der noch vor Herder auf die eklatante Vernachlässigung der Sprache in der Kantschen Erkenntnistheorie hinwies, eine wichtige Verbindungsfigur. Hamann löst die Theorie-Kontroverse über den physei- oder thesei-Charakter des Zeichens historisch auf, insofern er am Anfang der Geschichte eine ursprüngliche, im Wesen der Dinge gründende und von Gott in diese gravierte Natursprache sieht, die sich in ihrer metaphysischen Dignität jedoch durch die historisch zunehmende Arbitrarität des Zeichengebrauchs unter den Menschen verloren habe.

»Reden ist übersetzen – aus einer Engelsprache in eine Menschensprache, das heist, Gedanken in Worte, – Sachen in Namen, – Bilder in Zeichen; die poetisch oder kyriologisch, – historisch, oder hieroglyphisch – und philologisch oder charakteristisch seyn können.« (HN II, 199)[10]

Die Natur ist für Hamann ein Universum sich offenbarender, in Sprache nachgeahmter bzw. übersetzter Zeichen. Geschichte ist, im zitierten Schema, Differenzierung der Schrift in drei Stufen: die poetische Stufe ist die ursprünglichste; ihre Zeichenform ist das Ikon; der historischen Stufe entspricht die hermetische Bildschrift von Symbolen; auf der dritten, philosophischen Stufe ist der konventionalisierte Gebrauch von Lexemen herrschend.[11] Von der heutigen Semiotik aus könnte man dies als leidlich brauchbare Entwicklungslogik zu einer zunehmend autonomeren Signifikation bezeichnen. Hamann bewertet den Prozeß jedoch umgekehrt. Beruht die früheste Stufe der Signifikation auf einer prinzipiellen Verwandtschaft des Zeichens mit der Natur der Dinge selbst, welche im Zeichen konfigurativ oder onomatopoetisch nachgeahmt werden, so herrscht im gegenwärtigen philosophischen Zeitalter die »grobe Einteilung willkürlicher Zeichen« (HB I, 393), die am weitesten von der Sprache der Natur entfernt sind. Hamann hat an Kant gespürt, daß mit der Exklusion des »Dinges an sich« nicht nur die epistemologische Funktion der Sprache, sondern damit zugleich die mimetische Beziehung zwischen Dingen und Zeichen sich erübrigt hat. Ebenso weckt das Herdersche Konzept[12], wonach der Mensch der Erfinder der Sprache kraft natürlicher Lernprozesse ist, sein Mißtrauen, weil darin der »Ursprung der Sprache« (HN III, 32) in der Wortförmigkeit der Natur zerstört zu sein scheint. Wenn aber »die Schöpfung eine Rede ist, deren Schnur von einem Ende des Himmels biß zum andern sich erstreckt« (HB I, 393), wenn »das Buch der Natur und der Geschichte ... nichts als Chyffern, verborgene Zeichen« (HN I, 308) darstellt, dann besteht die Kontinuität zwischen Mensch und Natur eben darin, daß die sprachlose Sprache der Dinge »sich der menschlichen Natur analogisch« (HN III, 27) äußert, Menschensprache also ein »Geschenk der alma mater Natur« ist (ebd.). Die Erkenntnisorganisation des Menschen ist kraft der unhintergehbaren Metaphorik der Sprache ein Analogon der Natur, »weil alle unsere Erkenntnis sinnlich, figürlich und der Verstand und die Vernunft die Bilder der äußerlichen Dinge allenthalben zu Allegorien und Zeichen abstracter, geistiger und höherer Begriffe macht« (HN I, 197 f.). Die ikonologische Struktur der Natur korrespondiert der »Natur im Subjekt selbst«, nämlich dem metaphorischen Vermögen des Menschen. Dieser Ansatz läßt Hamann zu zugespitzten Polemiken gegen die »Burg des philosophischen Glaubens unsers Jahrhunderts« (HN III, 47), gegen die Aufklärung und die profane Genealogie der Sprache à la Herder finden:

Eure mordlügnerische Philosophie hat die Natur aus dem Wege geräumt, und warum fordert ihr, daß wir selbige nachahmen sollen? – Damit ihr das Vergnügen erneuren könnt, an den Schülern der Natur auch Mörder zu werden – (HN II, 206).

Für Hamann hat die Aufklärung »den Text der Natur, gleich einer Sündfluth, überschwemmt« (HN II, 207). Dies zielt auf die Aufklärung und ihre gegen Natur autonom gesetzte Sprache, gegen Philosophie als Lehre vom Begriff: dies ist für Hamann nichts weniger als Mord an der Natur.[13] Diese bittere Spitze erklärt sich daraus, daß für Hamann mit dem Konzept des Menschen als »Erfinder der Sprache« (HN III, 46) und der Auffassung von der Konventionalität der Zeichen etwas Fundamentales zerstört wird: der naturwüchsige Zusammenhang der Sprachbildung. Sprache hat ihren Ursprung im Wirken der Natur durch »Sinne und Leidenschaften« (HN II, 206), also im Leib. Wer davon abstrahiert, »verstümmelt« (ebd.) nicht nur unsere Verwandtschaft mit Natur im Leib-Apriori der Sprache, sondern öffnet zugleich den Weg, die Natur selbst »durch Abstractionen...(zu)schinde(n)« (ebd.): »Ihr wollt herrschen über die Natur, und bindet euch selbst Hände und Füße« (HN II, 208).

Eine Sprachauffassung, die von der »inneren Natur«, vom Leib absieht, abstrahiert zugleich von der Bedeutsamkeit äußerer Natur. So erkennt Hamann als erster die Kolonisierung der inneren Natur als die Kehrseite der Beherrschung der äußeren Natur. Die Sprache der Aufklärung bildet für ihn einen Zusammenhang des Toten: Sprache als »Waffenträger des tödtenden Buchstabens« (HN II, 203), als Semiotik toter Natur wie getöteter Sinne und Leidenschaften. Das Sterben der Natur und des »Schwinden der Sinne« (Kamper/Wulf) ist der an Körpern und Dingen sich analog vollziehende Prozeß der Abstraktion der Schrift, besonders des Begriffs. Daher erklärt sich auch die Hochschätzung des Phonematischen, der Stimme als »Nahrungssaft und Lebensgeist der Sprache« (HN III, 37).[14]

Unübersehbar geht dieser vernunftkritische Impuls auf hermetische Sprachtraditionen zurück. Was bei Paracelsus und Böhme jedoch als adamitische Namensprache ursprungsmythologisch gefaßt wird (und sich auch bei Hamann findet: der »hieroglyphische Adam«, HN II, 200), erhält bei Hamann erstmals einen ästhetischen Akzent: der Zusammenhang von Leib, Natur und Sprache bildet bei ihm die Struktur der poetischen Sprache.

Sinne und Leidenschaften reden und verstehen nichts als Bilder. In Bildern besteht der ganze Schatz menschlicher Erkenntniß und Glückseligkeit. Der erste Ausbruch der Schöpfung, und der erste Eindruck ihres Geschichtsschreibers; – die erste Erscheinung und der erste Genuß der Natur vereinigen sich in dem Worte: Es werde Licht! hiemit fängt sich die Empfindung von der Gegenwart der Dinge an. ... Blinde Heyden haben die Unsichtigkeit erkannt, die der Mensch mit GOTT gemein hat. Die verhüllte Figur des Leibes, das Antlitz des Hauptes, und das Äußerste der Arme sind das sichtbare Schema, in dem wir einher gehn; doch eigentlich nichts als ein Zeigefinger des verborgenen Menschen in uns; – (HN II, 17).

Dies ist der locus classicus des 18. Jahrhunderts für die Vermittlung des sprachmystischen Hermetismus mit der Suche nach einer poetischen Sprache; wie hier auch eine Wurzel des physiognomischen Denkens von Lavater bis zu Carus liegt.

Die Frage nach der poetischen Sprache und Physiognomie des Leibes wendet sich, unter dem Eindruck vollzogener Entzauberung der Welt, in die Frage nach der möglichen Resurrektion der Natursprachenlehre: »Wodurch sollen wir aber die ausgestorbene Sprache der Natur von den Todten wieder auferwecken?« (HN II, 211). Bei Hamann wird man zur Antwort nur »poetische Fragmente zur Archäologie der Sprachgeschichte« (HN III, 48) finden. Eine solche Archäologie sucht die Fundamente, in denen Leib, Sprache und Natur zusammenhängen. Spuren davon lassen sich bei Hamann ausmachen.

Der Mensch ist, wie bei Paracelsus, wesentlich unsichtbar, d. h., Leib und Sprache sind physiognomische und ikonographische Zeichen des »verborgenen Menschen« – analog wie Natur die Zeichenschrift des verborgenen Gottes ist. Gegen den Asketismus der Aufklärung rehabilitiert Hamann den leidenschaftlichen Leib als vorrationalen Ursprung der (poetischen) Sprache: auffällig häufen sich sexuelle und affektive Metaphern.[15] So liegen Ideen »im fruchtbaren Schooße der Leidenschaften vor unsern Sinnen vergraben« (HN II, 209); »Empfängnis und Geburt« (ebd.) sind Momente der Sprachbildung; »Leidenschaft allein giebt Abstractionen sowohl als Hypothesen Hände, Füße, Flügel« (HN II, 208). Wider die »Mönchengesetze« und die Selbstkastration der Rationalität erinnert Hamann ironisch an das genital-sexuelle Moment der Sprache (HN II, 208). Erkenntnis »in den Geschöpfen zu sehen und zu schmecken, zu beschauen und mit Händen zu greifen« (HN II, 207) ist möglich nur, wenn dem Leib eine fundierende Rolle in der Sprache der Erkenntnis reserviert wird. Nicht umsonst ruft Hamann Demeter und Dionysos an, die Göttin der Fruchtbarkeit und den Gott der Eleusinischen Mysterien, die Schutzgötter der »Sinne« und der »Leidenschaften«, als »Pflegeeltern der schönen Natur« (HN II, 201). Denn nur, wo das Erkenntnissubjekt sich nicht der Natur und dem Leib als Nicht-Ich gegenübersetzt, wo in den grenzauflösenden Mysterien des orgiastischen Leibes sich die innere Natur physiognomisch zum Ausdruck bringt, wo also der Leib zum Zeichenkörper der inkorporierten Natur wird, sind wir der Sprache als »Gebährmutter der Begriffe« (HN III, 31) nahe. Die gynäkomorphen und sexuellen Metaphern der Zeichenproduktion bei Hamann erinnern deutlich an die Sprache der Alchemie. Es ist, als denke Hamann die Genese der Sprache analog zu den Transformationen des alchemistischen Prozesses; als sei der Leib der Schmelztiegel, die uterine Retorte der Sprache. Sinne, Leidenschaften, Begehren bilden als Stimmen der »Natur im Subjekt« den Glutstrom, der die Transformation der sprachlosen Ikonizität der Dinge in poetische Wortzeichen, in Bilder, Metaphern, Gleichnisse erst ermöglicht – aber auch in begriffliche Erkenntnis, die bei Hamann ihren Namen erst verdient, insoweit sie vom »unnatürlichen Gebrauch der Abstractionen« (HN II, 207) gereinigt ist und bildliche Konfigurationen zur Natur hervorbringt. Bedeutungen und Zeichen werden »unten in der Erde bildet…, und (liegen) in den Eingeweiden, – in den Nieren der Sachen selbst – verborgen« (HN II, 200). Diese ebenso alchemistische wie corporale Metaphorik zielt auf eine Sprache als »Übersetzung« des Leibes. Es gibt für Hamann hinsichtlich der Sprache kein Außerhalb des Leibes. Sprache ist übersetzter Leib, wie der Leib inkorporierte Natur ist. »Übersetzung« ist der Prozeß, aus welchem Hamann die Zeichen durch Metaphorisierung hervorgehen läßt: von der Signatur der Dinge über die Physiognomie des Leibes zur Bedeutung der Wörter. Jede dieser »Übersetzungen« ist ein ikonographischer Übertragungsvorgang, der den Zusammenhang zwischen Natur, Leib und Sprache nicht unterbricht. Wenn Hamann die Poesie als »Muttersprache des menschlichen Geschlechts« (HN II, 197) bezeichnet und in der Natur die »disiecti membra poetae zu unserm Gebrauch« (HN II, 198/99) ausmacht, so ist dies nicht eine Remythologisierung des orphischen Mysteriums, sondern der Versuch, die »Historie des ganzen Geschlechts« (HN II, 200) als die Geschichte sich ausdifferenzierender Korrespondenzen von Natur, Leib und Sprache zu verstehen. Dies ist sein Gegenentwurf zur Autonomie des Subjekts in der Aufklärungsphilosophie, worin jenes zum »Tyrann oder Erdgott« (HN III, 44) aufgespreizt werde.

Der Mensch ist nicht selbstherrlicher »Construkteur« der Leibmaschine, der machina mundi oder der Sprechmaschine[16], sondern der »größte Pantomin« (HN III, 38) und Mimet: ein Lebewesen, das an eignem Leibe immer schon den Zeichenprozeß der Natur und den physiognomischen Ausdruck seiner Leidenschaften stumm aufführt. In der Sprache hat er das Medium der Übersetzung der Signaturen der Dinge und Chiffren des Leibes erhalten – als Analogon der Natur selbst. Poesie als Muttersprache ist im Zeitalter der Aufklärung das einzig verbliebene Residuum der physiognomischen und natursprachlichen Rede.

IV.

Das sprachliche Konzept des Leibes und das leibliche Konzept der Sprache werden, von Hamann und der paracelsischen Linie ausgehend, am Ende des 18. Jahrhunderts in mehreren Richtungen fruchtbar gemacht: in der Physiognomik; in der Naturästhetik und -forschung sowie in den fragmentarisch bleibenden Entwürfen einer poetischen Sprache. Nur hinsichtlich der ersten beiden Felder möchte ich hier Umrisse der Entwicklung skizzieren.

Wer derjenige ist, der mir gegenübersteht, liegt nicht am Tage. Wie die meisten Gelehrten des 18. Jahrhunderts weiß dies auch Johann Caspar Lavater, an dessen vier Bände allzu humaner *Physiognomische(r) Fragmente* (1775–78)[17] sich die Lichtenbergische Satire entzündete – und nicht nur diese. Im Kern aber, konzediert auch Lichtenberg, geht es um eine ernste bürgerliche Forderung – nämlich natürlich und nicht larviert zu sein –; und um ein grundsätzliches Problem: die kommunikativen Irritationen, sobald bewußt wird, daß man auf Masken und Codes trifft, wenn man dem »Subjekt selbst« begegnen möchte. »Ich« ist eine Inszenierung. Und auch die Natur des Menschen – unter wieviel Schalen ist sie verborgen: »Stand, Gewohnheit, Besitzthümer, Kleider, alles modificirt, alles verhüllt ihn. Durch alle diese Hüllen bis auf sein Innerstes zu dringen, selbst in diesen fremden Bestimmungen feste Punkte zu finden, von denen sich auf sein Wesen sicher schließen läßt« (Phys. Fragm. 24) – das ist Ziel der Physiognomik. Man erkennt die Dialektik von Sichtbarkeit und Unsichtbarkeit, von Erscheinung und Wesen, die schon bei Paracelsus das Zeichen bestimmt. Während bei Paracelsus die Signaturenlehre den Arzt über die Verkettung des Leibes mit der Umwelt belehren soll, dient bei Lavater die physiognomische Zeichenlehre zur Identifizierung des Subjekts. Die naturphilosophische Signaturenlehre hat sich zur bürgerlichen Problematik der Differenz von Rolle und Identität verschoben. Die Physiognomik ist damit im ersten Ansehen an den Subjektbegriff gekoppelt, den die paracelsische Leibmataphysik nicht kennt. Sie ist eine proto-psychologische Kunst im interaktiven Spiel handelnder und sich verständigender Bürger. Diese müssen, im Interesse der Selbsterhaltung und bei Strafe des Untergangs, wechselnde Rolleninszenierungen auf ihre wahren Strategien hin entziffern können, während sie sich in der Privatsphäre zu gegenseitig authentischem Ausdruck ihrer »Innerlichkeit« verpflichten.

Lavater löste mit seiner physiognomischen Lesekunst in den siebziger Jahren zweifelsohne eine Art Fieber aus. Doch Kant stellt schon 20 Jahre später fest, daß Physiognomik »als Ausspähungskunst des Inneren im Menschen vermittels gewisser äußerer unwillkürlich gegebener Zeichen, ganz aus der Nachfrage gekommen« sei (Anthr. A 275). Wissenschaft könne, so Kant und vor ihm schon Lichtenberg, die Physiognomik ohnehin nicht werden – was Lavater noch programmatisch erklärte (Phys. Fragm. 40ff.). Freilich räumt Kant ein, daß sie im intersubjektiven Verkehr eine Art »Naturtrieb« (Anthr. A. 274) zur Selbstvergewisserung und zur Beurteilung (»Zensur«) des Anderen sei. »Charakter« jedoch ist für Kant nicht, »was Natur aus dem Menschen, sondern was dieser aus sich selbst macht« (Anthr. A 267). Und die »Gründung eines Charakters« als »absolute Einheit des inneren Prinzips des Lebenswandels überhaupt« ist eine Art Selbstzeugung (Anthr. A 270/71), die ohnehin nicht an »Zeichen« ablesbar ist, sondern der prinzipiell außerkörperlichen Sphäre der Sittlichkeit angehört. So bleibt der Physiognomik nur das ephemere Spiel der sozialen und körperlichen Erscheinungen. Die Identität des Subjekts residiert, ohne jeden physiognomischen Ausdruck, in der unsichtbaren Veste seiner Sittlichkeit. Diese Spaltung des Subjekts, womit die Bedeutungslosigkeit des leiblichen Ausdrucks besiegelt wird (Schiller wehrt sich dagegen), hatte Lavater keinesfalls ziehen wollen. Sosehr er Physiognomik als Kompetenz im sozialen Handlungsspiel faßt, wird bei ihm die »Renaissance-Linie« (Bloch) der Leib- und Naturphilosophie nicht gebrochen.

So wendet sich Lavater gegen die cartesianisch beeinflußte Wolffsche Auffassung von der Unkörperlichkeit der Seele, wenn er schreibt:

...mein denkendes Ich ist im Kopfe, mein empfindsames, begehrendes, wollendes, oder moralisches Ich im Herzen; mein wirkendes Ich im ganzen Körper, besonderes im Munde und in der Hand; mithin ist das, was man meine Seele, den unsichtbaren, herrschenden, belebenden Theil meiner Natur nennt – im ganzen Körper. (Phys. Fragm. 27)

Diese Verleiblichung der Seele wahrt ebenso eine paracelsische Spur wie spekulative Fragen folgender Art:

Ist nicht die ganze Natur Physiognomie? Oberfläche und Inhalt? Leib und Geist? Aeußere Wirkung und innere Kraft? Unsichtbarer Anfang; sichtbare Endung? (Phys. Fragm. 36)

Die Lavatersche Körperlehre hält den Kontakt zum »tausendbuchstäbigen Alphabet zur Entzieferung der unwillkürlichen Natursprache im Antlitze, und dem ganzen Aeußerlichen des Menschen« (Phys. Fragm. 10), zur Signaturenlehre des Körpers wie zur sprachtheologischen Tradition, die in der *ars semiotica* den »Schlüssel der ganzen Natur und Offenbarung« (Phys. Fragm. 88) erkennt.

Die hermetische, von niemandem außer von Goethe bemerkte Tradition der Lavaterschen Zeichenlehre ist, wie Ernst Benz[18] gezeigt hat, über den »Geisterseher« Emmanuel Swedenborg (1688–1772) vermittelt. Es macht den geheimen Sinn der Lavaterschen Physiognomik aus, daß sie einen eingeweihten, von »Herzen zu Herzen« unmittelbar geknüpften Freundeskreis bilden soll (Phys. Fragm. 96). Die Entzifferung des physiognomischen Ausdrucks zielt auf die absolute, »panoptische« Transparenz des kommunikativen und leiblichen Verhaltens. Man höre den für das 18. Jahrhundert so charakteristischen Schwärmer-Ton, der den affektiven Impuls des Physiognomisten enthüllt:

Nur er versteht die schönste, beredteste, richtigste, unwillkührlichste und bedeutungsvolleste aller Sprachen, die Natursprache des moralischen und intellectuellen Genies; die Natursprache der Weisheit und Tugend. Er versteht sie im Gesichte derjenigen, die selbst nicht wissen, daß sie dieselbe sprechen. Er kennet die Tugend, so versteckt sie immer seyn mag. Mit geheimer Entzückung durchdringt der menschenfreundliche Physiognomist das Innere eines Menschen, und erblickt da die erhabensten Anlagen, die sich vielleicht erst in der zukünftigen Welt entwickeln werden. Er trennt das Feste in dem Character von dem Habituellen, das Habituelle von dem Zufälligen. Mithin beurtheilt er den Menschen richtiger: er beurtheilt ihn blos nach sich selbst. (Phys. Fragm. 96)

Was hier im Gewande des Studiums einer sittlichen Zeichenlehre erscheint, ist die eine Seite. Die andere Seite bezeichnet sich nicht allein durch den Verweis auf die Natursprachenlehre, sondern vor allem durch die wahrhaft ungeheure Erhöhung des Physiognomisten in die erhabene Position dessen, dem der Mitmensch so unverhüllt vor Augen liegt – wie der Mensch vor Gott. In der Tat ist die Physiognomik insgeheim aufs Jüngste Gericht bezogen: dem Auge des Physiognomikers erscheint der Mensch in der »Unverborgenheit«, in der Wahrheit »der zukünftigen Welt«. Das Jüngste Gericht ist das physiognomische Enthüllungsdrama par excellence: Leib und inneres Selbst fallen hier in nackter Unmittelbarkeit zusammen. Die Natursprache des Körpers erhält einen unheimlichen Akzent:

Folglich ist keine Falte, kein Wärzchen, kein Häärchen am menschlichen Cörper, welches nicht jetzt schon (= hier auf der Erde, H. B.) physiognomisch – nicht izt schon Sprache – untriegliche Sprache für ein offenes Aug ist. (...)
   Jeder Punkt unsers verklärten Cörpers wird lauter, allbedeutender und allverständlicher Ausdruck und Wahrheitssprache sein.[19]

Die irdische Szene der physiognomischen Entzifferung ist teleologisch auf die himmlische Entschleierung des wahren Selbst des Menschen bezogen. Der Leib ist »eine allbedeutsame Sprache für die Augen« des Physiognomikers, der, gleich einem metaphysischen Anatom, jedes »Glied«, jeden »Nerv«, jeden »Muskel« als »Modification« des unsichtbaren Selbst durchschaut. Das physiognomische Auge wird zum Röntgen-Schirm für die leiblichen und habituellen Maskierungen der personalen Identität. Indem Lavater den Körper zum absoluten Ausdruck des Selbst stilisiert, wird dem enträtselten Auge der Leib zu Glas.

   Obwohl Lavater die Physiognomik als »Spiegel der Naturforscher und Weltweisen« von der Pathognomik (= »Wissenschaft der Zeichen der Leidenschaften«) als »Spiegel der Hof- und Weltleute« (Phys. Fragm. 275 f.) trennt, herrscht in beiden ein identisches Enthüllungsinteresse. Zielt der Physiognomist auf das im Körper verborgene Kernselbst des Menschen (in der Idealperspektive des Gerichts), so der Pathognomiker auf die Ausspähung der sozialen Verhüllungsstrategien (in der Idealperspektive der allwissenden Polizei). Ahnungslos formuliert Lavater zum ersten Mal, in frommer Gutgläubigkeit und unbewußtem Größenwahn, das Ideal des gläsernen Menschen.[20] Die Semiotik des Gesichts und des Körpers, von Physiognomie, Mimik und Gestik wird zur esoterischen Lehre – sei's einer göttlichen oder polizeiförmigen Geheimwissenschaft.[21]

Freilich zeigt der Bezug auf Swedenborg eine weitere Dimension, die man als Sehnsucht nach Unmittelbarkeit des Körpers und der Kommunikation inmitten der zeichenvermittelten Welt des sozialen Verkehrs ansprechen kann. Darin ist Lavater eher Exponent des »Sturm und Drangs«, der im Zeichen der Natürlichkeit auf den unvermittelten Zusammenschluß sympathetisch verbundener Subjektivitäten zielte. Bei Lavater ist der hermetische Kern dieses Ideologems der Natürlichkeit noch greifbar.

Swedenborg hatte das Konzept einer »Sprache der Engel«[22] entwickelt, in der das Wort nicht, wie im konventionellen Gebrauch, strategisches Moment eines Täuschungsmanövers ist; sondern Stimme und Ton, das Phonematische stellt eine absolute Ausdrucksgebärde dar. Diese physiognomische Sprache, in welcher Laut, Wort und Bedeutung identisch werden, entspricht bei Swedenborg der Kommunikation der Engel: denn diese können sich nicht verstellen. »Engel« ist, kann man sagen, die Chiffre des unverborgenen Kernselbst des Menschen. Verstellung aber kennzeichnet die korrumpierte Kommunikation in der Menschengesellschaft. Die Engelsprache erhält also einen ähnlichen Status wie die adamitische Namensprache bei Paracelsus und Jacob Böhme: die absolute Gegenwart des Subjekts im Wort, das dessen vollkommener Ausdruck ist. Eine solche Sprache ist bei Swedenborg das idealisierte Umkehrbild der entfremdeten Kommunikation am Hofe und in der bürgerlichen Gesellschaft: hier ist die Sprache Maske des Sprechers, Instrument seiner Intrigen und Täuschungsmanöver, seiner Listen und Lüste, seiner Inszenierungen und verborgenen Absichten. Swedenborgs »Sprache der Engel« verwendet dagegen einen Zeichenbegriff, nach welchem das Zeichen die Gegenwart dessen *ist*, was es sagt. Die Sprachmystik Swedenborgs will vom Leiden an der verlorenen Unmittelbarkeit (= Fall aus dem Paradies) und vom gesellschaftlichen Zwang zum Rollenspiel erlösen. Engel sind nicht *personae,* sondern maskenlose Wesen, während das sozialisierte Subjekt durch Maskierung sich konstituiert. Die Maske ist die Metapher für die Differenz zwischen Intention und Ausdruck, Signifikant und Signifikat. Swedenborg denkt eine ideale Kommunikationsgemeinschaft – etwa auf dem Jupiter – derart, daß die Wesen dort der Vermittlung durch Sprache nicht bedürfen, weil ihr Körper der geheimnislose

Ausdruck der emotiven und gedanklichen Prozesse ist.[23] Korrespondenz besteht im wörtlichen Sinn: jede Regung ist immer schon am Körper sichtbar, wie jedes Wort die vollendete Gebärde des Sinns ist, so daß zwischen den Jupiterbewohnern ein grenzenloser Strom von physiognomisierten Bedeutungen ohne Bruch, ohne Reibungsverlust, ohne Übersetzungsfehler, ohne Dunkel, ohne Ufer fließt.

Die profane irdische Gesellschaft dagegen ist eine Hölle »stockfinsterer Körper«, die »dort an der Stelle der Weltsonne« stehen. Eine opake Welt versteckter Kämpfe und heimlicher Listen zur Überwindung der anderen, eine Wolfswelt gegenseitiger »Zerfleischungen, wo jeder für sein Falsches (kämpft) und nennt es Wahrheit«.[24] Der physiognomische Ausdruck dieser Welt, die sich wie eine ins Höllische gesteigerte Phantasie des struggle of life liest, ist das »Zähneknirschen« – man kann sagen, der verbissene, angestrengte, verkrampfte, gegen jede Transparenz abgeschirmte aggressive Körperpanzer.

Welch eine Vision der Sprache und des Körpers! Während auf der Erde in den Salons und Residenzen die Schminke und die Kunstgerüche, die Perücken und der Puder, die Reifröcke und gestickten Roben den Körper Schicht für Schicht in Codes und Etiketten einschalen; während die Oberfläche der Haut durch immer perfektere Larvierungen zu einem undurchsichtigen Gefüge sozialer Zeichen vervielfacht wird; während der nackte »Körper der Wahrheit« in den artifiziellen Ritualen der Tänze und gravitätischen Haltungen zur bedeutungslosen Leerstelle wird, träumen Swedenborg und Lavater den Traum des esoterischen Lichtkörpers und einer vollkommenen Ausdrucssprache, die völlig kongruent sich aufeinander abbilden lassen. Körper ist Sprache und Sprache ist Körper: in den ver-rückten Diskursen sprachtheologischer Mystik und paracelsischer Signaturenlehre spricht sich ein Begehren aus, das die bürgerliche Gesellschaft fortan begleitet. Das Begehren, von dem seit dem »Sturm und Drang« die Poesie lebt: das absolute Wort und den absoluten Leib zu finden, goldenes Zeitalter der Menschen, die – im Dreiklang von Natur, Körper und Sprache – die Wahrheit des nackten Wortes und des sprechenden Leibes träumend leben.

Die Zeichenlehre Lavaters hat also zwei Seiten: die exoterische, auf der er im Gewande des Förderers der Menschenliebe in Familie und Gesellschaft sein physiognomisches Alphabet zum öffentlichen Gebrauch anbietet; und die esoterische, auf der die Physiognomik zur hermetischen Szenerie wird, in welcher unter dem Blickpunkt der finalen Wahrheit bereits auf Erden der panoptische Körper und die vollkommene Plastizität des Ausdrucks vor eingeweihten Freunden enthüllt wird. Lavaters Apotheose des Genies zielt in eben diese Richtung (Phys. Fragm. 292 ff.). Die »Stürmer und Dränger«, die ihren Protest gegen die Konventionalität der Sprache, die Etikettierung des Verhaltens und gegen das Zerreißen von Leib und Vernunft richteten, haben dies wohl verstanden.

Am nächsten jedoch kam den hermetischen Tendenzen Lavaters –: Goethe. So wenig die Zeitgenossen die esoterische Emphase Lavaters verstanden und statt dessen seine biedersinnige Außenseite satirisierten, so wenig wurden auch die Goetheschen Beiträge zur Physiognomik in ihrem Hermetismus durchschaut. Erst heute, mit den Studien R. Chr. Zimmermanns[25], werden die physiognomischen Studien Goethes geradezu als Kabinettstücke esoterischer Rede durchsichtig. Goethe spricht hier die Lehre vom Leib als der mikrokosmischen Spiegelung der Welt aus, ebenso wie er unter der Hand die Physiognomik zur Lesekunst der geheimen Chiffrenschrift des im Leib sich ausdrückenden *Archeus Signator* stilisiert. Die Physiognomik deckt bei Goethe ferner die polare Struktur des Lebendigen auf, die Expansion und die Kontraktion, die Repulsion und die Attraktion, das Ein- und Ausatmen: Polaritäten, auf die Goethe seine späteren Naturforschungen gründen wird. Das Gesicht Homers wird zur himmlischen Landschaft stilisiert: das poetische Genie verkörpert das Geheimnis des Makrokosmos. Dies bleibt bis in die spätesten Jahre der geheimste und beherrschendste Punkt der Goetheschen Kunstreflexion.

V.

Wie Goethe hat auch Novalis[26] den hermetischen Kern der Physiognomik verstanden:

Es giebt nur einen Tempel in der Welt und das ist der menschliche Körper. Nichts ist heiliger, als diese hohe Gestalt. (...) Man berührt den Himmel, wenn man einen Menschenleib betastet. (...) Religiositaet der Physiognomik. Heilige, unerschöpfliche Hyeroglyphe jeder Menschengestalt. (III, 565/66)

Neue Ansicht der Physiognomik – als Metrik des Inneren und seiner Verhältnisse. (III, 639)

Novalis hat die Metaphysik des Körpers in seiner Naturphilosophie und philosophischen Medizin explizit aus der paracelsischen
und Böhmischen Natursprachenlehre entwickelt. Der fließende
Übergang von natürlichen, sprachlichen und ästhetischen Zeichen
basiert bei Novalis auf einer Sprachauffassung, die alles Dasein mit
Sprachfähigkeit belehnt. Diese Idee ist der philosophische und
ästhetische Grundgedanke der gesamten Romantik:

»Der Mensch spricht nicht allein – auch das Universum *spricht* –
alles spricht – unendliche Sprachen. / Lehre von den Signaturen.«
(III, 267/68)

Diese Semiotik des Leibes und der Dinge entspricht dem paracelsischen Konzept des Körpers als Mikrokosmos: »Die Idee des
Microcosmos. / Cosmometer sind wir ebenfalls« (II, 594). Die
Lehre von den kosmischen Korrespondenzen stellt Novalis hier
bereits in jenes rätselhafte Licht, in das Goethe in den *Wanderjahren* sein seltsamstes Mythologem taucht: die Figur der Makarie,
die »nicht sowohl das ganze Sonnensystem in sich trägt, sondern... sich vielmehr als ein integrierender Teil darin« bewegt
(HA VII, 126). Makarie – als »lebendige Armillarsphäre« (HA
VII, 451) – ist die esoterische Figuration des naturwissenschaftlichen Grundprinzips Goethes, nach welchem der menschliche
Leib und seine Sinne »der größte und genaueste physikalische Apparat (ist), den es geben kann« (HA VIII, 473). Eben dies meint:
der Körper als Cosmometer. Das Goethesche Konzept einer Wissenschaft vom Leibe her und die romantischen Phantasien eines
Novalis über den kosmischen Leib als einer »Analogienquelle für
das Weltall« (II, 610) rücken nahe zusammen, wenn man sie aus
ihrer gemeinsamen Frontstellung gegen die Newtonsche Wissenschaft und die Kantsche Transzendentalfassung des Erkenntnissubjekts versteht. Die paracelsische Semiotik, auf unterirdischen
Traditionswegen ins 18. Jahrhundert geschleust, erhält in Goethes
Naturforschung und in der romantischen Naturphilosophie eine
überraschende Aktualisierung: die Semiotik des Leibes und der
Natur ist der konzeptionelle Rückhalt einer wesentlich ästhetischen Opposition gegen den Ausschluß des Körpers und der
Natur aus der experimentellen Wissenschaft, allgemeiner: aus dem
subjektivistischen Typ der Aufklärungsphilosophie. Selbst Kant
hatte den Riß zwischen Vernunftsubjekt und Körper (in der Mo-

ralphilosophie) und zwischen Erkenntnissubjekt und Natur (in der Erkenntnistheorie) offenbar als so schmerzlich empfunden, daß er, freilich vergeblich, in der *Kritik der Urteilskraft* nach einer Versöhnung dessen suchte, was er selbst unheilbar auseinandergerissen hatte.

Löst man die teleologischen Spekulationen Kants aus dem Klammervorbehalt des »Als ob« (»gleichsam als ob Natur zu uns spräche«), so ist man Novalis bereits sehr nah. Für diesen ist es nicht eine Metapher, daß Natur »figürlich« zu uns spricht, sondern die Sprache der Natur *ist* »figürlich«, d. h. tropisch und metaphorisch:

»Die Welt ist ein UNIVERSALTROPUS des Geistes – Ein symbolisches Bild desselben.« (II, 600)

»Geist – das heißt hier: archeus signator. Die Welt als Signatur. MAGIE. (mystische Sprachl{ehre}). Sympathie des Zeichens mit dem Bezeichneten. (Eine der Grundideen der Kabbalistik.)... Wechselrepräsentationslehre des Universums.« (III, 266)

Diese sympathetische Konvenienz von Signifikant und Signifikat begründet in der Romantik zum letzten Mal eine »Poesie der Natur« (III, 628), die nicht als metaphorische Projektion der Einbildungskraft (oder der Urteilskraft aus Vernunftinteresse) augeklärt werden will. Der Anspruch zielt darauf, daß die ästhetische Sprache mit der Struktur der Welt konvergiert.

Die ästhetische Signaturenlehre des Novalis auch nur in den *Lehrlingen zu Sais* hier darzustellen, ist nicht möglich. Wie schwierig dies ist, mag zeigen, daß in diesem Text ein Dutzend verschiedener Ansichten der Natur, auf unterschiedlichen Zeitebenen und von verschiedenen Sprechern, entwickelt werden, von denen keine »Recht« erhält. Sondern das Gewebe aller zusammen, ihre assoziative Verknüpfung, analogische Entfaltung, kontrapunktische Entgegensetzung, currente Variation, ihr ständiges Verschieben und ihr Spielen zwischen diskursiven und poetischen Sprechweisen, ihre »wunderlichen Zusammenziehungen und Figurationen« (I, 96) bilden als Ganzes erst, was die Natursprachenlehre des Novalis meint –: die »große Chiffernschrift« (I, 79) ist in keine Theorie zu fassen, sondern findet Darstellung in der Sprache der Kunst. Diese Nicht-Trennung von Gegenstands- und Sprachebene – ein Skandalon jeder Wissenschaft – wird im Text auf ihre Formel gebracht, wenn von der »Selbstabbildung... der irdischen Natur« in den »Gedanken unsrer Altväter« (I, 83) gesprochen wird. Diese einer verlorenen »goldenen Zeit« (I, 95/96) unterstellte Kongruenz von Natur und Sprache – wir erinnern die adamitische Namensprache – ist das utopische Programm einer Ästhetik der Natur und der Natursprache der Kunst.

Bestimmt werden kann hier allein der Ort des Leibes in diesem Konzept. Novalis sucht eine »neue Art von Wahrnehmungen« (I, 104), die er »schaffende Betrachtung« (I, 101) nennt, welche die Momente des »Hervorbringens« (Kreativität, Produktion), des »Wissens« (Diskursivität) und der »Beschauung« (»innere Selbstempfängnis«) vereinigen soll. Hieraus wächst eine Sprache, die die »Erzeugungsgeschichte der Natur« (I, 101) darzustellen, d. h. nachzubilden *und* hervorzubringen vermag. Der Leib hat dabei eine konstitutive Rolle inne; frontal gegen Kant gerichtet führt Novalis aus:

Der Inbegriff dessen, was uns rührt, nennt man die Natur, und also steht die Natur in einer unmittelbaren Beziehung auf die Gliedmaßen unsers Körpers, die wir Sinne nennen. Unbekannte und geheimnißvolle Beziehungen unsers Körpers lassen unbekannte und geheimnißvolle Verhältnisse der Natur vermuthen, und so ist die Natur jene wunderbare Gemeinschaft, in die unser Körper uns einführt, und die wir nach dem Maaße seiner Einrichtungen und Fähigkeiten kennen lernen... Man sieht wohl, daß diese innern Verhältnisse und Einrichtungen unsers Körpers vor allen Dingen erforscht werden müssen, ehe wir in die Natur der Dinge zu dringen hoffen können. (I, 97/98)

Unschwer ist hier der kosmische Leib des Paracelsus mit seinen Verzweigungen in die Reiche der Natur zu erkennen. Der Leib als »Einführung« der Naturwissenschaft –: das ist in der Tat die Rücknahme der Verwissenschaftlichung, bei welcher der Körper des Wissenschaftlers auf den disziplinierten Einsatz in der Experimentaltechnik eingeschränkt wurde. Nur so ließ sich das Buch der Natur, die »kunst signata« umschreiben in das Galileische Buch, das in »Dreiecken und Quadraten, in Kreisen und Kugeln, in Kegeln und Pyramiden verfaßt und geschrieben ist«.[27] Die allein mathematisch-physikalische Form der Natur konnte erst entwickelt werden durch die Verdrängung des Körpers aus dem Erkenntnisprozeß. Dadurch verschwindet aus dem Verhältnis von Mensch und Natur, woran der Leib unaufhörlich erinnert: die wechselvollen Beziehungen von »Sympathien und Antipathien« (I, 97), von »Verwandtschaft« (I, 103/05), Empathie (I, 105), Ähnlichkeit (I, 100/01), Konvenienz (»Nachbarschaft«, I, 105) und Mimesis (I, 102).

Das corporale Ich ist keine gegen Natur abgegrenzte »Insel« (I, 87), sondern wird zum »elastischen Medium« (I, 97). Der Subjektbegriff wird von Novalis aufgegeben, wenn er mit der Idee des »Urflüssigen« und des »Wassers« das Medium einführt, in welchem sich am reinsten eine erotische Erkenntnisform realisiert. Rausch und Verausgabung, »Mischung« und Verschmelzung, »Wonne des Flüssigen«, Sinken und Steigen, »Liebe und Wollust«, »Zeugungslust« und »zarte Befreundung« (I, 104–06) sind colloidale Aggregate des Körpers, in denen »die arme Persönlichkeit in den überschlagenden Wogen der Lust sich verzehrt« (I, 104). Auf dem Grund der Naturästhetik des Novalis erscheint eine Desubjektivierung, die sich derjenigen der Naturwissenschaft strikt entgegensetzt. Während in dieser durch methodische Disziplin und Entledigung von allen affektiven Beimischungen ein rationaler Habitus erreicht wird, der das Erkenntnissubjekt zum transpersonalen Abstraktum stilisiert, phantasiert Novalis eine erotische Naturwissenschaft in »inniger Verwandtschaft mit allen Körpern« (I, 105). Hierin löst sich das solipsistische, zum »Herrn der Welt« (I, 90) aufgespreizte Subjekt in einem zarten Spiel des Lösens und Bindens auf. Medium dieses Spiels ist die poetische Sprache, die das »Leben des Universums« als »ein tausendstimmiges Gespräch« (I, 107), als Sprechen der Natur wiederzugewinnen trachtet: Anbruch der »goldnen Zeit«. Ästhetik der Natur meint das Spiel einer »objektiven Phantasie« (Bloch), »Naturgedanken hervorzubringen und Naturkompositionen zu entwerfen« (I, 98), sich darin in ein kommunikatives wie produktives Verhältnis zur Natur zu setzen und »nun erst in der Welt zu Hause« (I, 97) zu sein. Zum anderen gilt es ein ästhetisches Spiel in der uns nächsten »Zone«, dem Leib (III, 370), zu entfalten, das diesen nicht nur zum Konsonanten der Seele, sondern auch der ihm verwandten Natur macht. Der »anthropologische Dualismus« (H. Schmitz) zwischen Körper und Geist soll ebenso aufgehoben werden wie die kriegerische Opposition zwischen Körper und verwilderter Natur (I, 89/90). Dann, so glaubt Novalis, wäre ein Zustand denkbar, in welchem jeder »sich ein vollständiges, sichres und genaues Gefühl seines Körpers erwerben können wird« (II, 583). Spielerisch würde man mit dem Leib umgehen können – bis zu der Grenzidee, daß man »verlorne Glieder« plastisch ersetzen oder »sich blos durch seinen Willen tödten« (ebd.) vermöchte: Ideen, die Kleist in seinem Werk umsetzen wird.

Ästhetische Souveränität – das ist kein naturfrommes Gefühl, sondern die phantastische Form einer sprachlich-ästhetisch bestimmten »Technik«, in welcher die Natur uns ebenso willig entgegenkommt wie unser Körper – ist als höhere Magie (s. III, 297, Nr. 322). Macht und Freiheit fielen dann zusammen (I, 97); der Mensch hätte die Natur, ihrer eigenen Sprache gemäß, vollkommen ästhetisch durchgebildet. Eine solche ästhetische Theodizee ist freilich schon um 1800 so weit von den Realverhältnissen verrückt, daß ihre Idee nur noch in der Gebärde der wehmütigen Erinnerung erscheint. Die zum Sprechen erweckten Dinge trauern über die tyrannischen Trennungen und Dissonanzen, die der Mensch willkürlich in die Naturordnung eingeführt habe. Über den Menschen, der »einen langsamen, wohldurchdachten Zerstörungskrieg mit dieser Natur« (I, 89) führt, klagen die Dinge:

Seine Begierde, Gott zu werden, hat ihn von uns getrennt, er sucht, was wir nicht wissen und ahnden können, und seitdem ist er keine begleitende Stimme, keine Mitbewegung mehr. (I, 95/96)

»Mitbewegung«, »begleitende Stimme« zu werden, wird zur Blochschen Hoffnung einer möglichen »Allianztechnik«, in der der Mensch sich mit der Natur versöhnend zusammenschließt. Vielleicht ist dies ein Traum nicht von dieser Welt.

Anmerkungen

1 F. Brüggemann (Hg.): *Aus der Frühzeit der deutschen Aufklärung*, Darmstadt 1976, S. 69.
2 Thure von Uexküll: *Historische Überlegungen zum Problem der Medizin-Semiotik*, in: Zs. f. Semiotik Jg. 6 (1984), H. 1/2, S. 53 ff. (Themenheft: *Semiotik und Medizin*).
3 Paracelsus: *Werke in 5 Bdn.*, hg. v. W.-E. Peuckert, Darmstadt 1965 ff. [Im ff. abgekürzt zitiert: römische Zahl = Bandnummer; arabische = Seitenzahl].
   Für unseren Zusammenhang sei aus der uferlosen Paracelsus-Literatur nur genannt: Michel Foucault: *Die Ordnung der Dinge*, Frankfurt/M. 1974, Kap. 2. – Lucien Braun: *Paracelsus und der Aufbau der Episteme seiner Zeit*; in: S. Domandl (Hg.): *Die ganze Welt ein Apotheken. FS Otto Zekert*. Salzburg 1969, S. 7–18. – Walter Pagel: *Das medizinische Weltbild des Paracelsus. Seine Zusammenhänge mit Neuplatonismus*

und Gnosis, Wiesbaden 1962. Für den theoretischen Zusammenhang wichtig: Hans Blumenberg: *Die Lesbarkeit der Welt,* Frankfurt/M. 1981. – Erich Rothacker: *Das »Buch der Natur«. Materialien und Grundsätzliches zur Metapherngeschichte,* Bonn 1979. – D. Böhler: *Naturverstehen und Sinnverstehen. Traditionskritische Thesen zur Entwicklung und zur konstruktivistisch-szientifischen Umdeutung vom Buch der Natur,* in: F. Rapp (Hg.): *Naturverständnis und Naturbeherrschung;* München 1981, S. 70–95.

4 Foucault [Anm. 3], S. 79 ff.

5 Zur Nahrungs-Lehre des Paracelsus vgl. I, 196 ff., II, 32 ff.

6 Roman Jacobson: *Essais de lingustique générale,* Paris 1963. – Umberto Eco: *Zeichen. Einführung in einen Begriff und seine Geschichte,* Frankfurt/M. 1977, S. 78 ff.

7 Wolfgang Kayser: *Böhmes Natursprachenlehre und ihre Grundlagen,* in: *Euphorion* Bd. 31 (1930), S. 521–62. – Eco [Anm. 6], S. 127 ff.

8 Jacob Böhme: *De signatura rerum* (1622); in: ders.: *Sämtliche Schriften in 11 Bdn.,* hg. v. W.-E. Peuckert, Stuttgart 1957, Bd. IV, S. 1–244.

9 Von hier aus wären moderne semiotische Konstrukte von Psychosomatik, Psychoanalyse, Leibphilosphie und Physiognomik zu entwickeln. Ansätze zur Psychoanalyse vgl. bei Blumenberg [Anm. 3], S. 337 ff.; zur Psychosomatik vgl. Thure von Uexküll: *Grundfragen der psychosomatischen Medizin,* Reinbek bei Hamburg 1963. – Zur Fortsetzung der Natursprachenlehre in der Ästhetik vgl. Walter Benjamin: *Über Sprache überhaupt und über die Sprache des Menschen.* – Ders.: *Lehre vom Ähnlichen,* in: *Ges. Schr.* Bd. II/1, Frankfurt/M. 1977, S. 140 ff., 204 ff. – Wilfried Mennighaus: *Walter Benjamins Theorie der Sprachmagie,* Frankfurt/M. 1980.

10 Hamann wird zitiert nach Johann Georg Hamann: *Sämmtliche Werke,* hg. v. J. Nadler, Bd. 1–4. Wien 1949–57 [abgekürzt zitiert mit HN + römische Zahl = Band + arabische Zahl = Seitenzahl]. – J. G. Hamann: *Briefwechsel,* hg. v. W. Ziesemer. Wiesbaden (später: Frankfurt) 1965 ff. [abgekürzt zitiert als HB + Bandnummer + Seitenzahl].

11 Hamann bezieht sich hier auf Johann Georg Wachter. Vgl. dazu den Kommentar von Sven-Aage Jørgensen in: Hamann: *Sokratische Denkwürdigkeiten. Aesthetica in nuce,* Stuttgart 1968, S. 88–90.

12 Die Kritik Hamanns an Herder in HN II, 119 ff.; III, 15–53.

13 Zum Tod der Natur vgl. Carolyn Merchant: *The Death of Nature,* San Francisco 1980.

14 Der Vorrang des Phonematischen bei Hamann geht über sprachmystische Traditionen auf Jacob Böhme zurück. Vgl. Kayser [Anm. 7] sowie entgegengesetzt Jacques Derrida: *Grammatologie,* Frankfurt/M. 1974.

15 Das leibliche Fundament der Sprache betont vor Hamann besonders Oetinger und vor allem Jacob Böhme. Zu Hamann vgl. Michael Wet-

zel: *Der monströse Stil. J. G. Hamanns Metakritik der Sprache und das Problem der Subjektivität*, in: *Katabole* Jg. 2 (1981) sowie ders.: *Telephonie. Parerga zu einer »Phänomenologie der Scham« im Anschluß an J. G. Hamann*, in: *fragmente* H. 7/8 (1983), S. 5–37.

16 Zu dieser Tradition vgl. Arno Baruzzi: *Mensch und Maschine. Das Denken sub specie machinae*, München 1973.

17 Wenn nicht anders angegeben, wird Lavater zitiert nach: *Physiognomische Fragmente*. Hg. v. Chr. Siegrist. Stuttgart 1984 [abgekürzt zitiert als Phys. Fragm. + Seitenzahl].

18 Ernst Benz: *Swedenborg und Lavater. Über die religiösen Grundlagen der Physiognomik*, in: *Zs. f. Kirchengeschichte* Jg. 57 (1938), S. 153–216.

19 J. C. Lavater: *Aussichten auf die Ewigkeit in Briefen an J. G. Zimmermann*. 3. Bd. Hamburg 1773, S. 54f. Dieser 16. Brief enthält gebündelt die Natursprachenlehre in der Lavaterschen Fassung, ebd. S. 48–58. Vgl. Benz [Anm. 18], S. 200/01.

20 Interessant ist, daß Christian Heinrich Spieß in seinen *Biographien der Wahnsinnigen* (1795/96) eine Geschichte *Der gläserne Ökonom* erzählt: ein junger Mann glaubt, eine »Brust aus Glas« zu haben, durch welche alle Emotionen für seine Umwelt lesbar sind. Fünf Jahre zuvor hatte der Engländer J. Bentham sein berühmtes Panopticon entworfen, eine Idealarchitektur zur totalen Kontrolle und Sichtbarmachung von Asylanten, Gefangenen usw. (vgl. M. Foucault: *Überwachen und Strafen*. Frankfurt/M. 1976, S. 251ff.).

21 Foucault [Anm. 20], S. 173–250.

22 Vgl. E. Benz [Anm. 18], S. 163–189. – Ferner Hartmut und Gernot Böhme: *Das Andere der Vernunft*, Frankfurt/M. 1983, S. 261ff.

23 Emanuel Swedenborg: *Die Erdkörper in unserem Sonnensystem, welche Planeten genannt werden…*, Lorch 1937, S. 24–50 (über die Jupiterbewohner).

24 E. Swedenborg: *Von dem Himmel und seinen Wunderdingen und von der Hölle*, Basel und Ludwigsburg 2. Aufl. 1869, S. 560–75 (zit. nach Benz [Anm. 18], S. 188/89).

25 Zum folgenden vgl. Rolf Christian Zimmermann: *Das Weltbild des jungen Goethe*, Bd. 2, München 1979, S. 213–34. – K. W. Peukert: *Physiognomik in Goethes Morphologie;* in: *DVjs* Jg. 47 (1973), H. 3, S. 400ff.

26 Es wird zitiert nach Novalis: *Schriften* in 4 Bdn., hg. v. R. Samuel, Stuttgart 1960ff. [abgekürzt: römische Zahl = Bandnummer; arabische Zahl = Seitenzahl].

27 Galilei zitiert nach Hermann Noack: *Symbol und Existenz in der Wissenschaft*, Halle/Saale 1936, S. 69. – Norbert Scheffers: *Die »Zwei-Bücher-Theorie« in Theologie und Naturwissenschaft*, in: ders.: *Fragen der Physik an die Theologie*, Düsseldorf 1968, S. 188ff.

II. Subjektgeschichte

Sinne und Blick.
Zur mythopoetischen Konstitution des Subjekts

Macht und Verdrängung der Sinne

Aus den Elementen schuf die Göttin der Liebe, Aphrodite, unsere »unermüdlichen Augen«[1], lehrt Empedokles. Und »das das Herz umströmende Blut ist dem Menschen die Denkkraft«. Wie der Körper beschaffen ist, so wächst dem Menschen das Denken. Aristoteles berichtet, daß die alten Philosophen, ausdrücklich Empedokles, Denken und Wahrnehmen für dasselbe gehalten hätten. Aus Elementen sind wir gemischt wie die Dinge, und so nehmen wir die Dinge wahr im Maß, wie sie auf Verwandtes in uns treffen. Im Inneren des Auges ist Feuer, umgeben von Wasser, Erde, Luft. Aus dem Auge wird das Feuer als Sehstrahl auf die Dinge entsandt, und so entsteht das Sehen. Umgekehrt fließen von den Dingen feine Abdrücke ab: wenn sie auf die Poren der Sinnesorgane passen, so werden sie wahrgenommen; passen sie nicht, wird nichts wahrgenommen. So fließt zwischen Leib und Dingen nach der Passung der Poren ein ständiger Strom des Gleichen zum Gleichen. »Denn mit der Erde (in uns) sehen wir die Erde, mit dem Wasser das Wasser, mit der Luft die göttliche Luft, aber mit dem Feuer das vernichtende Feuer, mit der Liebe die Liebe, den Streit mit dem traurigen Streite.« (Capelle, 236) Einem solchen Denken ist Personalität, Identität des Subjekts fremd. Zwischen Natur und Mensch besteht kein Bruch, sondern ein Strömen des Gleichen und Verwandten. Kein qualitativer Sprung zwischen Leib und Geist. »Denn wisse nur: alles hat Vernunft und Anteil am Denken« (Capelle, 239) – denn zwischen Göttern, Menschen und den »vernunftlosen« Tieren besteht eine »Gemeinschaft des Lebens und der gleichen Elemente«, Verwandtschaft folglich durch jenen umfassend einzigen »Lebenshauch, der die ganze Welt durchdringe«. Des Ganzen freilich wird der Körper nicht gewahr:

Doch wohlan, betrachte scharf mit jedem Sinne, wie ein jedes Ding offenbar ist; und glaube den Augen nicht mehr als den Ohren; schätze auch nicht das brausende Gehör höher als die Wahrnehmungen des Gaumens und setze nicht die Glaubwürdigkeit der anderen Sinne zurück, soweit es einen Pfad der Erkenntnis gibt, sondern suche jedes Ding zu erkennen, soweit es offenbar ist. (Capelle, 238)

Noch einmal beschwört Empedokles schamanistische Weisheit: unser Leben ist vorübergehende Verkörperung, Hindurchwandern der Seele durch die Gestalten des Lebens. Darum auch ist in allem das alter ego zu schonen; das Essen der Tiere gilt Empedokles, wie schon Pythagoras, als Mord. Denn: »Ich war ja einst schon Knabe, Mädchen, Strauch, Vogel und aus dem Meere emportauchender stummer Fisch.« (Capelle, 243) So ist es »notwendig, keines der verwandten Lebewesen zu verletzen« (Capelle, 245).

Man spürt, wie entfernt dieser archaisch-religiöse Entwurf ist von dem ausdifferenzierten System der Grenzziehungen, das die griechische Aufklärung zwischen den Regionen des Daseins und den Dimensionen des Subjekts setzt. Bei Empedokles ist wahrhaft alles porös, seine Sinnesphysiologie ist geradezu Modell alles Lebendigen. Wenn alles sich durchdringt, sich nach Verwandtschaften verkoppelt, Gleiches an Gleiches sich anschließt, die Energie der Verkörperungen noch über die Grenze des Todes hinüberschwappt, so daß nicht einmal das Einzelne ein Identisches ist, sondern ständig ins Andere hinübergleitet, bis der Kosmos zu einem pulsierenden Strom metonymischer Ersetzungen wird –: dann sind wir epochal entfernt vom Konzept des logozentrischen Subjekts. Verdankt sich dieses im platonischen Dialog seiner Fähigkeit zur kritischen Unterscheidung, argumentativen Entwicklung, Selbstreflexion und Objektivierung, so ist die formale Grundstruktur bei Empedokles metaphorisch und metonymisch. Das Auge, Sinneswahrnehmung überhaupt, objektiviert nicht, sondern ist Medium von Übertragungsvorgängen. Der Leib, im ganzen, ist nicht das, woran das Bewußtsein von Unaustauschbarkeit seinen Halt findet, sondern ist verkörpernde Stellvertretung, locker geschürzter, poröser Signifikant in der Kette metonymischer Verwandlungen. Eine Welt, in der das eine prinzipiell nach der Regel der Übertragbarkeit durch Verwandtschaft in das andere zu sickern vermag oder nach der Regel der Substitution des Gleichen durch Gleiches das eine metonymisch an die Stelle des anderen tritt (Mädchen zu Knabe, Knabe zu Strauch, Strauch zu Fisch usw.) – : in einer solchen Welt ist die Identität eines Selbst so ausgeschlossen wie identitätslogisches Denken. Man darf annehmen, daß die Leiberfahrung des älteren Griechentums und ihre philosophisch-religiöse Deutung grundlegend von solcher Durchdringbarkeit des Subjekts geprägt ist (B. Snell, H. Schmitz, J.

Böhme). In diesem übertragen und verkörpern sich Mächte (solche der Natur, der Götter, der Triebe), gegen die ein identisches, abgegrenztes, unleibliches Selbst zu denken sinnlos ist.

Statt dessen fügt kontinuierliches Gleiten die Dinge und Lebewesen aneinander. Was ist, ist nicht In-dividuum, Diskontinuierliches, sondern Übergang, nicht Hiatus, sondern Durchweichung. Will man die Seinsart der Dinge erfassen, führt unser Wahrnehmen und Denken in die Irre, das kompakte und diskrete Einheiten schafft und Zusammenhang erst durch hinzutretende Kausalität vermittelt. Hier aber, bei Empedokles, muß man eher an Atmosphären denken, welche Dinge und Lebewesen bildend ergreifen und umhüllen. Das Einzelne ist wie das Changieren des Tons oder des Lichts, nicht aber die Undurchdringlichkeit und Abgegrenztheit, durch die wir Körper identifizieren (*vis impenetrabilitatis* nennt es bezeichnenderweise Kant). Bei Empedokles ist noch bewahrt, wie ursprünglich leibliches und sinnliches Dasein strukturiert ist: als ergreifend-ergriffener Kontakt, als Berührung. Darum sind uns, heute, gerade die leiblich-sinnlichen Erfahrungen die niedrigsten, in denen unvermeidlich – und seien es noch so feine – stoffliche Vermischungen und Durchdringungen herrschen: schmecken, riechen, tasten. In der vorsokratischen Philosophie ist aber alles, auch das Sehen, ein solches stoffliches Durchnässen der Grenzen, wäßrige Benetzung. Dagegen muß, was unser Stolz ist, der selbst-behauptende und distanzwahrende Blick mit seinen gesetzten Lage- und Abstandsbeziehungen erst erfunden werden. Alles Wahrnehmen und sogar das Denken folgte zuvor einem Modell pathischen Erfülltwerdens durch stoffliche Ströme, ergreifende Atmosphären, hauchige Bilderflüsse, gleitende Inkorporationen. Gelingt es uns für Augenblicke, uns in eine solche Seinsverfassung hineinzuversetzen, spüren wir – nach zweieinhalbtausend Jahren Abgrenzungstraining im Dienst der Ermächtigung des personalen Ich – dreierlei: Abwehr, Ekel, Lust. Nämlich abgewehrte Bedrohung des Selbst, das in solchem Gleiten unterzugehen fürchtet; Ekel vor der intimverletzenden Berührung (jedes Bild ist Berührung, als faßten wir im Dunkeln in einen diffus-breiigen Stoff); und Lust, die nur um den Preis des Sich-Überlassens, der Grenzauflösung sich verspricht, und die darum im Zeitalter, das jeden zur Strategie der Abgrenzung zwingt, nur im Schutz von Vertrauen erlaubt ist: wozu eigens die Liebe erfunden werden mußte.

Auch Demokrit und Epikur denken die Wahrnehmung durchs Auge, so, daß von der Oberfläche der Dinge ein ununterbrochener Strom feiner Abdrücke abfließt und über das poröse Auge sich uns überträgt. Der gewissermaßen selbständige Bilderstrom macht das Sehen zu einer Kontaktwahrnehmung. Für Demokrit ist also jede Wahrnehmung durch Berührung zustande gekommen, was bereits Aristoteles »etwas sehr Seltsames« (Capelle, 430) nennt. Diese Autonomie der »Bilder«, welche ins Auge eindringen, macht die Wahrnehmung zu einem Erleiden (pathos). Die Bilder machen sich selbst, lösen sich von den Dingen, aber selbst auch von den seelischen Bewegungen ab und füllen den Menschen im Wachen wie Schlafen (Traum) mit Vorstellung (phantasia). Weder Wahrnehmung noch Bildvermögen (Einbildungskraft) sind also als Tätigkeiten in ein Subjekt integriert, sondern werden als Mächte erlitten. Obwohl Demokrit darin noch der archaischen Erfahrung der Macht leiblicher Vorgänge folgt, ist dennoch bei ihm eine Entscheidung gefallen, die die zukünftige Richtung der Philosophie des Erkennens und des Körpers bestimmt. Noch vor Platon (im »Theaitetos«) weist er auf die Relativität der Sinneswahrnehmungen hin, damit auf ihre mangelnde Objektivität. Er unterteilt in die »dunkle« Erkenntnis, die durch die Sinne vermittelt wird, und die »echte«, die auf dem Denkvermögen beruht. Dem Denken allein ist die Einsicht in die unsichtbare Atomstruktur der Welt zugänglich, die aller sinnlichen Erscheinung zugrunde liegt. Mißtraue den Sinnen!, ist seitdem die Devise des europäischen Denkens. Platon wußte, worum es geht, als er Sokrates die Sinne aus der »wahrhaften Wissenschaft« ausschließen ließ. Im Dialog »Theaitetos« nimmt er die vorsokratischen Wahrnehmungslehren auf, läßt die an den Phänomenen orientierte These »Erkennen ist Wahrnehmen« durchdiskutieren und verwerfen. Wahrnehmungen konstituieren eine Vielfalt von Welten. Sie sind ständig im Fluß, weil die wahrgenommenen Dinge wie die wahrnehmenden Subjekte sich ändern. Sinnliche Erkenntnis führt also nicht zu konstanten Vorstellungen und zu intersubjektiv verbindlichen, allgemeinen Begriffen und liefert uns somit einem radikal relativistischen Wahrheitsbegriff aus. Daran ist manches wahr. Hier gilt es zu verstehen, was die Funktion des sokratischen Wissensbegriffs ist: daß nämlich die Festschreibung der Wahrheit auf das Sein (im Gegenzug zum ewigen Werden) – ein Gedanke des Parmenides – den Sinn hat, die Erfahrung von der lebendigen Mächtigkeit der Bilder zu suspendieren: die Bildermacht steht der Emanzipation der Person von ihrer Bindung an den Leib im Wege.

Sieg und Schmerz der Vernunft

Man ahnt noch etwas von der Überwältigung durch sinnliche Antriebe und seelische Motive, wenn Platon im »Phaidros« das Gleichnis von den Pferden vor dem Seelenwagen entwickelt: der *nous*, die Vernunft, ist nun jedoch der Wagenlenker. Die Zähmung des Pferdes ist Bild eines zivilisatorischen Sieges über die Kraft einer Natur, die stärker ist als man selbst. Vernunft ist Sieg über die größere Kraft des Anderen: sie zu zähmen, zu lenken, anzueignen, sich zunutze zu machen ist der Grundakt zur Bildung eines *dominium terrae*, zur Machtergreifung des Menschen über die Erde nicht nur, sondern auch zur Konstitution des Subjekts. An der Herrschaft übers Tier zuerst erfährt sich der Mensch als von Natur Gesonderter: in dieser Sonderung liegt die Wurzel zur Selbstermächtigung der Personalität. Die Pferde im Platonischen Gleichnis sind die Sinne, die der Mensch mit den Tieren teilt. Im Bild des unterworfenen Tiers spiegelt sich der Mensch als Souverän über das, was ihn zum Teil der Natur macht: seine Leiblichkeit mit ihren mächtigen Gefühlen und Antrieben. Odysseus, der sich – an den Sirenen vorüberfahrend – gegen den Bann der Natur, den mythischen Gesang des naturunterworfenen Menschen, an den Mast fesseln und den Gefährten die Ohren mit Wachs verstopfen läßt –: dieser sich gequält in den Ketten umwerfende Odysseus mit den taub, stumm und dumpf rudernden Freunden enthält noch das Bild der Qual, die im Platonischen Wagenlenker schon getilgt ist. Die »Odyssee«, ein kurzes Jahrhundert nach der noch leibnahen »Ilias«, ist das Dokument eines Prozesses, in welchem die ins Andere der Natur projizierten Mächte des sinnlichen Leibes in einem furchtbaren Feldzug unterworfen werden. Der Leib und seine Sinne sind fortan die Schwachstelle, durch die Natur in uns einfällt. Trennung ist notwendig und enthält wie jede Trennung Schmerz, Qual und Trauer: Vernunft als der Raum von Wahrheit und Personalität hat sich abzugrenzen von der Herkunft des Menschen aus Natur. Das sinnlich Erscheinende ist bloßer Schatten des göttlich gelichteten Seins der Ideen. Diesem Schatten gehören die Sinne fortan zu. Aristoteles stuft deren Leistungen –

das Tasten, Riechen, Schmecken, Hören, Sehen – schon nach der bis heute wirksamen Hierarchie ihrer Dunkelheit. Zoon logon echon (das Lebewesen, das Vernunft/Sprache hat), ist die Definition des Menschen nicht vom Leibe her, sondern von dessen Widerpart, dem Geist: er ist bei Aristoteles qualifiziert als die Freiheit, nicht wie die Tiere auf die Reize der Sinne hin handeln zu müssen, sondern das Handeln unabhängig vom leiblichen Spüren aus Vernunft bestimmen zu können.

Wenn Kafka zweieinhalb Jahrtausende später in seinem *Bericht für eine Akademie* einen eingefangenen Affen die Menschwerdung durchlaufen und darüber den »hohen Herren« berichten läßt, ist die Dialektik der Aufklärung längst perfekt. Mit Bedacht nennt der Affe sein Fortschreiten zum europäischen Normalbürger nicht einen Zugewinn von Freiheit. Er meint mit Zivilisation nicht »dieses große Gefühl der Freiheit nach allen Seiten«, das er »vielleicht« als Affe kannte und wonach, wie er erfährt, manche Menschen sich sehnen. Nein, Zivilisation ist ihm »Ausweg«, zwingende, quälende Notwendigkeit, der Gefangenschaft zu entkommen, nachdem das Tor zum animalischen Paradies endgültig verschlossen ist. Zivilisation ist »Leistung«, die »unmöglich gewesen wäre, wenn ich eigensinnig hätte an meinem Ursprung, an den Erinnerungen der Jugend festhalten wollen«. Das zuerst ist zu lernen: das Opfer, nämlich »Verzicht auf jeden Eigensinn« und auf »die Erinnerungen«.

War mir zuerst, die Rückkehr, wenn die Menschen gewollt hätten, freigestellt durch das ganze Tor, das der Himmel über der Erde bildet, wurde es gleichzeitig mit meiner vorwärts gepeitschten Entwicklung immer niedriger und enger; wohler und eingeschlossener fühlte ich mich in der Menschenwelt; der Sturm, der mir aus meiner Vergangenheit nachblies, sänftigte sich; heute ist es nur ein Luftzug, der mir die Fersen kühlt; und das Loch in der Ferne, durch das er kommt und durch das ich einstmals kam, ist so klein geworden, daß ich, wenn überhaupt die Kräfte und der Wille hinreichen würden, um bis dorthin zurückzulaufen, das Fell vom Leibe mir schinden müßte, um durchzukommen... An der Ferse aber kitzelt es jeden, der hier auf Erden geht; den kleinen Schimpansen wie den großen Achilles.

Im unglücklichen Bewußtsein, nicht mehr heimisch zu sein, in seinem Leib so wenig wie in Natur, bleibt ihm nichts als der Stolz der zivilisatorischen Anstrengung, eine anerkannte, selbstvergewisserte Identität, die niemals aber die Male des Opfers verliert, das das Tier dem Menschen zu bringen hat. Der Traum von der Rückkehr zum verblaßten Ursprung ist ausgeträumt. Aus dem Paradies treibt ein Sturm auf die kalten Bahnen der Geschichte, schwächt sich ab in zunehmender Entfernung, wird den Heimatlosen zum Hauch einer kaum mehr erinnerbaren Versuchung und bleibt doch selbst noch dem größten Heroen (Achilles) die Stelle seiner Verletzbarkeit.

Walter Benjamin hat in seiner Auslegung das »Angelus Novus« von Paul Klee eine ähnliche, gegenüber Kafka zugleich auch vertauschte Allegorie gefunden: »ein Sturm weht vom Paradies her«, und dieser ist der Fortschritt. Der Engel der Geschichte, der sein Antlitz in Trauer, Entsetzen und dem Wunsch zu heilen, rückwärts auf die Trümmerbahn der Geschichte wendet, wird gleichzeitig vom Sturm in seinen Flügeln, die er nicht mehr schließen kann, erfaßt und unaufhaltsam in die Zukunft getrieben. Was dem Engel zu melancholischen Allegorien der Vergängnis wird, wird dem Affen, der die Trümmer seines Erinnerns und seines Eigensinns hinter sich läßt, zum Ausweg. – Ob nach dem Durchgang durch die Geschichte des solcherart entzweiten Bewußtseins das Paradies hinten offen ist –: das versah schon Kleist, von dem dieser Gedanke stammt, mit einem »vielleicht«. Der zivilisatorische Prozeß bleibt zwiespältig: der Mensch, der im platonischen Bild Wagenlenker und Rosse zugleich ist, trauernder Engel und selbstdisziplinertes Tier, bleibt gespalten in den Zwang, sich bei Strafe des Verfalls an Natur beherrschen zu lernen, und in das melancholische Wissen, daß alles Versprechen von Glück verweist auf die unerreichbare Auflösung des Geistes in Natur. Alles Glück ist Versenkung ins Fleisch und widerruft die Geschichte des Subjekts. Alles Selbstbewußtsein ist Emanzipation vom Fleisch, das uns der Natur unterwirft.

Der platonische Seelenwagen:
beherrschter Eros im Dienst der Philosophie

Zurück zum platonischen Seelenwagen: in seinem Gleichnis entwirft Sokrates dem schönen Jüngling Phaidros das Ideal des homosexuellen Philosophen-Eros, ein Liebesideal, in dessen Bann wir noch immer stehen. Nicht weniger radikal als Freud stöbert Sokrates den unbändigen Trieb und das von erotischer Schönheit trunkene Auge in ihrer Lust auf. Er deutet sie im Panorama eines mythisch-heilsgeschichtlichen Weltentwurfs, der auf die Verseelung des Triebs und die Sublimation des Reizes in Kulturarbeit hinausläuft. Was neben der schamanistischen Wahrsage- und Heilkunst sowie der Dichtung als vierte Form des göttlichen Wahnsinns angekündigt wird, entpuppt sich als dessen Gegenteil: Programm der Zivilisierung im Dienst der Vernunft.

Es geht um Handfestes: welches Verhalten, ja welche Ich-Gestalt ist die dem Manne angemessene, wenn dieser vom »Liebreiz« eines Knaben erfüllt wird. Zwei Rosse, der Wagen, der Lenker bilden eine dynamische, antagonistische Seelen-Struktur. Hält das edle, der Scham gehorchende Roß »sich selbst zurück, den Geliebten nicht anzuspringen«, so scheut das ungebärdig böse Roß nicht die Peitsche des Wagenlenkers, sondern strebt »mit Gewalt vorwärts«, die »Gaben der Lust« zu genießen (*Phaidros* 253 d/254 a). Vor des »Lieblings glänzender Gestalt« aber erinnert sich der Lenker, der die »Besonnenheit« repräsentiert, des göttlichen »Wesens der Schönheit« und zieht die Zügel so gewaltig rückwärts, »daß beide Rosse sich auf die Hüften setzen, das eine gutwillig..., das wilde aber höchst ungern«. Empfindet das edle Pferd jetzt »Scham und Bewunderung«, so das böse eine Wut, die der Lenker und das gute Pferd bittend sänftigen, um die Lust »weiterhin aufzuschieben«. So geschieht's. Kommt die festgesetzte Zeit, braucht das wilde Pferd »Gewalt, wiehert, zieht sie mit sich fort und zwingt sie wieder, in derselben Absicht dem Geliebten zu nahen«. Doch erneut, »noch gewaltsamer« reißt der Lenker »dem wilden Rosse das Gebiß aus den Zähnen, so daß ihm die schmähsüchtige Zunge und die Backen bluten. (...) Hat nun das böse Roß mehrmals dasselbe erlitten und die Wildheit abgelegt, so folgt es gedemütigt des Führers Überlegungen und ist beim Anblick des Schönen von Furcht übermannt.« (*Phaidros* 254 b–d)

Es ist dies ein dramatischer Augenblick in der europäischen Geschichte: im Gleichnis wohnen wir der Gründungsszene des besonnenen Charakters bei. Das Begehren des Objekts verwandelt sich in Scham und Furcht vor demselben. Sind zuvor die kontrollierenden Instanzen des Ich von der Furcht vor Überwältigung durch den Trieb erfüllt, so kehrt sich dies jetzt um. Das Programm von Reiz, Begehren, Verweigerung, Verschiebung, neuem Begehren, neuer Verweigerung ist erfolgreich: gedemütigt schmiegt sich der geängstigte Trieb unter »Peitsche und Stachel«. Triumph des Über-Ich.

Welche Lust aber bleibt? – Es folgt nun die Annäherung ans begehrte Objekt, den Jüngling. Willig schließt dieser sich dem verliebten Philosophen an, der dem Knaben zum *Spiegel* wird: gemäß der vorsokratischen Sinnesphysiologie strömt der Knabe ein Bild (eidolon) der Schönheit aus, das der Philosoph widerspiegelt und das derart zurückkehrt »durch die Augen« des Jünglings bis in die »Seele«, wo das eidolon die Gefieder der Seele befeuchtet und zum Wachsen anregt. Dies ist, wie sich noch zeigen wird, eine Allegorie für die Erinnerung an den überhimmlischen Ort des »wahrhaft Seienden«, wohin die Seele sich aufzuschwingen strebt. Aus dem objektlibidinösen Begehren wird eine narzißtische Konfiguration: nicht zu sexueller Praxis wird der Knabe verführt, sondern zu objektloser narzißtischer Spiegelung, die er nicht durchschaut: »Er liebt also; wen aber, weiß er nicht; ja überhaupt nicht, was ihm begegnet, weiß er oder kann es sagen, sondern wie einer, der sich von einem andern Augenschmerzen geholt, hat er keine Ursache anzugeben; denn daß er wie in einem Spiegel in dem Liebenden (dem Philosophen, H. B.) sich selbst beschaut, weiß er nicht.« (*Phaidros* 255 d)

Desexualisierte, diffuse Zärtlichkeit erfüllt den Knaben, und »Scham und Vernunft« hindern den Philosophen, diese Zärtlichkeit dahin auszunutzen, daß der Knabe »ihm an seinem Teil gefällig« ist. Was der erwachsene Philosoph an sich selbst durch schärfste Disziplinierung durchsetzt, die Umarbeitung des Triebs in idealisierenden Eros, gelingt ihm beim Knaben durch narzißtische Spiegelung.

Hierbei findet eine charakteristische Verschiebung der erotischen Energie statt: vom Genital aufs Auge. Die Funktion der narzißtischen, dem Knaben unbewußten Spiegelung ist die Umlenkung des Triebs auf das edlere und distanzierte Sinnesorgan, das Auge als »den deutlichsten unserer Sinne« (*Phaidros* 250 d). Das hat eine tiefgreifende Umorganisation des gesamten leiblichen Gefüges zur Folge, grundlegend für das fortan herrschende Muster der Konstitution des Subjekts in Europa. Das Auge ist der einzige Sinn, der den seit der nachhomerischen Zeit beobachtbaren Idealisierungsschub am Leibe selbst zu tragen vermag. Denn es geht nicht allein, wie im Gleichnis vom Seelenwagen, um die Emanzipation vom unbändigen Trieb durch Aufbau einer rationalen Kontrollinstanz, deren Bestimmung als vernünftige Besonnenheit (arete ist episteme) prinzipiell dem dynamischen Gewoge leiblicher Reize und Gefühle enthoben ist. Damit zweifelsohne hebt der anthropologische Dualismus an und mit ihm die Selbstermächtigung der leiblos gedachten Personalität des Menschen gegen den Naturbann seines Körpers (Hermann Schmitz). Doch ist damit zugleich ein Abstraktions- und Idealisierungsprozeß verbunden, der libidoökonomisch als Transformation objektgerichteter Triebenergie in narzißtische Idealisierungen zu verstehen ist. Dieser Vorgang spiegelt sich im Aufstieg des Auges. Das Auge nämlich nimmt den »Ausfluß der Schönheit« auf, die ihrerseits Erinnerung und Sehnsucht nach dem Damaligen (*Phaidros* 250c) enthält –: nach dem überhimmlischen Ort des wahrhaften, ewigen Seins, dessen Abglanz der Philosoph in der Leibschönheit des Knaben »wie ein heiliges Bild«, »wie einen Gott« verehrt (*Phaidros* 252). Das Schauen der Schönheit terminiert nicht darin, »sich auf tierische Art zu vermischen« (*Phaidros* 250e). Sondern im Gegenteil löst der Blick eine Introversion aus, die zu einer eigentümlichen Leiblichkeit führt: nämlich derjenigen, welche die Begegnungen mit dem Heiligen begleitet. Sokrates beschreibt genau: es ist ein Schaudern, ein Zusammenziehen des Leibes in der Angst (das ist das Tremendum des Heiligen), dann aber ein Gären, Aufsprudeln, ein Heraustreiben der Seelengefieder, ein sich weitendes Aufnehmen des Schönheitsreizes, ein Erwärmen, ein Schwellen der Adern. Was sich hier dem Sehvorgang leiblich anschließt, ist als Engung mit darauf folgender sich dagegen durchsetzender, abhebender Weitung des Leibes zu erkennen (nach H. Schmitz). Doch ist auf die Qualität und Funktion dieses Leibereignisses zu achten: es ist ein Erleben, durch das der trieberfüllte Leib gewissermaßen sich selbst entwunden und in die ideale Matrix himmlischer Liebe gezwungen wird. Es ist genau dieser Blick und dieses Leiberleben, das den in die Seinsvergessenheit (*Phaidros* 250a) gefallenen irdischen Menschen zurückholen soll in die Erinnerung an die überhimmlische Heimat der Seele. Die Augenästhetik ist also Effekt der Doktrin, daß der Leib ein Gefängnis der Seele ist. Niemand in homerischer Zeit und später keiner der Vorsokratiker, nicht Parmenides, nicht der Pythagoräer Alkmaion, nicht Anaxagoras – wiewohl bei diesen erste Hinweise in diese Richtung sich finden –, aber auch nicht Empedokles, von dessen Wiedergeburts-Theorie Platon hier im »Phaidros« Bilder entlehnt, niemand also hätte in dieser systematischen Radikalität die Seele auf das Leiblos-Unräumliche fixiert. Zwangsläufig muß es auf den Leib und seine

Gefühlsordnung zurückwirken, wenn dieser tendenziell der Feind, jedenfalls die Vergessenheit ist. Kann man sagen, daß es Sokrates hier im »Phaidros« um den Aufbau eines Ich-Ideals geht, können folgerichtig nur noch diejenigen Leibgefühle und der Sinn kultiviert werden, die der Idealisierung fähig sind: das desexualisierte Auge und die narzißtischen, durch Spiegelung entstehenden Gefühle der kosmischen Weitung (im Bild der befiederten, auffliegenden Seele). Sokrates übernimmt von Empedokles das Schema der Wiederverkörperung der Seele und von Alkmaion den Beweis von deren Unsterblichkeit, um einen radikalen Schnitt zwischen Leib und Seele/Vernunft zu legen, der grundlegend fürs Abendland werden soll und für die Neuzeit noch einmal von Descartes in aller Schärfe wiederholt wird. In der sokratischen Allegorie zielt philosophischer Schönheitssinn auf den überhimmlischen Ort des »farblosen, gestaltlosen, wahrhaft seienden Wesens«. An diesem erfreuen sich die von unvermischter Vernunft genährten Götter. Zur Beschauung dieses wahrhaft Seienden – gegenüber dem ewigen Werden sinnlicher Existenzen – soll »der Seele Führer, die Vernunft« (*Phaidros* 247 d), leiten. Auf dem Weg zu dieser rein intellektuellen Gestalt der Wahrheit ist die ästhetische Kultivierung des Auges die einzig erlaubte sinnliche Vorstufe. Die hier eingeübte Distanzhaltung, Desexualisierung und narzißtische Idealisierung funktionieren als Abwehr vor dem »Getümmel« der Vielen, die ihre Rosse nicht zügeln und lenken können. Philosophie ist fortan Abwehr des Triebs, Denken vom Leib fort, Wahrheitsdienst mit dem Ziel der Erhöhung des Selbst zum narzißtischen Ich-Ideal. Von der alten Achtung vor der materiellen Kraft des Lebensstroms bleibt allein dem Auge ein Rest: nicht weil es ein Sinn ist, sondern weil es am ehesten der Idealisierung zugänglich ist. Das tragische Spiel der Philosophie beginnt: das Stummwerden der Natur, das Verdecken des Leibes, der Verlust verkörpernden Denkens, die Fremdheit zur Sexualität, der Niedergang sinnlicher Erkenntnis, das Mißtrauen gegen Dichtung (Mythos, Religion), der Verfall metaphorischer Rede –: es beginnt die Herrschaft des Begriffs und die Melancholie der Kunst im vergeblich wiederholenden Eingedenken des Unwiederbringlichen und Geopferten.

Das Gute dieser philosophischen Emanzipation war zum Seltensten das Siegreiche. Und wenn es in Stimmungen der Apokalypse so scheint, als gehöre auch die Philosophie zu den großen Verlierern der Geschichte, dann möchte Kunst ins gemeinsame Wurzeln mit jener zurück. Dann wachsen vielleicht zwischen den Allegorien der Vergängnis Bilder der Versöhnung im unverführten Schein: nicht mehr der Affe, nicht mehr der Engel der Geschichte.

Die Dunkelheit der Sinne

Die Sinne sind nicht gleich dunkel. Die Reihenfolge vom Tasten, Schmecken, Riechen, Hören zum Sehen ist ein Aufstieg in die Nähe zum Geist, der unsinnlich und gerade darum wahr ist. Sicher hat dies mit der Lösung vom vierfüßigen Gang zu tun. Hören und Sehen sind Fernsinne, gehören zum aufrechten Gang, der wiederum die anderen Sinne verkümmern läßt. Die intersubjektive Welt sozialer und symbolischer Objekte ist durch Sichtbarkeit und Sprache gebildet. Immerhin aber wurde noch bei Aristoteles die Chemie auf das Schmecken, Riechen, Tasten der Stoffe, auf sinnliche Qualitäten wie Feucht–Trocken, Warm–Kalt begründet. Zukunft hatte dies nicht. Denn Wissenschaft bildete sich universal zu dem, was Relationen der Stoffe und Dinge untereinander unter Ausschluß ihrer leibgebundenen sinnlichen Qualitäten beschreibt. Die Kochkunst, auf die die aristotelische Chemie zielt, gilt uns als Können, das Geschmacksurteil und Erfahrung voraussetzt, nicht als Wissenschaft (G. Böhme). Wieviel weniger Dignität hat das Riechen, wiewohl es etwas so Elementares wie die Leibaura und wahrscheinlich auch das Raster so grundlegender Ordnungen wie Sympathie und Antipathie bildet. Das Riechen wird zur zivilisatorischen Leistung erst, wo natürliche oder künstliche Duftstoffe zum Dekor oder zur Verhüllung des Leibes werden: die Parfüms als auratisches Kleid des Körpers. Der riechende Körper dagegen ist in Europa degoutant, er stinkt und schmeckt ranzig-sauerfischig. Die Neutralisierung der natürlichen Gerüche macht den Körper zur weißen Oberfläche, auf die tausendfache Kunstreize eingetragen werden. Man unterschätze nicht diese Vervielfältigung des sinnlichen Reizes gegenüber der ziemlich simplen Geruchsgrammatik des natürlichen Körpers. Eben diese Vervielfältigung aber wird damit bezahlt, daß der Körper, wie er nach Abzug seiner hygienischen Zurichtung sich zeigt, nicht mehr ist, worin man sich heimisch fühlt. Heimisch wäre man im Körper: wonach aber der Körper schmeckt und riecht, kommt von diesem »Drinnen« und ist tendenziell ekelhaft. Was nichtintentional von innen nach außen dringt: dazu ist die Beziehung als zu einem eigenen verloren; es ist Besudelung des Ich durch eine Natur, die man nicht mehr sein will. Heimat hat das Ich in einem Ort, der unkörperlich ist: das Cogito, allenfalls die unräumliche Seele. Dagegen ist der gerochene, geschmeckte Körper Schmutz. Die Lust, die daran sich knüpft und bei kleinen Kindern noch beobachtbar ist, kehrt wieder in der Perversion. Die Welt der stinkend-schmutzigen Perversionen ist die Kehrseite der Parfüms, die die kultivierte Sexualität als eine Lust zwischen sauberen, künstlich auratisierten Leiboberflächen begleiten. Die Milliardenmittel für den geruchs- und geschmacklosen, dann balsamierten Körper sind nicht Effekt der Kulturindustrie, sondern der viel älteren Denunziation der unteren Sinne und jener geschmeckten und gerochenen Welt, die jene zwischen den Leibern aufbauen.

Anders dagegen das Schicksal des Gehörs und des Auges, den oberen Sinnen. In einer Kultur, in der die Distanz zu Objekten und zum eigenen Leib *die* konstituierende Grundgeste ist, haben Fernsinne weniger zu fürchten. Selbst dort, wo sie auf ein Inneres sich beziehen, ist dies nicht Körperpfuhl: man blickt ins Auge des anderen als ins Fenster der Seele und hört seine Worte als Zeichen des Geistes. Zudem entspringen diesen Sinnen kulturell hoch bewertete Fertigkeiten: bildende Kunst und Musik. Undenkbar wären Künste, die anderen Leitorganen aufruhten und gleich hoher Achtung sich erfreuten. Das sinnlich Reizende und Empfindende an bildender Kunst und Musik macht sie freilich immer noch verdächtig, symptomatisch bei Platon, und daran ändern kunstreligiöse Hochblüten wie in der Renaissance oder der Klassik-Romantik nichts. Daß Kunst Gefühle erregt und über sie den Körper reizt, enthüllt ihre Lust wie darin ihre Dubiosität. In der unauslöschlichen Körperlichkeit der Kunst stößt der Geist auf etwas, was er nicht selbst schon ist, worauf er angewiesen bleibt und wovon er abhängt: in der Kunst ist der Geist nicht nur Wagenlenker und die sinnlichen Reize nicht bloß die Pferde. Doch wenn der verwirklichte Mensch mit der Selbstverwirklichung des Geistes gleichgesetzt wird, wie bei Hegel, und der Geist sich nur in dem Maße selbst erkennt, wie das Andere seiner selbst zum Begriff tendiert, bleibt Kunst gegenüber dem Geist das Inferiore und teilt darin das Schicksal der Sinne, mit denen sie verschwistert bleibt.

Nicht daß Kunst nicht auch Geist wäre; daß sie nicht nur Geist, sondern verliebt ins Sinnliche ist, macht ihren Mangel aus. Darin wirkt das platonische Mißtrauen nicht nur, sondern das christliche Verdikt über den sündigen Körper fort.

Innerhalb dieser Grenzen ist das Auge, wie Dürer sagt, der edelste Sinn. Das sagt der Maler, doch in Übereinstimmung mit der philosophischen Tradition von Aristoteles bis Kant. Bei Kant (in der *Anthropologie*) werden die Sinne im Verhältnis zur Freiheit beurteilt, die man ihnen gegenüber durch Abstraktion gewinnen kann. Geruch und Geschmack rangieren unten, weil sie mit dem affizierenden Gegenstand durch Berührung verbunden sind – wie auch der Tastsinn. Das erinnert an sexuelle Reize und weckt leicht Ekel. Die absolute bzw. relative Distanzlosigkeit der getasteten, gerochenen, geschmeckten Objekte sind für Kant darum der Freiheit »zuwider« (*Anthr.* B 51–55). Auch der Gehörsinn, obwohl distant zum Gegenstand, ist der intellektuellen Freiheit hinderlich, weil man vom Hören schlecht abstrahieren kann. Auf Geräuschstörungen reagiert Kant idiosynkratisch. Eher wechselt er die Wohnung, als sich mit einflutenden Geräuschen der Stadt Königsberg zu arrangieren. So bittet er den befreundeten Oberbürgermeister von Hippel, den Gesang der Insassen aus dem nahegelegenen Gefängnis zu unterbinden. Wer sollte dabei philosophieren können? Auch Musik gilt ihm wenig. Sie ist »Sprache bloßer Empfindung (ohne alle Begriffe)«. Wenn schon, dann hört Kant gern kriegerische Musik, die ihn an heroische Selbstbehauptung denken läßt. Das Auge ist ihm der Freiheit am zuträglichsten – vom Störenden, Reizenden kann es am leichtesten abstrahieren. Das Auge ist am wenigsten mit dem Objekt vermischt. Und doch bleibt es sexualisiert, so daß Kant ein Ritual von Objektordnungen entwickelt – und den der Kontemplation abträglichen Blick stillstellt. Jahrelang sieht er des Abends für Stunden aus dem Fenster auf den Löbenichter Turm, bis emporwachsende Pappeln aus Nachbars Garten den Blick stören. Der »gutdenkende« Mann läßt die Pappeln kappen. Man hätte gern gewußt, was während dieser Stunden des schweigenden Blicks in Kant vorgegangen ist. Bilder, außer einigen Kupferstich-Porträts, duldet er nicht in seinem Haus.

– Natürlich ist solches Verhalten banausisch und wäre als puritanische Sinnenfeindschaft abzutun. Doch wie Kant durch die »Einheit der Grundsätze« das sittliche Subjekt stilisiert und von transzendentaler Freiheit aus die Sinne hierarchisch qualifiziert –: das ist die historisch siegreiche Form der Subjektkonstitution. Aus dem Schatten ihres geltungslogischen Mangels kommen auch die höheren Sinne, Hören und Sehen, nicht heraus. Descartes, in seinem Kaminzimmer, traf mit seinem methodischen Zweifel vor allem auch die sinnliche Evidenz. Das Sein war nicht aus dem zu begründen, was sich vom Leibe her zeigt. Das Cogito rückt an die Stelle allererster Gewißheit im Meer der sinnlichen oder dämonischen Selbsttäuschungen. Von Descartes her datiert die maschinale Vorstrukturierung des Denkens (A. Baruzzi): eingesehen wird nur, was man selbst nach Grundsätzen hervorzubringen in der Lage ist. Im Modell des künstlichen Gegenstands, der Maschine, versteht sich das Wissen. Dem Erkennenden haben die Sinne zu schwinden. Das Einfallende, Beiläufige, Assoziative, Metaphorische und Metonymische der Einbildungskraft hat der logozentrischen Erkenntnis und Maschinentechnik ebenso zu weichen wie das Übermächtigende, Strömende, distanzlos Vermischende und Sprunghafte der Sinne. Im Erkenntnisprozeß liefert die Sinnlichkeit in den Formen der Anschauung nur noch die Datenmannigfaltigkeit, die nach Kategorien des Verstandes zur Einheit der Erfahrung verbunden wird. In der Moral liefern die sinnlichen Reize das dynamische Material (Maximen), das durch Urteilskraft nach dem Schema des Kategorischen Imperativs den Grundsätzen des sittlichen Charakters subsumiert wird. Und in der Kunstrezeption wird die erschütternde Leiblichkeit der Kunst zum Schönen, das sich als übereinstimmend mit Moral und Verstand erweist und darum als schön empfunden werden darf.

In der Erkenntnis, in der Moral, im Schönen sind die Sinne das gezähmte Pferd des lenkenden *nous*: dem Verstand führen sie Materie zu, der sittlichen Vernunft leihen sie ihre antreibende Kraft, dem kunstbeurteilenden Subjekt schenken sie ihre Harmonie. Mittels der dressierten Sinne ernährt sich der Geist von Natur; dessen Autonomie saugt vampiristisch die Kraft des Anderen in sich hinein.

Böser Blick: Perseus und Medusa

In seiner Familie wurden die Augen der Mutter »Stielgreifbaggeräugelchen« genannt. Seltsames Wort, seltsame Verharmlosung. So lenkten sie gemeinsam die Erfahrung der Angst mit diesen Augen ins Witzige, worüber alle lachten. – Erst dreißig Jahre später fuhr ihm der Schreck in die Glieder. Er ging an einer Baustelle vorüber und erstarrte: ein riesiger Bagger mit weit ausgreifendem Arm legte ein Haus um, das einem Neubau weichen mußte. Auf zusammengestürztem Geröll stand der Bagger und riß mit gewaltiger Kraft Wände ein, Decken stürzten und wo eben noch ein aufgerissenes Zimmer Spuren gelebten Lebens mit Tapeten und Flecken, wo Schränke standen und Bilder hingen, sehen ließ, war plötzlich nichts. Er stand regungslos. Aus dem Verschlossensten seines Körpers stieg langsam Angst und, noch später, füllte ihn der Schmerz des sterbenden Hauses. Er stand hier starr und spürte sich dort untergehen in der Gewalt des stähleren Arms. Es ging ganz schnell, schien es. In der plötzlichen Stille, als der Motor abgestellt war und aus den Trümmern nur noch schweigender Staub ins Sonnenlicht aufstieg, löste sich sein gebannter Körper und, ohne es zu wissen, weinte er über einen vergessenen und namenlos gewordenen Verlust.

Die optische Ordnung der Welt täuscht. Unter dem Firnis der Sehgewohnheiten schlafen die Dinge. Ein Zusammenhang reißt, und aus den Fugen quillt die vergessene Dämonie der Dinge hervor. Mit dem gewohnten Blick hält man sie in Schach, fügt sie in Bedeutungszusammenhänge, Funktionen, glatte Oberflächen. Das Auge hält die Dinge vom Leib. Der Abstand macht sie zu Gegenständen, glättet ihr Anlitz und gibt die Gewißheit der Grenze zwischen ihnen und mir. Ein kurzes Versehen stört das Gleichgewicht, der Blick irrt ab, verliert Halt, die Dinge reißen an den Nähten, brechen hervor und blicken in entsetzlicher Fremdheit zurück. Das ist der Böse Blick. Unvermittelt stürzt man durch die Zeitschächte zurück in älteste Kindheit und noch weiter bis zur ursprünglichen Wildheit der Dinge und erstarrt, zerfällt unter der dämonischen Macht fremdartigster Augen.

Dieses Verhältnis dauert unterhalb, innerhalb der objektiven Welt an. Die funktionalen Stereotypen, konventionellen Signaturen und automatischen Selektionen, mit denen ich die Welt zu einem vertrauten semiotischen Zusammenhang bilde und in der ich meinen Blick identifizierend gleiten lassen kann, ist eine ständige Leistung. Dieser Blick ist unbewußt gewordene Domination der Dinge, deren Unverständlichkeit, wenn ich sie realisiere, sofort das Verhältnis verkehrt. Mein identifizierender Blick dissoziiert sich, wird anomisch, irrt und flieht. In merkwürdiger Weise ist diese Erfahrung verbunden mit dem Gefühl des Angeschautwerdens. Verliere ich den regieführenden Blick, bin ich anderen Blikken unterworfen. Das Starrwerden ist Angst, gehinderte Flucht. Der fremde Blick bannt, wird zum Baggerarm, der die Fassaden des Ich einreißt, zum bösen Blick der Mutter oder zum Antlitz der Gorgo, der Medusa.

 In der Mythen-Geschichte der Zivilisation, in der die Mächte, die mittels unserer Sinne in uns einfallen, gezähmt und unterworfen werden, verdient neben Odysseus der argivische Held Perseus, Sohn des Zeus und der Danae, seinen Platz. Odysseus widersteht bei Kirke dem Zauber des Essens, das die Gefährten in Tiere verwandelt, und wird so, statt Unterworfener des Triebs zu sein, zum Beherrscher desselben: er bekommt den Körper Kirkes als Preis, genießt Sexualität als schwertbewachte Herrschaft – Urbild patriarchalischer Unterwerfung des Naturwesens Frau und ihrer verzaubernden Dominationen: Essen und Sexualität. Und so stählt Odysseus sich zum Subjekt im Sieg gegen Verführung und Verfall an Natur: bei den Sirenen, den Lotophagen, Polyphem (Horkheimer/Adorno). Archaischer als des Odysseus' Sieg über die Sinne ist der Triumph des Perseus über den versteinernden Blick der Gorgone Medusa (Homer kennt nur diese; bei Hesiod, Apollodorus, Lucian, Ovid sind es »hart an der Grenze der Nacht« – so Hesiod – drei Gorgonen, von denen eine die sterbliche Medusa ist). Wie Odysseus von den lichtvoll-intellektuellen Göttern Athene und Hermes Hilfe erhält, so auch Perseus: sie schützen seinen Weg zu den Töchtern des Phorkys, fürchterlichen Schwestern der Gorgonen, den Graien, altgeborenen Weibsmonstern, die zusammen nur ein *Auge* und einen Zahn haben. Dieses bringt Perseus im Moment, als eine Schwester der anderen das Auge übergeben will, im Moment einer *Blindheit* also, an sich und erpreßt so ihr *Wissen* über den Weg zu den Nymphen. Hier ist Perseus, sich der *List* bedienend, Vorläufer des Odysseus. Die Nymphen nun haben Flügelschuhe, die Kibisis (den Sack, in den Perseus das Haupt Medusas verstaut) und die *unsichtbar* machende Hadeskappe (so Appollodorus, bei Lucian erhält er die Flügelschuhe von Athene). Derart von den Nymphen ausgestattet, von Hermes noch mit einem Sichelschwert beschenkt, erreicht er den Urtopos des Barbarischen »jenseits des großen Okeanos«, den Urort der Gorgonen. Die *schlafende* Medusa enthauptet er mit einer *List,* zu der ihm Athene verhilft: um Medusa nicht anzusehen (und nicht versteinert zu werden), *blickt* Perseus in den Schild als einen *Spiegel*: und so nur das entmachtete *Bild* der Medusa im Blick, ermordet er sie und entflieht, *unsichtbar* unter der Tarnkappe, den verfolgenden Schwestern.

Einzigartiges geschieht hier, Grundlegendes in der mythopoetischen Geschichte des Subjekts. In mehreren Stufen entwindet Perseus sich dem bannenden Blick archaischer weiblicher Mächte, enteignet ihnen dadurch ihre Kraft und tritt, mehrfach gewappnet, gewappnet vor allem aber durch die Beherrschung der Spiegelung, vor das Grausigste: den tötenden Anblick (der dämonisierten Frau). Nichts hätte ihm geholfen von seinen »Mittelchen« (Kafka über die Tricks des Odysseus), gelänge ihm nicht das Entkommen aus dem Bann von Angesicht zu Angesicht, glückte nicht die depotenzierende Verwandlung des Anderen ins Bild, ins Zeichen. Perseus zuerst lernt, im Schutz rationaler Disziplin, die Instrumentalisierung des Blicks, die erst den *Sieg* über das Angeschautwerden erlaubt (noch heute ahnen wir etwas vom Kampfcharakter des Blicks in dem Kinderspiel, wer dem anderen länger ins Auge schauen kann). Perseus lernt den Mechanismus der Desensibilisierung vor der überwältigenden Betroffenheit durch den Blick des Anderen. Dadurch erst, daß er der frontalen Konfrontation mit Medusa ausweicht, wegschaut, durch Spiegelung Indirektheit und Distanz schafft, bis er die lebendige Macht des Anderen in ein von ihm selbst erzeugtes Bild-Objekt gebannt hat –: durch »List der Vernunft« also wird Perseus zum Heroen. Es gilt klar zu erkennen, daß zwischen Perseus und Medusa sich die dramatische Urszene des souveränen Auges, des Herrscherblicks entfaltet. Der Spiegeleffekt ist die mythopoetische Fassung davon, daß dem männlichen Handlungsheroen eine totale Konzentration auf sich selbst gelingen muß: ohne ein sich aussetzendes Hinsehen auf das mächtige Andere, nur und allein sein Ziel im Auge, also sich selbst und seinen Sieg – dadurch erst erlangt Perseus die entscheidende Waffe: das Subjekt-Sein. Perseus ist klassischer Held, weil zuerst er nicht mehr das dem Blick des Anderen unterworfene subiectum, sondern das im Spiegel der rationalen Gottheit gepanzerte Handlungssubjekt ist. Auch seine Unsichtbarkeit pointiert nur, daß Perseus nicht länger ein im Angeschautwerden Unterworfener ist. Nicht zufällig spielt dieser Mythos in Dichotomien, die einen epochalen Wechsel markieren: das dämonisierte Weibliche und das listenreich gewappnete Männliche; das archaische, ungestalte Chaos und die selbstkontrollierte, beherrschte Disziplin; das pathische Erleiden im unmittelbaren Ergriffensein und die erreichte

Handlungskompetenz durch Distanzierung und Instrumentalisierung, die durch Nähe und Direktheit tötende Macht des Fremden und das durch die List des Indirekten siegreiche Subjekt. Aus der blutigen Niederlage des Barbarischen erwächst das Hellenische: Zivilisation und Vernunft; erwachsen also, noch immer, wir.

Man kann sagen, daß die Tat des Perseus darum von historischer Symbolkraft war, weil er die Macht des bösen Blicks gebrochen hat. Seligmann (1910/1922) hat die fast ubiquitäre Verbreitung des bösen Blicks beschrieben, dessen Bedrohlichkeit mit dem Sieg des Perseus natürlich nicht vorbei war, sondern bis heute anhält. Es scheint zu den kulturellen Urerfahrungen zu gehören, daß der Mensch sich dem Blick unterworfen erlebt. Die Psychoanalyse, die sich mit primären Spuren der Bildung des Selbst beschäftigt (Lacan, Kohut, Miller u. a.), hat die Bedeutung der Spiegelung des Infans durch den Anderen, also zumeist die Mutter, herausgearbeitet. Wenn Kohut vom »Glanz im Auge der Mutter« spricht, worin sich das Kind spiegelt und so, als gespiegeltes, sich identifiziert, erhellt daraus umgekehrt auch, was es heißt, einem kalten, unemphatischen, nicht annehmenden Blick ausgesetzt zu sein. Ich bin primär der, der im Blick des anderen sich gegeben ist. Aufbau oder Fragmentierung des Selbst sind Funktionen der Blickqualitäten, die für den Blickunterworfenen lebenswichtig sind. Verwerfen oder Annehmen sind grundlegende Blickgebärden, in deren Matrix Subjekte sich identifizieren lernen.

Natürlich ist in der Psychoanalyse mit der Verschränkung der Blicke mehr gemeint als das, was zwischen den Augen von Mutter und Kind sich abspielt. Der Blick ist Signifikant für die atmosphärische Tönung der Gesamtbeziehung. Der Blick aber, wußte man schon in der Antike, ist Träger eben von Atmosphären. Die Seh-Theorie des Demokrit, der das Sehen sowohl vom Sehstrahl her wie vom Einströmen der Bilder ins Auge begreift, hat damit den Raum zwischen Auge und Gegenstand mit einem feinen atmosphärischen Fluid erfüllt gedacht, das Träger der eigenartigen Autonomie der Bilder ist. Alles, kann man sagen, ist von Bildern umflossen und strömt selbst Bilder aus. Von der antiken Sinnesphysiologie über Plutarch und die arabische Medizin werden solche Deutungsmuster ins Mittelalter und die Renaissance tradiert. Der Blick ist Macht: ihm eignet ein magisches Influenzieren des Gegenübers, er bildet sich in diesen ein (aktivische Einbildungskraft), fasziniert, strahlt Atmosphäre, Sympathie oder Antipathie aus. Schon in der Antike scheint der *daimon* der Person sich vor allem durch den Blick zu vermitteln. In der Plastik und Ikonographie, auf Amuletten und religiösen Kultgegenständen, an Waffen, Kleidern, Häusern, Toren und Tempeln, auf Geräten und Körperbemalungen –: überall wurde der Macht des Auges Tribut gezollt (vgl. D. Frey, S. Seligmann, O. Koenig). Im Auge konzentriert sich die Mächtigkeit einer Person, eines Tieres, einer Gottheit. Das Auge ist Sitz der Lebenskraft. Auf dem Grund dieser Erfahrungen begegnet immer der böse Blick: Zahllose apotropäische Gesten, Rituale, Amulette, Masken, Gegenzauber, Kunstwerke umgeben den Menschen, sein Haus, sein Dorf, seine Stadt – Wälle der Abwehr vor der Unterwerfung unter den Blick. Es ist nicht die Güte, der Segen, die Liebe, die am Anfang der menschlichen Blickerfahrung stehen, sondern die Dämonie, das Numinose, das Tremendum. Der gelingende Schutz vor dem bösen Blick erst leitet die langsame Selbstvergewisserung ein: dafür steht, an vorgeschobenster, gefährlichster Front, Perseus, der den tötenden Blick der grausamen, archaischen Mächte besiegt. Erst diesseits dieser Szene beginnt die zweite, symbolische Geburt des Menschen, gewinnt eigenes Leben an Kraft. Psychoanalytisch könnte dies heißen: an der Nahtstelle des Übergangs vom Mythos zur Aufklärung hat das patriarchalische Griechenland die Urszene der Autonomie als die gewaltsame und listige Loswindung des Subjekts aus dem bösen, vernichtenden Blick archaischer weiblicher Mächte verstanden. Sofort werden diese dem eigenen Pantheon und der eigenen Lebenswelt eingegliedert: Perseus versteinert mit dem Gorgonenhaupt noch verschiedene Feinde – er ist jetzt Subjekt des bösen Blicks, nicht dessen *subiectum* – bzw. er verehrt das Haupt, nach anderer Version, seiner Gönnerin, der Göttin der Vernunft, Athene, die es von Hephaistos als Schildzeichen in ihren Schild setzen läßt –: der mythische Bann geht an die Vernunft weiter. Fortan wird das Gorgonenhaupt zum Gorgoneion, zum Bildschutz vor den Feinden der Zivilisation. Man läßt den bösen Blick der anderen im Gorgoneion auf sich selbst stoßen und vernichten (*similia similibus*), bedient sich also des Spiegelvorgangs. Nicht nämlich ist nur das Mittel des Perseus probat, selbst in den Spiegel zu schauen, um dem Vernichtungsblick zu entgehen, sondern möglich wäre auch gewesen: der Gorgo den Spiegel vorzuhalten – so, wie man bekanntlich die Basilisken tötet. Grausame Blicke, listige Spiegelungen, tödliche Blicke begleiten, ja bilden die Urgeschichte des Subjekts bis in die griechische Aufklärung, verschwinden dann aus der »hohen« Kunst und Philosophie, strömen subkulturell weiter bis in die Renaissance, versickern langsam ins Unbewußte, tauchen wieder auf in der Romantik (und Neoromantik), bis sie von Freud in den analytischen Diskurs gezogen werden. Dies wäre sinnlos, lebte die archaische Konfiguration von tödlichem Blick, Spiegelung und Mord zwischen Perseus und Gorgo (sicher so wichtig wie das ödipale Drama) nicht fort. Auf die Verfriedlichung der Blicke ist kein Verlaß. Auf dem Grund der Pupille liegt das Gorgonenhaupt (so das ikonographische Muster eines Amuletts). Sicher läßt sich an der Ikonographiegeschichte des Blicks, wie sie etwa D. Frey versucht hat, eine Befreiung von der Dämonie des Auges beobachten. Die Geschichte des Selbstbewußtseins ist ikonographisch von einer zunehmenden Ausdifferenzierung der psychologischen und individualisierenden Blickgebärden begleitet. Und doch: Zwischen Gott-Vater, der sein Angesicht leuchten lassen möge über uns, und dem liebenden Blick der Maria auf den Jesusknaben einerseits sowie den teuflischen Augen und verhexenden Blicken des Bösen andererseits bleibt die Suche der Maler und Dichter nach dem humanen Blick prekär. Was die Klassik das ruhig-feste, besonnene und seelenvolle Auge der Humanität nennt, ist Idealisierung, zustande gekommen durch Wegschauen von dem, wohin die Romantik dann gerade blickt. Tieck, Jean Paul, E. T. A. Hoffmann u. a. entfesseln erneut ein Pandämonium von Blicken, Spiegelungen, Masken, Bildern, Verdoppelungen, einen Karneval (mitunter tödlichen) des Scheins und der Vertauschungen, der Wiederkehr des Verdrängten und Freigabe des Verbotenen, worin das gerade erst befestigte »humane« Subjekt dissoziiert und dezentriert wird. Hier in der Romantik spätestens kehrt auch, wie aus der verloschenen Tiefe des Spiegels von Perseus wieder, was Perseus nicht sah, nicht sehen durfte: die Schönheit und Tragik der Medusa. Wenn E. T. A. Hoffmann in den »Bergwerken zu Falun«, wenn Tieck im »Runenberg«, wenn Eichendorff im »Marmorbild« ihre jungen Protagonisten in der Begegnung mit den archaischen Bildern des Weiblichen nicht nur auf die tödliche Bedrohung durch den Blick der »wilden« Göttinnen der Tiefe stoßen läßt, sondern zugleich auf ihre verführende und beglückende erotische Kraft –: dann entdecken die Romantiker ungewollt fast verlorene Spuren im Bild der Medusa. Rätselhaft ist ja, daß Medusa schwanger ist (nämlich von

Poseidon) und ihrem Blut, nach der Ermordung durch Perseus, Chrysaor (»Goldschwert« = Blitz des Zeus) und Pegasus, das Flügelroß, entspringen (Hesiod, *Theogonie*, v. 278–286). Apollodorus seinerseits erzählt, daß die Gorgo sich vermessen habe, ihre Schönheit jener der Athene gleichzustellen. Ist ihre Gräßlichkeit erst durch Bestrafung zustande gekommen, hinter der sich der Mechanismus von der »Dämonisierung des Dämonischen« verbirgt? Besiegelt Perseus nur, was in der Konkurrenz der archaischen Gottheit mit der aufgeklärten Göttin begann? Immerhin scheint Ovid damit zu rechnen, wenn er als ätiologische Erklärung für das gräßliche Schlangenhaupt die Geschichte erzählt, daß Medusa das »schönste Mädchen« war, das allerschönste aber ihre Haare. Poseidon entehrt sie im Tempel der Athene, die – »sich mit der Aegis das keusche Gesicht überdeckend« – das schöne Antlitz der Medusa zum versteinernden Gorgonenhaupt (Ovid, *Metamorphosen* IV, v. 793 ff.) verhext. Im spätantiken, von einem unbekannten Autor verfaßten »Physiologus«, der zum meistverbreiteten Naturlehren-Buch des Mittelalters ausgebaut wird, findet sich (nach Seligmann) die Variante, daß die Gorgo eine sehnsuchtsvolle, schöne Frau sei, die – wie die Sirenen – Männer verlockt und verführt, um – sind sie erst ihr erlegen – sie in der gräßlichen Offenbarung ihres wahren Angesichts zu versteinern (ähnlich der späteren Tannhäuserlegende). Diese Erzählung läßt sich dann leichter der christlichen Verteufelung der Fleischessünde durch Dämonisierung weiblicher Verführungskraft anfügen, doch sind solche Spuren bereits in der seltsamen Bestrafung der umworbenen Schönheit Gorgos durch die keusche Athene angelegt (an deren Stelle man leicht auch die Jungfrau Maria setzen kann).

Es scheint also, daß in der Romantik ein verdrängtes Urmotiv der Medusa auftaucht: nämlich ihre sexuelle Schönheit. Von dieser fühlt sich aufgrund mächtiger Dämonisierungen der männliche Held bedroht, so daß er sich gegen sie panzert und Medusa ermordet: die mythische Urszene der Hexenverfolgung. Der Blick, der zu beherrschen gelernt werden muß, ist der sexualisierte Blick. Das Auge des männlichen Helden hat frei von Begehren und frei von Verführung zu sein und wird es durch Distanzierung und – schließlich – im Mord, im Umbringen des Begehrten. Bald nach der Romantik hat C. F. Meyer in seinem Gedicht *Die sterbende Meduse* dieser Spur eine neue Lesart zugefügt: Perseus entdeckt im Spiegelbild »das süße Haupt mit müden Schlangenflechten. /

Zur Hälfte zeigt der Spiegel / längs der Erde / Des jungen Wuchses atmende Gebärde –«. Während Perseus sein Zögern durch das Zitat der Dämonie ihrer Schönheit überwinden muß, liegt Medusa im Traum, imaginierend Glück und Erfüllung eines Lebens jenseits der isolierenden, verfolgenden, meuchlerischen Nachstellung durch die Menschen – und wird, während sie träumend sich von aller Qual erlöst wünscht, erschlagen. Hier, endgültig, wird Medusa zur Allegorie sexueller Schönheit, die durch Verfolgung sich selbst »feind geworden« ist, zum dämonischen Schreckwesen verhext, von Haß umstellt, in Leiden gebannt. Zur Tragik tendiert dieses Medusa-Gedicht, weil Medusa einst »der Menschen schöner Liebling« war, bevor sie zum Opfer einer unauflöslichen Verkennung der Blicke wird. Was Perseus sieht, die Schönheit, sieht er nicht, weil sein *Bild* das der dämonischen Medusa ist, die – derart in eigenes Gefühl und verkennendes Schreckbild zerrissen – ihre Wahrheit nur noch im Imaginären, dem Traum, hat. Ihre Schönheit, ihre Sehnsucht, ihr Glücksversprechen werden im Blick des Hasses nicht mehr geschaut. Das Gedicht wirft auf die lange Traditionsgeschichte des Perseus-Mythos einen dunklen Schatten: es entdeckt, daß Medusa das Erzeugnis eines dämonisierenden, strafenden Blicks ist, der am Anderen ein Zweifaches verfolgt und mordet: daß es schön, verlockend, mächtig ist und daß man selbst es, bei Strafe des Untergangs, begehrt. So legt sich zwischen die Geschlechter der Spiegelblick des Perseus als Fluch der Verkennung und der Feindschaft.

Hoffnungsblicke: Augustinus

Öffnen sich die Lider, erscheint den Augen das göttliche Licht. Den Menschen umgeben Mächte, größer als er. Religion nimmt diese Erfahrung auf, Schleiermacher sieht deren Kern in der Einsicht schlechthinniger Abhängigkeit. Diese, nicht Freiheit, ist der Ursprung des Lebens und Selbstwissens. Religion bildet einen Typ von Wissen, das sich auf etwas richtet, dessen wir nicht Herr sind, noch werden können. Das Maß religiöser Erfahrung übersteigt den Verstand. Religion zielt nicht auf das Sehen abgegrenzter Objekte, sondern auf Erleuchtung über alle Grenzen. Wenn, nach Kant, der Verstand nur erkennt, was er nach eigenem Gesetz hervorbringt, ist dies die Form des Profanwissens, das in der Neuzeit einzig als Wissen gilt. Das heißt: schon per definitionem ist der Verstand nicht zu übermächtigen – das sichert seinen Erfolg und seine Autonomie. Doch läßt sich auch sagen, daß ihm die Fähigkeit zum Überwältigtwerden fehlt. Diese aber besitzen die Sinne.

Wer wirklich sieht, sieht mit ganzem Körper. In der plötzlich erblickten Totalität einer Landschaft ist alles Auge. Der Körper ist dessen Gefäß: das Gefühl rezeptiver Weitung des Leibes korrespondiert dem Bild der Landschaft. Ähnlich werden die Mystiker zum Gefäß der Erleuchtung, zum Schauen des Lichts, das den ganzen Leib erfüllt. Ebenso ist, wer das Wort des Gottes hört, ganz Ohr: Mimik und Gestik sind vollständig ins Hören absorbiert. Sexualität schlägt dann in Glück um, wo sie nicht gemacht wird, sondern widerfährt: alle Sinne fließen ins leibliche Fühlen zusammen, der Leib schwillt in überströmender Spannung an und versinkt in übermächtigendes, schmerzklares Licht. Immer waren die Menschen auf der Suche nach einem Blick und einem Angeschautwerden, worin man sich bergen kann. Es ist, als dauere ein opakes Wissen davon an, daß der Triumph des Perseus über den bösen Blick einen furchtbaren Preis fordert. Im Sieg über das Antlitz der Medusa wird der eigene Blick böse; Selbstbehauptung ist nicht anders als durch Kampf, Haß und Mord möglich. Ein Fluch der Feindschaft liegt seitdem über den Geschlechtern, ja, über dem Verhältnis zur Natur. Und die Vernunft, die im beherrschten Blick des Perseus aufscheint, enthält unterhalb ihres Siegeszugs über alles Naturverfallene die uneingestandene Klage und verdrängte Trauer, im eigenen gepanzerten Blick isoliert, gefangen, vergittert zu sein und die Fähigkeit verloren zu haben, der Güte und dem Wohlwollen, dem Begehren und der Liebe im Auge des Anderen sich auflösend zu vertrauen. Es ist, als sei Religion, besonders die christliche, eine Suche nach dem guten Blick, in welchem man sich selbst geschenkt wird. Und doch scheint es, daß dieses Blickereignis nachhaltiger noch als in der griechischen Aufklärung den Menschen radikal von seinem leiblichen Fundament losreißt und in die Spaltung von Seele und Leib treibt.

Das Auge Gottes ist immer ambivalent erfahren worden und niemals nur jener Liebesblick allein gewesen, der heilend und behütend auf dem allein im Elend sich fühlenden Menschenkind liegt. Jene Blicksuche des Psalms: »Wie lange, o Herr / willst du meiner so ganz vergessen? / Wie lange verbirgst du dein Antlitz vor mir? /

... Schaue her auf mich, erhöre mich ... / Mache hell meine Augen, / dass ich nicht zum Tode entschlafe / ...« (Ps. 13, 2–4) –: diese Blicksuche ist die eine Seite. Im Gefühl der Vergessenheit, des Alleinseins unter Feinden, der Todesnähe wird nach dem Blick Gottes gesucht, dessen zugewandtes Antlitz das Auge des Beters »hell« macht. Hier wird gespürt, daß das Nicht-Angeschaut-Werden eine »Krankheit zum Tode« (Goethe) ist und daß im Hin und Her der Blicke sich Übertragungen abspielen, die der Psalm einsichtsvoll als Hellwerden, als ein dem Leben Geschenktwerden versteht. Doch andererseits heißt es von Jahwe auch: »Denn meine Augen schauen auf alle ihre Wege, sie können sich vor meinem Angesicht nicht verstecken, und ihre Schuld bleibt meinen Augen nicht verborgen.« (Jer. 16, 17) Hier scheint im Blickverhältnis von Mensch und Gott voraus, was später als das panoptische Gewissen sich herausbilden wird: die ausgelieferte Geheimnislosigkeit des Ich vor dem Kontroll- und Strafblick der höheren (inneren) Moralinstanz. Dem heilenden Blick, der gesucht wird, korrespondiert von Anfang an der durchdringende Blick, dem man nicht entfliehen kann. Das Angeschaut-Werden ist eine äußerst prekäre Urerfahrung des Menschen. Es enthüllt Sehnsucht und Angst in einem, die derselben Wurzel entspringen: daß nämlich im Blick des Anderen ich identifiziert werde als der, der ich darin mir selbst werde. Das kann Glück und Grauen sein. Denn es ist, im Guten wie Bösen, der Blick des Anderen eine Macht, der ich unterliege. Dem Blick unterliegen ist der erste Akt der Subjektwerdung.

Wohl niemand ist tiefer in die Dialektik des Blicks eingetaucht als Augustinus in seinen *Bekenntnissen*, und man kann sagen, daß es diese Vertrautheit mit der Blickdialektik ist, die die *Confessiones* zum europäischen Grundbuch aller Autobiographien und Introspektionen macht. Der panoptische Gott – »o Herr, ›vor dessen Augen offen liegt‹ (Hebr. 4, 13) der Abgrund des menschlichen Herzens« (*Conf.* 246) –: dieser Gott steht am Anfang des berühmten X. Buches, welches in dieser Perspektive zur ersten fundamentalen Selbstanalyse der abendländischen Geschichte wird. »Laß mich dich erkennen, der du mich erkennst, erkennen, gleichwie ich erkannt bin« (ebd.), lautet der erste Satz. Augustin stellt an den Anfang das Wissen, daß alles Selbsterkennen zuerst das Erkennen dessen ist, was der andere »als mich« erkannt hat. Ich bin die Identifikation mit dem Blick des Anderen. Es ist dabei für die Geschichte des Subjekts wichtig, daß sich im Blick Gottes zu sehen, allererst heißt: sich in der irdischen Verfallenheit an den Leib, seine Begehrungen und Reize, sich also in der Sünde erfahren. Darum ist, noch heute (bis in die Psychoanalyse), jede Rede über sich *confessio*. Der Bezugspunkt dieser Blickkonstellation ist dabei das Mailänder Bekehrungserlebnis des Augustin, das an entscheidender Stelle als Blickerfahrung verstanden wird. »Jetzt stelltest du mich Auge in Auge mir selbst gegenüber, daß ich schaute, wie häßlich ich sei, wie entstellt und schmutzig, voller Flecken und Schwären. Ich sah's und schauderte und wußte nicht, wohin ich vor mir selbst hätte fliehen sollen. Und wenn ich den Blick von mir abzuwenden suchte . . ., stelltest du mich mir selbst gegenüber und rücktest mit Gewalt mein eigen Bild vor meine Augen, daß ich meine Sünden erkenne und hasse.« (*Conf.* 204) Was hier als angstbegleiteter Riß durchs Subjekt geht, ist – wie Augustin weiß (vgl. ebd. 203/207) – gerade dessen zweite Geburt. »Auge in Auge mir selbst gegenüber« –: das ist die Introjektion des Angeschautwerdens. Ich werde mir selbst gegeben im Blick des Anderen. »Mit Macht«, sagt Augustin, seine gesteigerte Gotteserfahrung unter neuplatonischem Einfluß beschreibend –, »mit Macht drangen deine Strahlen auf mich ein, mein schwacher Blick prallte zurück, und ich erbebte in Liebe und Angst.« (*Conf.* 178) Was hier religiös als Erfahrung des Tremendum (Angst) und Fascinosum (Liebe) des Heiligen benennbar wäre, erinnert zugleich an fundamentale Blickerfahrungen in den frühesten Phasen des Infans. Augustin benutzt dabei die vorsokratische Sehstrahl-Theorie, die sehr gut das »Umkippen« des schwachen eigenen Blicks in den mächtig an- und eindringenden Lichtstrahlen des Anderen erfassen läßt: »Was für ein Lichtstrahl ist's, der mich trifft, mein Herz durchbohrt und doch nicht verletzt? Ich schaudere und erglühe, schaudere, weil ich ihm so unähnlich bin, erglühe, weil ich ihm doch auch ähnlich bin.« (*Conf.* 15) Diese Gefühlsambivalenz, so wird erkennbar, ist von grundlegend sozialisierender Funktion. Im Angeschautwerden erfahre ich mich als Mangel und werde zugleich eingeschrieben in die Matrix, ähnlich werden zu wollen wie der, der mich anblickt. In einer Lage der Abhängigkeit kann es einen anderen Weg aus dem Strafblick nicht geben – für das Kind so wenig wie für das Menschenkind, und sei's Augustin.

Für die Geschichte des Christentums sind bedeutsam die Verwirrung und das Rätsel, in welche jeder, der sich selbst vom Auge Gottes her zu perspektivieren beginnt, gestürzt wird –; ebenso wie er zugleich herausgerissen wird aus der Unmittelbarkeit leiblicher Vollzüge. Im Blick Gottes wird der eigene Leib fremd, zum verwirrenden Spiel des Fleisches, ja zum Feind und Gefängnis eines Ich-Ideals, das ich – als Leib – nicht bin, aber in der Angst des Gesehenwerdens zu sein begehre: nämlich Seele. Ich-Sein heißt zuerst: ich fliehe aus meinem Leib in den Blick des Anderen. »Vor deinen Augen bin ich mir selbst zum Rätsel geworden, und das ist meine Schwäche« (*Conf.* 285), sagt Augustin. Das meint: zum Rätsel wird der Leib als »irdische Hütte« der Seele (*Conf.* 183). Diesen Leib mit seinen unwillkürlichen Antrieben durchforscht Augustin systematisch in der Ordnung der fünf Sinne, um durch analytisches Aufspüren der »Reize«, der »Macht der Augenlust«, der »Lüste und Genüsse der Ohren«, der »genießerischen Arglist der Begierde« von Hunger und Durst, der »Lockungen der Wohlgerüche« (*Conf.* 279–89) eben jene panoptische Transparenz zu erlangen, die dem Blick Gottes auf unser Selbst eignet. Darin folgt Augustin Paulus, der sagt: »Denn wir sehen jetzt (nur wie) mittels eines Spiegels in rätselhafter Gestalt, dann aber von Angesicht zu Angesicht. Jetzt ist mein Erkennen Stückwerk, dann aber werde ich völlig erkennen, wie ich auch völlig erkannt worden bin.« (1. Kor. 13, 12)

Paulus schon war ein äußerst sensibler Beobachter dessen, was leibliche Regungen und sogar das leibliche Strukturgefüge angeht (vgl. 1. Kor. 12, 12 ff.; H. Schmitz Bd. II/1, 517 ff.). Denn der Leib als Gefängnis der Seele muß restlos durch-schaut werden, um in dieser Selbst-Transparenz, die ein Effekt eines neuen Blicks, nämlich des »Seelenauges« (*Conf.* 178) ist, den Leib qualitativ zu überschreiten. Der Sinn davon ist, mit dem Angeschautwerden durch Gott sich zu identifizieren, dadurch an ihm zu partizipieren, zu werden wie er – d. h. nicht mehr Leib zu sein. Das geschieht nach dem einfachen, von Heinz Kohut beschriebenen, grundreligiösen oder, psychoanalytisch gesehen, narzißtischen Mechanismus: »du bist vollkommen, und ich bin ein Teil von dir«. Abgewehrt ist darin die Angst, im Unterworfensein unter den Blick des Anderen zugleich verworfen zu sein: das wäre die Nähe des Todes, wäre die Hölle.

Auf dieser Spur des Paulus denkt Augustin weiter: »Hinausschreiten will ich über meine Kraft, die mich dem Körper verbindet und sein Gefüge mit Lebenshauch durchdringt«. (*Conf.* 153) Hier spricht Augustin noch in der Begrifflichkeit stoischer Leibphilosophie, um sich genau von dem, was darin begriffen ist, abzustoßen, es zu transzendieren, es als das Niedrige und Schmutzige hinter sich zu lassen. In der zwingenden Not, dem strafenden Blick des idealisierten Selbst-Objektes zu entkommen, vertieft Augustin den anthropologischen Dualismus der platonischen Philosophie. »Und siehe, fasse ich mich selbst ins Auge, stehen da ihrer zwei, Leib und Seele, er draußen, sie drinnen. Wen von beiden soll ich fragen nach meinem Gott, nachdem ich schon die ganze Körperwelt durchsuchte…, soweit ich meine Augenstrahlen als Boten senden konnte? Besser ist doch, was innen ist.« (*Conf.* 252)

Hiermit ist, nach platonischer Vorbereitung, der Weg festgeschlagen, auf dem der Schattenleib sich durch die Geschichte schleppt, mitgeführt als Beschwernis eines Höheren, der Seele, der er zur Qual ihrer sündigen Herkunft wird; so wie sie, die Unsichtbare und doch Wirksame, ihm »Vorgesetzter und Richter« ist, welchem die Sinne »ihre Meldungen« zu machen gerade noch gestattet ist (*Conf.* 252). Endgültig von hier datiert das tragische Zeitalter des Leibes.

Verstehen aber läßt sich der Gewinn, der damit verbunden ist: in der Spaltung von Schattenleib und Lichtseele ist jener Mechanismus gewonnen, der einen idealisierungsfähigen Ich-Anteil, die Seele, dem Zornesblick des panoptischen Gottes entzieht. Die Seele konstituiert sich in der Angst des Gesehenwerdens als das, was dem Blick Gottes und seiner ewigen Dauer ähnlich zu werden hofft, um den Preis, daß die Quelle des Lebendigen, der Körper, der Schmach, dem Verfall und der Scham seines trüben Anblicks überlassen wird.

Dabei verfällt das Auge, die »Augenlust« (nach 1. Joh. 2, 16), einem besonderen Verdikt, weil das Auge bei Augustin den Leib vertritt. So nennt Augustin »alle Lust sinnlicher Wahrnehmung Augenlust«, weil alle übrigen Sinne und Leibregungen, »wenn sie etwas erkunden, gewissermaßen das Amt des Sehens, bei dem die Augen den Vorrang haben, vertretungsweise ausüben« (*Conf.* 288). Dabei kann Augustin sich auf Matthäus beziehen, bei dem der Primat des Auges bereits faßbar ist in dessen Erhöhung zur Ganzheit des Leibes. »Das Auge ist wie des Leibes Licht«, heißt es sehr schön, und dann: »Wenn nur dein Auge lauter ist, wird dein ganzer Leib voll Licht sein. Wenn aber dein Auge böse ist, wird der ganze Leib finster sein.« (Matth. 6, 22 f.) Im Auge also am nachdrücklichsten schneidet die Dichotomisierung des Menschen ein.

Ist das Auge Metonymie des ganzen Leibes, so hat an die Stelle des Fleischesblicks ein neuer Blick zu treten, in welchem die Geburt eines neuen Selbst sich ankündigt. Erst wo die leiblichen Augen sich schließen, öffnet sich der neue Blick, die »Schau«, die Vision, die »nicht vom Fleische kommt« (*Conf.* 181 u. ö.). Es ist auffällig, daß Augustin, darin Plotin folgend, die Geburt des neuen Selbst durchgehend in optischen Metaphern beschreibt. Darin zeigt sich, daß am Auge als pars pro toto des Körpers am nachhaltigsten die Verseelung vorangetrieben wird. In der Bekehrungsszene bricht im Angeschautwerden der eigene Blick zusammen; »mit Gewalt«, hieß es, dringt der Sehstrahl Gottes in den Menschen ein – und der neue Mensch ist kein anderer als der, welcher diesen Blick introji-ziert und zum eigenen macht. Das allein läßt den alten Menschen untergehen, auch wenn er im Leibespfuhl fortvegetiert. Darin sich selbst mit seinen »Flecken und Schwären« identifizierend, ist man Pfuhl und dieser zugleich nicht: denn durchlaufen hat man stufen-weise (wie bei Plotin) die Kette der sinnlichen, empfindenden, rationalen Vermittlungen *ad intelligentiam suam*, die »im raschen zitternden Augenaufschlag« (*Conf.* 184) sich mit dem Auge Gottes verschmilzt. Auf der Ebene dieses leibjenseitigen Ersehens des Unsichtbaren und seiner Weltordnung (*Conf.* 183/84 u. ö.) kehrt – und vielleicht ist dies eine List des Leibes, die persistenter ist als jede List der Vernunft – der Leib wieder: als Substrat des transzen-denten Blicks. Das »Seelenauge«, das in ungeheurer Lichtfülle schwelgt (*Conf.* 178), das Gott liebt als eine »Art von Licht, von Stimme, von Duft, von Speise und Umarmung« (*Conf.* 151) –: dieses Seelenauge entfaltet eine visionär gesteigerte Leiblichkeit, in den Kosmos projiziert, trunken vor Seligkeit und Begeisterung, getaucht in das Glanzmeer des Alls, verschmolzen mit der meta-physischen Entrücktheit des atopischen Gottesauges.

Gewiß haben das XII. und XIII. Buch mit ihrer von der Auto-biographie merkwürdig abgelösten Exegese der Schöpfungsge-schichte eine eigene theologische Bedeutsamkeit, und doch geht es dabei auch um etwas anderes: nämlich um die Adaption des gött-lichen Blicks. Die Exegese terminiert in Ekstase, die ein Effekt ist der identifikatorischen Partizipation an der kosmischen Grandio-sität Gottes, die in sublimierter Form alle leibliche Lust in sich einsaugt. »Aber die deine Werke in deinem Geiste sehen, deren Auge bist du selbst.« (*Conf.* 401) – »Ihr seid es nicht, die sehen« (ebd.), sondern ihr seht mit Gottes Augen, ja ihr seid diese.

Es ist der Blick Gottes auf die vollendete Schöpfung, in welchen sich alles als »sehr gut« und gelungen wiegt. Diesen Blick steigert Augustin mit aller rhetorischen Finesse zu einer grandiosen Blick-ekstase (*Conf.* 402 ff.), zur Lust und Gewißheit des »schaffenden Betrachtens« (wie es Augustin von Plotin, und viel später Novalis kennt) des creator mundi: »Wir also sehen, was du geschaffen, weil es ist, aber nur darum ist es, weil du es siehst. Wir sehen mit den Augen, daß es ist, und mit dem Geiste, daß es gut ist, du aber sahest das Geschaffene ebenda, wo du es sahst, als es geschaffen werden sollte.« (*Conf.* 406) Bei Augustin kehrt der verdrängte Leib als »Metaphysik des Körpers« (G. Mattenklott) wieder, das heißt aber: als entglittener Körper. Das Subjekt, das vor dem Blick Gottes sich in den atopischen Raum der Seele flüchtigt, überläßt das verfallene Gehäuse des Leibes der Barbarei der Hölle und des Todes; und entnimmt doch die Muster seiner heiligen Ekstase dem Gefüge leiblicher Lust. Der unaustilgbare Narzißmus des eigenen Leibes gleitet in den metaphysischen Narzißmus des mit Gott ver-schmolzenen Gläubigen. Immer weiß der christliche Mensch um die Niedrigkeit des Fleisches, doch unersättlich ist er nach der metaphysischen Labung des Seelenauges, dem erst der Kosmos nicht zu klein ist zur Auspendelung der tiefen narzißtischen De-mütigung, die unauflöslich in der Spaltung des Menschen in Leib und Seele liegt. Immer wieder reißt, in dieser Tradition, uns dies vom Schein der Armseligkeit des Leibes los in die Unruhe meta-physischer Projektionen, immer wieder entfremdet uns dies der heimatlichen Erde des Leibes in das verwirrende »Rätsel« und die niedrige »Hütte« des Daseins.

Spiegelblicke: Mythos und Moderne des Narziß

Ein Jahr vor dem Ersten Weltkrieg und vor Freuds »Einführung des Narzissmus«, dem einen scheinbar so fern wie dem anderen nah, 1913 also schreibt Rilke diese Verse:

> Narziss verging. Von seiner Schönheit hob
> sich unaufhörlich seines Wesens Nähe,
> verdichtet wie der Duft von Heliotrop.
> Ihm aber war gesetzt, daß er sich sähe.
>
> Er liebte, was ihm ausging, wieder ein
> und war nicht mehr im offnen Wind enthalten

und schloß entzückt den Umkreis der Gestalten
und hob sich auf und konnte nicht mehr sein.

(Rilke, *Sämtl. Werke*, Bd. 1, 56)

Der Spiegeleffekt des Perseus ermöglicht die Befreiung aus dem
Bann des Angeschautwerdens, schafft die Distanz zum Anderen,
welche das Subjekt zu aggressiver Bündelung seiner Handlungs-
energien befähigt. Die sokratische Spiegelung des Jünglings im
Blick des Philosophen löst beide aus dem Zwang des Begehrens
und setzt einen Idealisierungsschub ins Werk, dem sich die Emanzipation der Reflexion (Spekulation) von der Matrix des Triebs
verdankt. Die Spiegelung des eigenen Blicks im Auge Gottes bei
Augustin befreit von der Todesverfallenheit des Leibes wie sie zugleich von seiner Unmittelbarkeit entfremdet. *Sub specie dei* bildet
sich die Seele als atopisches Reservat der Personalität, das dem
ewigen Werden durch Teilhabe am ewigen Sein entzogen ist: dieses
erschließt sich »im erzitternden Augenaufschlag« als kosmische
Vision. – Drei Blickkonstellationen, die in einzigartiger Weise eine
Typologie möglicher Subjekt-Formen gestalten, doch unvollständig blieben, fehlte als vierte Variante der ovidianische Narcissus.
Er allein ist in der mythopoetischen Geschichte der Blicke, Spiegelungen und Selbst-Bildungen namengebend geworden – für den
psychoanalytischen Diskurs, sofern dieser sich nicht nur auf das
Ödipus-Drama als dem Mythos der Triebschicksale bezieht, sondern auch auf die Dimensionen des Selbst. Und doch ist Narziß
nur eine Variante im Kabinett der Spiegelungen, eine wichtige gewiß, weil dieser Mythos im imaginären Bild des Spiegels ein
Abfließen des Körpers zum Tode hin entdeckt, eine »Krankheit
zum Tode«, wie es Goethe hinsichtlich seines Werthers sagt. Narziß steht für die tragische Variante des Spiegelblicks: ohne ein
hinzutretendes Nicht-Identisches verliert Narziß die Möglichkeit,
das Bild seines Selbst zu inkorporieren, so daß sein Leib abfließt
und im Imaginären sich verflüchtigt und aushaucht.

Der Narzißmythos ist, was oft vergessen wird, eine Doppelge-
schichte, das aition der körperlosen Echo, das erzählt wird als
vergebliche Liebe der Nymphe Echo zu Narziß, und das aition der
Blume, in die der Jüngling Narziß im Tode verwandelt wird. Beiden also widerfährt dasselbe, die Verzehrung des Leibes, aus
Gründen, die mit dem Spiegeleffekt zusammenhängen. Echo
kann nur die Stummel der Rede von anderen wiederholen, verfügt

also nicht über eigenes Sprechen. So abgeschnitten vom Ausdruck ihres Begehrens und der Darstellung ihrer selbst, ist sie faktisch ohne Ich, wiederholendes Sprachfragment der anderen – wie ein Kind, das noch nicht oder unvollständig in die symbolische Ordnung der Sprache eingeführt ist und darum die Sprache der anderen mimetisch nachlallt. So bleibt sie wie unter Klausur, ohne Narziß gesehen zu werden, ohne verstanden, ohne wahr-genommen zu werden. In dieser präsprachlichen Welt irrt sie auf den Spuren des Narziß entlang, so wie ihr Begehren irrlichternd in ihr selbst kreist. Sie bedarf der annehmenden Spiegelung ihres Wunsches in der Sprache des anderen – und kann nicht einmal dies ausdrücken. Nur in dieser Sprache käme sie zu ihrem Wunsch, wäre sie nicht länger zwanghaft »an sich«, sondern in der Bedeutung für andere zugleich »für sich«. Das tragische Paradox der Echo besteht darin, daß sie, die Reden des Narziß fragmentarisch wiederholend, ihr eigenes Begehren in dessen Negation durch Narziß spiegeln muß. Ovid ahmt dies sprachlich nach: »»Ante' ait 'emoriar, quam sit tibi copia nostri'«. Dieser wütenden Ablehnung durch Narziß, der selbst kein anderes Begehren als das seine dulden kann, entnimmt Echo zwanghaft ihr eigenes Begehren: »sit tibi copia nostri!«, echot sie seine Ablehnung als ihre Erfüllung (*Met.* II, 391/92).

Dieser Bruch zwischen Wunsch und Negation ist, als Effekt fragmentarischer sprachlicher Spiegelung, für Echo tödlich. Ihre narzißtische Klausur verdichtet sich in der Beschämung und Kränkung ihres Wunsches, sie verbirgt sich unter Laub und in Grotten, bis ihr Leib sich an der absoluten Verinnerlichung des Wunsches verzehrt hat und sie – in der Sprache der Metamorphosen – in den leiblosen Hauch, das Echo, sich verwandelt hat. So erinnert für Ovid jedes Echo an den tragischen Effekt einer fragmentierten sprachlichen Spiegelung, die den Wünschenden in tödliche Isolation einkapselt, bis, wie bei einer Implosion, die fragilen Strukturen des kaum schon ausgebildeten Selbst in sich zusammenstürzen, nichts hinterlassend als tödliche Léere und den unheimlichen Hall des irrsinnigen Echo. (Man kann die Geschichte der Echo auch lesen als den Mythos einer Psychose auf dem Übergangsterrain zwischen Symbiose und Sprachwerdung des Ich.)

Echo stirbt an Narziß, wie ein Kind an der unempathischen Kälte der Mutter verödet. Echo schon verdeutlicht, daß Spiegelung nicht bloß ein geometrischer Abbildungsvorgang ist, sondern mächtiges Influenzieren des Gespiegelten durch den Spiegel. Die Spiegelfunktion (durch Blicke, Sprache, Gesten, Empathie) transformiert affektive Energien und soziale Effekte, moduliert und akzentuiert einzigartig den Austausch des Gefühlsstroms zwischen Personen. Immer sieht der Spiegel anders zurück, als in ihn hineingeschaut wird. Und dies wird zur Falle auch des Narziß.

Als Narziß an der Quelle, sich erblickend, wie durch Schock von den eigenen leiblichen Regungen – Durst, Mattigkeit – und der umgebenden Dingwelt – dem locus amoenus als seligem Ort – getrennt wird, verstrickt er sich, der zuvor alle Wünsche der anderen an seiner *splendid isolation* abprallen ließ, unauflöslich in die Imaginationen des eigenen Wünschens. Nie zuvor war Narziß seinem Begehren mehr inne als im Bild des »kleinen Wassers«, das mit unnachgiebiger Gewalt ihn von sich selbst scheidet. Er sieht auf sich als auf einen anderen, aber niemand anderer als er selbst sieht auf ihn. »Cunctaque miratur, quibus est mirabilis ipse. Se cupit inprudens et, qui probat, ipse probatur.« (Alles bewundert er jetzt, weshalb ihn die andern bewundern: Sich begehrt er, der Tor, der Liebende ist der Geliebte. *Met.* II, 424/25.) Diese autoerotische Koinzidenz von Begehren und Begehrtem – der Traum vom verlorenen Paradies – ist Effekt des Imaginären, in dessen Täuschungen Narziß sich jetzt verfängt. In der Abwehr des Blicks der Anderen hat er nie gelernt, den eigenen Blick von dem der anderen zu unterscheiden. So verkennt er, was er sieht (Quid videat, nescit, *Met.* II, 430), nämlich daß das winzige Wasser (exigua aqua, *Met.* II, 450) ihm seinen Wunsch ins Nirgendwo entrückt (Quod petis, est nusquam, *Met.* II, 433). Im Verkennen der modalen Differenz von Realem und Imaginärem identifiziert er das Bild von sich selbst als Körper des anderen (corpus putat, quod unda est, *Met.* II, 417). So verkennt er sein eigenes Begehren als das eines anderen, das aus der Tiefe des Wassers als fremdes ihm entgegenkommt. Wie Echo an den Hauch, verliert er sich an den Schein (nil habet ista suit, *Met.* II, 435). Er erstarrt zum »signum«, zur Statue wie aus Parischem Marmor geformt (*Met.* II, 419), zum Bildnis, zum Zeichen. Nicht genießt er sich im Begehren durch den anderen, sondern im Schein des anderen sich selbst. Rührt er sich aus dem Blick, verliert er sich (quod amas, avertere, perdes, *Met.* III, 433) – ebenso wie beides, Begehren und Begehrtes, verschwindet, wenn die Lippen des Narziß im Wasser sich berühren (Oh, wie küßt' er so oft – vergeblich – die trügende Quelle, *Met.* III, 427).

Doch setzt der fremde eigene Blick ins Wasser ein anderes Zurückwerfen frei: der Spiegel transformiert den Wunsch in Schwermut.
Der ins Imaginäre gefesselte Wunsch wird zur Klage: »Zum Armen macht mich der Reichtum«, trauert Narziß, als er erkennt,
daß er selbst es ist, den als Fremden er begehrt. »Iste ego sum!
sensi, nec me fallit imago... / Quod cupio, mecum est.« (Ach, ich
bin es ja selbst! Ich merk' es, mein Bild ist mir deutlich... / Mein
ist, was ich ersehne. *Met.* III, 463/66). In der unendlichen Spiegelung seines Begehrens erzeugt Narziß erst den Mangel, dem zu
entgehen er sich sehnt, nämlich begrenzt und endlich zu sein. Zu
spät seine Einsicht: »Lieben – ich muß es und schauen, doch was
ich erschaue und liebe, / Kann ich nicht greifen: den Liebenden
hemmt eine mächtige Täuschung.« (*Met.* III, 466/67) Das Wissen,
daß im Bild des Begehrtwerdens er nur sein eigenes Begehren spiegelt, holt ihn auf der Schwelle des Todes ein. Mit der Imago seiner
selbst verschmolzen und gerade darum sich selbst ein Fremder,
verzehrt sich der Leib des Narziß.

Tränen, Wut und schließlich Sich-Schlagen bis aufs Blut: es ist
spürbar, daß Narziß in seiner maßlosen Kränkung, nicht ein und
alles zu sein, sondern nur zu scheinen, in solchen intensiven Kör-
pererfahrungen sich zurückholen möchte in seinen Leib, wenigstens im Schmerz. Doch ist Ovid von tödlicher Konsequenz: was
Narziß erfährt, ist nicht sein Leib, sondern – Echo schaut ihm
unbemerkt zu – nur das Echo seiner Klagen und Schläge, nur die
Spiegelung seiner Wunden, seines Bluts und seiner Schmerzen im
Wasser. So wahrhaft ent-leibt, empfindet Narziß sich nicht mehr
im »Hier« seines Körpers, sondern immer nur im »Dort« des Imaginären –: und daran stirbt jeder.

Der Narziß-Mythos formuliert eine ernüchternde Wahrheit.
Nicht allein, daß Ovid das Selbst aus einer Blickverkennung hervorgehen läßt, in der nur *imago* und *signum* (Statue/Zeichen) ist,
womit ich mich identifiziere (das wird dann Lacans Einsicht).
Sondern Ovid läßt in Narziß am Ende einen neuen, vergeblichen
Wunsch wachsen, sich zu trennen vom paradiesischen Kurzschluß
von Begehren und Begehrtem, von der imaginären Verdoppelung
in Körperwunsch und Wunschkörper (für Narziß sind diese ein
»wir«, *Met.* III, 468, 473 u. ö.). Am Ende wünscht Narziß, ohne
es schon zu können, das Bild seiner selbst »fort von da, wo es ist«,
nämlich im Imaginären. Er wünscht den eigenen, den befreiten
Blick auf den Anderen, was voraussetzt: Getrenntheit und Ver-

schiedenheit von diesem und Anerkennung des Mangels und der Endlichkeit, die in der Imago der narzißtischen Vollkommenheit getilgt schienen.

Nach Paul Verlaine (Narcisse; Narcisse parle) hat Rilke in zwei Gedichten die nachgiebige Porosität und das wäßrige Entgrenzen des narzißtischen Selbst gestaltet:

> Dies also: dies geht von mir aus und löst
> sich in der Luft und im Gefühl der Haine,
> entweicht mir leicht und wird nicht mehr das Meine
> und glänzt, weil es auf keine Feindschaft stößt.
>
> Dies hebt sich unaufhörlich von mir fort,
> ich will nicht fort, ich warte, ich verweile;
> doch alle meine Grenzen haben Eile,
> stürzen hinaus und sind schon dort.

> (Rilke, *Sämtl. Werke,* Bd. I, S. 56)

Was im Abfließen des Ich ins unbestimmte »dort«, und dann vor allem im Angeblicktwerden durch die Geliebte (Str. 4–7 ebd.) erscheint, ist im Verhältnis zu Ovid pretiöses Entgrenzen und zarte Flucht der Oberflächen, sanfter Todeseros des Jugendstils und müde Untergangswilligkeit am Vorabend des Weltkriegs, der solchem Fest der Schwermut keinen Raum mehr läßt. Genau an diesen historischen Ort hat Robert Musil den ultimativen Versuch einer narzißtischen Liebe plaziert, diejenige zwischen Ulrich und Agathe im »Mann ohne Eigenschaften«. Abgesang des Narziß: »Mit den begrenzenden Kräften hatten sich alle Grenzen verloren, und da sie keinerlei Scheidung mehr spürten, weder in sich noch von den Dingen, waren sie eins geworden.« (*MoE* 1656/57)

Diese »imaginäre Richtung auf eine Liebe ohne alle Vermengung mit Fremdheit« (*MoE* 1308) hat seit der Romantik, eigentlich seit Rousseau wieder Konjunktur, mit einem Höhepunkt um und nach 1900. Narziß – das ist schon bei Ovid angelegt – wird zum Bruder der Kunst und des Todes. Die Liebe, eingefangen in die Verwaltungsökonomie der bürgerlichen Familie, flieht in Sphären des Imaginären, des Ästhetischen, und nimmt die Unheimlichkeit, den Wahnsinn und die Todesnähe (wie in Rilkes Malte-Roman bei der grausigen Verselbständigung der Spiegelbilder) in Kauf – als Tendenz der untergehenden Kultur und sinnentleerten Gesellschaft, die auf den Krieg wartet als auf eine Befreiung von sich selbst. »Mir ist selbst«, sagt Ulrich bei Musil, »als sehe ich

alles, was wir wollen in einem klaren Spiegel vor mir; aber ich kann
nicht hinein, und es kann nicht heraus.« (*MoE* 1325) Und geschieht es doch, drohen Spiegelfechtereien, Doppelgänger, Ver-
blendungen, Wahnsinn, symbolische Autodafés. Das Auge der
Liebe wie der Kunst hat vor der historischen Praxis abgedankt und
ist sich der Getrenntheit von den Dingen, gesellschaftlichen Pro-
zessen und eigenen Wünschen schmerzklar inne geworden. Dem
Verblendungszusammenhang der Gesellschaft wird die Blendung
des eigenen Blicks entgegengehalten. Musil hat die – vergebliche –
Beschwörung der wechselseitigen narzißtischen Spiegelung als
Abwehrreflex auf den historischen Sinnverfall und den Entfrem-
dungsdruck der Gesellschaft in den Satz gefaßt: »Eine besondere
Art der gegenseitigen Ergänzung, wie zwei Spiegel einander dasselbe Bild zuwerfen, das immer inständiger wird.« (*MoE* 1352)
Diese verzehrende Unendlichkeit des Spiegelblicks wird mit vollem Bewußtsein im Begriff des »Stillebens«, der »nature morte«
reflektiert (*MoE* 1229 f., 1312). Die *nature morte* nimmt die ovidianische Ästhetik des *signum* »wie aus Parischem Marmor geformt« wieder auf als die Todesnähe der narzißtischen Erfüllung
jenseits der Ordnung der bürgerlichen Familie. »Der markbetäu-
bende Anhauch des Stillebens« mit seinem »erregenden, undeut-
lichen, unendlichen Echo« (MoE 1230) wiederholt, im Angesicht
des heraufziehenden Krieges, den Narziß-Mythos als ultimative
Lösung gesellschaftlicher Melancholie. Die Atopie des narzißtischen *signums* wird noch einmal aufgeboten als utopisches Gegenbild der Gesellschaft. Doch erzeugt sie nicht deren bestimmte
Negation, sondern die »glückliche unendliche Traurigkeit« (*MoE*
1230), das Unerlöste, Verlockende und Verzehrende des historisch
deterritorialisierten Wunsches im Bild der Kunst. Die Ästhetik der
Musilschen Geschwister-Liebe enthält, wie zur Rehabilitation des
Narziß, das »Ansehen eines zarten Todes oder einer leidenschaftlichen Ohnmacht« (*MoE* 1094). Politisch ist das unhaltbar, natürlich, sublimer Eskapismus. Doch Musil, der das auch weiß,
scheint es, daß die mit dem Schauder der Todesästhetik verbundene »Entgrenzung und Grenzenlosigkeit« (*MoE* 765), und sei sie
folie à deux, als versuchte und vergebliche »Reise ins Paradies«
und an den »Rand der Möglichkeiten« –, Musil also erscheint dies
allemal wichtiger als die Preisgabe an die kleinen Tode der Entfremdung und die gleichgültigen Tode im industrialisierten Krieg.
Die melancholische Ästhetik seit dem fin de siècle steht zum er-

stenmal radikal jenseits der Erwartung sozialen Glücks und eschatologischen Heils sub specie dei. Sie holt den Blick vom Himmel zurück, wie sie ihn von der sozialen Welt abzieht. Sie schafft, wie im Bild der zwei gegenübergestellten Spiegel, eine restlos dem Imaginären verpflichtete Kunst, die keinerlei Mimesis mehr unterworfen ist. – Noch müßte jeder, der darin ein Verfehlen des Kunstauftrags sieht, überzeugend machen, daß die Misere der Dinge das Leben mehr lohnt als die Melancholie der Spiegel-Blicke und die Macht der Bilder. Die Verzweiflungen und Fluchten des Subjekts sind nicht diesem anzulasten – nach der mythischen Qual, die seit Perseus auf ihm liegt, und den unaufgeklärten Verelendungen, die dem historisch folgten.

Auge der Kunst

Vermutlich wird man sagen dürfen, daß die geschichtliche Entfaltung der Blicke – dem des Perseus, Platons, Augustins, des Narziß – ihr Scheitern ist. Was ihnen prozessual aufliegt – die Macht, die Rationalität, der Glauben, die Selbstliebe –, erscheint heute nur noch in Zügen der Destruktion, der Kälte, der Verzerrung und der Krankheit. Am Anfang des Malte-Romans von Rilke heißt es: »Habe ich es schon gesagt? Ich lerne sehen. Ja, ich fange an. Es geht noch schlecht. Aber ich will meine Zeit ausnutzen.« (*Werke* VI, 711) Wir wissen viel über das Sehen und haben es nicht gelernt, so wenig wie die Suche nach dem guten Angeschautwerden seine Erfüllung gefunden hat. Die Mythen des Sehens in den vier hier vorgeführten Varianten haben wir nicht überwunden, sondern nur vollendet – nämlich in den Dimensionen des Schreckens. Die Mythen zielten auf Versöhnung – mit dem Bann der Natur, mit dem Zwang des Triebs, mit der Endlichkeit des Fleisches und dem Verlust des Paradieses. Es ist, als hätten wir in ihnen nur die in sie eingeschlossene Gewalt gehört und realisiert. Das Sehen und das Angeschautwerden ist der Hölle näher als der Erlösung. Das Selbstverständlichste, Auge und Blick, demonstrieren Barbarei mehr als Kultur. Was dem Sehen zivilisatorisch aufruht, findet seinen prägnantesten Ausdruck im Panopticon innerstaatlicher Durchleuchtung und weltweiter militärischer Fernüberwachung: Kontrolle ist in der modernen Gesellschaft der eigentliche Effekt des Auges und seiner technischen Substitute. Eben das ist die Bar-

barisierung der Sehkunst. So wie umgekehrt am Gesehenwerden dieselbe Barbarei am prägnantesten sich in der Paranoia zeigt, der entglittenen Angst vor dem Unterworfensein unter den durchleuchtenden und verfolgenden Blick der anderen. Im verrückten Diskurs ist alles das Auge der Medusa.

Nach Jahrhunderten einer leichtfertig an der Kultivierung der Sinne vorbeigegangenen Aufklärung ist diese von einer Remythologisierung der Welt der Sinne eingeholt worden, die umfassender und schreckerregender ist als der Bann, aus dem der Mythos des Sehens herauszuführen versprach.

Ich denke, daß es nach den heillosen Blickverstrickungen nur ein Medium gibt, das der Suche nach einer versöhnenden Vermittlung von Sehen und Angeschautwerden treu geblieben ist, und das ist die Kunst. Hierbei muß realisiert werden, daß das Kunstwerk nicht allein die Versenkung des Blicks erheischt und darin nicht zu einer imaginären Verkennung des Betrachters führt, sondern daß das Kunstwerk selbst Auge ist. An einer signifikanten Stelle in der *Ästhetik*, nämlich dem Übergang vom Naturschönen zum Kunstschönen, findet Hegel zu Formulierungen, die den Augen-Charakter des Kunstwerks herausheben; und dies ist, obwohl die Stelle solitär ist, bedeutsam genug:

Wie sich nun an der Oberfläche des menschlichen Körpers im Gegensatz des tierischen überall das pulsierende Herz zeigt, in demselben Sinne ist von der Kunst zu behaupten, daß sich jede Gestalt an allen Punkten der sichtbaren Oberfläche zum Auge verwandle, welches der Sitz der Seele ist und den Geist zur Erscheinung bringt. Oder wie Platon in jenem bekannten Distichon an die Aster ausruft:
    Wenn zu den Sternen du blickst, mein Stern, oh wär ich der Himmel, /
tausendäugig sodann auf dich herniederzuschauen!,
    so umgekehrt macht die Kunst jedes ihrer Gebilde zu einem tausendäugigen Argus, damit die innere Seele und Geistigkeit an allen Punkten gesehen werde. Und nicht nur die leibliche Gestalt, die Miene des Gesichts, die Gebärde und Stellung, sondern eben so auch die Handlungen und Begebnisse, Reden und Töne und die Reihe ihres Verlaufs durch alle Bedingungen des Erscheinens hindurch, hat sie allenthalben zum Auge werden lassen, in welchem sich die freie Seele in ihrer inneren Unendlichkeit zu erkennen gibt. (Hegel, *Ästhetik*, Bd. I, 203)

In der Sprache des Idealismus scheint Hegel hier zum Ausdruck zu bringen, daß das zum Auge Werden des Kunstwerks eine Gestalt der Versöhnung ist; darum nämlich, so können wir fortsetzen, weil einzig die Kunst die Gewähr bietet, daß der rückhaltlosen

Entäußerung des Betrachterblicks seitens des Angeschauten eine ebenso rückhaltlose Entäußerung ins Sichtbare korrespondiert: zwischen Kunstwerk und Betrachter mag noch soviel Verschiedenheit herrschen, so gibt es dennoch zwischen beiden eine Freiheit des Gewährens, der sich zu vertrauen aufgrund der vollendeten Entäußerung in den Blick erlaubt ist. In authentischer Kunsterfahrung verschränken sich die Blicke in eine Innigkeit, die nicht mehr als der Schein des Augenblicks zu sein verspricht. Das Kunstwerk, das zum Blick-Objekt des Betrachters, und der Betrachter, der zum Blick-Objekt des Kunstwerks wird, schließen sich »von Angesicht zu Angesicht« »mit erzitterndem Augenaufschlag« zu einer freien Gemeinsamkeit zusammen, die als Utopie des Auges, stellvertretend für alle Sinne, das Gegenteil zum Verblendungszusammenhang der basilisken Sinnlichkeit der Disziplinargesellschaften bildet.

Rilke hat den Blick-Charakter der Kunst, ganz im Sinne Hegels, in ein in diesem Sinn kunsttheoretisches Sonett gefaßt:

Archäischer Torso Apollos

Wir kannten nicht sein unerhörtes Haupt,
darin die Augenäpfel reiften. Aber
sein Torso glüht noch wie ein Kandelaber,
in dem sein Schauen, nur zurückgeschraubt,

sich hält und glänzt. Sonst könnte nicht der Bug
der Brust dich blenden, und im leisen Drehen
der Lenden könnte nicht ein Lächeln gehen
zu jener Mitte, die die Zeugung trug.

Sonst stünde dieser Stein entstellt und kurz
unter der Schultern durchsichtigem Sturz
und flimmerte nicht so wie Raubtierfelle;

und bräche nicht aus allen seinen Rändern
aus wie ein Stern: denn da ist keine Stelle,
die dich nicht sieht. Du mußt dein Leben ändern.

Anmerkung

1 Die Vorsokratiker werden im folgenden zitiert nach der Ausgabe von W. Capelle (s. Bibliographie) abgekürzt als Capelle + Seitenzahl, hier: 216.

Bibliographie

Aristoteles: *Vom Himmel; Von der Seele; Von der Dichtkunst*, München 1983.

Apollodorus: *The Library*, gr. u. engl. hg. v. J. G. Frazer, Bd. 1. London 1967, S. 153 ff.

Aurelius Augustinus: *Bekenntnisse*, hg. v. W. Thimme, München 1982.

Hartmut Böhme, Gernot Böhme: *Das Andere der Vernunft. Zur Entwicklung von Rationalitätsstrukturen am Beispiel Kants*, Frankfurt/M., 1983.

Gernot Böhme, *Kunst als Wissensform*; (Unveröff. Ms.) Darmstadt 1981.

Carl Clausberg: *Kosmische Visionen. Mystische Weltbilder von Hildegard von Bingen bis heute*, Köln 1980.

Erec Robertson Dodds: *Die Griechen und das Irrationale*, Darmstadt 1970.

Dagobert Frey: *Dämonie des Blickes*, in: *Akademie der Wissenschaften und der Literatur, Abh. d. geistes- und sozialwiss. Klasse*, Wiesbaden 1953, S. 243–298.

Erik Grawert-May: *Zur Geschichte von Polizei- und Liebeskunst*, Tübingen 1981.

Thomas Hauschild: *Der böse Blick*, 2. Aufl. Berlin 1982.

G. W. Hegel: *Vorlesungen über die Ästhetik*, Bd. 1–3, in: *Theorie-Werkausgabe in 20 Bdn.*, Frankfurt/M. 1970.

Hesiod: *Sämtliche Werke*, dt. v. Th. v. Scheffer, Leipzig 1938; *Theogonie* (v. 270 ff.); *Der Schild des Herakles* (v. 216 ff.).

Die Heilige Schrift des Alten und des Neuen Testaments *(Zürcher Bibel)*, Zürich 1942.

D. Kamper/Ch. Wulf (Hg.): *Die Wiederkehr des Körpers*, Frankfurt/M. 1982.

Immanuel Kant: *Anthropologie in pragmatischer Hinsicht*, in: *Werkausgabe in 12 Bdn.*, hg. v. W. Weichedel, Bd. 12. Frankfurt/M. 1977.

Otto Koenig: *Urmotiv Auge*, München–Zürich 1975.

Jacques Lacan: *Vom Blick als Objekt klein-a*, in: ders., *Die vier Grundbegriffe der Psychoanalyse*, Olten 1978.

Lucian, *The Works*, gr. u. engl., hg. v. M. D. Macleod, Vol. VII, London 1961 *(Triton and the Nereids*, S. 227 ff.).

Jürgen Manthey: *Wenn Blicke zeugen könnten, Eine psychohistorische Stu-*

die über das Sehen in Literatur und Philosophie, Reinbek b. Hamburg
1983.

Gert Mattenklott: *Der übersinnliche Leib. Beiträge zur Metaphysik des
Körpers,* Reinbek b. Hamburg 1982.

Robert Musil: *Der Mann ohne Eigenschaften,* Reinbek b. Hamburg
1978.

Publius Ovidius Naso: *Metamorphoseon,* Stuttgart 1980.

Platon: *Sämtliche Werke,* hg. v. W. F. Otto, E. Grassi, G. Plamböck, 6
Bde. Reinbek b. Hamburg 1958.

Helmuth Plessner: *Die Einheit der Sinne,* Bonn 1923.

Marielene Putscher (Hg.): *Die fünf Sinne. Beiträge zur Medizinischen Psychologie,* München 1978.

R. M. Rilke: *Sämtliche Werke in 6 Bdn.,* Frankfurt/M. 1966.

Jean-Paul Sartre: *Das Sein und das Nichts,* Hamburg 1962 (darin: *Der
Blick,* S. 338–397).

Heinrich Schipperges: *Welt des Auges. Zur Theorie des Sehens und Kunst
des Schauens,* Freiburg–Basel–Wien 1978.

Hermann Schmitz: *System der Philosophie,* Bd. II/1: *Der Leib,* Bonn 1965;
Bd. III/1: *Der leibliche Raum,* Bonn 1967.

Siegfried Seligmann: *Die Zauberkraft des Auges und das Berufen,* Hamburg 1922 (zuerst: *Der böse Blick,* 2. Bde. Berlin 1910).

Die Vorsokratiker: hg. v. W. Capelle. Stuttgart 1968 (der Zugänglichkeit
halber hiernach und nicht zitiert nach: H. Diels/W. Kranz (Hg.), *Die
Fragmente der Vorsokratiker,* Bd. 1 u. 2. Berlin 1934 ff.).

Kritik der Melancholie und Melancholie der Kritik

In der sehr alten Deutungsgeschichte der Melancholie gibt es um 1475 eine dramatische Szene, von der Panofsky/Saxl in ihren bahnbrechenden Forschungen zur »Melencolia I« von Albrecht Dürer berichten[1]: der hermetische Neuplatoniker Marsilio Ficino klagt in einem Brief seinem Freund Giovanni Calvacanti, daß er nicht ein noch aus wisse und verzweifelt sei; dies ginge auf die mächtigen und düsteren Einflüsse des Saturns auf seinen Geist und sein Gefühl zurück. Saturn – das ist hier der maligne Stern, der fernste des Planetensystems, der Gott des Dunklen, Kalten und Schweren; rätselhafte, schwer entzifferbare Gottheit der Zeit; uralter Flurgott oder auch der gestürzte und kastrierte Uranide. Viele, auch widersprüchliche Traditionen fließen in der Semantik des Saturns zusammen. Innerhalb der Astralmedizin ist der Saturn der Regent der schwarzen Galle, der Milz, der kalten, trockenen Erde. Diese Komplexion aus Astrologie, Elementenlehre, Anatomie und Humoralpathologie bildet den Typus des melancholischen Temperaments.

Von der frühmittelalterlichen arabischen Medizin, die ihrerseits auf antiker Medizin und Philosophie aufbaut, wird die astralmedizinische Temperamentenlehre endgültig kodifiziert. Ficino, einer der großen Erneuerer platonischer und plotinischer Philosophie, Hermetiker und Astrologe, aber auch Arzt, kannte diese Traditionen aufs genaueste. Beklagt er sich bitter darüber, dieser dunkelsten aller Mächte unterworfen zu sein, so spricht er als Kenner der avanciertesten zeitgenössischen Wissensbestände – und zugleich als leidendes Subjekt und sich selbst reflektierender Intellektueller: dies ist das Neue, das subjektgeschichtliche Moment in der Historie der Melancholie. Diese Wendung zur subjektiven Erfahrung von Schmerz und Orientierungslosigkeit läßt Ficino die bittere und düstere Seite des Saturns betonen. Darin weist ihn denn auch sein Freund Cavalcanti zurück: dem Saturn verdanke Ficino alles, seine Weisheit und Bildung sowie die einzigartige Fähigkeit, griechische Philosophie und ägyptischen Hermetismus mit der Gegenwart zu vermitteln. Marsilio nimmt in seiner Antwort die bittere Klage über seine saturnische Melancholie zurück und bezieht sich, in radikaler Umwertung, nunmehr auf den *locus classicus* der *melancholia generosa*, die pseudoaristotelischen, vermutlich von Theophrast stammenden *Problemaa*, XXX, 1, die mit der später zu selbstverständlicher Behauptung geronnenen Frage anheben: »Aus welchem Grunde sind alle hervorragenden Männer, sei es, daß sie sich in der Philosophie, in der Politik, der Poesie oder den bildenden Künsten ausgezeichnet haben, offenbar Melancholiker...?« Bald darauf schreibt Ficino seine *Diätik des saturnischen Menschen*[2], worin er in klassischer Form alle Argumente für die nobilitierte Melancholie zusammenfaßt.

Damit sind beide Seiten des saturnischen Temperaments genannt, die Qual und der Wahnsinn dort, die göttliche Erleuchtung und inständige Forschung hier. Und beide Seiten sind in *eine* Subjektform eingeschrieben, die des philosophischen und künstlerischen Intellektuellen. Eine der Leistungen Ficinos ist es, daß er die mythologische Struktur Saturns, der – wie Panofsky/Saxl herausgearbeitet haben – ein Gott der Extreme, der Polaritäten und Heterogenitäten ist, übersetzt in das, was man die Komplexion des neuzeitlichen Intellektuellen nennen könnte: zerrissenes Subjekt zu sein, Wissender mit unglücklichem Bewußtsein, ein Entfremdeter, ein »Ferner« auf exzentrischer Bahn, nicht in ruhiger Mitte ausbalanciert, sondern bis zum Wahnsinn pendelnd zwischen dunkelster Grübelei und hellster Vision, ein Gratwanderer der schwierigen, unliebsamen und häretischen Wahrheiten, ein gefährdeter Bruder derjenigen, die dem Höllensturz in die Starrnis der Depression oder der Ekstasis irrlichternder Erleuchtungen nicht mehr entrinnen.

200 Jahre später. Der frühaufklärerische Philosoph Christian Thomasius plaziert in seiner *Ausübung der Sittenlehre* (1696) den Melancholiker in der Skala der vier Temperamente auf die niedrigste Stufe. Melancholische Merkmale – das ist ein Lasterkatalog. Weitere 50 Jahre später: der maßgebliche Philosophiehistoriker des 18. Jahrhunderts, Jacob Bruckner, macht Marsilio Ficino auf eine rüde Weise für den Irrationalismus aller Schwärmer, Hermetiker und Häretiker bis ins 18. Jahrhundert verantwortlich; die melancholische Philosophie wird zum Antipoden schlechthin der Aufklärung.

Die europäische Aufklärung, so hat Hans-Jürgen Schings[3] deutlich gemacht, kann geradezu als Feldzug gegen die Melancholie verstanden werden. Es scheint, als sollte Saturn, der ferne Regent der ingeniösen Melancholie, noch einmal gestürzt werden. Die Autorität der pseudoaristotelischen Tradition wird rigoros gebrochen. Nur so eigenwillige Außenseiter wie Johann Georg Hamann, der eben darum zum Vater der melancholischen Genies im »Sturm und Drang« wird, wagen es, die Linie Marsilio Ficinos gegen das Unisono der aufgeklärten Geister weiterzudenken. Obwohl die Spur der *melancholia generosa* in Kunst und Philosophie sich niemals völlig verliert, so sind sich heute linke Aufklärer und konservative Rationalisten in der Verwerfung der Melancholie einig. Die Frage ist, warum gerade die Melancholie so heftig bekämpft wird – und was in der Geschichte die zu rettende Produktivität der Melancholie ausmacht.

Die Negativbewertung der Melancholie beginnt im Mittelalter. Saturn gilt als *das* Unglücksgestirn. In der christlichen Einfärbung der Temperamentenlehre wird die Melancholie zur Sünde: unter dem Namen »Acedia« bezeichnet sie die Todsünde der Tücke, der Trauer, des Stumpfsinns und der Herzensträgheit, der Verhärtung gegenüber der Gnade. Es sind dies Revolten gegen die göttliche Schöpfung, deren Schönheit und sinngesättigte Ordnung der Melancholiker zu verneinen scheint. Die bestehende theologische (und damit gesellschaftliche) Ordnung erweist sich beim Melancholiker als wirkungslos.

Er verkörpert das Temperament, an dem die verbindlichen Sinnangebote und Werte der Gesellschaft abprallen. Mit der Hartnäckigkeit seiner schwarzen Gesinnung, seinem ungläubig in die leere Ferne schweifenden Blick, mit der Düsternis seiner Gefühle stört er das Sinn- und Normengefüge der Kultur. Der Melancholiker ist Störenfried, weil er den gesellschaftlichen Konsens stört; er ist Sünder, weil an ihm der göttliche Kosmos zu zerbrechen scheint.

Wir haben in dieser Abwertung der Melancholie einen der großen gesellschaftlichen Abwehrmechanismen zu sehen, die seit dem christlichen Mittelalter in allen Gesellschaftsformen wiederkehren: jede Ordnung erhält sich durch Ausgrenzung dessen, was als Unordnung gilt. Darum wird der Melancholiker nicht als Leidender oder Opfer ins soziale Mitgefühl eingeschlossen. Vielmehr wird er, dem kein Glück dieser Gesellschaft, dem kein Wissen, kein Beruf, kein Vergnügen und keine Hoffnung seine schwarzen Gedanken vertreiben, zum Außenseiter gemacht, zum Träger eines unsichtbaren Stigmas, das ihn, so passiv, schweigsam und duldend er leben mag, inmitten allen Lebens und aller Freuden zum Einsamen stempelt.

Die abendländische Einsamkeit wurzelt im melancholischen Temperament; wer nicht dazugehört, nicht von den kodifizierten Zielen des Handelns – Gottgefälligkeit, Glück, Erfolg, Reichtum – getragen scheint, macht sich verdächtig. Tendenziell ist jeder Melancholiker auch ein Häretiker oder Dissident. Sein Denken und seine Gefühle schweifen in Zonen des Tabus, der Sünde, der Unmoral, der Normlosigkeit. Das Gefängnis seines Schmerzes wird nicht als solches verstanden, sondern als Hartnäckigkeit und Hochmut, mit denen er sich dem rechten Glauben, den Sitten und Kulturformen entzieht. Daß der Melancholiker über Bewußtsein und Bildung verfügt, macht das Wissen als solches verdächtig. Zuviel Denken, zuviel Grübeln über das, was ist und woran alle glauben und teilhaben, ist ein Übel vor Gott und den Menschen. Davon bleibt die Geschichte des europäischen Intellektuellen bis heute belastet.

So ist es kein Zufall, daß die Melancholie in Gegensatz zur Utopie tritt. Seit den großen Gesellschaftsutopien der Renaissance besteht geradezu ein Melancholie-Verbot.[4] Wo von den Höhen des Staates herab alles bis in die Formen der Sexualität als lückenlose Ordnung des Glücks entworfen wird, dort ist der Melancholiker eine Unperson. In der Melancholie wird verfolgt, was dem verordneten Glück sich entzieht. Das freilich läßt sich auch andersherum lesen: nicht wer satt, glücklich, erfolgreich und mächtig ist, malt Utopien aus. Sondern aus dem kritischen Bruch, dem Leiden an der Gesellschaft, aus der Ohnmacht gegenüber der Gewalt des Staates und dem Schmerz über die Ungerechtigkeit, zur Vertreibung also der Trauer entstehen Utopien. Wir begreifen, daß das, was die Utopisten verbieten, sie selber sind: Leidende. Die Utopisten verraten die Melancholie an die Ordnung, die jene unter Zensur stellt. Undurchschaut bleibt dabei das christliche Erbe und die Nähe der Utopien zur Machtstruktur der entstehenden absolutistischen Staaten. Daß nämlich die Theologie in der Melancholie eine Sünde wider die göttliche Ordnung sieht, liegt auf einer Linie mit dem Verbot, welches die absolutistischen Herrscher am Hofe über die Melancholie verhängen. Beide Male glaubt sich die Ordnungsmacht bedroht. Der Melancholiker, wie er im 17. Jahrhundert für die Salons des entmachteten, vom politischen Handeln abgeschnittenen französischen Adels typisch ist, setzt sich dem Verdacht aus, ein Frondeur gegen den König zu sein. Melancholie wird zum Privileg des Souveräns, der melancholische Untertan zum stillgestellten Rebell.

Keine Epoche jedoch stilisiert so unnachsichtig den Melancholiker zum Typus des Vernunftlosen wie die Aufklärung. Geht man die Gruppen durch, welche die Aufkärung zu ihren Gegnern erklärte, so werden sie sämtlich mit dem Stigma der Melancholie belegt: die Pietisten und Separatisten, die Schwärmer und Fanatiker, die Enthusiasten und Phantasten, die »mönchischen« Asketen und Religionisten, die Abergläubigen. Sie alle sind Melancholiker deswegen, weil sie den Zielen der Aufklärung, dem allgemeinen Glück, der Geselligkeit, der vernünftigen Religion und humanen Moral nicht entsprechen. Im Umgang mit den als melancholisch etikettierten Minderheiten offenbart die Aufklärung die Grenzen der Toleranzdoktrin. Die separatistischen Schwärmer, von denen das 18. Jahrhundert wahrlich nur so wimmelt, werden zum Feindbild der Aufklärung, auf die alle Negativstereotypen projiziert werden: Geiz, Rachsucht, Misanthropie, Grausamkeit, Heimtücke, Mißtrauen, Argwohn, Furchtsamkeit, Neid, Unbarmherzigkeit, Hochmut, Hinterlist, verstockter Stolz, Heuchelei. Zu Recht sagt Schings, daß »der misanthropische Melancholiker... eine einzige große Provokation der Gesellschaft[5]« sei. Doch ist nicht zu übersehen, daß der Melancholiker keine Realität, sondern das Konstrukt des stigmatisierten Anderen der Vernunft ist. Der Gewinn des vernünftigen Sprechers dieses Melancholie-Diskurses ist enorm: wird die Melancholie zum Titel aller unerwünschten Charaktermerkmale, so reserviert sich das Vernunftobjekt damit gleichzeitig alle positiven Werte der Gesellschaft: Menschenliebe, Mitleid, Großmut, Freundschaft, Familiensinn usw. Ist der melancholische Menschenfeind und Religionist die zentrale Feindfigur, so lassen sich auf der Ebene der diskursiven Strategien noch zusätzlich zwei Frontlinien beobachten: zum einen werden Einbildungskraft und Enthusiasmus radikal diskreditiert; zum anderen werden alle philosophischen Traditionen, die unter den Titel »ägyptischer Neuplatonismus« zu bringen waren, als Ausgeburten pathologischer Milzsucht physiologisiert. Das trifft alle von der Renaissance ausgehenden hermetischen Philosophen, die Alchemie, die paracelsische Medizin, die Pansophie Jacob Böhmes usw. Ebenso gehören dazu Ficino, Robert Fludd, Giordano Bruno, Pico della Mirandola, van Helmont, Athanasius Kircher

u. v. a. In ihnen allen wirkt – als Verhängnis des brütenden Körpers über den Geist – die melancholische Komplexion. Mit dem Begriff der »manischen Melancholie« – so etwa bei Annäus Carl Lorry – gelingt den Aufklärern ein strategischer Schachzug von weitreichender Bedeutung: indem die Melancholie um den Formenkreis der Manie erweitert wird, wird das Kernstück der *melancolia generosa* pathologisiert. Denn niemals bestand die »heilige Melancholie« nur aus der *tristitia spiritualis*, sondern immer auch – unter Berufung auf die Autorität Platons – im göttlichen Furor.[6] Mit der »hitzigen Melancholie« werden Phantasie und Enthusiasmus im Kern getroffen. Die aufklärerische Furcht vor Einbildungskraft und grenzüberschreitender Begeisterung schafft sich eine neue Dämonologie.[7] Die Melancholie wird zum Diabolos der Vernunft, der Melancholiker ist der Mensch im Status des Sündenfalls wider die universale Ordnung der Vernunft (bzw. – bis 1750 – ein Provokateur der Theodizee). Rationalität heißt: so wie in allem Abweichenden und Minderheitlichen die Melancholie als Krankheitsverursachung angenommen wird, so wittert man umgekehrt in allen Melancholikern den Rebellen gegen die vernunftbewehrten Grundfeste der Gesellschaft. Nicht umsonst geistern im Hintergrund der aufklärerischen Debatten über die Schwärmerbewegungen des 18. Jahrhunderts immer wieder die beiden perhorreszierenden Chiffren »Müntzer« und »Münster« – Signen der Rebellion des 16. Jahrhunderts.

»Es ist leicht zu begreifen« – so kann man, zugespitzt, aber dennoch repräsentativ bei Heinrich Wilhelm Lawätz in dessen Temperamentenlehre von 1777 lesen –: »wie es so weit mit diesem Temperament hat kommen können, daß Feindschaft gegen das ganze menschliche Geschlecht, Haß gegen die ganze Welt und die über die waltende Vorsehung daher entstehen. Und wenn es beym Melancholischen so weit kömmt, daß er die Ursache seiner Unzufriedenheit und der Hindernisse, die seinen Ansichten widerstehen, in den höheren Verhängnissen suchet; so ist er nicht so geneigt, durch abergläubische Bemühungen die Gottheit zu versöhnen, als sie zu verleugnen oder zu lästern. Denn er ist mehr stolz als furchtsam.«[8]

Hier ist die aufklärerische Melancholiekritik auf den Begriff gebracht: der Melancholiker ist der »Feind an sich« des Menschengeschlechts, der Gesellschaft und Gottes. Man hat darum – mit Schings, gegen Lepenies – zunächst daran festzuhalten, daß die bürgerliche Aufklärung Vernunft und Melancholie in scharfen dynamischen Gegensatz bringt wie Licht und Finsternis, die die Symbolik des Aufklärungsprozesses bestimmen. Der Kampf gegen die Melancholie ist ein Herzstück des »großen Riesenkampfes zwischen der alten Finsternis und dem neuaufgehenden Lichte« (Ch. Fr. Duttenhofer).[9] Die Melancholie wird zum Schlüsselbegriff für den ersten Feldzug gegen Dissidenten im Namen der Vernunft.

Dennoch hat Schings in seiner Lepenies-Kritik nicht durchgehend recht. Denn zweifellos wird im 18. Jahrhundert die Melancholie auch zur Signatur des aufklärerischen Bürgertums selbst.[10] Dies ist nicht nur an der auffällig hohen Zahl von Melancholikern unter aufgeklärten Gelehrten und Literaten abzulesen – zumindest die mildere Form der Hypochondrie gehörte fast zum guten Ton –, sondern vor allem auch an den Diskursen über den Wahnsinn und den Status, den die Melancholie darin gewinnt. Diese Linie übersieht H. J. Schings. Sie läßt sich leicht ablesen an dem paradigmatischen Übergang von der humoral-pathologischen zur neurophysiologischen Deutung von Melancholie. Die hier zugrunde liegende Reiz- und Tonuslehre erlaubt nämlich eine zunächst überraschende Kombination von medizinischer und soziologischer Argumentation. Die *melancholia nervosa* ist, wie die Hysterie, das Krankheitsbild, das die kulturkritische Selbstreflexion der bürgerlichen Gesellschaft freisetzt. Möglich wird dies, weil die Begriffe des Nervs und der Reizung die Vermittlung leiblicher Pathologie, Gemütserkrankung und gesellschaftlicher Erfahrung erlauben.

Am Ende des 18. Jahrhunderts verbreiten sich überall in Europa Unruhe und Angst aufgrund des vermeintlichen oder wirklichen Zuwachses an Wahnsinn, gerade in den vernünftigen Sozialschichten. In England, dem bürgerlich fortgeschrittensten Land, sollen die Krankheiten am verbreitetsten sein. Unter Rousseaus Einfluß benachbarn sich nun Natur mit Gesundheit und Gesellschaft mit Krankheit. Ist es etwa die moralische, gesellschaftliche, ökonomische Ordnung der Vernunft selbst, welche Unvernunft produziert? Neue Deutungsformen verbreiten sich, neue Unruhen. Die Melancholie, verschwistert mit der Hypochondrie und Hysterie, gilt schon früh als englische Krankheit (George Cheyne, 1733). Melancholie verbindet begrifflich die Unruhe, Desintegration, Orientierungsdiffusion der Zivilisation mit der nervösen Unordnung im Seelenhaushalt des Bürgers. Urbane Lebensformen, intellektuelle

Arbeit, ökonomische Spekulation, Reichtum, Religionsfreiheit, Gelehrsamkeit, Kunstgenuß – die Momente bürgerlicher Freiheit also – verursachen eine strukturelle Anomie der Gemütskräfte. So angewiesen bürgerliches Bewußtsein auf diese sozialen Formationen von Freiheit als dem Milieu seiner ökonomischen und ideologischen Identität ist – so erscheint diese Identität jetzt mit unglücklichem Bewußtsein geschlagen, nahe der Konversion in schwarze Melancholie, in die Irrlichtereien der Hysterie oder der hypochondrischen Fixation. Das Zeitalter der bürgerlichen Neurosen ist eingeläutet.

Hier ist eine neue Angst entstanden. Es ist nicht die Angst des Rückfalls aus der moralischen Ordnung in die chaotische Animalität, sondern die Angst vor der Apokalypse des Wahnsinns, in welche die fortschreitende Zivilisation den Menschen stellt: Der Zivilisationsprozeß selbst ist es, der die Zukunft zum Wahnsinn hin verdunkelt.

Zur Abwehr dieser Angst werden die ersten großen psychiatrischen Kliniken konstruiert. Sie entsprechen in Anlage und Funktion genau dem Typ von Vernunft, die sich eben jener Angst zu entledigen sucht, die sie doch selbst hervorbringt.

Die Vernunft wird von der Melancholie eingeholt – nicht aber von der ingeniösen, die sie so bekämpfte, sondern von der neurotischen. Nicht ungestraft projiziert man, wie an der Schwärmerkritik erkennbar war, das unterdrückte Eigene auf eine Fremdgruppe, an der es verfolgt wird. Der epochale Gegensatz von Vernunft und Melancholie fällt zusammen. Besonders deutlich wird dies an den Stürmern und Drängern[11], die die Ziele der Aufklärung radikalisieren und genau dadurch auf deren melancholischen Kern stoßen. Der freiheitliche Schwung durfte nur in den Köpfen stattfinden. Diese erzwungene Wende ins Idealistische, die literarisch durchgespielte Blockierung jeder veränderten Praxis ist die Ursache für die angestrengte Haltung und die Resignation gerade der aktivsten Teile deutscher Aufklärungsbewegung. Wezel, Lenz, Hölderlin mögen für diesen Umschlag von politischer Enttäuschung in Melancholie stehen. Die gefesselte Aufklärung, die ordnungsstrategische Vernunft, aber auch das Versinken weiter Teile des Bürgertums in philiströsen Biedersinn und mutlosen Opportunismus, dieser zähe und muffige Untertanengeist der Deutschen machen die kulturelle Intelligenz zu melancholischen Außenseitern.

Diese Kluft zwischen Künstler und Gesellschaft heilt nie wieder zu. Im Gegenteil: seit nach dem Scheitern der Revolution 1848 das Bürgertum zunehmend seine liberale Orientierung aufgibt und auf dem Weg ökonomischer Entfaltung einen Kompromiß mit den alten Machteliten sucht, seit der demokratische Traum deutscher Einheit die Gestalt eines preußisch-militanten, nationalistischen Großkonzerns in kaiserlichem Gewande annimmt –: da ist der Funktionsverlust der kulturtragenden Intelligenz endgültig. Der Weg in die Subkultur, in die Boheme, den Dandyismus ist vorgezeichnet. Früher schon war ihn in Frankreich Charles Baudelaire gegangen. Mit ihm setzt die Moderne der Kunst ein, deren oft elitäre oder aggressive, formstrenge oder augenblickshaft improvisierte Attitüden den melancholischen Grundton niemals mehr übertönen. Es gibt seitdem keine authentische Kunst mehr, die nicht dem Schmerz entstammt, die nicht die Wunde der Feindschaft zwischen Kunst und Gesellschaft in sich trägt. Auch dort, wo der Schein des Schönen gefeiert, wo, wie in der Wiener Moderne um 1900, der leichte Konversationston des Kaffeehauses stilbildend wird, wo die polierten Oberflächen der Artefakte die dunklere Tiefe unsichtbar machen, schimmert die Melancholie als das Grundmuster der ästhetischen Erfahrung durch. Bis heute ist viel zuwenig bedacht, daß die Exilierung der Kultur durch den Faschismus die radikale Zuspitzung eines Prozesses ist, in welchem schon lange vor 1933 die Kunst zum »inneren Ausland« der Gesellschaft wurde. Diese Verdrängung und Marginalisierung der Kunst ist nicht als Sonderfall zu verstehen. Daß die Melancholie zum Genius der Künste wird, ist ein gesellschaftlicher Prozeß, der bei der Kultur nicht haltmacht. Darum reißt seit der Weimarer Republik die Melancholiedebatte nicht mehr ab. Mir scheint, daß sie unter falschen Vorzeichen geführt wird. Immer nämlich führen dabei Melancholiekritiker das Wort, die entweder von einem »rechten« Ordnungsdenken her oder von einer »linken« Moral des Engagements die Melancholie als das Defizitäre ausmachen. Mit seinem katastrophischen Pessimismus richte sich der Melancholiker in einer Position der Verweigerung ein; bestehende oder utopische Werte und Ziele, vorhandene oder zu entwickelnde Mittel und Wege zu ihrer Realisierung nehme der Melancholiker nicht wahr und schade darum dem Kampf um politischen Fortschritt oder stabile Verhältnisse. Daran ist vieles richtig. Und zugleich ist dieses Urteil eine abwehrende Verharmlosung der melancholischen Erfahrung. Er scheint nämlich, daß heute die Melancholie, die immer eine Signatur der Außenseiter war, zu einem gesellschaftlichen Grundmuster wird. Die traumatischen Erfahrungen unserer Gesellschaft in Faschismus und Krieg, die niemals angemessen aufgearbeitet wurden, verbinden sich heute mit der Hoffnungslosigkeit, daß die erdrückenden militärischen, ökologischen und sozialen Bedrohungen, welche erstmals in der Geschichte den Bestand der Menschheit gefährden, nicht mehr lösbar sind. Wir können heute in den Masken eines blinden Optimismus, in den Ungeheuerlichkeiten der sogenannten Fortschritte, in der Hoffnungslosigkeit einer noch in ihren hektischen Vergnügen und Moden verzweifelten Jugend, in dem langsamen Sterben der Natur, in der Kälte der Städte, in dem beschwichtigenden Wortgeklingel der Politiker, in der Ohnmacht der professionellen Tröster – wir können, um des Überlebens willen, in solchen Symptomen nicht länger übersehen, daß die Melancholie ins Zentrum der Gesellschaft gerückt ist. Längst gibt es nicht mehr das melancholische Privileg der Kunst. Längst ist Melancholie nicht mehr Ausdruck eines parasitären Katastrophismus, wie ihn Michael Schneider kürzlich den Intellektuellen und Künstlern vorrechnete. Es ist sinnlos geworden, mit guten moralischen Überzeugungen gegen die nicht mehr zu leugnende Möglichkeit zu polemisieren, daß unsere Geschichte ins Zeichen des Todes getreten sein könnte. Was einmal die Erfahrung abseitiger Minderheiten war, daß nämlich das Leben nur im Durchgang des Todes zu haben ist, dieses melancholische Wissen ist zur zentralen Aufgabe unserer Gesellschaften geworden.

Wir haben darum die Geschichte des Melancholikers neu zu lesen. Wir entdecken, daß er immer schon ein Sprung im Gefüge der Macht war. Er mißtraut der Propaganda, die heute noch im westlichen Kapitalismus wie im östlichen Staatssozialismus tönt, wonach die bestehende Ordnung zwar nicht die beste, aber die bessere ist. Verordnetes Glück und verbotene Melancholie korrespondieren miteinander. Die Kritiker der Melancholie erweisen sich allzu oft als Anwälte der Ordnung, der Gesundheit des Staates und einer seelischen Normalität, die an der kleinen alltäglichen Zufriedenheit genug hat. Dagegen setzt der Melancholiker den bösen Blick. Hinter dem schönen Schein der tanzenden Frau Welt entdeckt er die Geschwüre, den Eiter, das ekelhafte Gewürm und Gezücht, das den Körper der Gesellschaft zum Monument der

Fäulnis macht. Im empfindlichen Gefüge des Friedens spürt er schon die Spannungen und Risse, die den Krieg vorausdeuten. Was eben noch erbaut wird im Willen, die Zeit zu überdauern, sieht er schon als künftige Ruine. Natürlich stört das unser Vertrauen, daß es weitergeht, aufwärts, ins Bessere. Wir brauchen das Bild eines geglückten Lebens, um unsere Kräfte zu spannen, brauchen den Blick nach vorn, um dem Heute einen Sinn zu verleihen. Hören wir dagegen auf den Melancholiker, ist es, als sei der Gesang des Daseins ein ewiges Requiem. Er hört nicht die Lieder des Aufbruchs, sondern die Totenmesse der untergegangenen Dinge, der zerstäubten Hoffnungen und zerstörten Kulturen. Dagegen glauben wir, uns wehren zu müssen. Und darum wurde und wird die Melancholie diskriminiert.

Davon ist selbst Sigmund Freud[12] nicht völlig frei. Sosehr er die alte psychiatrische Strategie der Diskriminierung durch eine Einfühlung in den Kranken ersetzt, gerät ihm die Melancholie zur neurotischen Form von Trauer. Während der Trauernde in der Trauerarbeit seine libidinösen Energien langsam vom verlorenen Liebesobjekt abzieht und sich wieder der Realität zuwenden kann, wird die Melancholie zum Bild einer imaginären Anklammerung ans Verlorene, das im Inneren verewigt wird. Der Melancholiker – so Freud – identifiziert sich mit dem verlorenen Objekt. Eine »großartige Ichverarmung« ist die Folge. Das Ich versteinert in der Position des Verlassenen und empfindet sich als wertlosen Schatten. Auf dem Umweg über diese Selbstbestrafung nimmt das Ich Rache an den ursprünglichen Objekten, deren Verlust wie ein Untergang des Selbst erlebt wurde.

Die Einsichten, die sich hieraus ergeben, haben Alexander und Margarete Mitscherlich in ihrem Buch *Die Unfähigkeit zu trauern* vorbildlich entwickelt. Hier kommt es auf etwas anderes an. Durch den Melancholie-Begriff Freuds schimmert noch immer die theologische und moralische Verurteilung des Melancholikers. Die versteckte Aggression ist nur ein anderer Ausdruck für die Tücke. Der Narzißmus enthält den Vorwurf der Asozialität, der hartnäckigen Selbstbezüglichkeit und des Rückzugs von der Gesellschaft. Die Ichverarmung setzt den Vorwurf der Trägheit und Starre fort. Melancholie bleibt ein Defizit, ein Mangel an Trauerarbeit und Verantwortlichkeit gegenüber der Realität. Fern liegt Freud die Frage nach den produktiven Möglichkeiten. Nichts erinnert an die großartige Tradition melancholischer Kunst und

Philosophie. Nichts auch ist zu spüren von jener Radikalität, die Kierkegaard in seiner Untersuchung der *Krankheit zum Tode* umtrieb: daß es nämlich zur menschlichen Existenz gehört, in eine Tiefe von Verzweiflungen stürzen zu können, wo es nicht mehr darum geht, den Weg zurück zur Realität zu finden, sondern eine Haltung im Angesicht des Todes. Eine solche Haltung aber hat im Abendland nur in der Melancholie ihre kulturelle Form gefunden. Freud spricht als Therapeut; darum wertet er die Trauer hoch und erklärt die Melancholie zur neurotischen Reaktion, der ärztlich abzuhelfen sei. Diese Medizinierung der Melancholie aber vergißt, daß es Weltzustände und existentielle Situationen gibt, in denen die Melancholie eine angemessene Haltung darstellt. Vielleicht leben wir heute in einer solchen Epoche der globalen Verdüsterung der Lebensmöglichkeiten. Und vielleicht geht es darum, in der gesellschaftlichen Krankheit eine »Freiheit zum Tode« zu finden, also eine melancholische Haltung.

In dunkleren Augenblicken wissen wir, daß der Weg unserer Handlungen und Geschichte auch einer des Todes ist. Jede Entscheidung läßt die vielen verworfenen Möglichkeiten sterben; wir leben von einer Unzahl getöteter Kreaturen; wir töten, was uns als Feind gilt; wir kranken daran, daß wir nicht ewig sind; wir bauen, schaffen, arbeiten in wütender Obsession an unserem Überleben; wir setzen auf unsere Dauer in Werken, Kindern, Institutionen. Der Melancholiker aber sieht, daß das Leben auf einer gewaltigen Welle des Todes in eine Zukunft strömt, die die »Schädelstätte der Geschichte« (Lukács) nur vergrößert. Darum ist die Ruine der eigentliche Ort des Melancholikers. Die Ruine zeigt unseren mächtigen Bauwillen im Übergang zum endgültigen Verfall. Was einst Ausdruck lebensvoller Energien, Stätte des Handels oder der Liebe, Ort des Gebets oder der Arbeit war, ist jetzt Zeugnis einer eigenartigen Verwandlung, durch die das Schauspiel des Lebens zur Totenklage wird. Noch ist der Bauplan des Hauses, der Stadt zu erkennen, noch stehen Gewölbe, Torbögen, Mauergerippe; aber schon frißt das Wasser am Stein, krallen sich Pflanzen in die Risse der Mauern, spielt der Wind in den Fensterhöhlen, huschen die unheimlichen Tiere der Nacht durch Räume, die spurenhaft noch das vormalige Leben der Menschen bewahren. Die Natur holt sich, was der Mensch ihr abgerungen hat, zurück. Die Ruine läßt spüren, daß unsere Einrichtungen eines lückenlosen Energieaufwands zu ihrer Erhaltung bedürfen. Nichts aber hat Bestand;

dies ist das unnachgiebige Wissen des Melancholikers. So mächtig, stolz, siegreich sich unsere Bauwerke erheben – es gibt eine stärkere Kraft, die des leisen, unmerklichen Niedersinkens.

Es ist das 17. Jahrhundert, das diesem Bild von Geschichte seinen Ausdruck gegeben hat. Dies hat zuerst Benjamin in seinem Trauerspiel-Buch entdeckt. Ihm erwächst die Rehabilitation der Allegorie und der Melancholie.

In der Allegorie, sagt Benjamin, »liegt die facies hippocratica der Geschichte als erstarrte Urlandschaft dem Betrachter vor Augen. Die Geschichte in allem, was sie Unzeitiges, Leidvolles, Verfehltes von Beginn an hat, prägt sich in einem Antlitz – nein, in einem Totenkopfe aus. Und so wahr alle ›symbolische‹ Freiheit des Ausdrucks, alle klassische Harmonie der Gestalt, alles Menschliche einem solchen fehlt – es spricht nicht nur die Natur des Menschendaseins schlechthin, sondern die biographische Geschichtlichkeit eines einzelnen in dieser naturverfallenen Figur bedeutungsvoll als Rätselfrage sich aus. Das ist der Kern der allegorischen Betrachtung, der barocken, weltlichen Exposition der Geschichte als Leidensgeschichte der Welt; bedeutend ist sie nur in den Stationen ihres Verfalls.«[13]

Diese saturnische Vision der Geschichte enthält sicher nicht mehr die göttliche Seite des melancholischen Temperaments. Ihr allegorischer Ausdruck ist darum die Ruine, der Trümmerplatz der in Natur zurücksinkenden Intentionen und symbolischen Ordnungen der Menschen. Im Bedeutungsrausch der Allegorien gerät alles zur Elegie des Todes. Dem Allegoriker bedeutet Schönheit nur, was sie wird: Leiche. In hochmütiger Unberührbarkeit – das ist die *acedia* – verpanzert sich der Melancholiker gegen die Zumutungen des handgreiflichen Lebens. Erst solcher Fremdheit gerät alles zur Bedeutung, die den Dingen in der artifiziellen Kalkulation der Allegoriearrangements entrissen wird, um sie zu mortifizieren. »Produktion der Leiche, ist vom Tode her betrachtet, das Leben.«[14] Derart vom Ende her fällt der melancholische Blick des 17. Jahrhunderts auf die Geschichte. Das genau macht seine Modernität aus. Gewiß trägt die barocke Metaphysik nicht mehr. Wenn heute wieder in der Kunst ein »melancholischer Allegorismus« zu beobachten ist, so unterscheidet sich dieser von der barocken Allegorie dadurch, daß nicht nur die Geschichte im Bild der Natur als ewige Vergängnis erscheint, sondern daß der Akt des allegorischen Bedeutens selbst veraltet und verfällt. Die barocken Mortifikationen entspringen noch einer Heilshoffnung, die ihre unwiderstehliche

Kraft gerade aus der Insistenz der Trauer über das Vergängliche zieht. Solche Hoffnung ist heute selbst vom Tode gezeichnet.

Das Projekt Benjamins (und des frühen Adornos)[15] war es, aus der Dialektik der Allegorie eine säkularisierte Geschichtsphilosophie zu entwickeln. Die allegorische »Exposition der Geschichte als Leidensgeschichte« sollte hineingerettet werden in eine Philosophie des mythischen Banns, der naturhaft auf der Geschichte liegt. Dieser Bann, der die geschichtlichen Objektivationen ins Emblem der Vergängnis transfiguriert, ist die Entfremdung und Verzauberung, der die Menschen zwanghaft, durch Herrschaft unterliegen. Geschichte in der Physiognomie der Ruine zu entziffern, heißt in diesem Kontext, sie als Vorgeschichte zu lesen. Mit Hegel und Marx hatte man gelernt, diese Vorgeschichte zu entwickeln als den notwendigen Gang, den die am Horizont aufscheinende Freiheit durch die Zeichenkette ihrer Erniedrigung geht. Dialektik führt, noch einmal, das Mysterienspiel der Allegorien auf: an den Chiffren der auf Natur zurückgefallenen Intentionen, im Zeichenprozeß der Vergängnis und der Leidensgeschichte der Entfremdung wird der Gang des Weltgeistes abgelesen – zumindest die Zeichen der Kritik und der unabgegoltenen Vergangenheiten.

Heute ist es so, als erschienen die heilsgeschichtlichen wie die säkularisierten Geschichtsphilosophen der Moderne nur noch im Zeichen ihrer Auflösung. Dies wäre ein Symptom der Posthistoire. Wir haben wohl davon auszugehen, daß die authentischen kulturellen Produktionen heute daran erkennbar sind, daß sie sich jedem Schein von Versöhnung widersetzen – ja, daß in ihnen eine der wichtigsten Ressourcen des geschichtlichen Prozesses nur noch allegorisch, aufgezehrt und verbraucht erscheint: der bis zur Moderne anhaltende Glaube, daß die Problemlösungsfähigkeit der Menschen die zu bewältigenden Probleme übersteigt. Dies hieße, daß Geschichte in den Zustand des unaufhaltsamen Verfalls und der Verwüstung überginge. Die Ruine als zentrales Signum der Posthistoire, wie Hannes Böhringer[16] vermutet, spiegelt eine Epoche, in der Geschichte erlösungslos auf Naturgeschichte zurückfällt. Der luziferische Absturz, in den alles hineingezogen wird, entbehrt dabei des alten melancholischen Wissens, daß der gefallenen Natur und der Schädelstätte, als den Umschlagpunkten der Geschichte, das Heil entspringt.

So ist vielleicht doch nicht die barocke Melancholie, wie sie Benjamin versteht, die Haltung, die heute zu beerben ist. Zurückkehren möchte ich am Ende vielmehr auf jenes Bild, das ich ganz zu Beginn schon nannte: das Urbild des saturnischen Temperaments, die »Melencolia I« von Albrecht Dürer. Treffend nennt Gottfried Benn diesen schwermütigen Engel einen »Genius ohne Schlaf auf bloßem Stein, mit Geduld gekrönt, die nichts erwartet, die Ellenbogen aufs Knie gestützt, die Wange an die Faust gelehnt, schweigend dabei, seine offenkundigen und seine geheimen Werke zu erfüllen, bis der Schmerz erklungen ist, das Maß vollbracht und die Bilder von ihm treten in der Blässe der Vollendung«.[17] Hiermit schließt Benn, an einem Tiefpunkt der Geschichte, im Krieg 1944, seinen *Roman des Phänotyp*. Es ist, als holte uns im 20. Jahrhundert die Melancholie wieder ein. Jetzt erst wird die Dürersche Melencolia verstanden in den großen kunsthistorischen Arbeiten von Giehlow, Saxl, Klibansky und vor allem Erwin Panofskys. Gottfried Benn identifiziert in ihr den Künstler, der – durch die Zerrüttungen der Geschichte gegangen – seine einsame Arbeit an der Form, der Ausdruckswelt leistet. Doch sind auch die von den Schrecken dieses Jahrhunderts entsetzten Philosophien Walter Benjamins und Theodor W. Adornos von den Zeichen durchzogen, die Dürer ins Bild der Melancholie setzt.

Dürer, so wissen wir von Melanchthon, begriff sich selbst als Melancholiker. In seiner »Melencolia I«[18] gestaltet er – an der Schwelle zur Neuzeit, die ein Aufbruch im Zeichen der menschlichen Autonomie war – deren Kontrapunkt: einen geschichtsphilosophischen Pessimismus, der heute, nach dem Scheitern der Aufklärung, zur Chiffre des postmodernen Epochenbewußtseins wird. Die Bildanalysen der Dürerschen Melencolia zeigen, daß dieser düstere Engel mit dem scharfen, in leere Unendlichkeit gerichteten Blick umgeben ist von Gegenständen, die alle zur technischen Praxis und mathematischen Wissensgewinnung in Beziehung stehen: es sind z. B. Zirkel und Buch, Hammer und Säge, Hobel und Drechslerkugel, Waage, Lineal, Nägel und Zange, ein Stundenglas, ein mathematisch-astrologisches Gebilde, das magische Quadrat, ein im Bau befindliches Haus, ein geometrisch konstruierter Körper. Die Bedeutung dieser sinnlos verstreuten Gegenstände löst sich – nach Panofsky/Saxl/Klibansky – auf, wenn realisiert wird, daß Saturn auch der Herr der saturnischen Berufe ist: Baumeister, Steinmetz, Tischler, Drechsler, Zimmermann –: Sie bedienen sich der Geometrie und Mathematik. Symbolisch hat Dürer all dies in seinem Bild versammelt. Aber was bedeutet dies? Dürer bringt einen Engel ins

Bild, der vom Geist der Mathematik und Geometrie sowie von den davon abgeleiteten technischen Möglichkeiten resignierend abläßt und in eine kontemplative Starre angesichts leerer Unendlichkeit fällt. Wir wissen heute, daß Dürer darin auch seine Resignation gestaltete, mit den Mitteln der Rationalität, Mathematik und Meßkunst, das Geheimnis der Schönheit konstruieren zu können. Dies ist es, was die »Melencolia« so modern macht. Die Kunst trennt sich von Wissenschaft und Technik, die ihrerseits den geschichtlichen Prozeß zunehmend dynamisieren und beherrschen. In einsamer Abspaltung, aus der Erfahrung einer fundamentalen Trennung heraus tritt die Kunst ins Zeichen des Saturns: sie bildet ihre Werke in Zonen des Schmerzes und des Schweigens, einem Schattenreich der Kontemplation, die vor den Mächten der Geschichte abgedankt hat.

Durch alle Bewegungen der Historie und der Kunst hindurch scheinen wir heute hier wieder anzulangen. Kaum ein authentischer Denker und Künstler dieses Jahrhunderts scheint sich dem Bann des Dürerschen Bildes entziehen zu können. Denn dessen Melancholie lesen wir heute so: die historische Dynamik der Rationalität, der wir jahrhundertelang vertraut haben, scheint erschöpft. Immer ferner rückt die Utopie des Glücks. Die Träume des Fortschritts sind ausgeträumt. Wir haben uns eine Welt eingerichtet, die nichts mehr weiß vom Geheimnis der Schönheit, sondern geprägt ist von Zerstörung und Angst. Die Verluste der Natur überwiegen die Vorteile, die wir aus ihr beziehen. Die Technik ist der Kontrolle entglitten. Die sozialen und ökologischen Probleme übersteigen unsere Problemlösungsfähigkeiten. Das Vertrauen in die Wissenschaft, der noch das 19. Jahrhundert alles zutraute, ist erschüttert. Was die Menschen den Menschen angetan haben in Kriegen, Völkermorden und Verelendungen überbietet jede Kraft der Trauer darüber. Die Elemente, von denen wir leben, Wasser, Luft, Erde und Feuer, drohen uns zu vergiften. Das vierte Element, das Feuer, hält im atomaren Weltbrand unseren mehrfachen Tod bereit. Neben allen gesundheitlichen und sozialen Folgen greift dies tief in unser Unbewußtes ein: wir verlieren den unbewußt verankerten Zusammenhang mit dem Kosmos, mit der uns tragenden Natur. Furchtbar fällt auf die Menschen zurück, was sie aufs großartigste im Zeichen des Saturn entwickelten: eine geniale, aber kalte Technik, eine Meßkunst des Todes, einen Reichtum der Vernichtung, eine Konstruktion der Zerstörung.

Saturn ist der Gott, der seine Kinder frißt; der Gott der Zeit, der einzigen Zeit, die wir haben. Daß die Geschichte in sein Zeichen tritt, macht den Denker und Künstler zum Melancholiker.

Die Melancholie, die uns droht, trägt das Antlitz des Dürerschen Engels. Das hieße dem Gedanken standzuhalten, daß unsere Geschichte ins Zeichen des Todes getreten sein könnte; hieße, dies zu lenken ohne Verrat am Leben; hieße, das Sterben zu lernen, ohne aufzugeben, das selbstgeschaffene Elend zu bekämpfen.

Darin liegt ein wesentliches Paradox, das aus der Geschichte der Melancholie zu lernen ist. Die großen Melancholiker seit der Renaissance haben nichts mit jener klagenden Resignation und handlungsgehemmten Apathie zu tun, in der sich heute Literaten gern lamentierend ergehen. Gewiß hält sich der Melancholiker in Distanz zur gesellschaftlichen Praxis. Aber er ist produktiv. Der Genius der Melancholie ist streng. Er duldet nicht den selbstmitleidigen Jammer oder die masochistische Faszination der Schwäche. Er fordert Mut für die Zeichen der Angst und Bedrohung, ein Wissen ohne Beschönigung, ein Gefühl ohne Verdrängung. Hierin läge vielleicht seine produktive Kraft: eine Form und eine Haltung im Blick des Todes zu finden. Das scheint uns fremd und ist doch notwendig: die »Todesfuge« als Signum unlösbarer Trauer und zugleich als Klang des verwandelten Lebens.

Vielleicht gilt dann der Satz, den Susan Sontag als letzten über Walter Benjamin formuliert: »Vor dem Weltgericht wird der letzte Intellektuelle – dieser saturnische Held der Moderne, mit seinen Ruinen, seinen abwegigen Visionen, seinen Träumereien, seiner undurchdinglichen Melancholie, seinem gesenkten Blick – erklären, daß er viele ›Positionen‹ innehatte, und daß er das Leben der Ideen bis zum bitteren Ende verteidigte, so recht und unmenschlich er konnte.«[19]

Anmerkungen

1 Zuerst in: Erwin Panowsky/Fritz Saxl: *Dürers »Melencolia I«. Eine Quellen- und Typengeschichtliche Untersuchung*, Leipzig 1923, S. 32 ff. – Vgl. ferner: R. Klibansky/E. Panofsky/F. Saxl: *Saturn and Melancholy*; Liechtenstein 1979. – E. Panofsky: *Symbolism and Dürer's ›Melencolia I‹*, in: Morris Weitz (Hg.): *Problems in Aesthetics*, 2. Aufl. New York 1970, S. 467 ff.

2 Panofsky/Saxl, a. a. O. S. 35.
3 Hans-Jürgen Schings: *Melancholie und Aufklärung. Melancholiker und ihre Kritiker in Erfahrungsseelenkunde und Literatur des 18. Jahrhunderts*, Stuttgart 1977. – Die Untersuchung von Schings ist die beste und materialreichste zum Melancholieproblem im Zeitalter der deutschen Aufklärung. – Zum Forschungsstand vgl. Wolfram Mauser: *Melancholieforschung des 18. Jahrhunderts zwischen Ikonographie und Ideologiekritik. Auseinandersetzung mit den bisherigen Ergebnissen und Thesen zu einem Neuansatz*, in: *Lessing-Yearbook* Vol. XIII, 1981, S. 253–277.
4 Zum folgenden vgl. die noch immer unverzichtbare Studie von Wolf Lepenies: *Melancholie und Gesellschaft*, Frankfurt/M. 1969, Kap. III u. IV.
5 Schings a. a. O. S. 47.
6 Der *furor divinus* wird im Aufklärungsverständnis zum platonischen Wahnwitz, vgl. Schings, a. a. O. S. 151.
7 Vgl. Schings, a. a. O., ferner: Hartmut Böhme/Gernot Böhme: *Das Andere der Vernunft*, Frankfurt/M. 1983, S. 117ff., 387ff.
8 Zit. nach Schings a. a. O. S. 48.
9 Zit. nach Schings a. a. O. S. 193.
10 Vgl. zum folgenden auch Michel Foucault: *Wahnsinn und Gesellschaft*, Frankfurt/M. 1973 – Klaus Dörner: *Bürger und Irre. Zur Sozialgeschichte und Wissenschaftssoziologie der Psychiatrie*, Frankfurt/M. 1975.
11 Gert Mattenklott: *Melancholie in der Dramatik des Sturm und Drang*, Stuttgart 1968.
12 Sigmund Freud: *Trauer und Melancholie*, in: ders.: *Studienausgabe*, hg. v. A. Mitscherlich u. a., Bd. III, Frankfurt/M. 1975, S. 175ff.
13 Walter Benjamin: *Ursprung des deutschen Trauerspiels*, Frankfurt/M. 1969, S. 182f.
14 Ebd. S. 246.
15 Vgl. den stark von Benjamin inspirierten frühen Aufsatz von Th. W. Adorno: *Die Idee der Naturgeschichte*, in: ders.: *Ges. Schr.* hg. v. R. Tiedemann, Bd. 1, Frankfurt/M. 1973.
16 Hannes Böhringer: *Die Ruine in der posthistoire*, in: *Merkur* Jg. 36 (1982), H. 4, S. 367–75.
17 Gottfried Benn: *Ges. Werke*, hg. v. D. Wellershof, Bd. 5, Wiesbaden 1968, S. 1376.
18 Zum folgenden s. wieder Panofsky/Saxl a. a. O.
19 Susan Sontag: *Im Zeichen des Saturn*, München/Wien 1981, S. 146.

Umgekehrte Vernunft. Dezentrierung des Subjekts bei Marquis de Sade

Dramaturgie der sexuellen Szene

Was dem Liebhaber erotischer Literatur die Lektüre Sades so zwiespältig macht, ist die Disziplin der Orgie. Erotische Literatur lebt von der imaginierten Willkür und Spontaneität sexueller Körper, die in der Ordnung des Alltags nicht erscheinen dürfen. In der Welt der Sadeschen Sexualität herrscht jedoch ein solches Maß an Kalkül, Disziplin, Ritualisierung und dramaturgischer Organisation, daß dem Leser gerade im Raum seiner sexuellen Freiheitsträume potenziert der Zwang und die Kontrolle wiederbegegnen, denen er entfliehen möchte. »Los, los, alle Ärsche ans Licht«, befiehlt Gernande. – »Es muß schon etwas Ordnung in die Sache kommen, Onkel«, sagt Bressac. – »Nur zu, meine Freunde, mir scheint, dieses Arrangement ist sehr gelungen. Jetzt arbeitet im Takt!« – Wer in der Gefahr steht, von seiner Leidenschaft überwältigt zu werden, wird von dem Regie führenden Libertin unterbrochen: »als Verneuil seinen wütigen Sohn unterbrach und ihn um einen Augenblick Ruhe bat, um seine Lust in etwas geordnetere Bahnen zu lenken«. – »Ein bißchen Zusammenspiel, meine Freunde«, mahnt Dolmancé. Und Madame de Saint-Ange (welcher Name!) spricht den Grundsatz sadianischer Sexualität aus: »Laßt uns aber bitte ein wenig Ordnung in diese Orgien bringen; es bedarf ihrer selbst auf dem Höhepunkt der Ekstase und der Schamlosigkeit.«

Von sexuellem Anarchismus ist keine Rede. Bei Sade wird bewußt, daß dieser nur die Verlängerung der Ideologie spontaner Individualität ist. In einer entfremdeten Welt, damals wie heute, pflegen wir die Einzigkeit und Besonderheit unserer Sexualität als letzten Halt persönlicher Identität, die von unseren Rollen ausgezehrt zu werden droht. Solche Ideologie verfällt dem sadianischen Spott. Die disziplinäre Durchdringung der sexuellen Szene erinnert an alles, nur nicht an Spontaneität. Man kann statt dessen an die Beherrschung des Körpers im Ritual der höfischen Tänze ebenso denken wie an militärische Exerzitien, an die Verkoppelung von Mensch und Maschine im Fabriksystem wie an die Taylorisierung der Körperarbeit –: Sades Sexualität ist ebenso ein

Nachbild höfischer Rationalität wie Vorbild technokratischen Positivismus, nur nicht die Utopie fließender Wunschenergien, aus dem Reservat irgendeiner unberührten Natur sprudelnd. Darum wird die Lektüre Sades zur ständigen Kränkung unseres Anspruches auf liebende Verschmelzung der Leiber im Spiel der Lust. Genau dies ist Sades Absicht.

In der Sexualität konfrontiert er uns mit eben der Mechanisierung, unter der die kulturkritischen Denker von Rousseau bis Marcuse leiden und gegen die sie den Eros als Gegenkraft berufen. In der sexuellen Szene interessiert die Individualität des Begehrenden sowenig wie die des Begehrten. Sade entsubjektiviert die Sexualität radikal. Er ist es, der zuerst entdeckt und die Wahrheit nutzt, daß der Trieb das Allerunpersönlichste an uns ist. Gerade darum eignet sich der Trieb, zum Medium des triumphierenden Bewußtseins zu werden. Regie führt die Vernunft. Sie funktionalisiert und fragmentiert die Körper und besetzt sie einzig nach Maßgabe ihrer Verkoppelungswertigkeit in einer sexuellen Konfiguration. Darum müssen die Libertins zuallererst Disziplin lernen. Sie ist das Vermögen, sich vom Körper zu emanzipieren und diesen dadurch zu einem Einsatz des Bewußtseins zu verwandeln. Nicht Ich und Du sind in der Orgie verschmolzen, sondern die restlos beherrschten Körper, genauer noch: die sexualisierbaren Körperfragmente werden zu wechselnden Funktionselementen einer umfassenden Konfiguration des regieführenden Bewußtseins. Störungen der Sexualität sind nicht, wie in der Normalpraxis, plötzlich aufkommende Distanzen, interferierende Reflexion, aufblitzendes Bewußtsein, sondern genau umgekehrt. Die Ordnung des sadianischen Arrangements wird durch nichts so gestört wie durch Vermischung der Leiber, wechselseitige Einfühlung, sympathetische Kommunikation, Liebe. Die absolute Beleuchtung, der die Körper in der sexuellen Szene ausgesetzt werden, erzeugt eine Schamlosigkeit, in der es nicht mehr den geringsten Schatten individueller Reservation geben darf. Was einzig zur Geltung kommt, ist das Bewußtsein, das sich im Fleisch der Leiber zur Darstellung bringt und genießt.

Daß Sade den Leser erotischer Literatur so befremdet, liegt also daran, daß er nicht den Körper stimuliert. Vielmehr behauptet er, daß Sexualität nur dort zur vollendeten Lust wird, wo sie restlos durchs Bewußtsein angeeignet, vom Körper distanziert und erst dann als kondensierte Energie auf diesen projiziert wird. Sexualität ist ein Aggregat des Bewußtseins: davon wollen wir nichts hören.

Befreiung des Denkens von Vernunft

Zu den geheimen Ängsten der Aufklärung im 18. Jahrhundert gehört es, daß der Atheismus zu einer von keinen Werten angeleiteten Vernunft führen könnte. Der Verlust theologisch-kosmologischer Ordnungen treibt gewaltigen Anstrengungen hervor, das Instrument der Kritik, nämlich Vernunft, an Ordnungen zu binden, ja diese auf jene zu gründen. Kant wie Rousseau, die beide gleichermaßen den Terror einer von Trieben oder partikularen Sozialinteressen gegängelten Vernunft fürchten, arbeiten rastlos daran, das kostbare Vermögen der Vernunft mit natürlichen oder normativen Ordnungen unauflöslich zu verschweißen. Sade setzt den Kontrapunkt. Er betreibt die Entfesselung der Vernunft, untergräbt die Dreieinigkeit des Guten, Schönen und Wahren und sprengt die Minen vernunftgewirkter Subversion in den heiligen Hallen des europäischen Wertgefüges.

Sade zielt auf eine Umkehrung des Verhältnisses von Phantasie und Vernunft: nur so, scheint er zu meinen, befreit sich das Denken von den Fesseln der Werte. Der Aufstieg der europäischen Aufklärung war eins mit dem Abstieg der Einbildungskraft, die zum gefesselten Prometheus des Verstandes degenerierte oder allenfalls im künstlerischen Genie sich ausdrücken durfte (natürlich nur in Übereinstimmung mit natürlichen und sittlichen Ordnungen). Daneben übernahm die Einbildungskraft im Reich der Vernunft die Rolle, die der Satan im Reich Gottes hatte: sie wurde zum Gegenpart, zum gefährlichen Tier im Menschen, zum Dämon der Vernunft. Der beginnende psychologische Diskurs in der zweiten Hälfte des 18. Jahrhunderts ist voller Beispiele von Wahnsinnigen, deren Vernunft aufgrund einer überbordenden Phantasietätigkeit dissoziiert. So erschien etwa bereits die exzessive Romanlektüre für den phantasmasierbaren Leib der Frauen gefährlich: sie sollten lieber moralische Wochenschriften lesen. Sade dagegen reinthronisiert die Phantasie. Sie ist der privilegierte Weg zum Laster, und erst, wo Phantasie herrscht, wird das Denken frei. »Welche Kraft der Phantasie!«, begeistert sich Dolmancé über die erregten Vorstellungen der Elevin Eugénie. »Sehen Sie, Madame, sehen Sie, schauen Sie dieses wollüstige Geschöpf an, wie es ihr vom Kopf her kommt . . .« Das ist es, worauf Sade zielt: die unmittelbare Umsetzung von Vorstellungskraft in sexuelle Energie.

»Die Phantasie ist der Stachel der Lust«, doziert Dolmancé. »Gelangen wir nicht durch sie zum Genuß?« – Diesen Umweg muß bei Sade jede Sexualität gehen; es gibt bei Sade nur indirekte Lust. Darum muß jede neue Praktik geplant, entworfen, beredet, in den Rollen verteilt, choreographisch arrangiert und – vor allem – durch ein ständiges »Feuer der Rede« belebt werden. Die Sexualität Sades ist zuerst eine Lust des Sprechens. Nicht regt der Körper die Phantasie auf und stimuliert die Sprache, sondern umgekehrt entzündet erst die Wollust der Rede das müde Fleisch.

Die Sadesche Welt ist ausschließlich eine der Sprache, deren Endlosigkeit sich den endlosen Ressourcen der Imagination verdankt. Wahrhaft zügellos ist nicht der Körper, sondern die Phantasie. Der Körper erinnert immer an Grenzen und kann niemals das Schauspiel der unendlichen Lust so perfekt aufführen wie die Endlosigkeit der Sprache. Der Überfluß und die totale Verausgabung übersteigt den Körper. Die flüssige Valuta des Spermas, so reichlich die Libertins darüber verfügen, sind nur ein schwaches Abbild des unendlichen Stroms der imaginierten Wünsche in der Sprache. In der sexuellen Welt Sades darf es keine Erfüllung geben, an der die Lust zur Ruhe kommt. Ruhe wäre für Sade Leere und Nichts. Darum muß der erschöpfbare, in sich zurücksinkende Körper ständig überschritten werden durch eine Lustunendlichkeit, die die Transzendenz des Körpers darstellt und einzig im endlosen Sprachfluß des Imaginären Gestalt findet. Die Phantasie ist der symbolische Phallus der Libertins, der Traum ihrer Unerschöpflichkeit, die noch jede der gewaltigen »Maschinen« mit ihrem grandiosen Spermavorrat übersteigt. Phallische Omnipotenz ist nur in der Imagination zu haben. Die Endlosigkeit der sadianischen Schrift verweist ununterbrochen auf das männliche Leiden an Erschöpfbarkeit des realen Phallus.

Sade hat dabei genau verstanden, daß die Unendlichkeit nicht nur durch den realen Körper, sondern auch durch die bestehenden kulturellen Konventionen begrenzt wird. Eben darum koaliert die Phantasie mit der Vernunft. Sade eignet sich sämtliche Verfahren der radikalen Ideologiekritik des französischen Materialismus an, um der Einbildungskraft eine *tabula rasa* zu bescheren. »Die Phantasie«, weiß Madame de Saint-Ange, »hilft uns nur, wenn unser Geist von Vorurteilen völlig frei ist: Ein einziges genügt, um sie erkalten zu lassen. Der launenhafte Teil unseres Geistes ist derart ausschweifend, daß er keine Grenzen kennt; seinen größten Triumph, die höchsten Wonnen erfährt er, wenn er alle Schranken zerbricht, die man ihm in den Weg stellt. Die Phantasie ist der Feind der Norm; abgöttisch verehrt sie die Regellosigkeit und alles, was das Flair des Verbrecherischen hat.« Und so belehrt, fragt Eugénie zurück: »Nun denn, wenn wir die Phantasie schweifen ließen, wenn wir sie die äußersten Grenzen überschreiten ließen, die Religion, Anstand, Menschlichkeit, Tugend, kurz all unsere angeblichen Pflichten uns vorschreiben wollen, müßte sie dann nicht ganz wunderbarer, absonderlicher Einfälle fähig sein?« – »Zweifellos.« – »Wenn das so ist, dann müßten wir unserer Phantasie in Richtung auf die unvorstellbarsten Dinge freien Lauf lassen, je mehr wir erregt werden wollen, je heftigere Reize wir empfinden wollen; je weiter der Kopf zu gehen bereit ist, desto mehr Lust werden wir empfinden...«

Die Unendlichkeit der Lust ist ein Phantasma des »Kopfes«. Die Einbildungskraft triumphiert nur dort, wo die Vernunft sich völlig über »Vorurteile« aufgeklärt hat. Darum tendiert die sexuelle Phantasie Sades zur Philosophie. Mit dieser hat das 18. Jahrhundert ein Instrument der Vorurteilskritik geschaffen, dessen sich Sade bemächtigt, weil es das klassische Medium der Überschreitung darstellt. Sade schwebt vor, daß der Verbindung von Phantasie und rationalistischer Kritik eine Energie entspringt, der nichts standhält. Der Kurzschluß von Ratio und Einbildungskraft entzündet die Spannkraft eines Geistes, dessen einzige Aktionsform die Vergewaltigung ist. Die intellektuellen Passagen, die Philosophie Sades sind die gebündelte Energieform eines aggressiven Phallozentrismus. So wie das Monstrum Minski mit seinem Phallus notwendig jeden tötet, so soll jeder Gedanke, jeder Einfall eines Libertin die Zertrümmerung einer Grenze, einer Norm, einer Regel sein. Die hochverdichtete Bündelung imaginärer und rationaler Tätigkeit bei Sade ermöglicht, daß das Denken sich von der normativen Vernunft der Aufkärung verabschiedet und in einen grenzenlosen Rausch der Wut und Zerstörung tritt. Denken und Exzeß sind eins.

In ermüdender Insistenz wiederholt Sade, daß es dagegen kein vernünftiges Argument gibt. Wo immer auch gegenüber der phallischen Härte und Zerstörungslust des Denkens an Menschlichkeit und Mitleid appelliert wird, weist Sade dies mit einem Spott zurück, der den Nietzsches in der *Genealogie der Moral* weit übertrifft: jede moralische Norm sei nur das mitleidheischende Gebarme des Schwachen, der den Starken davon abhalten wolle, von seiner Kraft Gebrauch zu machen. Widernatur aber sei es, eine Energie nicht einzusetzen, über die man verfüge. Wie bei Nietzsche, so verbirgt sich hinter dem phallischen Heroismus die Angst vor der eigenen Schwäche und Verletzlichkeit. Das tragische Dilemma Sades besteht darin, daß er, der wirklich Opfer wurde, die Erfahrung der Schwäche immer nur abwehrend durch die Behauptung des Gegenteils verarbeitete. Die unbesiegbare Stärke aber läßt sich einzig aufrechterhalten in der Schrift. Schreibend hält der Vergewaltigte an der Fiktion seines alles vergewaltigenden Phallus fest.

Philosophie als Libertinage

Warum sind bei Sade alle Libertins auch Philosophen? – Sades Romane sind eher philosophische als pornographische. Unendlich, wie eben nicht das Sperma der Libertins, strömt dagegen deren philosophischer Diskurs. Auf den ersten Blick scheint es, daß der Diskurs ideologisch sei: er rechtfertigt die ruchlose Praxis, die Herrschaftssexualität der Libertins, und sucht ständig nach Wegen, alle jene moralischen und sozialen Vorurteile beiseite zu räumen, welche die Entfaltung des Lasters behindern. Auf der Formebene unterscheidet sich das sadianische Denken nicht vom Aufklärungsdiskurs überhaupt: völlig stimmt Sade mit diesem darin überein, daß das Denken die Aufgabe habe, traditionelle und ungerechtfertigte Normativiäten aufzulösen und der Vernunft zur Durchsetzung zu verhelfen. Was Sade von der klassischen Aufklärung trennt, ja diese negiert, ist nicht die Form des Diskurses, sondern dessen energetische Verfassung. Aufgeklärte Rationalität setzt ihren Stolz und ihre Legitimität darin, daß die Stimmen der Affekte und Sinne neutralisiert sind und einzig die Stimme der allgemeinen Vernunft und Moral spricht. Niemand wußte so deutlich wie Kant, daß Vernunft sich mit Askese zu verbinden hat. Als Kampf behauptet sich die Vernunft gegen die Ansprüche der Leidenschaften. Der heimliche Affekt dieser Vernunft ist masochistisch: es ist ihre Lust, sich dem heiligen Sittengesetz zu unterwerfen und am Glanz seiner Idealität teilzuhaben. Hieraus erwächst die »ehrbare Philosophie« (Pierre Klossowski). Die sadianische Vernunft ist deren Gegenzug, ruchlose Philosophie. Der gesamteuropäische Skandal Sades besteht bis heute darin, daß bei ihm Philosophie restlos durchtränkt ist von sexueller Energie. Philosophie ist das Aggregat des Triebs, wie in anderer Weise dies auch der Spermastrom und der gänzlich von Sexualität besetzte Körper ist. Das Denken Sades ist ein radikaler Einspruch gegen das entkörperte Cogito abendländischer Philosophie. Sadianische Vernunft ist Verkörperung des Triebs in der Schrift. Wer mag nach Sade noch länger behaupten, sein Diskurs sei nicht eine Form sexueller Energie? Erst Freud, in harmloser und sozial akzeptabler Weise, verhalf der Sadeschen Wahrheit zu größerer Verbreitung: Daß nämlich Denken, noch das abstrakteste, aus der Libido abgezweigte Energie ist. Die libertine Philosophie ist eine ununterbrochene Schmähung des Descartes, der dem anthropologischen Dualismus im Auseinanderreißen von *res cogitans* und *res extensa,* von Geist und Körper die maßgebende Gestalt gegeben hatte.

Die sadianische Philosophie zehrt, wie Maurice Blanchot am klarsten demonstrierte, vom Geist der Negation. Das ist ihr Triumph und ihre Tragik. Denn die Negation bleibt bei Sade auf immer dem Negierten verhaftet. Wenn jede Moral, jede soziale Konvention, wenn vor allem Gott und schließlich noch die bis zuletzt zum Kronzeugen bestellte sinnlose Natur negiert sind, rufen die Libertins sie immer zurück: sie bedürfen ihrer als Objekte der Schmähung und als Widerlager der Überschreitung, auf die allein die sadianische Lust sich gründet. Denn es geht nicht um die Begründung einer Philosophie der Negation. Sondern Sade nutzt diese nur als Medium des Skandals, der Wut, des entfesselten Diskurses, der bösen Lust und der Blasphemie. Nachdem die Negationen sich erschöpft haben, fallen sie auf den Negierenden zurück. Und so phantasieren die kühnsten der Sadeschen Helden (z. B. die Prinzessin Borghese in der *Neuen Justine*) ihre eigene Hinrichtung als absolute Negation. Dies aber ist ein Paradox.

O Juliette, ich möchte, daß meine Verirrungen mir dasselbe Schicksal bereiten, wie ihr Sittenverfall den niedrigsten Kreaturen. Das Schafott selbst wäre für mich der Thron der Wollust, dort würde ich dem Tode trotzen, glücklich vor Lust, als Opfer meiner Frevel den Geist aufgeben.

Der hingerichtete Körper ist jedoch der Möglichkeit beraubt, diese ultimative Negation als Lust zu besetzen. Dennoch aber: Sades Helden *wollen* den eigenen Tod als Triumph der Lust am Bösen, der Negation. Wenig zählt dabei, daß, wer seine Hinrichtung als Exzeß ersehnt, das Funktionieren der Instanzen voraussetzt, die den Tod verhängen. Der Wunsch *bleibt* ungeheuerlich, radikalste Imagination der Verschwisterung von Tod und Lust, die *wir*, lebend, ablehnen *müssen*. Triumphiert darin nicht doch die Sadesche Negation: daß wir ihn, um den Preis *unseres* Lebens, verurteilen *müssen*? Vielleicht ist dies die kühnste Verkehrung Sades: er, der in Vincennes, in der Bastille, in Charenton eingekerkert ist, zwingt uns als kategorischen Imperativ auf, ihn zu töten. Dagegen sperrt sich die Rezeption: wir wollen nicht wissen, daß es zur Logik unserer Selbstbehauptung gehört, den Tod des Anderen nicht nur billigend in Kauf zu nehmen, sondern zu verlangen. Die Rolle dieses Anderen, unvermittelbar mit dem zur Einzigkeit erhobenen Imperativ der Selbsterhaltung, hat Sade in einer niemals wiederholbaren Radikalität der Schrift gespielt.

Einer postaufgeklärten Vernunft, die den atheistischen Diskurs durchlaufen hat, muß es selbstverständlich sein, daß das Denken sich einzig auf die Praxis beziehen kann. Aufklärungs-Philosophie tendiert darum zu Ökonomie und Sozialphilosophie. *Tertium non datur?*
 Sade läßt im Boudoir philosophieren. Das Denken, das Gott negiert hat und sich aus der Zitadelle der reinen Vernunft sehnt, stößt nicht zuerst auf den arbeitenden und sozialen Körper, sondern auf den sexuellen Körper und die Lust. Daß Philosophie im Boudoir oder im Serail ihren Ort hat, ist als Provokation der Professoren gemeint, die vom Katheder über die Frage räsonieren: »Was heißt: sich im Denken orientieren?« (so Immanuel Kant).
 Die Sadesche Philosophie widersetzt sich solcher Verbürgerlichung und trägt mit Bewußtsein auch dann noch die Privilegien des Adels, als Sade während der Französischen Revolution praktisch und theoretisch deren Fürsprecher wird. Für den libertinen Philosophen ist Arbeit ein Tabu wie für den Adligen, moralisches Handeln eine Erniedrigung des explosiven Lustkörpers. Der Denkende hat sich, wie der Adel und der Perverse, von aller Vermischung mit dem blöden Volk, auf dem die Reproduktionslasten liegen, zu reinigen. Der Muff der Moral und die Mühe der Arbeit

sind Fesseln des Denkens wie zugleich des Körpers. Wenn, wie bei Sade, Denken und Lust ineinander übergehen sollen, müssen Sozialprivilegien in Anspruch genommen werden.

Sade zieht dabei nur einen anderen Schluß daraus, daß alles Denken Produkt einer Klausur ist. In der umgebenden Gesellschaft sind die in weltferne Arkanzonen verlagerten Orte der sadianischen Philosophie nicht weniger »inneres Ausland« (Freud) als die Studierstube Kants. Der Königsberger Philosoph hat sich durch rituelle Distanzen von der Außenwelt abgeriegelt, gerade damit er seine Kopfgeburten dem Weltrumpf als Haupt aufsetzen kann. So auch läßt Sade in Sperrbezirken denken, Klausuren der Lust: erst die Distanz macht das Denken fürs Nächstliegende frei, nämlich den Lustkörper. Diesen predigt Sade aus seinem Gefängnis nicht weniger endlos als Kant aus der Königsburg der Vernunft sein Sittengesetz.

Deutlicher als zunächst bei Kant ist dies bei Sade als Symptom einer Isolation erkennbar. Sades Denken ist ein Gefängnisdiskurs. Er hat das Gefängnis als traumatische Kastration erlebt, als Beraubung freier Praxis des Begehrens. In der Einkerkerung bemächtigt sich das Denken des Einzigen, was ihm bleibt, des Körpers, und macht diesen zu seiner Funktion. Kant – kaum ist er, etwa beim Essen, der Zelle seiner Abstraktionen entkommen – redet von nichts lieber als von seinem Körper. Der hypochondrische Leib Kants ist nicht weniger das Symptom einer Gefangenschaft, als die Philosophie Sades eine Notwehr des gefesselten Körpers ist. Die absolute Souveränität der kantischen Vernunft bezahlt sich mit der im Körper irrlichternden Hypochondrie. Die Souveränität des libertinen Körpers verdankt sich dem ver-rückten Diskurs der Vernunft des gefangenen Sade. Auf der erdabgewandten Seite der Philosophie verkoppeln sich die sadianische und die kantische Schrift. Die Ohnmacht zu handeln, gebiert die Ungeheuer des Lasters wie die Omnipotenz-Träume der Vernunft: beide wollen das Universum in Regie nehmen. Wir schreiben der Natur die Gesetze vor – diese Pointe der kantischen Philosophie ist auch das äußerste Phantasma Sades. Was dem einen Erkenntnis ist, heißt dem anderen Lust. Herrschaft ist beides, unverborgen bei Sade, verhüllt bei Kant.

Familienleben

Das 18. Jahrhundert ist in vielerlei Hinsicht ein Jahrhundert der Familie. Es ist, als läge das junge Bürgertum der europäischen Gesellschaften noch in der Wiege seiner kindlichsten Phantasien und träume den Wachtraum vom seligmachenden, auf Liebe gegründeten Familienglück. Niemals reißt der propagandistische Strom der Familiendiskurse ab. Kein Dichter, kein Philosoph, kein Zeitungsschreiber, der nicht vom Sog dieses Phantasmas ergriffen wäre. In ständiger Selbstermahnung spricht die lesende Öffentlichkeit sich zu: und wenn auch alle Hoffnungen scheitern – so wartet dennoch unauslöschlich im Schoß der Familie das Glück des Bescheidenen. Man kann die hierbei waltende Einschreibungsenergie kaum unterschätzen. Ausgehend von den Ideologen des Bürgertums, werden hier die Rollen vernetzt für Väter und Ehefrauen, Töchter und Söhne, Kinder und Adoleszenten, wird ein Gebilde fein verteilter Mächte geschaffen, wird die Sexualität in berechnete Portionen, Positionen, Rhythmen überführt, werden die Gesten und Bedeutungen familiärer Kommunikation festgelegt, werden die Familienmythen ins Unbewußte eingeschrieben und das moralische Bewußtsein gerüstet. In Tausenden von Komödien und Tragödien, Romanen und Novellen, Artikeln und Abhandlungen wird gelernt, daß jeder, der das Skript seiner Familienrolle nicht beherrscht, aus dem Vernunftzusammenhang der Gesellschaft herausfällt. Jenseits der Familiengrenze beginnt sofort die Krankheit, der Wahnsinn, die Asozialität, das Verbrechen. Der Familiendiskurs triumphiert zwar erst im 19. Jahrhundert, in welchem die Familie als Lebensform für alle Klassen gleichermaßen verbindlich wird. Um so wichtiger ist, daß schon in der Frühgeschichte der bürgerlichen Familie im 18. Jahrhundert zumindest literarisch die Bruchstellen, Widersprüche, Gewaltformen und bewußten wie unbewußten Konflikte kleinfamilialer Codifizierungen reflektiert werden. Man lese nur *Anton Reiser* oder ein Drama des jungen J. M. R. Lenz. Und Goethes skeptische Einschätzung der Familie hält sich vom *Werther* bis ins Spätwerk, siehe die *Wahlverwandtschaften* und die *Wanderjahre*. Doch aufs Ganze geht, wieder einmal, der Marquis de Sade. Seine Romane sind von wildem, antifamiliastischem Geist geprägt.

»Unsere Familie«, sagt Monsieur de Gernande, »ist die Familie des Ödipus, liebe Justine.« Und er erzählt, was er und sein Bruder ihrer dritten Schwester zugedacht haben: »Die dritte siehst du hier. Wir haben sie ihrer vornehmen Herkunft beraubt. Sie ist wie eine Dienstmagd aufgewachsen. Mein Bruder hat sie bei seiner Heirat seiner Frau als Kammerzofe überlassen. Sie wird Marceline gerufen. Die junge Person, die du ebenfalls zu Frau von Verneuils Anhang zählst, ist eine Tochter Marcelines und meines Bruder, was sie zu seiner Nichte und zugleich zu seiner Tochter macht. Sie ist die Mutter der beiden kleinen von dir so bewunderten Kinder, die ebenfalls meinem Bruder ihr Leben verdanken. Die beiden Kleinen sind, wie du dir denken kannst, noch jungfräulich. Und Verneuil will, daß sie hier ihre Unschuld verlieren. Ergötzt er sich an diesem kleinen Mädchen, so vergeht er sich zugleich an einer Tochter, Enkelin und Nichte. Nichts amüsiert ihn so sehr als alle diese hirngespinstigen Bande zu zerreißen.« (*Neue Justine*)

Derartige, überaus häufige Passagen in Sades Werk zeigen, welchen Stellenwert die pornographische Praxis eigentlich hat: sie ist nichts als die Pointe eines komplexen anti-familialen Diskurses und eines akribischen Planungskalküls. Dieses wird von den Libertins über Generationen angelegt, um dadurch an eine Stelle zu kommen, an der möglichst viele, man möchte sagen, Gegen-Signifikanten sich kreuzen und dadurch eine explosive Kettenreaktion »böser« Bedeutungen ausgelöst wird. Sieht man in die Familienrührstücke und bürgerlichen Trauerspiele des 18. Jahrhunderts, so gilt auf einer verborgenen, im Bühnendiskurs sorgfältig leer gelassenen Ebene sicherlich auch hier, daß alle Familien »Familien des Ödipus« sind. Doch sind sie es aus »Versehen«, nämlich unbewußt. Die Rache Sades an der Familie, von der er sich so vielfältig verletzt und enttäuscht fühlt, besteht darin, die unbewußte ödipale Strukturierung der Familie und die exogame Organisation der Generativität in grellste Beleuchtung zu setzen und das komplexe Netz der Verwandtschaft strategisch zu unterlaufen. Was schon ist ein unbewußter Inzest? Was ist eine inzestuöse Phantasie? Sie begründen, wie an den bürgerlichen Tragödien zu sehen, das tragische Szenario der Familie – aber eben, wie Sade sagt, als ein solches von Hirngespinsten und Geisterkämpfen. Sie alle erhalten nur das System Familie, lassen das Schuldkonto der Söhne und Töchter wachsen und machen sie darum um so eher zu manipulierbaren Objekten der heuchlerischen Elternmoral. Was nützt schon Rebellion? – Man sehe auf den kleinen deutschen Bruder der französischen Materialisten, den rasenden Franz Moor (in Schillers

Räuber). Er wird eingeholt von der Familienmoral, weil sein Autor eben nicht Sade, sondern ein Mann ist, der die ungeheure, haßerzeugende Unterwerfung unter den Code der Familie nicht mit kältester Vernunft abstreifen kann. Gerade darum ist Schiller realistischer. Verneuil dagegen, der über Generationen hin eine Konstellation plant, in der er Tochter, Enkelin und Nichte *zugleich* vergewaltigen und sodomieren kann, ist eine absolute Kunstfigur. Nicht eine unbewußte Verkettung von Motiven und Handlungen schafft den tragischen ödipalen Konflikt; sondern der antifamiliale Diskurs schafft rein imaginäre Gleichungen, Operatoren, Potenzen, die das einfache Signifikat »Inzest« mittels einer Art Arithmetrie ins fast Undenkbare vervielfachen sollen.

Es gibt bei Sade immer wieder Orgien-Szenarios, deren Anlage so kompliziert ist, daß jedes realistische Vorstellungsvermögen überschritten ist. Wenn man so weit ist, hat man verstanden, daß genau darauf es Sade auch nicht ankommt. Die Orgie z. B. des potenzierten Inzests ist ein rein sprachliches Kunstgebilde, ist eine Produktionsmaschine antifamilialer Bedeutungen und meint *nichts* auf der Ebene, auf der wir uns *real* in ödipale Dramen verstricken mögen. Sade will damit demonstrieren, daß jedes Sich-Verstricken in ödipale Dramen auf der Ebene der Handlung unausweichlich zur Unterwerfung unter die Ordnung der Familie führt. Darum schreibt Sade surrealistisch. Nicht das mindeste Interesse nimmt er an den Dramen des Subjekts, er schreibt nicht dessen Geschichte von Begehren und Schuld, in der es eine Subjektivität gerade als Einschreibung, als Signatur des Ödipus erleidet. Sades Welt ist eine Welt ohne Subjekte, weil niemand wie Sade begriffen hat, daß das Subjekt ein Produkt einer unbewußt verlaufenden Einschreibungsenergie ist, die man Sozialisation nennt. Sade verweigert seinen Figuren konsequent jede Lebensgeschichte. Dadurch kann er sie zu taktischen Positionen in einem Diskurs machen, der strategisch gegen die Familie gerichtet ist.

Damit gerät Sade an die Grenze von Literatur. Denn es ist nahezu unmöglich, Romane ohne Subjekte zu schreiben. Doch bei Sade sind selbst die differenziertesten Figuren, die Libertins, kaum Subjekte von Handlungen, sie sind vor allem Sprecher, extrem locker geschürzte, gewissermaßen poröse Subjekte des Diskurses, der niemals *ihrer* ist – selbst wenn das Sprechen, wie Roland Barthes sagt, das höchste Privileg in den Sadeschen Gesellschaften ist. Aber dieses Sprechen geht durch die Libertins hindurch, der Diskurs bedient sich ihrer, er verknüpft sich über die Figuren, ja über die Werke hinweg. Sade versucht die ungeheure Paradoxie zu lösen, Figuren zu schaffen, die, noch während sie sich als Sprechende zu Subjekten bilden, sich als diese dementieren. Jede Literatur ist sprachlich konstituierte Welt; bei Sade aber entsteht zum ersten Mal eine Literatur, die nicht eine Welt durch Sprache, sondern durch diese wieder nur ein Sprechen konstituieren will.

Und dies liegt entscheidend daran, daß Sade eine radikale Subversion des Subjekts betreibt, dessen Urgeschichte immer vom Ödipus-Drama geschrieben ist und von diesem gefangen bleibt. Für Sade ist Subjekt-Sein eine Figur der Kastration, einer Geschichte der Unterwerfung unter die Familie. Darum tilgt Sade in allen Figuren das ödipale *Begehren*. Er weiß, daß dieses Begehren *geweckt* wird in der Familie, um über seine Codifizierung das Subjekt der Familie zu unterwerfen. Bei Sade – man sehe sich die Statuten der »Gesellschaft der Freunde des Verbrechens« an – ist der Inzest kein Begehren, sondern ein *Gebot*. Dies ist eine Ungeheuerlichkeit. Sie verlangt von jedem Novizen dieses Geheimbundes nichts weniger, als sich als Subjekt zu negieren, die eigene *Geschichte* zu überschreiten und zu verabschieden. Das Inzest-Gebot ist die strategische Position, jenseits derer erst das eigentliche Schreiben Sades anheben kann, nämlich das Durchdenken des Verbrechens, also der Diskurs als die Sprachmaschine zur Erzeugung gegenfamilialer Signifikanten.

Natürlich strotzt der Sadesche Roman dennoch von Obszönitäten, die gewissermaßen ganz schlicht unser Moralempfinden und unsere familiengebundene Subjektivität provozieren sollen. Die eigentliche antifamiliale Provokation Sades aber liegt in der *Form* seiner Literatur, die in dem Maße, wie sie den Figuren ihre Subjektivität radikal verweigert und sie zu Transistoren einer Obszönität macht, die nur im subjektlosen Rinnen des Diskurses sich entfaltet, *uns* als Leser negiert: nämlich als Subjekte, die die eigene Geschichte ödipaler Strukturierung in die Literatur hineintragen und hier abarbeiten wollen.

Frauenbewegung und Sade

Sade ist sadistisch genug, ausgerechnet der Frauenbewegung ihre Forderungen vorzubuchstabieren. »Dein Körper gehört dir, dir allein; und du allein auf der Welt hast das Recht, ihn zu genießen und genießen zu lassen, wen du willst.« So erzieht Madame de Saint-Ange die junge Eugénie. Niemand vor Sade hat so radikal die familiale Codifizierung der Töchter in der Familie kritisiert. Er reißt den Schleier der Liebe von der Töchtererziehung und demonstriert, daß Väter wie Mütter, aus handfesten materiellen und psychologischen Interessen, die Mädchen zur Unselbständigkeit modeln, um sie als Ware auf dem Heiratsmarkt zu verhökern, sie auf die Rolle als gedemütigte Ehefrau und auf ihre Fortpflanzungsfunktionen festzulegen. Natürlich plädiert Sade für die Freigabe der Abtreibung allein in der Verantwortung der Frau; natürlich weiß Sade, daß Empfängnisverhütung und Frauenemanzipation sich bedingen. Aufs genaueste wird den Mädchen erklärt, wie sie ihrer Zurichtung zur Gebärmaschine entkommen, die Ehe unterlaufen und der familialen Einschreibung begegnen können. Bei Kant hat die Frau den Rechtsstatus von Dingen und Tieren in der Eigentumszone des Ehemannes. Bürgerrechte kommen Frauen sowenig zu wie Kindern oder Hühnern. Sade dagegen geißelt eine Familienordnung, in der die Töchter »Sklaven ihrer Familie« sind, Willkürobjekte »der Habgier und des Ehrgeizes der Väter«. Gegenüber den Frauenbildern des 18. Jahrhunderts, die die weibliche Sozialisation auch ikonographisch in die Pole der unentblätterten Rose (der ätherischen Jungfrau) und der passiven Wurzelerde der Fortpflanzung (der tugendhaften Ehefrau) spannt: gegen solche Frauenbilder mobilisiert Sade eine lange Reihe von Frauenfiguren, die mit ihrer sexuellen und verbrecherischen Energie an die Heroen der Libertinage heranreichen, wenn sie diese nicht sogar übertreffen: Madame de Saint-Ange, Juliette, die Tribadin Clairwil, die Giftmischerin La Durand, die Prinzessin Borghese. Als Kontrast sehe man auf die tugendhafte Justine oder die demütige Ehefrau des Monsieur de Gernande: an ihnen, die völlig in den moralischen Normen des 18. Jahrhunderts aufgehen, demonstriert Sade mit Genuß, daß solche Frauen zu nichts anderem als zu Opfern taugen. Und ist das nicht wahr? Dagegen setzt Sade seinen Kategorischen Imperativ: »Ficke also, Eugénie, ficke, mein Engel!«

Natürlich hätte Sade für die Frauenbewegung nichts übrig. Wie ihr zum Spott läßt er die emanzipierte Juliette sagen: »Ich atme einzig und allein für den heiligen Schwanz...!«

Die Kehrseite der libertären Grundsätze der Frauenerziehung ist die vollständige Vergesellschaftung der Frau. Unermüdlich wiederholt Sade seine These, daß die Natur der Frau das Ficken sei. Frauen sind sexuelles Gemeineigentum. Die universelle Prostituion (Klossowski) schwebt ihm als integraler Bestandteil seiner Gesellschaftsutopie vor. Die sexuelle Befreiung ist bei Sade mit rigoroser Objektivierung verknüpft. Nichts verbindet das Begehren mit dem begehrten Objekt. Der Genuß vollends macht das Objekt so gleichgültig wie ein Stück Fleisch, das uns das Wasser im Munde zusammenlaufen läßt, als Verschlungenes jedoch glanzlose, nichtige Materie ist. Kant kaute Fleisch nur aus und legte es dann auf den Tellerrand zurück. So wird bei Sade die genossene Frau ausgespien und zum Gegenstand des Ekels. Das Begehren leiht dem Objekt vorübergehenden Glanz, der in Verachtung umschlägt, hat das Begehren sich gesättigt.

Natürlich ist das frauenfeindlich und, da dieser Grundsatz bei Sade für beide Geschlechter gilt, menschenverachtend. Freilich – das wußte Sade selbst. Und doch folgt Sade darin der Logik des Triebs. Nur die Liebe kann mildern, daß das Begehrte nach gesättigter Begierde gleichgültig wird. In der Liebe allein bleibt auch *post coitum* die Subjektivität des Anderen gewahrt. Die universelle Prostitution aber, die den Anderen nur als Objekt totaler Verfügung und bloßes Komplement des eigenen Triebs zuläßt, ist bei Sade als Subversion eben dieser Subjektivität gemeint. Das Jahrhundert der Entdeckung des Subjekts mündet bei Sade in dessen rigoroser Dementierung. Der Sadesche Diskurs zielt auf die Enteignung des Identitätsbewußtseins, das sich noch gegen und im sexuellen Körper behaupten will. Eben diese Errungenschaft aus Tausenden von empfindsamen Romanen und Dramen des 18. Jahrhunderts, nämlich in der sogenannten partnerschaftlichen Liebe und sogar in der Sexualität das Modell der Respektierung der Anderen erfunden zu haben, will Sade provozieren und unterlaufen: darum die universelle Prostitution. Sade insistiert auf der Subjektlosigkeit der Sexualität, um den Ideologiecharakter der empfindsamen Liebe zu erweisen.

Immerhin dies bliebe von Sade zu lernen: es gibt keine Frauenbefreiung ohne das radikale Durchdenken der Prostitution. Die Liebe mit ihrem zerstreuend subjektiven Glanz kann ebenso eine Falle sein wie der libertäre Schein sexueller Revolution. Zu Recht setzt Sade hinter jede Form von Sexualmoral das »Cui bono?« Die Liebe, so Sade, nützt nur der Herrschaft der Familie und dem ideologischen Schein der Subjektivität; und die libertine Emanzipation begründet die Herrschaft einer Zwangs-Unmoral auf der Grundlage zynischer Degradierung aller Anderen zu verächtlichen Objekten der Begierde. Durch die Heillosigkeit dieser Alternative hat allererst Sade das Dilemma trans-familialer Moral in der Postmoderne formuliert. Von einer Lösung sind wir weit entfernt.

Surrealistisches Monster

Im Werk Sades gibt es immer wieder Figuren, die die sadianischen Phantasien aufs äußerste verdichten. Es sind Ausgeburten des Höllischen, Monstren, das heißt: vorzuzeigende Exponate der Einbildungskraft. Zum Beispiel der Moskovit Minski, der »Eremit des Apennin«.

Durch Ermordung seiner Familie und eine Unzahl weiterer Verbrechen hat Minski sich unermeßliche Reichtümer angeeignet, die ihn, wie immer bei Sade, des Titels der Einzigartigkeit lasterhafter Gesinnung würdig erscheinen lassen. Freilich läßt Sade hier alle Grenzen hinter sich, die selbst dem Verbrechen im Ancien régime gesetzt sind. Minski ist eine reine Kunstfigur: 3,10 Meter groß, mit einem ständig erigierten fünfundvierzig Zentimeter langen und zweiundvierzig Zentimeter umfänglichen Schwanz, der jeden Coitus zum Mord macht. Sadianischer Urtraum – der Phallus als tödliche Waffe.

Minski hat sich an einen gänzlich unzugänglichen Ort zurückgezogen, der alle topographischen Merkmale des exterritorialen Lasters bei Sade trägt. Wie im zeitgenössischen Schauerroman müssen Juliette und ihre Begleiter stundenlang durch öde, menschenleere Gebirgs- und Waldzonen wandern, bis sie an einen 3800 Meter tiefen Abgrund kommen, in den sie hinabklettern, auf einen See stoßen und zu einer Insel übersetzen. Auf dieser liegt eine von riesigen Mauern umgebene und durch Wassergräben geschützte Festung inmitten einer undurchdringlichen dschungelartigen Natur: dies ist der Serail Minskis, in den dieser seine Gäste durch einen unterirdischen Gang mit gefängnisartigen, skelettverzierten Gewölben führt. Nichts an dieser Szenerie ist realistisch, alles ist Imagination. Der Leser folgt einer literarisch klischierten Topographie, die ihn auf das Grauen einstellen soll. Der Weg, den der Leser beschreitet, führt aber direkt aus einer mimetischen Literatur heraus und hinein in die Schluchten und Enklaven absoluter Phantasie. Minski führt seine Gäste nicht zu irgendeinem Raum in dieser Welt, sondern in die Kammern der Imagination Sades. Die exterritorialen Orte des Lasters bei Sade wollen durch nichts an eine vorhandene Welt erinnern (wenn das doch ginge!), sondern einzig hineinführen in die absolute Poesie des Gehirns. Im Inneren dieses surrealen Reichs entfaltet Sade dann die Ordnung des Verbrechens, hier auf die Spitze getrieben.

Das Minskische Schloß – Blaubarts Burg ist nichts dagegen – enthält eine große Population von Sexualobjekten (400 Mädchen und Frauen), unabsehbaren Mengen von Dienern, erfahrenen alten Frauen mit Hilfsfunktionen, Lustknaben und einem beamtenhaften Apparat der Organisation und Ressourcensicherung. Minski lebt nur von Menschenfleisch – er ißt die zu Tode coitierten Mädchen, die freilich zu erlesenen Menüs verarbeitet werden, zu denen Minski beiläufig 60 Flaschen Wein trinkt. Das Meublement ist aus lebenden Menschenleibern zusammengesetzt: man sitzt auf Sesseln und ißt von Tischen, die aus nackten Frauenkörpern zusammengeflochten sind. Mindestens zehnmal am Tag muß Minski entladen, wofür die Opfer auf kunstreiche technische Apparate geschnallt werden. Vom Bett aus kann Minski einen Mechanismus bedienen, der zugleich 16 Frauen auf raffinierteste und variantenreiche Weise zu Tode foltert.

Derartige Szenarien in Sades Werk erinnern nachhaltig daran, daß zwischen sozialer Welt und Literatur keine Referenz bestehen soll. Sades Welt ist eine Welt des Sprechens über das Begehren, also eine imaginäre Welt, die vollkommen quer steht zur europäischen Erzähltradition, die dem Mimesis- und Realismuskonzept verpflichtet ist. Mimetische Literatur setzt eine Welt sozial differenzierter Handlungen und Subjekte voraus, deren interne Logik den Regeln der erzählerischen Organisation vorgeordnet ist. Es ist das Strukturnetz der sozialen und symbolischen Ordnungen, das normativ vorgibt, wie weit narrative Phantasie den Bereich des als wirklich Geltenden überschreiten darf, um nicht als unrealistisch durchzufallen. Roland Barthes hat zuerst eingesehen, daß die Romane Sades den Geltungsanspruch des Realismus radikal zerstören und der Kombinatorik, den Operationen und Strukturen des Imaginären, der »Semiosis und nicht der Mimesis« (Barthes) folgen. Warum dies so ist, geht aus der Barthesschen Beschreibung der Sadeschen Semiosis freilich nicht hervor.

»Das Universum selbst schien mir für das Ausmaß meiner Wünsche noch nicht groß genug, es setzte mir Grenzen: die wollte ich nicht«, erklärt Minski. Hier ist das Geheimnis des Imaginären benannt: es ist der Traum grenzenloser Omnipotenz. Minskis Serail objektiviert die Phantasie eines grenzenlos alles erfüllenden Begehrens. Dies muß zur Imagination des Mordes führen. Der Mord des begehrten Objekts erst erfüllt, daß es nichts als das Begehren selbst gibt. Wo dieses sich grenzenlos setzt, ist der Tod des Objekts beschlossen. Die gesamte Welt Minskis hat nicht eigentlich den Charakter von »Welt« – sie ist nicht von Minski unterschieden, hat keine Selbständigkeit und keine eigene Dynamik. Die Naturenklave, das Schloß und alle Bewohner sind erweitertes Ich Minskis. Die zu Möbeln verkoppelten Frauenleiber sind so wesenlos wie die zu bedeutungsloser Materie verdauten Mädchenkörper, die in Minskis Lust wahrhaft verzehrt werden. Das Ich Minskis ist Alles – und: alles Andere ist Nichts. »Ich habe hier alle Rechte eines Herrschers«, untertreibt Minski. Es ist mehr: es ist die Despotie absoluter Phantasie, die Sade hier Gestalt werden läßt. Das Begehren, das alles verzehrend sich aneignet, muß notwendig mit der Vorstellung einer Sexualität verbunden sein, bei welcher erst der Tod des Objekts den Orgasmus auslöst. Nur die restlose Extinktion des Anderen bewahrheitet, daß das Begehren Eins und Alles ist, ein grenzenloses Universum darstellt. Darum darf nichts in der Minskischen Welt an ein Draußen erinnern. Die Exterritorialität des Serails nämlich heißt: noch das Dingliche und Figürliche in ihm ist Innenwelt des Libertin. Oder auch: der Serail ist nach außen gestülpte Innenwelt, er bringt nichts als die in diese eingeschlossenen Phantasien zur Darstellung – als absolute Poesie.

Das Semiotische bzw. Nicht-Mimetische der Sadeschen Literatur, von dem Roland Barthes spricht, ist also Ergebnis einer narzißtischen Wut. Nicht nur, daß jeder Wunsch im Imaginären sich die Zone seiner unumschränkten Despotie schafft. Sondern vor allem, daß die Widerständigkeit der Objekte die ungeheure Wut dessen weckt, der alles seinem Universum einverleiben will, treibt den Sadeschen Diskurs hervor. Das Semiotische ist die narzißtische Rache der Imagination dafür, daß die Welt unnachgiebig das Ich partikularisiert – in die Endlichkeit seiner Vermögen einsperrt – oder gar, wie Sade im Gefängnis, wirklich einsperrt. Minskis Kannibalismus verweist darauf, daß das Semiotische der Sadeschen Literatur eine grandiose Einverleibung darstellt – ein

Verschlingen und Vernichten der Objekte –, die zu Nichts, zu Scheiße werden sollen: auf daß gilt, was Minski von sich sagt: »Ich bin einzig in meiner Art.«

Und schließlich ist das Semiotische ein Indikator absoluter Einsamkeit – ein Sprechen des verlassenen, von Todesängsten erfüllten kleinen Kindes, das in trotziger Wut grausige Rachepläne ausbrütet: »O ja, ich kenne alle Schmähungen, mit denen man mich überhäuft, aber da ich mächtig genug bin, um auf niemanden angewiesen zu sein, klug genug, um mich an meiner Einsamkeit zu erfreuen, um alle Menschen zu verachten, um ihrem Urteil zu trotzen und mich über ihre Gefühle für mich lustig zu machen, genug unterrichtet, um auf alle Kulte zu verzichten, um alle Religionen zu verhöhnen und mich von allen Göttern am Arsch lecken zu lassen, stolz genug, um alle Regierungen zu verabscheuen, mich keinen Zügeln, keinen Ketten, keinen moralischen Prinzipien zu unterwerfen, bin ich glücklich in meinem kleinen Reich.« – Dies ist die Rede von den Sandkasten-Burgen, die aufgebaut werden, um in ihnen mit gnadenloser Wut und einzigartiger Omnipotenz zu toben.

Daß es sich bei der Sadeschen Literatur auch um diese Kläglichkeit handelt, die eine tiefere Trauer und Verletztheit larviert, hat Roland Barthes vergessen zu sagen.

Der Chemiker Almani

In der Binnenerzählung des Jeronimus (*Neue Justine*) berichtet dieser von seiner Begegnung mit dem Chemiker Almani auf dem Ätna. Der Vulkan weckt in Jeronimus den spontanen Wunsch, »selbst der berühmte Höllenschlund« zu sein, um die eigene Zerstörungsenergie zu vervielfachen. Almani geht solchem Verlangen als Naturwissenschaftler systematisch nach. »Ich habe mein Leben damit zugebracht, die Natur zu studieren und ihr ihre Geheimnisse zu entreißen. Und auf Unsterblichkeit bedacht, widme ich meine Entdeckungen seit zwanzig Jahren ausschließlich dem Unheil der Menschen.« – Zuviel wußte Sade von der neuzeitlichen Wissenschaft, um in ihr nicht etwas ihm Verwandtes zu entdecken, nämlich das böse Wissen. Seit Platon war das Wissen immer als Wissen des Guten bestimmt, noch die Renaissance-Naturwissenschaft läßt sich derart platonisch verstehen. Die historische Etablierung der Naturwissenschaft in einem außermoralischen Raum dann gab Sade die Chance, die Idee einer »bösen Naturwissenschaft« seinem Universum des Lasters einzufügen. Sade hat als einer der ersten begriffen: in dem Typ der Naturwissenschaft, der ihm durch die Aufklärung vorgegeben war, gibt es keine internen normativen Bestimmungen, welche die Wissensproduktion auf das Gute hin regulieren. So konzipiert Sade in Almani den ersten Naturwissenschaftler, der mit Bewußtsein »böses Wissen« produziert. Er trifft damit eine Tabuzone der modernen Naturwissenschaft überhaupt. Offiziell versteht diese sich zwar als Bedingung gesellschaftlichen Fortschritts, doch insgeheim unterhält sie die besseren Beziehungen zum Zerstörungswissen. Ist das sadianische Programm des Lasters ohnehin einem technisch durchrationalisierten Arrangement kompatibel, so verschmelzen Technik und Laster bei Almani vollends: keine Lust, die nicht technisch vermittelt und vervielfacht wäre. Sexualität hat eine Apparat-Struktur. Wissenschaft ist die Lust des Bösen.

Daß dies so ist, hängt aufs engste mit den Tiefenschichten des Sadeschen Naturbegriffs zusammen. Wie viele Libertins ist Almani voller Haß auf die Natur. »Das Motiv, dem Bösen zu huldigen«, leitet Almani »aus einem gründlichen Studium der Natur« ab. Ihm sei aufgegangen, daß die Natur »nichts als gefräßig, zerstörerisch und bösartig« sei. Ihren Mechanismen liege eine »mörderische Kunst« zugrunde, die alles nur erhalte, um es zu zerstören, und alles verheere, um es ihrer Gefräßigkeit einzuverleiben. Almani, wie viele von Sades Helden, denunziert die Rousseausche Naturgläubigkeit als eine illusionäre Philosophie, der er seine *définition noire* von Natur entgegenhält. Natürlich bezieht sich Sade hier auf seine bewunderten Vorbilder Hobbes, d'Holbach oder La Mettrie. Doch radikalisiert er sie in einem Maße, welches das sadianische Denken nicht mehr als bloße Fortsetzung des frühmaterialistischen Diskurses verstehbar macht.

Merkwürdigerweise spricht Sade in der Widmung der *Philosophie im Boudoir* von dem »unglücklichen Individuum, das unter dem Namen Mensch bekannt ist und das wider seinen Willen in dieses traurige Universum geworfen wurde«. Diese depressive Äußerung korrespondiert mit dem Satz Almanis im Anblick der verheerenden Naturkraft des Vulkans: »Was hat es für einen Sinn, uns zu erschaffen, wenn man uns so unglücklich macht?« – Es gibt eine Unzahl von Stellen, die noch in den verruchtesten Libertins einen depressiven Kern durchschimmern lassen. Der sadianische Mensch ist einem sinnlosen Universum ausgesetzt – das Böse ist eine Strategie der Selbstbehauptung derer, denen die Evidenz sinnvoller kosmischer Ordnungen, der Liebe und des Guten in einer traumatischen Katastrophe entglitten ist. Die Denkanstrengung aller Sadeschen Helden gilt dem Ziel, die wilde Zerstörungslust der Natur zu beweisen. Das Denken entspringt enttäuschter Liebe: »Die barbarische Hand der Natur vermag demnach nur das Böse zu formen: also hat sie am Bösen Freude? Und eine solche Mutter sollte ich fähig sein zu lieben?« – Und wütend, verletzt, trotzig schleudert Almani ihr sein »Nein!« entgegen. Als dann aus dem Inneren der Erde glühende Lavaströme über den Rand des Ätnakessels brodeln, richtet Almani masturbierend seinen Phallus gegen die glühenden Sekrete aus dem »Schoß des Vulkans«, der »unentwegt in den Tiefen seiner Gebärmutter kochende Materie« ausbrütet (so Clairwil später über den Vesuv, in den sie und Juliette ihre Freundin Olympe wie ein magisches Naturopfer stoßen). »Es kommt mir vor, als befände ich mich in der Hölle«, ruft der masturbierende Almani, »als entlüde ich mich direkt ins Höllenfeuer.« Und: »Er flucht, lästert und tobt, und sein herausspritzender Samen löscht die Lava im Nu«.

So *soll* es sein: Der Spermastrom ist mächtiger als der uterine Lavastrom der Natur. Diesem grandiosen Phantasma des gegen den Glutstrom der Erdvagina sich behauptenden Phallus liegt die unsägliche Wut über die kosmische Verlassenheit durch die Mutter Natur und der Versuch zugrunde, sich an ihr, sie in ihren phantasierten Zerstörungspotenzen überbietend, zu rächen. Eben dies motiviert das naturwissenschaftliche Studium Almanis: »Ich verabscheue die Natur, und zwar deshalb, weil ich sie gut kenne, eingeweiht in ihre schrecklichen Geheimnisse, habe ich über mich selbst nachgedacht und ich habe (…) eine unsägliche Lust verspürt, ihre Untaten zu kopieren. (…) Kaum bin ich der Wiege dieses Ungeheuers entwachsen, da lockt es mich zu den gleichen Abscheulichkeiten, die es selber ergötzen (…) Versuchen wir, wenn es möglich ist, sie masturbierend in ihren eigenen Netzen zu fangen. Umgarnen wir sie mit ihren eigenen Werken, um sie noch schwerer zu beleidigen.« Die *définition noire* der Natur macht deren Mimesis zur Untat. Naturwissenschaft als Nachahmung der Wirkungen einer gräßlichen Natur schenkt Almani die Lust einer Rache, auf Natur so grausam und so beherrschend zurückzuschlagen, wie er insgeheim sich von ihr beherrscht und verlassen fühlt. Naturwissenschaft gerät bei Almani zum mörderischen Kampf gegen die Natur. Und doch weiß Almani – wie die meisten der eingeweihten Helden Sades –, daß er diesen Kampf verlieren wird: »Unser Kampf ist allzu ungleich.« Durch eine barbarische Technik gelingt es Almani zwar, mittels einer raffinierten Mimesis des Ätnas 25 000 Einwohner Messinas auf einmal zu töten. Das ist der Wunsch –: der Natur an höllischer Omnipotenz gleich sein; »die ganze Erde in Trümmer sinken« lassen, wie es sich Verneuil wünscht; »einen Tag des Universums mit Schrecken zu erfüllen«, wie die Prinzessin Borghese es sich ersehnt; im gehärteten Stolz des einzigartigen Verbrechens sagen zu können »Wir sind Götter«, wie Saint-Font mit kältestem Bewußtsein dekrediert –: dies ist der in die Unendlichkeit getriebene Traum der absoluten Souveränität. Aber auch dessen Vergeblichkeit. Denn genau an dieser Stelle bricht der phallische Heroismus der Libertins regelmäßig zusammen. Sie, die Tausende von Morden begehen, die die gesamte Zivilisation zu vernichten bereit sind, die Gott zu Tode geschunden haben und Wutorkane der Vernichtung in die Welt entlassen –: sie vermögen nicht der gehaßten Natur zu entkommen. Im Gegenteil werden die Sadeschen Helden zu Gefangenen ihres Naturkonzepts, und zwar so, daß auf dem Höhepunkt ihrer Autarkie sie in die tiefste Abhängigkeit fallen.

Dolmancé erläutert es Eugénie im Boudoir; Madame Delbène klärt Juliette darüber auf, Saint-Font erklärt es während einer Orgie noch einmal Juliette, und schließlich entwickelt der Papst in den Gemächern des Vatikans die Philosophie der Natur als das Gesetz einer barbarischen Muttergottheit: »Der größte Schurke der Erde«, sagt der Papst und trifft damit vernichtend auch Almani, »der abscheulichste, grausamste, barbarischste Mörder ist also nur ein Organ ihrer Gesetze, nur die Triebkraft ihrer Launen und der sicherste Anstoß ihrer Ausschweifungen.«

Was geschieht hier? Maurice Blanchot, der den sadianischen Haß auf die große Autorität Natur sehr schön herausgearbeitet hat, meint dazu, daß die »Souveränität aus dem Geist der Negation« dort umschlägt, wo die Libertins sich als Teil, ja als Instrument einer viel umfassenderen Negation begreifen lernen, die zur Dialektik der Natur gehört. In der Tat gehört es – und hier erinnert Sade mehr an Giordano Bruno als an d'Holbach oder La Mettrie – zu den Überzeugungen der Sadeschen Naturphilosophie, daß Natur ein gleichgültiger Rhythmus aus verschlingenden und gebärenden Kräften ist. Tod und Zerstörung sind in diesem Konzept nur Transformationen der Materiebewegung, die durch den Tod der Individuen hindurchgeht, ja, sie im Tod wieder anschließt an den ewigen Strom materieller Produktionen. Selbst der sadianische Verbrecher, der eine Konstruktion zur Vernichtung des Universums erfindet, muß erkennen, daß er damit der Natur nur neue Anstöße zur Hervorbringung alternativer Welten gegeben hat. Er, der in nicht überbietbarer Selbstüberhebung sich zum Souverän über das lebendige Universum aufwirft, ist durch die Natur hinterrücks entmächtigt zum subjektlosen Instrument. Grausam deutlich erfahren die Libertins darin ihre Grenzen. Sie können Gott sich gewachsen zeigen, ja, ihn vernichten – und bleiben Teil der Natur. Das steigert ihren Haß ins Unbändige. Sie begründen ihr Selbstbewußtsein auf dem Verbrechen – und erfahren, daß es in der Natur, der jedes Individuum nur eine transitorische Materiefigur ist, kein Verbrechen gibt. Die radikalste Negation der Libertins, der Mord, ist nicht, was er verspricht: er konstituiert nicht das souveräne Subjekt, sondern den Menschen als bloßes Moment der Natur.

Sade wollte durch die Kraft der Negation die kosmische Sonderstellung des Menschen retten. Manisch entfaltet er, der Verlassene und Eingesperrte, die Negation als die Energieform, die dem gesamten Universum standhalten soll. Niemals aber kann der Libertin das Gesetz aufheben, daß selbst der Untergang der Menschheit der Natur völlig gleichgültig ist. So erklärt der Papst: »Es gibt letzten Endes keinen wesentlichen Unterschied zwischen dem ersten Leben, das wir erhalten, und dem zweiten, das mit dem gleichbedeutend ist, was wir Tod nennen. Denn das eine entsteht durch die Gestaltung der Materie, die sich in der Gebärmutter der Frau organisiert, und das andere entsteht gleichfalls aus dieser Materie, die sich im Innern der Erde erneuert und reorganisiert.« – Es ist die Macht der ins Kosmologische projizierten Weiblichkeit, an deren Produktivität das sadianische Denken zerbricht. Die Kraft der Negation, die im Phallus symbolisch resümiert ist, hält der kosmischen Kontinuität des Materialflusses nicht stand. Die Konstellation zwischen Almani und dem Ätna gilt allgemein: dessen gegen die Lavaflut aufgebäumter Phallus muß der gewaltigen Vagina der Erde unterliegen.

Es scheint, daß Sade unbewußt die Selbstbehauptung des Subjekts an den Phallus geknüpft hat. Wenn er dagegen den gleichgültigen Fluß der Materie als das Weibliche identifiziert, das jedes noch so heroisch gepanzerte Subjekt in sich hineinzieht, so heißt dies, daß eine tödliche Angst von dieser gefräßigen Gleichgültigkeit und Leere ausgeht. Die Wirklichkeit der Natur ist das Böse schlechthin. Das Böse des Libertins ist nichts als der zugleich nachahmende wie ohnmächtige Versuch der Selbstbehauptung gegen die kosmische Omnipotenz einer barbarischen Muttergottheit. Ihre Gesetze, nämlich die Gesetze der Natur brechen zu können, wäre höchstes Ziel des sadianischen Menschen: er kann es nicht. Zwar sind Verbrechen und – wie im Fall Almanis – die Naturwissenschaft gewaltige Verstärkungen der phallischen Energie männlicher Selbstkonstitutierung. Ihr Ziel aber, Natur gänzlich niederzukämpfen, ist unerreichbar; der Haß fällt ohnmächtig auf den phallischen Ritter zurück. Büßen müssen es die Frauen, insbesondere die Mütter. Als Dolmancé seine erste lange Rede über die allmächtige Unberührbarkeit der Natur hält, entsteht in der Elevin Eugénie die Idee der Mutterschändung, die am Ende der *Philosophie im Boudoir* durchgeführt wird. Die Mutter Eugénies wird zugenäht –: nichts könnte den von Sade immer wieder beschworenen Makel der Frauen, daß ihr Geschlecht durch eine vaginale Höhle gekennzeichnet ist, deutlicher ausdrücken. Angela Carter hat dieses Zunähen der mütterlichen Vagina aus der sexuellen Feindschaft zwischen Mutter und Tochter abgeleitet. Doch scheint es, daß Roland Barthes dem sadianischen Sinn näherkommt. Für ihn zielt das Vernähen der Mutter darauf, »dieses Leere, nicht indem man es erfüllt, sondern indem man es eingrenzt, zunäht, zu verleugnen«. Für Barthes ist dies die gemeinste aller Kastrationen, »denn sie läßt den Körper in die Gestaltlosigkeit des Außergeschlechtlichen zurückfallen«. Dieses Zunähen ist ebenso symbolisch, ja, es hat dieselbe magische Kultbedeutung wie das Löschen des Lavastroms durch das Sperma Almanis. Das Weibliche, das als die Negation der Negation des Phallus erfahren wurde, soll darin verschlossen, vernichtet, aus der Welt geschafft werden. Der gelöschte Vulkan – die verschlossene Vagina: dies wäre der Traum einer Welt, in der es nur den Phallus gibt – die kosmische Leere der furchtbaren Mutternatur wäre geschlossen. Erst die eingeschlechtliche Welt würde die sadianischen Helden von ihrem geheimen Schrecken vor dem Weiblichen befreien und noch tiefer von der Angst, in der unendlichen Leere des Kosmos sinnlos und verlassen zu sein, beraubt der mütterlichen Liebe, die den Mangel des Libertins, nämlich die Endlichkeit der phallischen Macht, besänftigen würde. Daß dies nicht so ist, haben die Frauen als Schuld zu tragen. Der wütende Exzeß übertönt den Schmerz, »in dieses traurige Universum geworfen zu sein«, geboren zu sein von diesem Organ, das seine Schuld damit büßt, zugenäht und damit zu Nichts zu werden.

Noch das Böse überbieten

Es gibt bei Sade einen seltsamen Positivismus. Bei einer gerichtlichen Vernehmung gibt eine Zeugin, die den Marquis zu peitschen hatte, zu Protokoll, daß Sade nach jedem zehnten Schlag aufgesprungen sei, um dies auf dem Kaminsims zu markieren. Nur gezählte Lust ist Lust?

Bei allen Sadeschen Helden gibt es ähnliches. Juliette und Clairwil: »Man wiederholte das Ganze noch einmal, so daß wir nach der ersten Runde jede einhundertachtundzwanzigmal im Hintern gefickt worden waren, was zusammen zweihundertsechsundfünfzigmal macht.« Sade ist zu klug, um uns mit Grundschul-Mathematik befriedigen zu wollen.

Vielmehr scheint Sade darauf zu zielen, die naturwüchsig böse Tat – die läßliche Sünde – in eine kalkulierte Verausgabung sexueller Energie zu verwandeln. Darum die Magie der Zahl bei Sade. Erst das Kalkül des Lasters läßt dieses zum *System* werden. Dies gilt nicht nur für die Einführung der Zahl, die Quantifizierung der Lust, nicht nur für die Geometrisierung der Körper in den Arrangements der sexuellen Verkoppelungen, sondern auch qualitativ: es geht Sade um die Akkumulation symbolischer Regelverletzungen in einer einzigen Handlung. Die sexuellen Verkoppelungen werden so inszeniert, daß möglichst viele kulturelle Normen auf einmal verletzt werden: »Wogen von unreinem, sodomitischem und inzestuösem Sperma spritzen dem absichtlich zur Schändung dort aufgestellten Standbild des Ewigen von allen Seiten ins Angesicht.« (*Neue Justine*) Am Ende ihrer Erziehung ruft Eugénie begeistert aus: »Ich bin also Blutschänderin und Sodomitin zugleich, und das alles bei einem Mädchen, das erst heute entjungfert ist!« (*Philosophie im Boudoir*) Damit hat sie verstanden, was ihr Lehrmeister Dolmancé demonstriert hat: »Schau, mein Liebes, schau, was ich alles auf einmal tue: Skandal, Verführung, schlechtes Beispiel, Inzest, Ehebruch, Sodomie!« – Dies also ist das Ziel der Disziplin, die Funktion des Apathie-Ideals der Sadeschen Helden: in äußerster Beherrschung der Leidenschaften Handlungsszenen zu entwerfen, die ein Maximum an Regelverletzung »auf einmal« enthalten. Juliette und der Papst arrangieren im Vatikan eine Satansmesse – schon dies scheint der Blasphemie genug. Das Böse aber muß, mit angespanntem Leistungswillen, überboten werden: »Vom Papst sodomiert, den Leib Christi im Hintern, oh, meine Freunde, welche Köstlichkeit!« – In einem Irrenhaus suchen sich Juliette und ihre Begleiter drei Wahnsinnige, die sich für Gott, die Mutter Maria und Jesus Christus halten. Die Szene wird so arrangiert, daß symbolisch das Heiligste geschändet wird. »Um so besser«, entgegnet Juliette einem Vorschlag. »Aber ich hoffe, daß du bei deinen Massakern weder Gott noch die Jungfrau vergißt. Ich gestehe, daß ich mich köstlich entleeren werde, wenn ich dich den lieben Gott mit der einen Hand, und seine Schwiegermutter mit der anderen umbringen sehe.« – »Ich muß, wenn das so sein soll, während dieser Zeit Jesus Christus in den Hintern kommen«, antwortet Vespoli.

Sade hat begriffen, daß alles Obszöne auf der Ebene des Symbolischen, nicht des Realen liegt. Handlungen des Fleisches sind bedeutungslos. Sie werden mit obszöner Energie aufgeladen erst dadurch, daß sie in symbolische Konfigurationen gestellt werden. Diese zu planen und zu arrangieren, ist die Aufgabe des Kalküls und der apathischen Rationalität der Libertins, welche jede Spontanregung des Fleisches restlos beherrschen, um sie in der Mitte der symbolischen Ordnung der Kultur explodieren zu lassen. Als ob es den Unzurechnungsfähigkeits-Paragraphen schon gäbe, dekretiert Sade energisch, daß das Verbrechen nur da ist, wo es kaltem Bewußtsein entspringt. Über die noch unvollkommen gebildete Juliette sagt Clairwill: »Ich finde bei ihr immer noch denselben Fehler. Sie begeht das Verbrechen nur in Erregung, sie muß sich dabei abreagieren. Und man soll sich ihm doch nur ganz kaltblütig hingeben. Dem Verbrechen muß die wollüstige Leidenschaft folgen, bei ihr ist es aber umgekehrt: sie begeht das Verbrechen im Zustand der Leidenschaft.« Und Noirceuil (ein Name!) wendet sich bestätigend an Juliette: »Man muß die Sensibilität, die Sie behindert, verringern.«

Der Peitschenhiebe zählende Marquis de Sade, die Ficks zählende Juliette sind Eleven des Lasters. Sie üben sich in Apathie und

Kalkül. Sade hat klar erkannt, daß die Sensibilität, die Empfindsamkeit, welche zu entwickeln das 18. Jahrhundert so viel Anstrengung unternimmt, zu einer Moralisierung der Leidenschaft führt. Das Laster bedarf des Verstandes als seiner Agentur. Im einfachen Zähler immerhin ist schon ein erster Schritt getan: der Subjektstatus des sexuellen Partners ist dementiert, wenn er in der großen Zahl verschwindet. Kunstreicher aber ist die rhetorische *inventio* – die Planung einer Szene so, daß in ihr das Fleisch mit möglichst vielen Werten kurzgeschlossen wird: dem Inzesttabu, der Ehrfurcht vor dem Heiligen und so weiter. Das Obszöne ist Kopfgeburt und wird vom Fleisch nur geschauspielert. Der Libertin bedarf also des Bestandes von Werten, weil nur ihre Durchbrechung Lust freisetzt. Die tugendhafte Justine glaubt sich in einer Orgie überflüssig. Sie wird belehrt: »Nein, nein, deine süße Tugend ist unentbehrlich. Nur die Verschmelzung dieser reizenden Eigenschaft mit unserer Lasterhaftigkeit läßt unsere Sinneslust wachsen.« Die Sadeschen Helden sind von sich aus lustlos: »Alles, was nicht kriminell ist, das ist fade.« – »Und je respektierlicher die gesprengten Bande sind, desto stärker wird die Wollust.« So bekämpfen die Libertins ihre Langeweile und sexuelle Spannungslosigkeit mit dem aufgeladenen Bösen, das sie wie unter einem Zwang ständig überbieten müssen. Sie fürchten das Auftauchen menschlicher Gefühle in sich selbst, weil sie glauben, daß damit ihre Lustfähigkeit besiegelt wäre. Sogar das Monstrum Minski ist von dieser Angst gejagt: »Der Anschein (...) ja, nur der Gedanke an eine Tugend jagt mir Schrecken ein. Ich mußte diese Rechte verletzen...«

Die heimliche Lustlosigkeit und Langweile der Sadeschen Romane ist darin begründet, daß jede Lust erzwungen werden muß. Die Subversion aller kultureller Ordnungen ist schließlich für die Libertins selbst eine folterartige Anstrengung des Verstandes dagegen, das Selbstgefühl nicht in Depression und das Fleisch nicht in Langeweile versinken zu lassen.

Einsamkeit

Wunderbar die Poesie der Einsamkeit in der Literatur des 18. Jahrhunderts – die Rousseauschen Spaziergänge in Ermenonville; die süße Wehmut Anton Reisers in freier Natur; die sympathetische

Nähe von Gräsern, Insekten und Werther unter dem Himmel spinozistischer Naturganzheit; die großartig weiten Gefühle Fausts im Hochgebirge. Man ergeht sich in Natur, das Bürgertum entdeckt den Spaziergang, den Frieden heiterfreier Landschaften in sicherer Distanz zum beengenden Druck der Stadt mit ihren beklemmenden politischen Verhältnissen. Einsamkeit wird zum Wunschraum, der die ungelebten Sehnsüchte auf Befreiung und Glück in versöhnendem Schein aufnimmt. Fühlt man sich im Getriebe der Zivilisation (der »Welt«, wie man sagt) schnell entfremdet, kommt man in der Einsamkeit zu sich. Man schafft Lauben und stille Plätze, Winkel der Betrachtung und des Kunstgenusses. Lesen wird zum weltentrückenden Dialog mit sich selbst. In der Stille eines Abends, dem frühen Licht der aufziehenden Sonne fühlt sich das Herz weit werden. Selig ist, wer dem Menschengewimmel entflohen ist, o Waldbruder und Eremit. Komm, güldener Friede, du Traum eines aggressionsfreien Lebens, Bruder des sanften Mondes und des feinen Dunstes über lichterfüllten Hügeln – erst einsam fühl' ich mich allem verbunden, zurückgekehrt aus ekler Welt in die unbedürftige Ruhe des Ich und des Seins der Dinge.

Stählern, erschreckend und schließlich tragisch dagegen die Einsamkeit der Sadeschen Helden. Lange vor der bitteren Einsamkeit des Büchnerschen Dantons, der weiß, daß wir unsere Schädeldekken aufmeißeln müßten, um unsere Gedanken wechselseitig zu kennen – also können wir sie, um den Preis des Todes, gar nicht kennen –, lange vorher ist dies das Grundgefühl aller Sadeschen Libertins. »Denn zwischen dem, was uns«, erklärt Madame Dubois der empfindsame Justine, »und dem, was die anderen berührt, besteht keinerlei vernünftige Beziehung.« Weil es in der Sadeschen Welt nicht die geringste Aussicht über das monadisch verkapselte *solus ipse* hinaus gibt, gehört es zum souveränen Menschen, die unüberschreitbare Einsamkeit zur Grundlage eines heroischen Stolzes zu machen, nämlich des Verbrechens als des einzigen Akkords unseres Seins. Die Tatsache und die Kunst des Verbrechens sind Beweis und Stolz des einsamen Menschen. Das Verbrechen besiegelt, daß es zwischen Menschen keine wirkliche Verbindung gibt. Würde nicht sonst das Opfer den Täter anrühren in irgendeiner Grundsolidarität alles Lebendigen? – In äußerster Verhärtung behauptet Sade, daß die Leere zwischen zwei Sternen nicht größer sein kann als die Fremdheit zwischen dir und mir. Vorbei ist es mit der Poesie der Einsamkeit des zärtlichen 18. Jahrhunderts. Aus Sades Werk weht die Kälte einer zum kosmischen Gesetz erhobenen Einsamkeit.

Simone de Beauvoir hat bereits darauf hingewiesen, daß der Orgasmus bei Sade fast durchgehend etwas wütend Gequältes und paroxystisch Auslöschendes hat. Der Orgasmus ist, wie der Mord, ein Moment der radikalsten Trennung zwischen begehrendem Subjekt und begehrtem Objekt, weswegen – wie z. B. bei Minski – beides, Mord und Orgasmus, idealiter zusammenfallen. »Was man gefickt hat, kann man unmöglich lieben«, stellt der junge Jeronimus fest. »Vor der Befriedigung begehre ich nach dem Objekt. Ich verabscheue es, wenn der Same vergossen ist.« Er spricht damit die Wahrheit dessen aus, den nichts als der Trieb mit dem Objekt verbindet. Er bleibt in der Enklave seiner Kontaktlosigkeit eingeschlossen und macht die ziemlich alltägliche Erfahrung des »*post coitum omnis triste*«. Dieser Punkt der Desillusionierung des Begehrens, die regelhaft in Verachtung oder Vernichtung des Objekts umschlägt, wird immer wieder von den Libertins reflektiert: »Es gibt viele Leute«, räsoniert der Herzog von Blangis in den *120 Tagen von Sodom*, »die den Augenblick des Entschwindens ihrer Illusion absolut nicht vertragen können, es scheint, daß der Stolz darunter leidet, daß ein Weib uns in einem solchen Zustand der Schwäche gesehen hat, und daß der Ekel aus Scham entspringt, die sie dann empfinden.« – »Nein«, antwortet Cirval, (...), »nein, mein Freund, von Stolz ist da nichts drin, aber das Objekt, das im Grunde keinen anderen Wert hat als den, welchen unsere Geilheit ihm verleiht, das Objekt zeigt sich, wenn diese Geilheit erloschen ist, in seiner ganzen Wertlosigkeit. Je heftiger die Aufregung war, desto entwerteter ist das Objekt, wenn es von dieser Aufregung nicht mehr unterstützt wird.« – Und Domancé doziert: »Solange der Koitus dauert, mag ich zweifellos dieses Wesens bedürfen, das daran teilnehmen muß; aber ich bitte Sie, was bleibt zwischen ihm und mir, sobald er vollzogen ist?« – Noirceuil analysiert: »Versuchen Sie, das Objekt genießen zu lassen, das Ihren Freuden dient. Sie werden sofort erkennen, daß dies nur zu Ihren Lasten geschieht. Es gibt keine Leidenschaft, die egoistischer ist als die Geilheit, keine, die ernster genommen werden will. Man muß sich nur mit sich selbst beschäftigen, wenn man erregt ist« – hier formuliert Noirceuil den kategorischen Imperativ der Lust –, »und darf nie an das Objekt denken, das uns dient wie ein Opfer, das für den Höhepunkt der Lust bestimmt ist.«

Zweifellos hat Sade lange vor Freuds zaghaften Formulierungen über die *Allgemeinste Erniedrigung im Geschlechtsleben* (1912) den Zusammenhang von Lust und Objektverachtung erkannt. Freud leitet die Bevorzugung erniedrigter Objekte in der männlichen Sexualität daraus ab, daß der Mann die Assoziation von Begehren und idealisierter Mutter vermeiden muß. Die Erniedrigung entstammt also aus dem ödipalen Dilemma. Ungleich härter insistiert Sade darauf, daß es die Struktur des Triebes selbst ist, die die Erniedrigung des Objekts verlangt. »Es gibt keinen Mann, der nicht Tyrann sein wollte, wenn er spannt«, heißt es apodiktisch. Und diesen »Despotismus der Leidenschaft« begründet Sade aus der Einsamkeit des Menschen, die ihn essentiell zum einzigen Mittelpunkt seines jeweiligen Universums macht – aber auch verurteilt. Die radikale Egozentrizität des Triebes reflektiert die kosmische Kälte zwischen den Menschen: »Was wünscht man sich im Genuß? Daß alles, was uns umgibt, sich nur mit uns beschäftigt, nur an uns denkt, sich nur um uns kümmert.« Freud würde in solchen Äußerungen die Wunschstruktur von »Seiner Majestät, dem Baby« identifizieren – und damit die Sadesche Triebtheorie als Reflex früher narzißtischer Strukturierungen deuten. Zweifellos ist das richtig, aber auch eine Verharmlosung. Sade bewegt sich in einem anderen Diskurs, der unnachgiebig auf der Isolation der Menschen und dem unüberschreitbaren Egoismus des Triebes insistiert. Dies nämlich ist Folge der materialistischen Anthropologie, die das Sadesche Werk durchgehend beherrscht. Aus Hobbes und dem Physiologismus der französischen Frühmaterialisten zieht Sade die Konsequenz, »daß die Tugend keineswegs dem allgemeinen Gefühl der Menschen entspricht, sondern daß sie nur das erzwungene Opfer darstellt, das er der Gemeinschaft bringen muß, in der er lebt.« Sades Antihumanismus geht damit weit über Freuds Skepsis, ob eine Humanisierung der Gesellschaft möglich sei, hinaus. Freud bleibt noch in seiner Skepsis Vertreter aufgeklärter Moral, die Sade als bloße Ideologie, als »Scheinwelt der Tugend« destruiert. Die individuelle Selbsterhaltung, die die sadianischen Libertins ununterbrochen predigen, ist ihnen der philosophische Fels, an denen jedes moralische Argument, das uns zu Rücksicht, Mitleid und Nächstenliebe nötigt, zerschellen soll. »Wir müssen der Natur gehorchen, und ihre Ordnung lehrt uns keineswegs gegenseitige Hilfeleistungen. Sie gibt uns nur das Bestreben ein, für uns allein und zu unserem eigenen Wohl die Kraft zu erwerben, die nötig ist, all die Übel durchzustehen, die sie für uns vorgesehen hat.«

Die Natur, diese böse »Mutter des Menschengeschlechts«, zwingt dem Sadeschen Menschen im Interesse der Selbsterhaltung den Imperativ völliger Gefühlskälte auf. Die Apathie der Vernunft ist darum der Stolz aller Libertins, die nicht den Täuschungen des Herzens erliegen. Sade spürt wie Nietzsche sehr genau, daß jede Moral nur eine andere Form der Selbsterhaltung, also auch Egoismus ist, nämlich dem Schutz des Schwachen dienen soll: »Die Schönheit, die Tugend, die Unschuld, die Aufrichtigkeit, das Unglück«, polemisiert er dagegen, »nichts von alledem soll demnach als Schutz für das von uns begehrte Objekt dienen.«

Zweifellos hat Sade recht: Moral ist der Schutz unserer Schwäche. Diese Schwäche ist es, die die Libertins fürchten. Nichts macht ihnen mehr Angst als Teilnahme und Sympathie. Unnachgiebig zensieren sie unter dem Diktat stählerner Selbsterhaltung die Sehnsucht nach Verbindung und Nachgiebigkeit. Die Sadesche Anthropologie enthält eine verpanzerte Konzentration des Selbst, den Zwang zu einer permanenten phallischen Verhärtung, die zur Intention macht, was eigentlich Leiden ist: nämlich die Unfähigkeit zu zärtlichem Verschmelzen und sympathetischer Teilnahme. Sade bedient sich des frühmaterialistischen Diskurses und der zweifellos richtigen Beobachtung der Egozentrizität des Triebes, um daraus die Kraft zu einer grandiosen Umkehrung zu gewinnen. Es sind Enttäuschungen und Traumata ursprünglicher Liebe, die die Libertins das Verbrechen und die Apathie als Panzerung des Selbst suchen lassen. Als der Chevalier de Saint-Ange ein Plädoyer für die sozialen Gefühle hält, antwortet ihm Dolmancé, an dieser Stelle authentisches Medium Sades: »Ihnen fehlt die Erfahrung; wir sprechen uns wieder, wenn Sie durch Erfahrung gereift sein werden; dann, mein Lieber, werden Sie nicht mehr so gut von den Menschen sprechen, weil Sie sie kennengelernt haben werden. Ihre Undankbarkeit war es, die mein Herz austrocknete, ihre Falschheit, die in mir diese unheilvollen Tugenden zerstörte, für die ich vielleicht wie Sie geschaffen war. Und wenn nun die Laster der einen die Tugenden für die anderen gefährlich werden lassen, erweist man dann nicht der Jugend einen Dienst, wenn man sie frühzeitig in ihr erstickt?« – Es ist dies eine kostbare Stelle in Sades Werk, wo ein Libertin etwas von seiner enttäuschten Liebe und gekränkten Hoffnung durchscheinen läßt. Die Einsamkeit der Sadeschen Menschen rührt daher, daß er um jeden Preis der Rolle des Opfers entkommen will – und dies geht nur, wenn man konsequent auf die Seite der Täter überwechselt. Ein Mensch aber, der den Mord als »ein bißchen durcheinander geratene Materie« bezeichnet und ihn aus der kosmischen Gleichgültigkeit der Natur gegenüber dem einzelnen Leben rechtfertigt, verweist auf den Mangel an Geliebtsein, gegen den er sich mit solchem Zynismus wappnet. Die Einsamkeit ist das Gefängnis, das die Sadeschen Libertins in eine heroische Entscheidung und zur Tathandlung des Selbstbewußtseins umstilisieren.

Georges Bataille hat mit tiefem Verständnis für Sade darauf aufmerksam gemacht, daß ein wirklicher Täter schweigt. Gewalt und Schweigen gehören zusammen. Der jahrzehntelange Gewalt-Diskurs des Marquis steht in eigenartigem Widerspruch dazu, daß der, welcher Orgien der Gewalt veranstaltet, diese mit Arkanität umgibt. Die Täterideologie Sades, seine prätendierte Gnadenlosigkeit, die angestrengte Permanenz des Verbrechens – sind sie vielleicht ein verzweifeltes Abwehrmanöver eines Menschen, der Opfer geworden ist an *unserer* Hartherzigkeit? Die Einsamkeit Sades ist nicht die des Täters, sondern eines Menschen, der in den Bekenntnissen seiner Abscheulichkeit und in seiner ruchlosen Geschwätzigkeit sich in ein wirkliches Schweigen hüllt: seine Schwäche, seine Verlassenheit und seine Trauer. Diese haben Sade wirklich Angst gemacht, weil sie ihn auszuliefern drohten den eigentlichen Tätern, dem Staat, der Justiz, seiner Schwiegermutter, dem König. Die Maßlosigkeit der Sadeschen Schrift ist als Verschweigen zu lesen, als Verweis auf ein Unsagbares, das sich dem Leser erst erschließt, wenn er jenseits der obszönen Provokation bereit wird, Sades Werke zu lieben. Nicht weniger hat der schreibende Sade von uns Lesern gewünscht.

Postscriptum

Vorab entstand Verwunderung und auch Empörung über die Wende, Sade den Wunsch zu unterstellen, von uns geliebt zu werden. In der Tat: scheint es nicht, als würde dem radikalen Destruktor des Subjekts und dessen familiengezeugten Gefühlen die alte Sucht nach Liebe aufgedrückt, um ihn ins (psychoanalytisch) Vertraute zu ziehen? Nimmt man Sade damit nicht jene Waffe, durch die einzig er sich behauptet, die Provokation, und ruft zur Empathie mit Texten zurück, die sich unwiderruflich verabschiedet haben aus der (Schein-)Welt sich wechselseitig verständigender, sympathetisch verbundener Subjekte? Wäre die Liebe zu Sade nicht auch dessen Vereinnahmung durch den Leidensdiskurs der Familie und der humanistischen Aufklärung, Entschärfung mithin und Schwächung der Kritik? Scheint es nicht samtener Imperialismus, die leidenschaftliche Einsamkeit des Libertins in eine Sehnsucht nach Nähe zu stilisieren? Ist nicht, wieder einmal, Hermeneutik die Kunst, die verwerfenden und abstoßenden Momente der Literatur zu verharmlosen, ihre Gegen-Signifikanten ins kulturell Unanstößige zu integrieren?

Es gibt heute den verbreiteten Wunsch, die Last Subjekt-zu-sein loszuwerden, und es gibt Theorien, die die Abschaffung des Subjekts feiern und ein Leben ohne die Schmerzen, unter denen wir nicht nur geboren, sondern auch gebildet werden, in Aussicht stellen. Spielte das Leben wirklich nur in den Wunschmaschinen und nicht auch und vielleicht sogar zuerst im Schmerz und der Angst, in denen leiblich – wie politisch – wir uns gewahr werden, dann wären die heutigen Philosophien der Subjektsubversion nicht nur ein luxurierender Antihumanismus, sondern die Schwächung des politischen Widerstandes gegen die in der Tat subjektlos arbeitenden Unterwerfungsapparate der Macht. Sade ist kein Kronzeuge des Antihumanismus, sondern des Widerstands dagegen, den er nicht anders denn als »poetisches Subjekt« (J. Kristeva) hat aufrechterhalten können. Es wäre nur zynisch, hierfür keine Liebe zu empfinden: jedoch verständlich aus unserer Geschichte, eine solche Liebe nicht empfinden zu *können*. Zu oft ist die Liebe die Falle der Unterwerfung gewesen.

Bibliographie

Die Sade-Zitate folgen der Ausgabe:

D. A. F. *Marquis de Sade: Ausgewählte Werke in drei Bänden,* hg. v. Marion Luckow, Hamburg 1962–65.

Ders.: *Die Philosophie im Boudoir,* Hamburg 1970.

Marquis de Sade: *Der Henker und sein Opfer,* hg. v. D. Hoffmann (Nachwort F. Benseler), Darmstadt und Neuwied 1983.

In Deutschland ist zu Sade wenig Nennenswertes erschienen außer:

Max Horkheimer und Theodor W. Adorno: *Juliette oder Aufklärung und Moral*, in: dies.: *Dialektik der Aufklärung*, Frankfurt 1969.

Vgl. ferner: Arno Baruzzi, *Mensch und Maschine*, und: *Apathie des Denkens*, München 1973.

Michael Siegert, *De Sade und wir. Zur sexual-ökonomischen Pathologie des Imperialismus*, Frankfurt/M. 1971.

Michael Franz: *De Sade et cetera*, in: *Unter dem Pflaster liegt der Sand*, H. 8 (1981).

Otto Flake: *Marquis de Sade* (1930), Frankfurt/M. 1976.

Von der zum Teil ganz außerordentlich hochstehenden Diskussion über Sade in Frankreich nenne ich die in Deutschland gut erreichbaren Titel:

Roland Barthes: *Sade-Fourier-Loyola*, Frankfurt 1974.

Georges Bataille: *Der heilige Eros*, Frankfurt/Berlin/Wien 1964.

Simone de Beauvoir: *Soll man de Sade verbrennen?* München 1964.

Maurice Blanchot: *Sade*, in: *das neue lot*, H. 10, Berlin 1963.

Das Denken von Sade, hg. v. *Tel Quel*, München 1969 (Beiträge von Pierre Klossowski, Roland Barthes, Philippe Sollers, Hubert Damisch, Michel Tort).

Lektüre zu de Sade, hg. von B. Dieckmann/F. Pescatore, Basel und Frankfurt 1981 (Beiträge von Chantal Thomas, Philippe Roger, Pierre Klossowski, Philippe Sollers, Marcel Hénaff, Maurice Blanchot, Jean Joseph Goux, Marcelin Pleynet, Jean Pierre Faye, Alain Robbe-Grillet, Gilles Deleuze, Marcel Moreau).

Jacques Lacan, *Kant mit Sade*, in: ders., *Schriften* II, Frankfurt 1975.

Aus England ist interessant:

Angela Carter: *Sexualität ist Macht. Die Frau bei de Sade*, Reinbek bei Hamburg 1981.

Nach Fertigstellung dieses Essays erschien u. a. die wichtige Arbeit von Monika Treut: *Die grausame Frau. Zum Frauenbild bei der Sade und Sacher-Masoch*, Basel/Frankfurt/M. 1984 – Michael Farin und Hans-Ulrich Seifert edierten eine vorzügliche Neuausgabe des Justine-Romans, versehen mit einer reichen Bibliographie (Nördlingen 1987). – Ferner dies.: *D. A. F. Marquis de Sade. Materialien zu Sade in Deutschland*, Bonn 1988. [mit 3200 Titeln der Sade-Bibliografie]. – Hubert Fichte: *Der blutige Mann. Sade*, in: ders.: *Homosexualität und Literatur*, hg. v. T. Teichert, Frankfurt/M. 1987, S. 23–123.

Eine Zeit ohne Eigenschaften.
Robert Musil und die Posthistoire

I.

Wir alle kennen den Bestand der Szene: »ein schöner Augusttag des Jahres 1913«[1], meteorologisch bestimmt; eine Stadt in der Physiognomie futuristischer und kubistischer Bilder; ein dynamisches Feld aus Geräuschen, Bewegungen, optischen Zeichen, Rhythmen, Verdichtungen, Bündelungen, Auflösungen, Serien und Sprüngen, Leerstellen und Häufungspunkten, Energieflüssen und Statiken; und darin plötzlich »eine quer schlagende Bewegung«, der berühmte Unfall, eine Synkope in der diffusen Ordnung der Dinge, ein »Loch« ins Bodenlose oder ein aufflackernder Irrsinn; dann die Entsorgung des »verunfallten« Verkehrsteilnehmers durch die »Rettungsgesellschaft«, die Schließung der Lücke, das Weiterfließen der augenblickslang unterbrochenen Energieströme. Und die Menschen? »Fußgängerdunkelheit bildete wolkige Schnüre«, ein Kraftfahrer »grau wie Packpapier«, ein »Mann, der wie tot dalag«, ein flanierendes Paar, dessen Identifizierung als Personen versucht und sogleich storniert wird, ein Paar, gesichtslos wie Figuren auf Bildern August Mackes, Skizzen aus sozialen und sprachlichen Stereotypen; selbst die »feinen Unterschiede« (Bourdieu) sind differentielle Effekte des Feldes, nicht der Inkommensurabilität von Personen. Es scheint, »daß sich ein gesetzliches und ordnungsmäßiges Ereignis vollzogen habe«. Es scheint so.

Es scheint, daß von den makrokosmischen Verhältnissen der Wetterlage bis zu den mikrologischen Strukturen in der »feinen Unterwäsche des Bewußtseins« ein Gewebe identifizierbarer Kräfte die Szene in Bewegung hält. Menschen und Dinge sind im strukturalen Feld der Fixpunkte und dynamischen Relationen homogenisiert. Der Anthropozentrismus des Erzählens ist aufgehoben, Menschen haben in diesem Kraftfeld keine strategische Position mehr inne, sondern werden wie die Dinge zu Elementen natürlicher und sozialer Systeme. So handelt es sich beim Unfall auch nicht um ein Ereignis im emphatisch subjektiven Sinn, der sich in Erfahrung und symbolisch vergewisserte Bedeutung übersetzt. Wenn Musil im *Tagebuch* einen ähnlichen Unfall, ein Fahrstuhlunglück, beschreibt, so wird dieser im Verlauf der Geschehnisse »immer mehr ein Stück Ordnung mit ihren technischen und administrativen Begriffen« (T I/772). In dieser Perspektive bleiben die Bedeutungen, die der Unfall für den Verletzten oder Kraftfahrer im lebensgeschichtlichen Kontext hat, so unbeleuchtet wie die erdabgewandte Seite des Mondes. Und auch die, die die Anfangsbuchstaben ihres Namens »bedeutsam« auf die Wäsche gestickt tragen, bleiben namenlos und ohne Identität, empfinden »Unangenehmes in der Herz-Magengrube« oder sondern Sätze aus statistischen Jahrbüchern ab: das ist es, was Benjamin »Erfahrungsarmut« nannte. Bilden sich in den transsubjektiven Feldern der sozialen und natürlichen Vermittlungen überhaupt noch Bedeutungen, die an Erfahrungen geknüpft sind? Und wenn nicht, wie verläßlich ist die »Feldbindung«, die an die Stelle intersubjektiver Beziehungen tritt? Wie wirklich ist, mit Ulrich zu fragen, die Wirklichkeit?

Die Wirklichkeit, so könnte vom 1. Kapitel her geschlossen werden, gibt es nicht. Analysiert man ihre textuelle Verfassung, so bemerkt man schnell, daß der Text in keinem mimetischen Verhältnis mehr zu irgendeiner Realität steht. Es gibt nur Zeichen, Diskurse, Stile, allgemein: das Semiotische – und um dessen Struktur bewegt sich der Text. Der Erzähler montiert meteorologische und alltagssprachliche, statistische und anthropologische, wissenschaftlich-technische und soziologische Diskurse und blendet in dieses diskontinuierliche Feld der Diskurse noch ästhetische Wahrnehmungsstile, etwa kubistische oder futuristische, hinein. Dadurch entsteht das eigentümlich Schwebende, Arbiträre, Zwiespältige des Textes. Das rührt daher, daß der Text nicht mehr zentriert ist auf eine ideale Erzählsituation, von der aus die Repräsentation von Wirklichkeit gesichert wäre. Der Text erhält keine beglaubigte Dignität, etwa als Effekt wissenschaftlicher Wahrheit, lebensgeschichtlicher Identität oder ästhetischer Autorität. Der Text ist von Beginn an selbstreferentiell oder metareflexiv in dem Sinn, als er es mit der strukturellen Unsicherheit aufzunehmen versucht, die die moderne Kunst insgesamt auszeichnet: Was sichert überhaupt noch die Erzeugung von sprachlichen Bedeutungen, wenn das Verhältnis von Wort und Ding nicht mehr ein das Ding im Wort Repräsentierendes ist, wenn also ein realistisches Erzählen sich ebenso aufgelöst hat wie in der Wissenschaft das Vertrauen darauf, daß diese es objektiv mit der Wirklichkeit zu tun habe? Womit es dann der Text zu tun hat, das sind nicht Realitäten, sondern Diskurse, nicht Dinge, sondern Zeichen, nicht Erfahrungen, sondern Stile, nicht Ereignisse, sondern Perspektiven – er bewegt sich folglich in einem imaginären Raum, der durch das Repertoire historisch abgelagerter und gegenwärtig eingespielter symbolischer Verständigungsformen und Wissensdiskurse gebildet wird.

Der Unfall ist darum als Geschehen auf der Ebene der Dinge im wörtlichen Sinne »nichtig«, weil nicht einmal zu sagen wäre, was denn diese Ebene der Dinge überhaupt sein soll. Der Unfall ist ein diskursives Ereignis, eine Synkope im Fluß der symbolischen Ordnungen, die für einen Augenblick die Bodenlosigkeit der diskursiven Zugriffe aufreißen könnte, wenn irgendein Beobachter ihn derart festhalten würde – nämlich, mit K. H. Bohrer zu sprechen, in der Ästhetik der Plötzlichkeit, des Augenblicks, des minimalen Schocks, in welchem das Gewebe der sprachlichen Vermittlungen sich in die Unendlichkeit des Schweigens, des Sprachlosen, der enigmatischen Bedeutungslosigkeit öffnet. Ein solcher Beobachter ist im 1. Kapitel nicht präsent – der Roman wird ihn aber sogleich als den »Mann ohne Eigenschaften« einführen. Noch vor seinem Auftritt arrangiert der Erzähler die diskursiven Dispositive so, daß gänzlich im Zweifel bleibt, ob zwischen Sprache und Wirklichkeit eine feste Brücke besteht, oder nicht vielmehr ein Bruch; ob nicht die Sprecher (wie der Erzähler) sich in den Gehäusen sprachlicher Deutungsmuster bewegen wie Fische im Glas; ob nicht das Erzählen in der Moderne angesichts des Entgleitens der Wirklichkeit selbst nur noch ein gewissermaßen metadiskursives Glasgehäuse sein kann, in welchem die Frage nach dem Sinn unerlöst hin und her bewegt wird; ob nicht das Erzählen ein Warten auf den Sprung, das Klirren und Splittern des Augenblicks ist, in welchem die Eingeschlossenheit in die imaginäre Welt referenzlosen Sprechens aufgesprengt wird; und ob nicht dann vielleicht Dinge und Menschen, Wolken und Leiber in ihrer Namenlosigkeit sprachlos leise zu sprechen beginnen. So gesehen, wäre der Augenblick, in dem »etwas aus der Reihe gesprungen« ist, wäre die Katastrophe das, worauf die Erzählkunst zielt, der Kollaps, die Diskontinuität, das Aussetzen der Ordnungsstrukturen; der Nicht-Unfall wäre dagegen die Katastrophe, daß nichts geschieht bzw. daß »Seinesgleichen geschieht«, der infinite Leerlauf der Ordnungen und Sprachen. Darum unterhält der Roman eine anarchische Sympathie für jenen Unfall des

Kapitels 1, der von den hieran Beteiligten in aller Eile in die Ordnung des Diskurses verscharrt wird. Der Roman hält dagegen eine Treue zum Untreuen, zum Verbrechen, zum Wahnsinn, zur Unterbrechung, zum Unfall, zur Katastrophe bis hin zum Krieg. Ihm gilt die Sprache der Ordnung als totes Sprechen. Ulrich streicht sich zu Beginn als historisch und sozial bestimmtes Subjekt durch, um in die dezentrale Position eines Denkens zu rücken, welches die Zeichen der Katastrophe zu dechiffrieren vermag. Er ist der Experimentator, der die Diskurse wie in einem Unfall zusammenstoßen läßt, um ihrer Zersprengung die verborgene Energie der Dinge und die sprachlose Sprache des mystischen Nu abzulocken. Damit wird er zum Paradigma der Kunst der Moderne, welche eine Kette von Katastrophen erzeugt, um die eine Katastrophe, den Bestand nämlich der Ordnung, zu verhindern. Das 1. Kapitel demonstriert dabei, daß die Chancen dafür nicht schlecht zu stehen scheinen – das ändert sich im Laufe des Romans. Die Ordnung der Diskurse ist nicht unverbrüchlich, lückenlos, unerschütterlich. Wer die Diskurse, wie der Erzähler, ins Spiel bringt, steht vor der ebenso überraschenden wie beunruhigenden Tatsache, daß sie sich als eigenartig ordnungslos, porös, instabil, diskontinuierlich, brüchig entlarven. Die Überschrift »Woraus bemerkenswerter Weise nichts hervorgeht« akzentuiert das Ins-Leere-Laufen von Sinnentwürfen, die anscheinend im Wirklichen ihr Wesen treiben und doch von allen Geistern verlassen sind wie Ruinen. So läßt Musil in den Sinn sich das Fragmentarische einnisten, den Zerfall. Wie der Witz die Ordnung der Diskurse unterläuft und blamiert, so treibt der Roman diese in den Unfall. So kennt der Roman keine Treue als die eine zum Verrat. Im Verrat des »Seinesgleichen geschieht« wird das Ereignis gesucht, das nicht etwa die Verhältnisse umwälzt (die Idee der Revolution ist verabschiedet), wohl aber die Diskurse zerbricht. Mehr will Literatur als Kritik symbolischer Ordnungen und als Arbeit an einer Sprache »wie am sechsten Schöpfungstag« nicht. An den Bruchstellen der Ordnungsdiskurse, ihren Sprüngen und Rissen läßt die Literatur die Sinnformationen und Sprachluster der kommunikativen Maschine verunglücken. Nur im ersten Ansehen zeigt darum das Kapitel 1 das Funktionieren der Ordnung gerade im Unfall. Das Kapitel als ganzes ist selbst der Unfall, den es darstellt. Es ist die Subversion der Ordnung, der Absturz in das »Rätsel«, wer wir denn sind, und in die »Tiefe des Loches«, das im Augenblick des Zerreißens sich öffnet. Es eröffnet den Roman mit einer Paradoxie: ist jeder Anfang des Erzählens auf einen Sinn bezogen, so ist der Anfang dieses Anfangs ein dekonstruierendes Spiel mit den Konstruktionen des Sinns.

II.

Ich breche hier ab, um durch einen Umweg über die Fragen der Musil-Auslegung an Strukturen der Postmoderne heranzukommen und damit auf den Zusammenhang und die Differenz, die zwischen dem *Mann ohne Eigenschaften* und unserer Gegenwart bestehen. Ich überspringe dabei viele Ansätze der Musilphilologie und gehe von Fragen aus, die vom gegenwärtigen, als postmodern bezeichneten Stand der Theorieentwicklung bestimmt sind.

  Von Arnold Gehlen[2] ist die Kategorie der »Posthistoire« in die deutsche Diskussion eingeführt worden. Sie bezeichnet, wenig empiriehaltig, bestimmte abstrakte Strukturen mindestens der Zeit seit dem Zweiten Weltkrieg. Die Institutionen, die den Handlungszusammenhang einer Gesellschaft in ihrem Verhältnis zu Natur, Triebbasis und Zusammenleben der Menschen obligatorisch regeln, zeigen einen eigentümlichen Widerspruch: durch die Effektuierung und Rationalisierung sind sie von äußerster Stabilität und Einheitlichkeit, befinden sich aber aufgrund der eingetretenen Aushöhlung der »ideativen« Funktionen im unaufhaltsamen Niedergang. Diesen Zustand der Institutionen bezeichnet Gehlen als »Kristallisation« –: stabile, transparente und rationale »Zwischenwelten«, die gleichzeitig starr, tot und dennoch den Individuen gegenüber von unausweichlicher Macht sind. Geschichte ist am Ende. Das erinnert an das »eherne Gehäuse«, womit Max Weber metaphorisch die modernen Industrienationen bezeichnete. Der Zusammenhang zu Musil ist deutlich: seine Metaphern von der »erkaltenden Muschel Stadt« (152), dem »erkaltenden Mond aus Erde, Häusern, Sitten, Bildern und Büchern« (131/32) stehen für zahllose Stellen, an denen Musil den institutionellen Handlungszusammenhang unter den Titel eines Gesetzes der »Verfestigung« bringt, die der Rationalisierung irreversibel innewohnt. Das Dynamische an Geschichte annihiliert sich im Starrwerden der Impulse und der Versteinerung der Verhältnisse. Bei Gehlen funktioniert die mediale Zwischenwelt der Institutionen für die

Individuen als Entlastung – Niklas Luhmann würde sagen: als Reduktion von Komplexität –; sie erfüllen also ihre Funktion.[3] Jedoch hat dies einen hohen, für Gehlen selbstverständlichen Preis. Subjektivität nämlich ist nichtig. Menschen sind unausweichlich Funktionäre der institutionell geregelten Handlungsvollzüge, als Individuen also dysfunktional. Dieses Ortloswerden des Subjektiven hat freilich zwangsläufig ein Wildwerden der Subjektivität gerade aufgrund der Rationalisierung zur Folge – wofür freilich Gehlen sich gar nicht, Musil dafür um so mehr interessiert. Bei Musil sind exzellente Analysen zahllos, in denen in soziologischer, psychologischer, funktionalistischer Perspektive die Aura der Personhaftigkeit destruiert wird. Die erzwungene Abdankung des Menschen als »Souverän« seines Handelns, die Auflösung des »anthropozentrischen Verhaltens« (150) vollendet sich in der Konzeption der »Welt aus Eigenschaften ohne Mann« in nicht geringerer Rigorosität als bei Gehlen – weit über jene Entsubjektivierung des Ich hinaus, die Ernst Mach in seiner sich selbst mißverstehenden Empfindungslehre vorgelegt hatte. Was Musil demgegenüber beobachtet, ist ein unbeabsichtigter Effekt dessen, was Gehlen den Niedergang der ideativen, sagen wir: sinnkonstitutiven Funktionen der Institutionen nennt: nämlich das Flattern und Flottieren, Irrlichtern und Flirren, Aufliegen und Abstürzen, sich rauschhaft Steigern und das abrupte Zerstückeln des Individuums – als Reaktion auf die blockhafte Stabilität der übermächtigen Institutionen. Die Schließung der Gesellschaft gegen subjektive Antriebe und Phantasien dissoziiert diese, läßt diese herumwirbeln, hinunterwürgen oder sich zu wahnhaften Obsessionen verdichten – wie bei Clarisse, Moosbrugger oder dem Arbeiter in der Begegnung mit der Staatsmaschine. Sie ver-rücken sich in einen imaginären Raum, der, weil er ein Effekt der Ausgrenzung ist, keine Vermittlung und Rückkopplung zu der gegebenen Realität erlaubt. Musil macht gewissermaßen die Gegenrechnung zu Gehlens Institutionenlehre auf: die Erfahrung des Abprallens der von Gehlen sogenannten »Fakteninnenwelt« an den rationalisierten Institutionen produziert erst jene Wildheit, archaischen Durchbrüche (Unfälle), die Gewaltexzesse, die obsessiven Phantasien und die »Menschenfresserei« als Modalitäten der subjektiven Abseiten. Kristallisiert die Gesellschaft im Kältetod, so schlagen aus den Subjekten die Flammen. Ulrich wird denn auch von Figuren der unfreiwilligen Selbstverbrennung umgeben, damit sein Programm Profil erhält. Er will »sein Feuer, den winzigen Glutkern nicht abgeben« (153), aber auch nicht in Flammen aufgehen. Er ist, was alle sind, Mann ohne Eigenschaften; jedoch entschieden und mit äußerstem Bewußtsein, um der Gewalt der Ausgrenzung nicht durch Ver-rückung (Clarisse) oder Zer-stückelung (Moosbrugger) antworten zu *müssen*, wenn diese Ausgrenzung nur als Zwangsvollstreckung erlitten und im chaotischen Wirbel abgewehrt werden kann. Ulrich vollzieht die Ausgrenzung, die generell herrscht, an sich selbst – das ist der Sinn des »Urlaubs vom Leben« –, um die Folgen dieser Nichtigkeitserklärung des Subjektiven kontrollieren zu können; doch auch um Alternativen zur Hölle der Normalität zu suchen, Subjektformen, die nicht zwangsläufig in Selbstdestruktion, Verbrechen, Wahnsinn, Ideenflucht, Perversion, Paranoia enden – alles Reaktionen, die Musil exemplarisch vorführt.

III.

Nimmt man derart den Roman in Gehlenscher Perspektive wahr, liegt, vielleicht überraschend, eine poststrukturalistische Konsequenz nahe: die Strategie der Macht und die Taktik der Subversion. Subversion, so listig widerständig oder partisanenhaft sie sein mag, resultiert aus der Preisgabe der Revolution und der Anerkennung der Macht. Nimmt man den Klassiker des Poststrukturalismus, Michel Foucault[4] zum Ausgang, so ergeben sich die Bezüge zu Musil aus der Vernunftkritik und der Verabschiedung der subjektzentrierten Bewußtseinsphilosophie. Die Philosophie Nietzsches bildet dabei für Musil wie Foucault die Fluchtlinie, in der die Analyse der Macht sich zu einem Begräbnis der Aufklärung wandelt. Darum muß an die Stelle eines evolutionistisch gedachten Fortschritts die Taktik des Partisanen oder des intellektuellen Nomaden treten, der die herrschenden Diskursformationen zu sprengen sucht. Foucault zeigt in seinen historischen Untersuchungen (zum Wahnsinn, zur Delinquenz, zur Klinik, zur Sexualität) nicht nur inhaltliche Parallelen zu Musil, sondern auch verwandte Strategien.

Wissenschaftliche Diskurse werden nicht rekonstruiert als evolutionäre Ausdifferenzierung zunehmend rationalerer Geltungsansprüche, also wahrheitsgeschichtlich. Sondern Diskurse sind für Foucault Ereignisse auf der Bühne der Macht, gesättigt von Energien, die das Wissen mit dem Willen zur Macht verschmelzen. Aufklärung legitimierte sich als Kritik, insofern sie die kontingenten Impulse des Willens systematisch von Wissen und Wahrheit trennte und das Ideal der ausstehenden, von der Seuche des opaken Willens gereinigten Wahrheit gegen die vor der Instanz der reinen Vernunft blamierten Legierungen von Macht und Wissen ausspielte. Im Gefolge Nietzsches rechnet Foucault mit kalter Lust der Aufklärung jedoch vor, daß ihre Revolutionen des Wissens auf einer ungleich komplexeren Ebene, als sie je in der Vormoderne erreicht war, zu einer Raffinierung der Machttechnologien führen. Die philosophische und wissenschaftliche Auszeichnung des Vernunftsubjekts wird mit der Ausgrenzung und Durchdringung des Anderen der Vernunft, des Abweichenden und Wahnhaften, des Phantastischen und Perversen identifiziert. Vernunft, die ihre ersten Triumphe in der Physik des Himmels feierte, vollendet sich als Mikrophysik der Macht, worin die Wirrheiten subjektiver Impulse und sozialer Peripherien zu Aufführungsorten des zu infinitesimaler Feinheit und geometrischer Transparenz gesteigerten »Willens zum Wissen« werden. Hatte Aufklärung aber nie eine andere Evidenz als das machtfreie, darum versöhnungsfähige Argument, so muß der Nachweis der strategischen, nicht nur historischen Verwebung von Vernunft und Macht in der Destruktion des Programms der Aufklärung terminieren.

Bei Musil entspricht solcher Auffassung das, was er unter die Metapher des »Baums der Gewalt« (591 ff.) subsumiert: die harte, lückenlos logische, messerscharfe, auf Überwindung und Beherrschung zielende, unbewegte, kalte, nüchterne, böse, kriegerische, steinerne, sich zur Omnipotenz aufspreizende, gefühlsneutralisierende Rationalität. Diese herrscht bei Musil als ubiquitärer »Geist des Kapitalismus«, in der Logik des Erpressers wie des Bankiers, des Wissenschaftlers wie Ingenieurs, in den Verwaltungsapparaten und Organisationen, im Staat wie schließlich auch in der inneren Polizei des Individuums. Wie Foucault verfolgt Musil in mikrologischen Feinanalysen die Verästelungen der die Körper und Institutionen vernetzenden Macht. Der betrunkene Arbeiter zappelt ebenso an den »hervorstehenden Ausläufern des eisernen Hebelwerks Staat« (156), wie Moosbrugger die Mechanismen der psychiatrischen und juridischen Wissenschaften wie einen »langen Strick um den Hals« empfindet und nicht sehen kann, »wer daran zieht« (533). Wie bei Gehlen, so bildet auch bei Foucault und Musil die Rationalität die historische Endstufe institutionalisierter Macht, neben der das Individuum von »kolloidaler Substanz«, also »gestaltlos« ist, wie Musil sagt, ein »Gas«, ein »haltloser Nebel«, der seinen »Augenblick des Seins« zwischen »Zerpreßtwerden und Zerfliegen« (131/32) findet. Rationalität in der Gestalt der Wissenschaft und der durchorganisierten Institution, der Wahrheitsdiskurse und moralischen Zwangssysteme – diese Rationalität funktioniert subjektlos, so daß weder Gehlen noch Foucault noch Musil einen Anlaß haben, dem Subjekt einen Ort im Diskurs oder in den gesellschaftlichen Apparaten einzuräumen. Als Idealfolie ihres Begriffs von Macht kann Musils Entwurf einer »überamerikanischen Stadt« (31/32) angesehen werden, der weit genug reicht, um das Foucaultsche Panopticum der rationalen Kontrollmechanismen ebenso abzudecken wie den konservativen Gehlenschen Entwurf der Gesellschaft als »Kristallisation«, die Architekturen des Archipels Gulag wie der zerebralen Metropole Brasilia. Das Phantasma der Macht ist die Herstellung der Posthistoire, die Erzeugung dessen, was man den lebendigen Tod nennen kann: die Verbindung von höchster Effizienz mit absoluter Entwicklungslosigkeit, die Verräumlichung der Zeit zum Tableau, höchste Beweglichkeit auf der Stelle, Weltrekorde der Leistung durch Phantome.

Foucault kennt gegenüber dieser kristallinen Geometrie der Macht keine Gegenstrategie mehr. Was ihm bleibt, ist das, was die Struktur des 1. Buches des *Mann ohne Eigenschaften* ausmacht: das Spiel der Diskurse und Aktionen mitspielen, doch es analytisch auf die Spitze treiben; die Desubjektivierung, die sich an den Menschen vollstreckt, in Taktik verwandeln: nicht identifizierbar sein, untertauchen im »Seinesgleichen geschieht« wie ein Partisan der Alterität; leben wie die Figur in einem Buch, sich also zur Fiktion machen, zur Simulation, zum Phantom werden; sich preisgeben und darin der Verhaftung zuvorkommen; die Eigenschaftslosigkeit zum Programm erheben, beweglich anschmiegsam und ironisch negierend zugleich sein; das Wissen versammeln, aber keine Überzeugung aufführen; Spuren in der Wirklichkeit hinterlassen, doch das Niemandsland der Reflexion abschirmen; Nomade werden in den Überbauten und Hinterwelten der Diskurse; keine Ansicht haben, sondern viele Perspektiven; nicht kämpfen, doch aufs äußerste trainiert sein; den Spektakeln des

Begehrens folgen, aber die Abneigung dagegen nicht verraten; die Raffinements der Diskurse gegen diese selbst wenden; im Schatten bleiben, gegen sich selbst leben und sich selbst nicht lieben; kalt sein und von konzentrierter Aggressivität; ein Gespür für die Anzeichen von Rissen und Porosität in den Gebäuden der Wahrheit entwickeln – das ist das Dispositiv eines Mannes ohne Eigenschaften, der sich das Arsenal subversiver, satirischer, ironischer und ideologiekritischer Taktiken erhält, ohne Alternativen zu haben und ohne sich zwischen Affirmation und Negation zu entscheiden. Freilich – und das unterscheidet Foucault, der sich von aller Positivität als bloßer Sinnillusion verabschiedet, von Musil –, daß dieser subversiver Vernunft- und Sinnkritiker ist in der nie aufgegebenen Hoffnung, daß es das Glück, die Liebe, den erfüllten Augenblick, das Leben des Lebens gibt. Hat bei Foucault die Vernunftkritik die äußerste Grenze erreicht, noch abstinent gegenüber der Utopie zu bleiben, weil diese selbst eine Figur der Macht sei, so wird bei Musil die Vernunftkritik radikal, weil er Utopist bleibt.

IV.

Am preiswertesten sind die Parallelen zu Jean Baudrillard[5] zu haben. Er überholt die Marxsche Wertanalyse und Verdinglichungstheorie durch die Radikalisierung dessen, was bei Marx den Schein bildet: der Fetischcharakter der Ware, ihr vexierender Charakter als »sinnlich-unsinnlich Ding« mit seinen »theologischen Mukken« (Marx) wird zum Nonplusultra der Wirklichkeit, d. h. es gibt keine Wirklichkeit mehr als die der Simulacren. In der linkshegelianischen Variante der subjektzentrierten Bewußtseinsphilosophie herrschte ungeschmälert die Annahme der Sinneinheit von Geschichte; diese erlaubte, in der praxisbezogenen Perspektive Marxens, die Unterscheidung von Wesen und Erscheinung, damit die Sonderung von Ideologie und Wahrheit sowie die Rekonstruktion der Geschichte als Prozeß der Subjektwerdung der Menschengattung, worin sich schrittweise die Aneignung von Natur, die Emanzipation von Herrschaft und das strukturelle Reflexivwerden des Wissens durchsetzt. Unverkennbar ist dies, wie Habermas immer wieder gezeigt hat, als höhere Stufe der Aufklärung und des »Projekts der Moderne« zu verstehen. Die scheinbar totale Blamage des Marxismus in den pervertierten Gestalten seiner Realisierung ebenso wie die scheinbar unbegrenzte Fähigkeit des Kapitalismus zur Absorption von systemimmanenten Widersprüchen lenkt den postmodernen Blick weg von den klassischen Begriffsinventarien hin auf die phantasmagorische Seite der hochentwickelten Gesellschaften. Vielleicht darf man sagen, daß das Basis-Überschau-Schema sich in der Weise umkehrt, daß die imaginative und theatralische Potenz des Überbaus die Basis penetriert hat. Lebendige Arbeit, Wertproduktion, soziale Zusammenhänge, Subjektformationen werden zu beliebig austauschbaren Aufführungsorten permutativer Simulationen, die in ihrer rasenden Entfesselung nur eines noch enthalten: die Sinnlosigkeit und das Leben als aufgeschobenen Tod. Alles ist Oberfläche, bebende Haut ohne das tragende Skelett des Sinns; referenzlose Zitate eines Sinns, der sich längst der »Furie des Verschwindens« (Hegel) prostituiert hat. Die subversive Gegenstrategie Baudrillards ist eine Strategie des Todes. Erhält sich das endlose Band der Simulationen, das nur scheinbar ein Pulsieren der Zeit, in Wahrheit aber ein emblematisches Tableau des Todes ist, nur dadurch, daß wir gegen den sofortigen Tod ein totgeborenes Leben eintauschen (ohne dies zu bemerken), so wäre die Kontraindikation dieser »fatalen Strategien«, das System mit dem absolut entäußerten Leben, mit dem Opfertod, dem Selbstmord, dem terroristischen *vabanque* zu injizieren. Darin, so glaubt Baudrillard, wird der Tod als Umschlagplatz der Sinn-Simulationen durch die finale Inszenierung des leergeräumten eigenen Lebens so ausgehebelt, daß das System kollabiere.

Es geht hier nicht um die Beurteilung dieser allerneuesten Robe aus der postmodernen Haute-Couture. Sondern darum, daß in ihrer Perspektive diejenigen Momente, die dem ideologiekritischen Verfahren nach 68 als Phänomenalismus und Vernachlässigung der Kategorie Arbeit zum Opfer fielen, durch eine Volte des Zeitgeistes zum allermodernsten werden.

Bei Musil hat, wie bei Baudrillard, das Paradigma der lebendigen Arbeit, von dem aus die Moderne die Geschichte rekonstruierte, ausgedient. Daran ist vieles wahr, wie wir heute angesichts der Dezentrierung des Menschen in der dritten Industriellen Revolution erkennen. Auch Habermas erkennt in der Krise des Paradigmas Arbeit den Grund, warum man die Postmoderne von der Moderne trennen kann, ohne daß er jedoch die Konsequenzen der

Poststrukturalisten teilte. Bei Musil führt die Verarbeitung des Ersten Weltkriegs, an dem neben dem Kollaps traditioneller Kultur auch der destruktive Charakter der Arbeit ins Bewußtsein trat, zur Aufgabe dialektischen Denkens. Nimmt man das Begriffspaar »Wesen und Erscheinung« dafür zum Beispiel, so kann man sagen, daß, von Platons Ideenlehre bis zur Marxschen Wertanalyse, der Vordergrund der wechselnden Erscheinungen immer als Schauplatz wesenhafter Bedeutungen, die in jenen verhüllt zur Aufführung kommen, verstanden wurde. Bei Musil nun sind die Phänomene die letzte Wirklichkeit. Die Eigenschaften der Dinge sind nicht Akzidentien einer Substanz; in den Ketten der Signifikanten zirkuliert kein Signifikat; in den Rollen stellt sich keine Identität dar; in den Dramen der Geschichte drückt sich kein historischer Sinn aus.

Das »Theorem der menschlichen Gestaltlosigkeit«, das an die Stelle einer arbeitszentrierten Gattungstheorie tritt, bestimmt nicht allein den Menschen, sondern auch die sozialen Situationen als leere Fläche, auf denen sich Zeichen eintragen, Attitüden, Szenen, Rollen, Schemata des Handelns sich wieder löschen, anderen Zeichen Platz machen, ohne daß Erfahrung und Erinnerung zu einem Text sich kumulieren würden. Das Leben wird zur Bühne pulsierender Zeichenoperationen, in denen kein Sinn, kein Zusammenhang, keine Einheit sich darstellt, die also anomisch sind. So wird im *Mann ohne Eigenschaften* alles zum Simulacrum, zum Schatten, zum Zitat, zum sinnentleerten Schauplatz, auf dem mal die »Kritik der reinen Vernunft«, mal »Menschenfresserei« gegeben wird. Clarisse simuliert Nietzsche oder Jesus; Diotima simuliert die gebildete Salondame; Moosbrugger ist die Simulation der »Gedankenmorde« und »Phantasieschändungen« der Normalbürger (653); Arnheim simuliert den Reichtum als Charaktereigenschaft, ohne die er ein »Nichts« (419) ist; Leona zitiert für Ulrich »alte Photographien oder ... schöne Frauen in verschollenen Jahrgängen deutscher Familienblätter« und wird, während sie gleichzeitig gravitätische Essenszeremonien aufführt, zur »Leiche früherer Gelüste in der großen Wesenslosigkeit des Liebesbetriebs« (22). Die Mode ist das Paradigma dafür, daß der Mensch nicht Subjekt seines Körpers, sondern die Leerstelle ist, auf die sich die semiotische Haut der Kleider stülpt. Diese bilden den phantomatischen Leib des Menschen, der nicht ihnen, sondern den sinnlosen Simulationen von Moden, Stilen, Attitüden, Ausdrücken, Reizen angehört. Gegen die Körpersimulationen die Authentizität des Leibes auszuspielen, ist sinnlos. Denn im »eigentlichen« Körper trifft man, wie im Subjekt überhaupt, nichts Authentisches, sondern »Reize und Reflexbahnen, Einbahnung von Gewohnheiten und Geschicklichkeiten, Wiederholung, Fixierung, Einschleifung, Serie, Monotonie!« (378)

»›Man ist‹ wechselt ... ebenso schnell wie ›Man trägt‹« (453), und dieser Wechsel ist auf keine Sinnentwicklung beziehbar. Die kolloidale, gestaltlose Struktur des Menschen kann eine andere Form als die der semiotischen Codierung nicht haben, mit Musil zu sprechen: die »Persönlichkeit (wird) bald nicht mehr als ein imaginärer Treffpunkt des Unpersönlichen« (474) sein.

Ist der Mensch die weiße Einschreibungsfläche signifikatorischer Akte, die ihrerseits Elemente eines »Barocks der Leere« (265) sind, so sind auch das Handlungsgefüge und die Geschichte nicht länger Erscheinungen einer Sinnschrift, sondern planlos-hektische Inszenierungen, deren Redseligkeit das Schweigen des Todes und des Nichts verdrängen sollen. Die Geschichte entsteht aus der Schwäche des Menschen, daß er keinen Sinn hat (1235). »Ich bin nur zufällig, feixte die Notwendigkeit« (128). »Zeiten und Jahrhunderte stehen mit aufgestemmten Beinen da, aber eine Stimme flüstert hinter ihnen: Unsinn! Noch nie hat die Stunde geschlagen, ist die Zeit gekommen!« (1128) Die stolze Geschichte in ihren Gesten aufgespreizten Sinns: sie ist »eine zur Steinkette gewordene Wankelmütigkeit« (1127). Wenn von hier ausgehend Ulrich die Geschichte als Leerlauf von Theaterstücken beschreibt, die sich gegenseitig zitieren, als wirre Textfolge ohne Autoren (360/61), so hat er den Schlüssel dafür gefunden, die Parallelaktion und Kakanien insgesamt als Schrift ohne Sinn, als leerlaufende Zeichenproduktion, als theatralische Veranstaltung und Simulation zu entziffern. Kakanien »als besonders deutlicher Fall der modernen Welt« (A 1577) ist das Land »der unzureichenden Gründe der eigenen Existenz« (635). In Kakanien ist die Simulation zum allgemeinen Staatsprinzip erhoben, bei dem es allein noch um die Erzeugung von Zitaten, Zeichen, Szenen geht.

Musil hat dies als Form irreversiblen Sinnverfalls in der Moderne reflektiert. Das Kapitel »Die Entthronung der Ideokratie« schildert, daß der »Geist« als Zentrum der Sinnproduktionen »an die Peripherie« (408) gerutscht ist. An seine Stelle rückt die »Allegorie« (407). War die barocke Allegorie, wie Benjamin gezeigt hat, als die endlose Versenkung in den Abgrund der Bedeutungen bereits von der Melancholie geprägt, daß die den Dingen angeheftete Signatur einer unaufhaltsamen Mortifikation unterliegt, so war doch diese Mortifikation als Peripetie des metaphysischen Spektakels auf dem *theatrum mundi* dramaturgisch bestimmt. Die Allegorie der Moderne bei Musil bedeutet dagegen, daß der Prozeß der Signifikation an keinem Signifikanten mehr Halt findet, sondern diese in einem endlosen Taumel von Auftauchen und Abbrauchen kreiseln. Die sozial erzeugten Bedeutungen bilden eine »ungeheure Oberfläche, die aus Ein- und Ausdrücken, Gebärden, Gehaben und Erlebnissen besteht. Im einzelnen und Äußeren sehr gestaltet, gleicht dieses Geschehen einem lebhaft kreisenden Körper, wo alles an die Oberfläche drängt und sich dort untereinander verbindet, während das Innere ungestalt, wallend und drängend zurückbleibt.« (408) Eben dies meint Musil mit Allegorisierung, die für ihn zur melancholischen Stilfigur sinnlos produktiver Signifikationen und Simulacren wird.

Anders als bei Benjamin, der später an Baudelaire die Allegorie als Figur des abstrakten Wertgesetzes entwickelt hat, ist bei Musil das allegorische Tableau seines Romans die Signatur endgültig stillgestellter bzw. sinnlos kreisender Geschichte. Allegorie ist die Stilform der sinnverlassenen Welt, die die schweigende Sprache des Todes, welcher Ausgangszentrum und Telos der Geschichte zugleich ist, im »anfeuernden Geschnatter« ihrer Zeichenproduktionen übertönt: »um die Zeit totzuschlagen, weil eine dunkle Gewißheit mahnt, daß endlich sie uns totschlagen wird«. – »Was ist«, so fragt Ulrich vor dem allegorischen Taumel der Geschichte, »was ist alles das andres als die Unruhe eines Mannes, der sich bis zu den Knien aus einem Grab herausschaufelt, dem er doch niemals entrinnen wird, eines Wesens, das niemals ganz dem Nichts entsteigt, sich angstvoll in Gestalten wirft, aber an irgendeiner geheimen Stelle, die es selbst kaum ahnt, hinfällig und Nichts ist?« (1745)

Diese Beendigung des geschichtlichen Sinns ist zweifellos der Punkt, worin Musil den postmodernen Zeitgeist am nachhaltigsten affiziert.[6] Es scheint, als habe Kakanien uns endgültig eingeholt. Einzig der Grad an Hektik und Anomie unterscheidet unsere Kultur von der Kakaniens. Das drückt sich im Fehlen irgendeiner Stildominanz, Problemkontinuität oder richtungweisenden Originalität aus – ohne daß die Produktionsapparate kultureller Symbole auch nur eine Sekunde ins Stocken gerieten. Im Gegenteil. Dies ist die Stunde postmoderner Modisten. Der allgemeine Verzicht auf Botschaft oder Sinn wirkt produktionsstimulierend. Im fröhlichen Zynismus ist alles möglich. Wie in seinen Phantasien zu seiner Hauseinrichtung dem Geist Ulrichs sich »alle Stile, von den Assyrern bis zum Kubismus« (19) anbieten, so herrscht heute ein neohistoristischer Stilpluralismus, ein Zitaten-Wirrwarr, ein Eklektizismus, der distanzlos und gleich weit zu allem, von Altägypten bis zur elektronischen Bildanimation, von der unterkühlten New-Wave-Ästhetik bis zur Ornamentik der postmodernen Architektur, von neokonservativen Salonphilosophien aus Paris bis zum Warschauer Ghetto als Show-Revue in Berlin und Hamburg alles erlaubt und ermöglicht. Die Kultur ist der Taumel durchs *musée imaginaire* aller Zeiten und Räume. Und in einer solchen Zeit beerdigter Verbindlichkeiten kommt es nur darauf an, in der ständigen »Renoviersucht des Daseins« (132) sich geistesgegenwärtig zu halten. Aus sämtlichen Stilen und Ausdrucksgesten der Geschichte sowie den neuesten Möglichkeiten massenmedialer Zeichenproduktion wird eine augenblickliche »Technik des Seins« collagiert, auf die sich »wie die Spatzen von den Dächern, wenn man Futter hinstreut, die jungen Seelen« (131) stürzen können. Freilich geschieht dabei etwas, was die Postmoderne von Musil unüberbrückbar trennt.

Bezeichnet der Zitat- und Simulationscharakter der gegenwärtigen Kultur das Ende der Avantgarde-Funktion der modernen Kunst, wovon Musil zweifelsohne bereits eine Ahnung besaß, so insistiert dieser doch auf einem ehernen Prinzip der Moderne. Diese bewegte sich selbst beim rasanten Wechsel der Ismen innerhalb einer Kontinuität, nämlich der Unhintergehbarkeit der Revolutionen. Sie alle bezogen sich auf einen Fortschritt in der Eroberung neuer Stoffe und Materialien bzw. der radikalen Ausschöpfung der ästhetisch-technischen Mittel. In diesem Fortschritt hätte Musil auch sein eigenes Œuvre eingereiht. Der Widerstand der Ästhetik gegen die Verdinglichungen des Spätkapitalismus drückte sich auch dort aus, wo das Kunstwerk nicht inhaltlich, wohl aber in der Immanenz seiner Formstrukturen und der »zwecklosen Zweckhaftigkeit« (Kant) sich gegen seine rückstandslose Vernutzung abdichtete. Heute dagegen scheint es keine Avantgarde mehr zu geben, sondern nur noch den Stoffhunger der Medienapparate. Der freie Autor oder Künstler, so wußte schon

Musil, ist eine antiquierte Illusion. Gefragt ist der »Großschrift-
steller«, der selbst ein Simulacrum des Kulturmarktes ist, oder der
Komparse der Schrift als Anhängsel der Medien. Die Kulturgeschichte ist nicht mehr Ort der Erfahrung und kritischen Selbstbe-
fragung der Gegenwart, sondern eine Requisitenkammer medialer
Aneignungen ohne Geltungsansprüche. Der Geist ist nicht der
Musilsche »Jenachdem-Macher« in der fluktuierenden Beweglichkeit der Subversion, sondern der Alles-Macher in Anpassung an
die Imperative der kulturproduzierenden Apparate. Noch scheint
sich in den gegenwärtigen Spektakeln der Kultur die sprachlose
Trauer über den letzten Rest von Produktionsautonomie zu ver-
bergen, die die Bedingung von Kritik, ästhetischer Erfahrung,
Verarbeitung des Leidens und neuen Lebensentwürfen darstellte.
Postmoderne entspringt der blamierten Moderne und damit der
verdrängten Trauer, daß die Innovationspotentiale der Moderne
durch die sinnleere Dynamik der Medientechnologien endgültig
liquidiert scheint. Dies aber stellt einen Bruch zu Musil dar, der
gegen diese, zu seiner Zeit schon absehbare Tendenz sein Schreiben richtete, vielleicht vergeblich.

So gilt es am Ende, unter Bezugnahme auf einen anderen Vorden-
ker der Postmoderne, Georges Bataille, die insistierende, bittere
und stolze Geste Musils festzuhalten, mit der er versuchte, die
Sinnentzüge der Moderne in deren Katastrophe umzuwandeln,
um eben ihr, der Katastrophe, den mystischen Funken zu entlok-
ken.

V.

Das Durchdenken der Wirklichkeit als kristallisierte Institution,
als Verfassung der Macht und schließlich als sinnleeres Tableau von
Simulationen terminiert am Ende des I. Buches im Satz: »man
muß sich wieder der Unwirklichkeit bemächtigen; die Wirklichkeit hat keinen Sinn mehr!« (575) Im folgenden geht es um den
»anderen Zustand« als den Zustand des Anderen der Vernunft.
Ulrich weiß davon wenig, Erfahrungen hat er kaum (die Frau-
Major-Episode, 120ff., einige Inversionserlebnisse, 631, 663f.
u. ä.). Sein Begriff von Kunst deutet das Risiko an, das ihn erwartet: Kunst sollte »ein unsagbar rücksichtsloser und grausamerer
Umsturz sein, als es je eine politische Revolution gewesen ist!«

(367) Das Programm des »anderen Zustands« folgt der Nietz-
scheanischen Linie, »den ursprünglichen Zustand des Lebens«
(574) wiederherzustellen. Dieser zeigt sich Ulrich zunächst in der
Struktur des Ästhetischen als »ursprünglicher Lebenszustand des
Gleichnisses« (582) –: gegenüber der Vergitterung der Welt in der
Eindeutigkeit des Begriffs meint das eine Gestalt des Wirklichen in
der Form der Metapher, der Metonymie, der Analogie, der Nach-
bar- und Verwandtschaft der Dinge, der sympathischen Partizipation als Struktur des Handelns nicht nur, sondern des Seins. Was
Ulrich vorschwebt, wird seit Herder als Konzept der poetischen
Sprache gesucht.

 Es geht um die Frage, ob gegenüber den ausgrenzenden oder
komprehensiven Strategien des abgewirtschafteten Subjektivis-
mus, der vom Kosmos bis zu den Verästelungen der Gefühle alles
reifiziert, ein Anderes möglich ist. Gibt es zwischen den überlie-
ferten Gestalten der Vernunft und dem »schatten- und traumhaf-
ten... anderen Baum«, der sich rhizomartig verzweigt und nur
noch an »Zeichen« (592) zu erkennen ist, eine Form der Vermittlung oder Versöhnung, die in der Figur dialektischer Aufhebung
denkbar wäre? Wäre Vernunftkritik ein Moment der sich selbst
kritisierenden Vernunft, die dadurch dem Anderen nicht länger
imperativ, sondern anerkennend begegnen könnte? Dies wäre die
Habermassche Linie des philosophischen Diskurses der Moderne;
vorwegnehmend ist zu sagen, daß Musil zu ihr nicht gehört. Das
Andere der Vernunft widersetzt sich bei ihm prinzipiell der Aneignung durch Philosophie.

 Nach den diskursiven »Unfällen«, die Ulrich im 1. Buch inszeniert, geht es nun, in der Begegnung mit Agathe, auch um reale
Subversionen: Ehebruch, Verbrechen, Inzest – und damit um die
Überschreitung des Normengefüges, auf dem die Familien- und
Eigentumsordnung der europäischen Gesellschaften beruht. Agathe ist der »zum Aufruhr geborene Mensch« (859). Von der »Ge-
setzlosigkeit ihres Wesens« (746) strahlt eine elementare Faszination auf die nüchterne, vorsichig beobachtende, wissenschaftlich
disziplinierte Rationalität aus, die Ulrich aufrechtzuerhalten sucht
(753, 874 u. ö.). Diese Angst ist wohl auch eine des Autors. Musil
will die transgressive Radikalität der Novellen *Vereinigungen*
(1911) mit ihren den Autor fast tötenden Wirkungen nicht wiederholen. Diese Angst also ist die Hemmung vor den subjektauflösenden Effekten, die unausweichlich in den subversiven Ekstasen

des Anderen aufbrechen. Musil möchte, das ist zunächst sein Programm, die Vernunft und ihr Anderes, »Rationalität und Mystik« (770), dialektisch aufheben – und daß dies scheitert, und damit der Roman, bezeugt die ästhetische Widerständigkeit, vielleicht sogar ontologische Exterritorialität des »anderen Zustands«.

Aus der Lebensfeindlichkeit der Subjektphilosophie hatte Nietzsche nur einen Ausweg gesehen: den dionysischen Rausch, die orgiastische Entgrenzung des Subjekts. In Nietzsches Nachfolge stehen sowohl Musil wie Georges Bataille[7], der etwa zeitgleich seine Theorie des Heterogenen, der Souveränität, des Heiligen und des Eros, der Verausgabung und Verschwendung zu entwickeln beginnt. In den Ritualen des Opfers entziffert Bataille die Ursprungsfigur einer Überschreitung. In ihr findet der Mensch, der in der homogenisierten Welt der Arbeit und im Zwang zur Individuation verdinglicht wurde, in die archaische Intimität mit Natur zurück – in der zerreißenden Ambivalenz des Faszinosums und Tremendums, die ebenso in der Begegnung mit dem Heiligen wie in der Erfahrung des Erotischen widerfährt. In Scheu und Abscheu, Ekel und Gier, Verlockung und Andacht, Entäußerung und Verausgabung, in der Verschwisterung von Eros und Tod lösen sich die Spastiken der subjektzentrierten Vernunft und gehen in der unwiderstehlichen Entfesselung des Exzesses und der befreienden Preisgabe des Selbst unter. Fragmentierung und Zerstückelung des Homogenen, Vermischung und Legierung des Heterogenen, Wiederholung des Verfemten und Tabuierten stehen im Dienst der Befreiung der verlorenen Souveränität des Menschen aus der zur »zweiten Natur« gewordenen Verdinglichung alles Lebendigen.

Es geht also nicht nur um Ästhetik. Und nicht um den gezähmten Anschluß Musils ans Programm Neuer Mythologie und des »kommenden Gottes«, wie es Manfred Frank unlängst nahelegen wollte.[8] Die Musil-Philologie perpetuiert oft die Hemmungen und Verzögerungen, die Angst und Zurückhaltung, die Musil selbst vor dem »anderen Zustand« hatte und von dem er seit den *Vereinigungen* wußte, daß er mehr als eine »Reise an den Rand des Möglichen« (761), nämlich eine darüber hinaus sein kann. Wenn Ulrich bereits im Wörtlichnehmen und körperlichen Spüren konventionalisierter Metaphern (»etwas erhebt dich, nimm es wörtlich, daß dich ein Gedanke ergreift«, 748) sich »schon in den Grenzen des Irrenreichs« fühlt, wo die »Welt ein Tollhaus«, ein

»Rausch« ist (749), dann werden die Gewalten spürbar, die im »ursprünglichen Lebenszustand des Gleichnisses« schlummern. Dies war die Erfahrung der *Vereinigungen*, die Ulrich gewissermaßen innewohnt als Erklärung seiner abwartenden Skepsis und rationalen Distanz. Weit gefährlicher für den Bestand von Ich-Grenzen ist der »andere Zustand«, wenn er nicht nur auf die Entfesselung des sprachlichen Feuers im Gefängnis der Sprachkonventionen und abstrakten Begrifflichkeiten zielt, sondern den Einsatz der Existenz fordert.

»Unsere Kultur ist ein Tempel dessen, was unverwahrt Wahn genannt würde, aber gleich auch seine Verwahrungsanstalt« (768), meint Ulrich. Musil wußte, daß ein anderer als der kulturell gezähmte Ausdruck, etwas anderes also als eine Ästhetik des »anderen Zustands«, nämlich die leibliche Preisgabe an ihn, mit der Verrückung ins Exterritoriale bezahlt wird.

Die Suche nach einer mystischen Lösung des »anderen Zustands« ist innerhalb eines profanierten Christentums nach dem Tod Gottes der Versuch, die destruktiven Seiten des »anderen Zustands« zu vermeiden und doch seine Struktur zu retten. Über weite Strecken kreist der Roman um die Sprachlichkeit und Gefühlsqualität einer Beziehungsform, in der die unversöhnlichen Trennungen zwischen Subjekt und Objekt aufgehoben werden, um »in dem weichen Spiegel einer Wasserfläche mit allen Dingen verbunden zu sein«, ein Gefühl also »der Entgrenzung und Grenzenlosigkeit des Äußeren wie des Inneren« (764/65). Doch dies bleibt im Imaginären, ja ist Zitat und Simulation von Erfahrungen, die Mystiker im Schutz des zur Unzerstörbarkeit hypostasierten Selbst-Objekts, im Schutz Gottes gemacht haben. Doch es entgeht Musil nicht, daß nach dem Tod Gottes das Heilige in seiner subjektauflösenden Ambivalenz nur in der Gestalt des Verbrechens, des Eros, des Wahnsinns – und vielleicht in einer »anderen« Sprache[9] der Kunst begegnet.

Bereits die Testamentsfälschung läßt in Agathe »eine Gerechtigkeit mit Flammen statt mit Logik« auflodern, ein »Irrsinn erster, noch mit nichts vergleichlicher und an keinem Maß zu messender Schöpfung« (798). Dies ist der willenlose Durchbruch des Archaischen, die Auflösung der Integrität des kognitiv und moralisch abgegrenzten Subjekts. Die Zivilisation verschwindet in der Leere und Namenlosigkeit der Schöpfung vor Auftritt des Menschen. So auch, wenn Agathe sich mit dem »alten Spruch« identifiziert:

»Wirf alles, was du hast, ins Feuer bis zu den Schuhen. Wenn du nichts mehr hast, denk nicht einmal ans Leichentuch und wirf dich nackt ins Feuer!« (863) Für einen Moment wird hier der Vorhang vor der Szene des Opfers geöffnet. In ihm wird – wie Bataille zeigt – das Fest des Todes gefeiert, um in letzter Entäußerung und Verausgabung des Ich die in der Individuation unterbrochene Kontinuität des Seins wiederherzustellen *(Der heilige Eros)*. Es ist dies der Fluchtpunkt aller Ekstasen, um die es im *Mann ohne Eigenschaften* geht.

Ulrich und Agathe versuchen, die mystische Erfahrung durch eine Verräumlichung der Zeit zu erreichen. Zeit ist im Roman die Dimension, in der sich der Zwang zur Indivuation als unwiderstehlich setzt. Das mystische Nu ist das Stillhalten des Flusses; er verwandelt sich in ein »Meer der Reglosigkeit« (801), in welchem die Dinge zu geschwisterlicher Innigkeit verschmelzen. Die vielfach erlebte »Bildwerdung« der Geschwister terminiert in der »unheimlichen Kunst des Stillebens oder der Nature morte« (1230), worin »das erregende, undeutliche, unendliche Echo«, die »nicht antwortende Einöde des Meers« (1230) herrschen, mit seltsamen Beziehungen zum Tod, zum Imaginären der unendlich wiederholten Spiegelungen, doch ebenso zur menschenlosen Wüste der Welt vorm sechsten Schöpfungstag. Dies ist die zutiefst inhumane archaische Landschaft, die die Umgebung ebenso für die Reise in den Wahnsinn mit Clarisse wie für die Reise in den Inzest mit Agathe bildet.

Entgegen den endlosen Versuchen seiner Zähmung verringert sich niemals der Preis des »anderen Zustands«, der nur um eine Aufkündigung der menschlichen Ordnungen zu haben ist. Der »andere Zustand« ist darin verwandt den surrealistischen Experimenten der zwanziger Jahre, in denen die Sprengung des rationalistischen Gefängnisses in einen Anti-Humanismus umschlug: versteht man unter Humanismus den Selbstentwurf des neuzeitlichen Menschen, den dieser sich in der Perspektive sittlicher Vernunft gegeben hat. »Das Ich geht verloren bis auf die leere Hülle« (1191), weiß Ulrich, als er über die Ekstase nachdenkt.

Diese notwendig katastrophische Struktur des »anderen Zustands« wird, außer in der »Widerweltlichkeit« und »Unmenschlichkeit« des Geschwisterinzests, noch um zwei Varianten erweitert: Clarisse und den Krieg. Schon Moosbrugger konnte man als den Zusammensturz von Gewalt und Mystik, »Gotteskindschaft«

und Mord, im Sinne Batailles also als Exposition des »heiligen Eros« lesen. Der lodernde Wahnsinn Clarissens, in welchem (auf der »Insel der Gesundheit«) die Gehäuse der symbolischen Ordnungen und der Sprache in Flammen aufgehen, ist nicht als Wiederkehr des Verdrängten, sondern Einbruch des Heterogenen zu verstehen, das durch keine Dialektik der Vernunft mehr einzuholen ist. Kein Zweifel, daß Clarisse das »Weltbild der Ekstase« (1192), von dem Ulrich nur schreibt, am preisgegebensten darstellt. An ihr vollzieht sich schubweise die Fragmentierung des Vernunftsubjekts, bis sie wie ein Irrlicht durch die Ordnungen der Geschlechter, der Sprache und des Geistes tanzt.

Im Weltzustand fortschreitender Rationalisierung bildet die Kunst den einzigen Ort der Verausgabung und Überschreitung des Ich – dicht angrenzend an den Wahn, das Verbrechen, den Exzeß. Auf der »Insel der Gesundheit« entwickelt Clarisse eine Zeichensprache, eine Semiotik der Farben und eine lyrische Sprachzertrümmerung (1745 ff.), die deutliche Bezüge nicht nur zur Kunst zwischen Expressionismus und Surrealismus haben, sondern auch Verwandtschaft zur sprachtheologischen Konzeption der »Namensprache« beim frühen Benjamin aufweist, die ihrerseits über Herder und Hamann auf Konzepte einer Natursprache von Paracelsus und Jacob Böhme zurückgeht.[10] »Alle physikalischen, chemischen usw. Reize, die mich treffen – erklärte sie –, verwandle ich in Bewußtsein; aber niemals ist noch das Umgekehrte gelungen... Also stört das Bewußtsein beständig das Kräftesystem der Natur. Es ist die Ursache aller nichtigen, oberflächlichen Bewegung, und die ›Erlösung‹ verlangt, daß man es vernichtet.« (1754) Diese Idee, die Bataille sehr nahekommt, interpretiert das Bewußtsein – oder das vernunftzentrierte Subjekt – als eine ewige Verwandlung von Natur in Geist, »aus dem es keine Rückkehr gibt«. Die Sprache der Intersubjektivität und Konvention stellt für Clarisse ein solches Aggregat von Energien dar, die der Natur entzogen werden. Ihre Zeichensprache, diese »Feuerflocken aus dem Vulkan des Wahnsinns« (1753), repräsentiert so gesehen den »ursprünglichen Lebenszustand des Gleichnisses« (582) am radikalsten. Die aus den »Urelementen« (1754) der Sprache neu komponierten Gebilde wie auch die privatsprachlichen Signaturen, mit denen Clarisse die Insel wie mit einer enigmatischen Chiffrenschrift überzieht, wiederholen die voraufklärerischen Konzepte vom *Buch der Natur,* von der Natursprache und der Signaturenlehre nunmehr in dem der nachaufklärerischen Epoche entsprechenden Status: dem Wahnsinn mit seinen Verzweigungen in den exzessiven Alchemien der Sprache am äußersten Rand der Kunst, in der Avantgarde.

Schließlich hat Musil wohl als erster, noch vor Bataille, die beängstigende Verwandtschaft der eruptiven Entledigung des Ich mit dem Krieg begriffen. Er hat diese Einsicht im Durchdenken des Rausches entwickelt, der den Ausbruch des Ersten Weltkrieges wie eine »Massensuggestion« begleitete. Das Scheitern des Romans, so scheint es, liegt wesentlich darin begründet, daß der Versuch Musils, dem »anderen Zustand« eine ästhetische Gestalt abzugewinnen, an seinen Legierungen mit den Exzessen des Krieges, der Gewalt (Moosbrugger) und des Wahnsinns (Clarisse) zerschellte. Musil hat den Ersten Weltkrieg als das archaische Ritual von Gewalt, Sexualität und Tod begriffen: das ist eine Quintessenz des »anderen Zustands«, die die »taghelle Mystik« ebenso vermeiden wollte wie den Feuersturm des Irrsinns und des Mordes. Die Ohnmacht der Ästhetik muß für Musil, der in der »aZ-Frage« »den Motor der schriftstellerischen Existenz RM«[11] erkennt, so niederschmetternd gewesen sei, daß er über Jahre diese Erfahrung immer wieder verdrängte und verschob: ins Infinitesimale des Romans. Und doch ist unabweisbar, daß die Realisierung des »anderen Zustands« nach dem Scheitern seiner ästhetischen wie erotischen, kriminellen und psychopathologischen Varianten (sowie nach dem Kollaps der Politik) mit gnadenloser Logik auf die Katastrophe des Krieges als rituellem (Massen-)Selbstopfer zusteuerte – und dies angesichts des Faschismus und des Zweiten Weltkriegs, wo in einer neuerlichen Katastrophe die Liquidation abendländischer Zivilisation ins Werk gesetzt wurde. Es gibt eine fürchterliche, tief zurückreichende Verwandtschaft der Musilschen Idee des 1000jährigen Reiches mit der Barbarei des Faschismus. Das gilt, obwohl es nicht die Spur einer politischen Verdächtigung gibt, die Musil in die Nähe des Faschismus rücken würde. Vielmehr entdeckt Musil – wie Bataille –, daß in unserer Kultur der Exzeß und der Tod, die Gewalt und der Eros, die Rituale der Selbstauflösung und der Entgrenzung exiliert werden in den Wahnsinn, das Verbrechen und die Kunst. Dies aber ist die Fortsetzung von deren Verfemung auf anderen Ebenen – und wenn diese zur Selbststabilisierung der Vernunft *ex negativo* nicht mehr ausreichen, dann gilt: »Alle Linien münden im Krieg.« (1902) – Die

Frage bleibt, ob die Zeit, in der wir leben, solchermaßen mit jener Vorkriegsphase des Romans übereinkommt, die Musil mit den Formeln »Untergangsbereitschaft« und »Selbstmordwilligkeit« (1456) kennzeichnete.

Die sozialen und kulturellen Strukturen, die heute zur Begründung der Postmoderne aufgeführt werden, hat Musil, ein Klassiker der Moderne, weitgehend bereits in sein Romanprogramm integriert. Von hier aus kann es zweifelhaft sein, ob die Postmoderne eigentlich die Ablösung der Moderne ist oder nicht vielmehr deren innerer Dialektik angehört. Bei Musil ist unübersehbar, daß er noch in den vernunftkritischen Attitüden und erst recht in der Ästhetik des »anderen Zustands« dem utopischen Programm einer »Suche nach dem rechten Leben« verschrieben bleibt. Die Kategorie des Sinns wird bei ihm um so weniger aufgegeben, je nachdrücklicher jedes einzelne Sinntableau vom »Unsinn« durchstrichen wird. Die utopische Gesinnung, die den Mangel erfahren, die Kritik sich installieren und die Gestalten möglichen Sinns sich ins Werk setzen läßt, trennt Musil deutlich von den fröhlichen bis apokalyptischen Zynismen der Postmoderne. Ebenso aber ist er von den Theoretikern einer sich fortwährend selbst reflektierenden Aufklärung getrennt. Für Musil wird die Inkommensurabilität des Anderen zur Verzweiflung einer diesem gegenüber vermittlungslosen Vernunft, zur Quelle namenlosen Glücks und namenloser Gewalt, die sowenig in Gestalten der Vernunft wie in Formen des sozialen Lebens übersetzt werden können. Die Strategien einer das Andere komprehendierenden Vernunft scheitern ebenso wie die Versuche, dem Anderen eine Unmittelbarkeit und einen Sinn abzugewinnen. So bleibt nur die Erfahrung ästhetischen Widerstands: die Hartnäckigkeit gegenüber der verlockenden Identifikation mit den flottierenden Sinnattitüden der Gesellschaft; die Verweigerung einer als allumfassend sich aufspreizenden Vernunft; das Ausharren in der Härte der unversöhnbar auskristallisierten Widersprüche; die insistierende Trauer über den immer entgleitenden Sinn; die Treue zu einem Anderen, das so fern ist »wie die noch nicht erwachten Absichten Gottes« (16). Eine solche Haltung ist der Dürerschen »Melencolia I« näher als den Epidemien des Endes, von denen die Postmoderne fiebert.

Andererseits ist die heutige Situation gegenüber der Musilschen ungleich härter. Zwischen den Katastrophen des Untergangs, die er erlebte, erwuchsen auch die Revolutionen der Politik und der

Kunst, die die Kontinuität der Aufklärung und des Fortschrittes zu belegen schienen. Angesichts des ungeheuren Anwachsens der Machtmonopole, der Vernichtungspotentiale und der Naturzerstörung ist heute das Vertrauen in die Problemlösungsressourcen der Vernunft oder die Gestaltungskraft der Kunst aufs äußerste gefährdet, wenn nicht schon obsolet. Wenn der Status der Vernunft und der Kunst aber überhaupt noch Indikator des gesellschaftlichen Trends ist, dann hieße das, daß die Postmoderne sich von allen vorangegangenen Epochen dadurch unterscheidet, daß ihre Katastrophe wäre, keine mehr verhindern, keine mehr gestalten und keine mehr überleben zu können. Der Krieg, anders als bei Musil, wäre die eine Linie mehr, worin alle münden: im Tod.

Anmerkungen

1 Zitiert wird nach: *Gesammelte Werke in zwei Bänden,* hg. v. Adolf Frisé, Reinbek bei Hamburg 1978. – Bd. 1: *Der Mann ohne Eigenschaften,* im Text abgekürzt zitiert durch einfache Seitenangabe in Klammern. Bd. 2: *Prosa, Stücke, Autobiographisches, Essays,* abgekürzt zitiert durch (II + Seitenzahl). – Robert Musil: *Tagebücher,* hg. v. A. Frisé, 2 Bde. Reinbek bei Hamburg 1976 – abgekürzt zitiert als (I/II + Seitenzahl). Robert Musil: *Der Mann ohne Eigenschaften,* hg. v. A. Frisé, 5. Aufl., Reinbek bei Hamburg 1960 (= alte Ausgabe) – abgekürzt zitiert als (A + Seitenzahl).

2 Arnold Gehlen: *Zeit-Bilder. Zur Soziologie und Ästhetik der modernen Malerei,* 2. bearb. Aufl. Frankfurt/Bonn 1965. – Ders.: *Über kulturelle Kristallisation,* in: *Studien zur Anthropologie und Soziologie,* Neuwied und Berlin 1963, S. 311–327. – Ders.: *Das Ende der Persönlichkeit?,* ebd. S. 329–340. – Interessant ist, daß Gehlen sich in seinem Werk häufiger auf die Zeitdiagnosen Musils bezieht. – Zu Gehlen im hier besprochenen Zusammenhang: Wolf Lepenies: *Melancholie und Gesellschaft,* Frankfurt/M. 1972, S. 229–253.

3 Zu Musil auf der Grundlage der Theorie von Niklas Luhmann vgl. Frithard Scholz: *Freiheit als Indifferenz. Alteuropäische Probleme mit der Systemtheorie Niklas Luhmanns,* Frankfurt/M. 1982, S. 235–263. – Zu Musils funktionalistischem Gesellschaftsbegriff s. mein Buch: *Anomie und Entfremdung. Literatursoziologische Untersuchungen zu den Essays Robert Musils und seinem Roman »Der Mann ohne Eigenschaften«,* Kronberg/Ts. 1974.

4 Hinsichtlich Michel Foucaults beziehe ich mich vor allem auf folgende
Bücher: *Die Ordnung der Dinge*. – *Archäologie des Wissens*. – *Wahn-
sinn und Gesellschaft*. – *Überwachen und Strafen*. – *Sexualität und
Wahrheit, I: Der Wille zum Wissen*, alle Frankfurt/M. 1969–1977. –
Ferner: *Schriften zur Literatur*, München 1974. – *Dispositive der
Macht*, Berlin 1978.
Zur Auseinandersetzung zwischen postmoderner Vernunftkritik und
»kritischer Theorie« vgl. Jürgen Habermas: *Der philosophische Diskurs
der Moderne*, Frankfurt/M. 1985. In dieser Auseinandersetzung findet
auch dieser Aufsatz seinen Ort, wenn auch nicht an der Seite »kompre-
hensiver Vernunft«, wie ebensowenig im Beilager des Neuen Irrationalismus. Eine von Foucaults Diskurstheorie inspirierte Auslegung der
Musilschen Textverfahren findet sich in: Walter Moser: *Diskursexperi-
mente im Romantext. Zu Musils »Der Mann ohne Eigenschaften«*, in:
U. Baur/E. Castex (Hg.): *Robert Musil. Untersuchungen*, Königstein/
Ts., S. 170–197. – Eine von neostrukturalistischen Theorien beeinflußte, sehr konzise Gesamtdarstellung des Musilschen Werks legte
jüngst vor: Hans-Georg Pott: *Robert Musil*, München 1984. – Von
Jacques Derrida und Michail Bachtin ausgehend: Peter v. Zima: *Robert
Musils Sprachkritik. Ambivalenz, Polyphonie und Dekonstruktion*, in:
Josef und Johann Strutz (Hg.): *Robert Musil – Theater, Bildung, Kritik*
(Musil-Studien 13), München 1985, S. 185–203.
5 Jean Baudrillard: *Der symbolische Tausch und der Tod*, München
1982. – Ders.: *Die fatalen Strategien*, München 1984.
6 Vgl. zum folgenden jedoch: Jean-François Lyotard: *La condition post-
moderne* (dt.: *Das postmoderne Wissen*, Wien 1982).
7 Georges Bataille: *Der heilige Eros*, Frankfurt/M./Berlin/Wien 1974. –
Ders.: *Die Aufhebung der Ökonomie*, 2. erw. Aufl. München 1985. –
Ders.: *Die psychologische Struktur des Faschismus. Die Souveränität*,
München 1978. – Zu Georges Bataille vgl. vor allem Rita Bischof: *Souveränität und Subversion. Georges Batailles Theorie der Moderne*,
München 1984, und J. Habermas, *Der philosophische Diskurs*, a. a. O.,
S. 248 ff.
8 Manfred Frank: *Auf der Suche nach einem Grund. Über den Umschlag
von Erkenntniskritik in Mythologie bei Musil*, in: K. H. Bohrer (Hg.):
Mythos und Moderne. Begriff und Bild einer Rekonstruktion, Frank-
furt/M. 1983, S. 318–362.
9 Zu einer in Ansätzen semiotischen Auslegung des »anderen Zustands«
vgl. Claudio Magris: *Musil und die Nähte der Zeichen*, in: W. Freese
(Hg.): *Philologie und Kritik. Klagenfurter Vorträge zur Musil-For-
schung*, Musil-Studien 7, München/Salzburg 1981, S. 177–194.
10 Walter Benjamin: *Über Sprache überhaupt und über die Sprache des
Menschen*. – *Lehre vom Ähnlichen*, in: Ders., *Ges. Schriften*, hg. v.
R. Tiedemann/H. Schweppenhäuser, Bd. II/1, Frankfurt/M. 1977,

S. 140–157, 204–210. – Dazu: Winfried Menninghaus: *Walter Benjamins Theorie der Sprachmagie*, Frankfurt/M. 1980 – Marlen Stössel: *Aura. Das vergessene Menschliche. Zu Sprache und Erfahrung bei Walter Benjamin*, München/Wien 1983. Den Bezügen zwischen Benjamim und Musil wäre einmal nachzugehen.

11 Aus dem Nachlaß Musils zitiert bei E. Kaiser/E. Wilkins: *Robert Musil. Eine Einführung in das Werk*, Stuttgart 1962, S. 297.

Ruinen – Landschaften
Zum Verhältnis von Naturgeschichte und Allegorie in den späten Filmen von Andrej Tarkowskij

Eines Schattens Traum ist der Mensch

(Pindar)

Tarkowskijs Filme

Die Filme des russischen Regisseurs Andrej Tarkowskij sind seit jeher schwierig. Seit »Solaris« (1972) werden sie immer hermetischer. Das macht zum einen ihre philosophisch-religiöse Dimension, zum anderen ihre artifizielle Bildästhetik; sie verarbeitet unterschiedlichste ikonographische Traditionen seit der Renaissance. Wenn es Tarkoswkij, wie Kritiker wiederholt feststellten, um die Erforschung der *condition humaine* geht, dann ist das ein anspruchsvolles ästhetisches und philosophisches Programm: die filmische Auseinandersetzung mit einer Sinnkrise, von der alle Bereiche der Gesellschaft erfaßt zu sein scheinen. Bis hin zu »Nostalghia« werden einzelne Sinnprovinzen – wie die Religion, die Wissenschaft, die Kunst, die Heimat und die Fremde, die eigene Lebensgeschichte, die Familie, die Natur – in dem immer depressiveren Bemühen erkundet, der verwüsteten Geschichte die Möglichkeit »geglückten Lebens« abzugewinnen. Die Besonderheit Tarkowskijs besteht weniger in seinem Geschichtspessimismus, den er mit vielen teilt, als in der besonderen Ästhetik, in der geschichtliche Reflexion hier Gestalt annimmt: seinem »melancholischen Allegorismus«. Bei ihm wird Geschichte in Allegorien des Verfalls reflektiert. Das verbindet sein Kino mit der Allegorie- und Emblemkunst vom 17. Jahrhundert bis zur Romantik, zugleich aber auch mit bestimmten Formen der modernen Kunst, in denen das allegorische Verfahren poetologisch rehabilitiert wird. Allegorische Kunst heißt immer Reflexion des Verhältnisses von Naturgeschichte und Zivilisation. Sie tendiert dazu, Zivilisationsprozesse und -objekte in Bildern des Verfalls zu arrangieren – in Emblemen, die rücksichtslos die Macht der Natur demonstrieren –: gleichgültig verrinnende Zeit und Tod.

Tarkowskij sieht sich ungern interpretiert. Das haben viele Kritiker erfahren. Das mag elitäre Abwehrgeste sein, ist aber auch berechtigtes Mißtrauen gegen den Zwang journalistischer Sinnproduktion. Die Frage ist, ob seine Filme überhaupt »Sinn« in klassischer sinntheoretischer Absicht erzeugen wollen. Seine notorische Abneigung gegen jede »symbolische« oder »metaphorische« Auslegung seiner Filme deutet in diese Richtung.[1] Denn in der Tat ist die symbolische oder metaphorische Relation zwischen Signifikant und Signifikat bei Tarkowskij weitgehend suspendiert. Seine Polemik gegen das Symbol und die Metapher entstammt vielleicht nicht so sehr schlechten Erfahrungen mit »symbolisch deutenden« Kritikern als, prinzipieller, dem Kunstbewußtsein des Allegorikers. Diesem ist eine Ästhetik, in der aus dem »schönen«, »erhabenen« oder »tragischen« Zusammenfall von Ding und Bedeutung die »Substanz« geschichtlichen Sinns hervorblitzt, zutiefst suspekt. In diesem Sinn ist kein Bild Tarkowskijs »substantiell«. Die höchst künstlichen Arrangements von Bildelementen zu Collagen tendieren zu statuarischen Tableaus, lösen sich immer wieder auf und gehen neue Kombinationen ein; in diesem semiotischen Fluß geht es um den problematischen Akt des Bedeutens selbst. Die allegorische Ästhetik hat ihre Pointe in der sinntheoretischen Reflexion historisch und gesellschaftlich eingespielter Sinnobjektivationen. Wie radikal Tarkowskij dies gelingt, entscheidet letztlich darüber, ob seine Filme ästhetischer Ausdruck privater intellektueller Melancholie sind oder eine sinntheoretisch und geschichtsphilosophisch angemessene Signatur für die Posthistoire darstellen.

Dabei steht thematisch die Frage nach dem Zusammenhang von Naturgeschichte und menschlicher Zivilisation, von kulturellen Sinnentwürfen und Tod im Mittelpunkt. Aus der Form dieses Widerspruchszusammenhangs wird das Profil der aufgeklärten, logozentrischen Gesellschaft erkennbar. Die Filme Tarkowskijs, vor allem »Stalker« (1979) und »Nostalghia« (1982), stellen radikale Herausforderungen an das kulturelle Selbstverständnis der Industriegesellschaften und deren Verhältnis zur »Irrationalität« und vor allem zur Natur dar. Freilich geschieht dies nicht durch eine bildnerische Auseinandersetzung mit den avanciertesten Fronten der Technologieentwicklung oder der gesellschaftlichen Entfremdung – sondern in seltsam »alten« Ikonen. Ich beginne darum mit einigen Konstellationen von Filmszenen mit Werken der Kunstgeschichte, sehr charakteristischen »Einstellungen«, in denen die leitenden Fragestellungen bildnerisch schon präsent sind. Sie zu beantworten, bedarf es dann sehr viel weiterer Reflexionsbögen.

Bildkonstellationen

Schwarze Felsmassen geben einen schmalen, bizarr geschnittenen Lichtausschnitt frei. Eine Höhle. Wie Säulen stemmen sich in Jahrmillionen gewachsene Tropfsteine zwischen Felsgrund und schroffe Decke. Im schmalen Lichtstreif zwei Skelette: Steine des Leibes; ähnlich hatte Leonardo die Felsen als Knochen des lebendigen Erdleibs verstanden. *Vanitas, Vanitatum, et omnia vanitas.* – Es ist das 6. Blatt im Lebensalter-Zyklus von C. D. Friedrich (1826) [siehe Abb. 24].

Seitlich fällt diffuses Licht in einen schmalen Raum. Eine Flasche, eine verdorrte Rose. Ein nahezu skelettiertes Menschenpaar, das sich im knöchernen Arm hält. Wachend liegt daneben der Totenhund Anubis (E. M. I. Schmid). Über allem der Schleier uralten, vergilbten Lichts. Nature morte. – Eine Szene aus Andrej Tarkowskijs Film »Stalker«.

Die Ruine eines leicht gekurvten Gewölbegangs. Undeutlicher Übergang von Felsboden zu zerfallenem Mauerwerk. Herabgestürzte Steine. Eine isolierte zweigeschossige Gebäudewand. Pflanzen krallen sich in die Mauern und überwuchern die einst geometrische Klarheit der Architektur. Zwei Figuren betreten den Gewölbegang. Zwei winzige Menschen in der Ferne haben den Weg durchs Gewölbe schon hinter sich. – Kupferstich von Vincenzo Scamozzi aus den Discorsi sopra le Antichità (1582) [siehe Abb. 25].

Ein zerfallender unterirdischer Kanal, leichte Kurve. Schutt. Körniges Sepia-Licht. Von der Decke herunterhängendes Gewebe wie in einer Tropfsteinhöhle. Ein Mann geht quälend langsam, mit den Füßen tastend durch den Gang. Zwei andere warten hinten. Überlaut tropfendes, rieselndes Wasser. Klirren der Schuhe auf scharfkantigem Steinschutt wie auf berstendem Glas. – Eine Szene aus Andrej Tarkowskijs Film »Stalker«.

In der Haltung des meditierenden Melancholikers sitzt der Philosoph Demokrit in einem Chaos des Untergangs; antike Trümmer, umgestürzte Obelisken, Mauerreste, zerstörte Statuen. Die Natur stirbt oder ist tot: verwesende Tierkadaver, Knochen, Tier- und

Abb. 24: Caspar David Friedrich: Skelette in Tropfsteinhöhle. Um 1826

Abb. 25: Vincenzo Scamozzi: Gewölbegang.
Kupferstich aus: Discorsi sopra le Antichità di Roma. Venedig 1582

Democritus omnium derisor
in omnium fine defigitur

Salvator Rosa fecit

Abb. 26: Salvator Rosa: Der meditierende Demokrit. Um 1662

Menschenschädel, Baumruinen. Embleme der Vergängnis – gesetzt gegen die demokratische Lehre von der Unzerstörbarkeit der Atome? Christlich klingt die *subscriptio* dieser Radierung Salvator Rosas (ca. 1662): »Der alles verspottende Demokrit wird gebannt vom Ende aller Dinge« [siehe Abb. 26]. Vanitas-Emblematik gegen den Gestus materialistischen Denkens? Gegen die zeitüberdauernden Ansprüche diesseitiger Zivilisation und Philosophie?

Ruinenlandschaft. Stalker liegt rücklings auf einem flach aus dem Wasser ragenden Stein. Sehr langsame Kamerafahrt: ein Kachelboden wird sacht von Wasser überströmt. Im Wasser tauchen undeutlich von »Verwesung« überzogene Dinge auf: eine medizinische Spritze, technisches Gerät, aufgelöstes Papier, Bleche, eine Christus-Ikone, eine pistolenartige Waffe, langsam strömende, mullartig aufgequollene Materiereste, Stahlfedern. Im Off eine weibliche Stimme, die aus der Apokalypse des Johannes rezitiert (Off. 6, V. 12–17). Nach dem Schlußwort »und wer kann bestehen?« lacht sie auf. Spott der Apokalypse auf den Spott Demokrits? Überbietung des objektiven Geistes durch das *vanitas*-Wissen?

Zwei Montagen [siehe Abb. 27 und 28]. Die erste: C. D. Friedrich setzt in den Chor einer monumentalen Kirchenruine das Grab Huttens. Die gotische Ruine – es ist die des Klosters Oybin bei Zittau – nimmt die gesamte Bildhöhe ein. Das Kirchendach ist eingestürzt. Die Ruine z. T. überwachsen. Ein Mann betrachtet sinnend das fiktive Grabmal. Er ist vermutlich Görres, der vor der preußischen Reaktion ins Schweizer Exil flüchten mußte. Darauf deuten Inschriften auf dem Grab, die Bezug nehmen auf die in der feudalen Restauration untergegangenen Befreiungswünsche der Bewegungen nach 1813. Trauergebärden über untergegangene Traditionen und mißlungene Versuche patriotischer Identitätsbildung.

Die zweite Montage: in die grandiose Ruine einer romanischen Kathedrale (San Gagano in der Toskana), mit ebenfalls offenem Himmel, montiert Tarkowskij die Vision des sterbenden Schriftstellers Andrej von der verlorenen russischen Heimat, der verlorenen Identität –: sein Haus in einer sanften Mulde, einzelne Bäume, hinten ansteigender Wald; davor ein kleiner Teich, an dessen Rand Andrej lagert, die Hand im Fell eines Hundes, eben des Hundes, der visionär hervorgezaubert im Hotelzimmer Andrejs im italienischen Bagno Vignoni auftaucht, sich neben das Bett Andrejs legt, der – einzige zärtliche Geste im Film »Nostalghia« – seine Hand im

Abb. 27: Caspar David Friedrich: Huttens Grab. 1824

Fell des Tiers vergräbt. Bilder des Todes: die Kirchenruinen, die
verlorene Heimat, das Exil, der Hund, das Grab, die stillgestellte
Zeit – bei Friedrich wie bei Tarkowskij [siehe Abb. 29].

Abb. 28: Caspar David Friedrich: Klosterruine Eldena bei Greifswald.
1824/25

Annäherungen

Langsam kommt eine ernsthafte Beschäftigung mit dem russischen Regisseur in Gang. Maja Josifowna Turowskaja hat die Werkentwicklung Tarkowskijs begleitet und die poetische Bildsprache der Filme, ihren raumzeitlichen Rhythmus und die komplexe motivliche Verflechtung dargestellt.[2] F. Allardt-Nostitz[3] hat versucht, den Einfluß der romantischen Literatur und Naturphilosophie (E. T. A. Hoffmann, Novalis, Schelling u. a.) auf Tarkowskij nachzuweisen. Das hat seinen historischen Grund in der bis heute wirksamen Romantik-Rezeption in Rußland, die mit Gogol, Turgenjew und Dostojewskij explizit greifbar wird. Tarkowskij kennt Schelling und Baader, Novalis und Kleist, besonders aber E. T. A. Hoffmann, über den er ein Drehbuch geschrieben hat (»Hoffmanniana«, 1976). Mag es übertrieben sein, wenn Allardt-Nostitz den »Stalker«-Film wie eine filmische Übersetzung des Ofterdingen-Romans liest, so sind die strukturellen Verwandtschaften zwischen Tarkowskij und der Romantik doch

341

Abb. 29: Andrej Tarkowskij: Szenenfoto aus dem Film »Nostalghia«.
1982

nicht zu übersehen. Ungeklärt bleibt bei Allard-Nostitz, was solche Parallelen bedeuten. Romantik hat Konjunktur, auch politisch. Und so werden auch die Filme Tarkowskijs hierzulande der einschlägigen Szene zu Kultfilmen –: Bebilderungen der neuen Innerlichkeit und Religiosität, narzißtische Melancholie des Sinnzerfalls und der Entfremdung in apokalyptischer Welt. Vor fünfzehn Jahren »sah man Eisenstein-Filme«, jetzt »sieht« man Tarkowskij: was läge näher – einer Überlegung Michael Schneiders folgend –, als darin den intellektuellen Umschlag in »adventistische Stimmungen« und eine »Rhetorik der Vergeblicheit« abzulesen (M. Schneider[4]): Damit hätte man »altlinke Kritik« gewonnen, Analyse aber verloren. Sinnvoller – im Blick auf Tarkowskij – ist der Weg, den Eva M. J. Schmid in ihrer Auslegung von »Nostalghia« geht.[5] Sie verurteilt nicht den Gestus der Melancholie, sondern fragt nach dessen Struktur und Herkunft. Ihre These: die Ästhetik des Films ist enigmatisch; die Bildsprache geht auf die hermetische Welt der Melancholie-Reflexion der europäischen Renaissance und des Barock zurück. Das ist ein fruchtbarer Ansatz, dem freilich noch ein theoretisches Deutungskonzept fehlt. Doch liefert Eva Schmid ikonologische Entschlüsselungen vieler rätselhafter Bildszenen.

Methodisch hat man sich davor zu hüten, die Filme Tarkowskijs zu fragmentarisieren und ihre Gesamtkonzeption zugunsten der uferlos möglichen ikonologischen und geistesgeschichtlichen Motivparallelen aufzulösen. Gegen schnelle Kritik oder Apologetik aber ist auf dem Hermetismus der Filme zu bestehen. Das heißt zweierlei: zum einen, wie Eva Schmid sagt, ist »alles real interpretierbar und doch: enigmatisch« (l. c. S. 142). Es bedarf nicht erst jenes in »Stalker« wie »Nostalghia« aus dem Nichts auftauchenden Hundes, um die enigmatische Struktur der Filme zu demonstrieren. Sondern – und das führt zum zweiten Punkt – die gesamte Bildästhetik ist im Benjaminschen Sinne – als allegorisch zu bezeichnen. Benjamin hat in seinem *Ursprung des deutschen Trauerspiels*[6] das poetische Verfahren der Allegorie gegen den klassizistischen Symbolbegriff rehabilitiert und als poetologische Klammer zwischen Barock und Romantik dargestellt. Von hier aus gewinnen die Hinweise von Allardt-Nostitz (Tarkowskij und die Romantik) und von Eva Schmid (Tarkowskij und die Melancholie-Tradition zwischen Renaissance und Barock) erst ihren Sinn. Das ästhetische Verfahren Tarkowskijs schließt an hermetische Natur- und Geschichtsphilosophien an, deren poetischer Ausdruck die Allegorie ist. Die Melancholie, die sich im Akt des allegorischen Bedeutens mortifizierend in die Dinge einnistet, wäre so gesehen nicht als modisch-intellektueller »Katastrophismus« (Michael Schneider) zu kritisieren – allenfalls die so gefärbte »kultische« Rezeption der Tarkowskij-Filme im Westen. Die Trauer des Allegorikers ist nicht Jammer über das Fehlschlagen der Aufklärung und des »Projekts der Moderne«. Sondern »die Beharrlichkeit, die in der Intention der Trauer sich ausprägt, ist aus ihrer Treue zur Dingwelt geboren« (Benjamin, *Trauerspiel*, 172).[6] Sie ist geschichtsphilosophisch konstruktiv, wenn auch in einem anderen Sinn als dem der aufsteigenden Linie in der Geschichte des Geistes, des Fortschritts, der Humanität, der Vernunft oder des Sozialismus. Seit dem Film »Solaris« scheint sich für Tarkowskij die geschichtliche Landschaft zur Ruine zu verdüstern, Menschen und Dinge dem trostlosen Tableau des Todes anheimzufallen: die Ruine wird zum ästhetischen Zentrum der Filme. Zunächst scheint sich hierin die Depression eines Regisseurs auszudrücken, der uns bis zur Unerträglichkeit seine düsteren Obsessionen aufdrängt. So zu psychologisieren wäre banal. Denn die Trümmerlandschaft der Geschichte drückt nicht die Stimmung von Subjekten aus, sondern will als Signatur zurückgeschlagener Aufklärung entziffert werden. Richtete aufgeklärter Geist sich die Dinge zu Symbolen universaler Verfügbarkeit zu, so übersah er darin nicht nur seinen hybriden Herrschaftsanspruch, sondern den Verrat an den Dingen. Nicht allein dem Warenprinzip, auch dem identitätslogischen Geist gerieten Dinge und Lebewesen zu Serienprodukten des gesetzlich Identischen. Der Allegoriker hingegen verrät das Gesetz, indem er es darstellt. Glaubt eindimensionale Aufklärung im Zeichen universalistischer Rationalität der Geschichte den Anschein naturgesetzlicher Ordnung aufprägen zu können, so zeigt der Allegoriker, was zur Naturgesetzlichkeit verdinglichte Geschichte heißt: ihre Verwandlung zur Ruine. Der melancholische Verrat an den Gesetzen des Fortschritts und der Aufklärung entspringt dagegen »einer in kontemplativer Ergebenheit geradezu versunkenen Treue gegen die Dinge. ... Die Melancholie verrät die Welt um des Wissens willen. Aber ihre ausdauernde Versunkenheit nimmt die toten Dinge in ihrer Kontemplation auf, um sie zu retten.« (Benjamin, *Trauerspiel*, 171) Der Akzeleration als Gesetz des infiniten Modernisierungszwangs hält der Melancholiker eine Inständigkeit des Blicks entgegen, der dem delirierenden Sturm des Fortschritts die Stille der *nature morte* entreißt. Bis in die Kameraführung verfolgt Tarkowskij dieses alte ästhetische Prinzip: inmitten einer Kinoästhetik, in der sich das Tempo der *cuts* zwanghaft dem Zeitraptus der gesellschaftlichen Bewegungen anpaßt, mutet uns Tarkowskij mit »Stalker« einen 161-Minuten-Film mit nur 146 Einstellungen zu. Diese rituelle Langsamkeit und gravitätische Ostentation eignet der melancholischen Kamera. So erst kann sie dem Geflirr der sichtbaren Dinge ihr Wesen entlocken: die »Zeichenschrift der Vergängnis« (Benjamin). Die fremdartige Zeitlichkeit des Bildstils hat bei Tarkowskij geschichtsphilosophischen Sinn, zunächst einen negativen: für Tarkowskij ist das Hegelsche Programm gescheitert. Am deutlichsten ist dies am Film »Stalker« abzulesen.

Abb. 30: Andrej Tarkowskij: Szenenfoto aus dem Film »Stalker«. 1979

»Stalker«: Ende der Geschichtsphilosophie

Ein Professor und ein Schriftsteller, namenlose Typen ihrer Profession, dringen, geführt von Stalker – einem Sträfling, Outcast, Stigmatisierten, »Pirschgänger«–, in die Zone ein. Die Zone ist ein geheimnisvoller Sperrbezirk in der Sowjetunion, von dem man nicht weiß, wie er enstanden ist – durch Meteoriteneinschlag? Unfall? –, um den sich jedoch seltsame Gerüchte ranken. Das Betreten ist verboten, Militär riegelt die Zone ab, ringsherum verrotten verlassene Industrieanlagen [siehe Abb. 30]. Stalker hat den Weg in die Zone und sein Arkanwissen von einem Meister gelernt und führt, obwohl bereits mit Zuchthaus dafür bestraft, immer wieder Sehnsüchtige in die Zone hinein. Es geht darum, unter Wahrung ritueller Vorsichtigkeiten und respektvoller Annäherungen einen immer anderen Weg zu einer Hausruine in der Zone und ein Zimmer darin zu finden. Man erfährt, daß durch die meditative Versenkung des Selbst in diesem Zimmer die geheimsten Wünsche Aussicht auf Erfüllung haben. Stalker ist also eine Art religiöser Mittler einer Initiationsreise.[7] Das Zimmer und die Zone sind magische Orte, Märchenräume mit Wunscherfüllungszauber, ähnlich wie der Venusberg im Tannhäuser-Mythos, der italienische Sibyllenberg, der Runenberg in L. Tiecks gleichnamiger Novelle, das Berginnere in E. T. A. Hoffmanns *Die Bergwerke zu Falun* oder in Novalis' Ofterdingen-Roman, das Innere des Isistempels in den *Lehrlingen zu Sais* – Orte aber auch wie die vielen *hieroi topoi* der antiken Religionen mit ihrer Ambivalenz von Fascinosum und Tremendum, von der jeder Adept beim Übergang vom Profanen ins Heilige erfüllt wird.[8] Stalker hat also die klassische Funktion des »weisen Lenkers«, des »Initiationsmeisters«, des »Mittlers« bei Reisen in den »anderen« Raum – der Natur, des Heiligen oder des Göttlichen. Das Szenario ist religionsgeschichtlich und ethnologisch, aber auch literaturgeschichtlich – in der Märchen- und Romantikforschung – aufgearbeitet. Nun kehrt es wieder in einem sowjetischen Fantasy-Film, der das archaische Schema in die Tabuzone einer Industrieruinenlandschaft verlegt.

Was das bedeutet, läßt sich nur über Umwege erkennen. Die drei Männer – Stalker, der Künstler, der Wissenschaftler – repräsentieren, so scheint es, auch die Hegelschen Stufen von Religion, Kunst und Wissenschaft. Freilich fehlt Tarkowskij gänzlich die geschichtsphilosophische Gewißheit, daß in dieser Reihenfolge die Wahrheit sich entfalte und somit den Gang des Weltgeistes angebe. Das begriffliche Wissen – Philosophie, Wissenschaft – hat bei Tarkowskij keineswegs das Religiöse und die Kunst dialektisch in sich aufgehoben. In einer Welt industrieller Menschen- und Umweltverseuchung – in schmutzigem Schwarzweiß gedreht – ist der Literat ein vom progressiven sozialistischen Realismus ausgespuckter Dekadent; ist der gläubige Stalker ein verrückter Sektierer und Fanatiker; und ist der Naturwissenschaftler ein Produzent des bösen Wissens: es stellt sich heraus, daß er eine handliche Bombe mit einer 20-Kilo-Tonnen-Sprengkraft entwickelt hat, mit der er das Arkanum der *Zone* in die Luft sprengen will. Sicher will Tarkowskij die heillose Verwirrung im Verhältnis von Religion, Kunst und Wissenschaft demonstrieren, die in der nachhegelschen Geschichte einer rücksichtslosen Entfaltung der Industrierationalität und der Militärmächte herrscht. Ein Film also quer zur marxistischen Variante der Hegelschen Geschichtsphilosphie in der Sowjetunion, zugleich aber auch quer zur Fortschrittsideologie des westlichen Industrieblocks, der soziale Entwicklung an technologische Exploitation der Natur und der menschlichen Arbeitskraft gebunden hat.

Die schwarzweißen Bilder (und quälenden Geräusche) der Industrielandschaft außerhalb der *Zone* sind zugleich Bilder der zerstörten Natur und der demoralisierten Menschen bei voll funktio-
nierender Industriemaschinerie. Die militärisch abgeriegelte *Zone*
wird so zum Sehnsuchtsraum derer, die in der Welt des objekti-
vierten Begriffs – und das ist hier: Technologie und Militär – vom
Bewußtsein der Entfremdung geschlagen sind und das *Andere* suchen. Nicht zufällig ist Stalker ein Stigmatisierter: an seinem
kantigen Sträflingskopf sieht man an genau der Stelle einen weißen
Haarfleck, an der auch Andrej in »Nostalghia« ein weißes »Zeichen« seiner Ausgesetztheit und Heimatlosigkeit zeigt.

Unterhalb der Hegelschen Konfiguration – Stalker, Professor,
Poet – liegt eine tiefere Antinomie, die von Natur und Zivilisation.
Die vielleicht eindrucksvollsten Bilder sind die der *Zone,* worin
eine ehemalige Industrielandschaft, jetzt menschenlos, langsam
von der Natur zurückerobert und überwuchert wird. Die *Zone*
wird zum Bild der Erde nach dem »Ende des Menschen«. Panzer,
technisches Gerät, Zivilisationsmüll, Fabrikationshallen, Brük-
ken, Tunnel, Häuser sind in einer ungeheuren Stille dem Verfall
überlassen, werden mit ruhiger Gelassenheit von der Natur zerbröselt und endlich verschlungen. Nirgends deutlicher konnte
man bisher im Film sehen, daß die hochstabil scheinende zweite
Natur, die Kunstwelt des Menschen, der ständigen Abgrenzung
zur Natur bedarf, einer ununterbrochenen Reproduktion. Tarkowskij zeigt das langsame Zurücksinken der Zivilisation in die
Natur, wenn die Menschen nicht in einem endlosen Energiestrom
ihre Kunstwelt gegen Natur behaupten.[9] Wie der Mensch dies
heute tut, zeigen die Bilder außerhalb der *Zone*: die Selbsterhaltung des Menschen geht in Selbstzerstörung über, das Laufwerk
der Industriekomplexe und Herrschaftsapparate enthält den Menschen nur noch als ephemeres Element. Sein Ausschluß – und das
heißt sein Tod – ist schon spürbar in der Unbewohnbarkeit seiner
künstlichen Welten. In der *Zone* ist dieses Ende des Menschen
bereits realisiert – und es bleibt ein Mißverständnis aller drei Besu-
cher, daß sie entsprechend der Historizität ihrer Deutungsmuster
die *Zone* mit ausdifferenzierten kulturellen Signifikanten besetzen. Die *Zone* bedeutet nichts, aber sie zeigt etwas.

Das verstehen alle drei nicht. Entsprechend ihrer Zugehörigkeit
zu den Hegelschen Stufen der Geschichtsphilosophie projizieren
Stalker, der Poet und der Wissenschaftler ihr jeweiliges kulturelles

Selbstverständnis in die Natur nach dem Ende des Menschen. Es sind dies alles Phantasmen der Macht. Stalkers religiöses Verständnis der *Zone* enthüllt sich als priesterlicher Genuß der Macht des ins Heilige Eingeweihten über die Profanen und Adepten. In der Moderne trägt diese Haltung bereits Züge des Wahnsinns: im Zeitalter der Rationalität ist die Religion das ver-rückte Wissen des ganz Anderen, das seinen Träger mit den Zügen des Sektierers, Besessenen und darin auch Tyrannen zeichnet. Der Literat, ein längst verbrauchter Zyniker und Nihilist, von gemeiner Ernüchterung über das Böse der Menschheitsbeglücker gepeinigt, sucht in der *Zone* nach dem verlorenen Genie – als gelte noch die poetologische Doktrin des 18. Jahrhunderts, wonach die Natur sich im Genie aussprächte. Der Wissenschaftler scheint im Wunscherfüllungsraum der *Zone* seinen Omnipotenzraum zu suchen, der sich in der nobelpreiswürdigen Entdeckung zusammenzieht. Im Rucksack aber trägt er die Bombe mit sich, um im Namen einer längst mit Destruktion identifizierten Rationalität das *Andere* endgültig zu vernichten. Die Existenz der *Zone* ist für ihn schon der Pfahl im Fleisch der Rationalität. Das Andere soll nicht nur exterritorial sein, es soll ausgelöscht werden.

Alle drei scheitern. Es ist, als zeige die »Natur nach Abzug des Menschen«, die *Zone* also, noch durch das magische Initiationsritual Stalkers und seine manipulativen Arrangements hindurch ihre genuine Kraft. Der Mensch ist nicht Genie, nicht omnipotentes Vernunftsubjekt, nicht Zauberer und magischer Kenner des Naturgeheimnisses. In gewisser Hinsicht kehrt der Film Hegel um. Läßt sich die Folge von Religion, Kunst und Begriff (Wissenschaft, Philosophie) auch als Geschichte der zunehmend extensiveren und zugleich inklusiveren Aneignung der Natur lesen, so demonstriert Tarkowskij die Geschichte des Geistes als Episode in der Naturgeschichte. Die *Zone* zeigt den von Natur wieder angeeigneten objektiven Geist. In dessen Geschichte wirkt der Mechanismus des Todes in dem Maße, wie der Mensch sich erhalten will auf der Basis des Todes der Natur. Es gibt keine Beherrschung der Natur und keine Autarkie gegenüber Natur. Sofern das »Projekt der Moderne« darin sein Ziel setzt, ist die *Zone* das Bild seines Endes. Die Natur ist nicht der Wunscherfüllungsraum des Menschen, der diesem die Ressourcen für seine religiösen, ästhetischen oder rationalistischen Omnipotenz-Phantasien bereitstellt. In dem Maße, wie Geschichte im Zeichen dieses Programms verläuft, verfällt der Mensch endgültig der Natur, von der er sich zu befreien trachtete, nämlich dem Tod. Wenn etwas von dieser »Reise zwischen den Zeiten« (Duerr) bleibt, so das, daß Stalker recht hat, wenn er in der Bewegung durch die *Zone* Behutsamkeit, Ehrfurcht und Rücksichtnahme walten läßt; daß der Wissenschaftler recht hat, wenn er auf das irrsinnige Machtphantasma verzichten lernt, das *Andere* der Natur auslöschen zu können; daß der Künstler recht hat, wenn er aus dem glanzvollen Traum des Genies herausfällt und zum Kritiker des religiösen und wissenschaftlichen Wahns wird. Der Film »Stalker« zeigt in der *Zone* die Natur als Klammer der Geschichte. Er zeigt, daß die Zivilisation im Zeichen Hegels so wenig wie irgendeines anderen Wissens-Systems ein Wissen dafür entwickelt hat, daß der Mensch, daß der objektive Geist von Natur eingeschlossen bleibt. Am ehesten hat Stalker dafür ein wenn auch falsches, wahnhaft verzerrtes Bewußtsein. Insofern gehört dieser Film in die »Dialektik der Aufklärung«. Die Natur taugt sowenig zum Projektionsraum des Wunsches wie als Material zur Aneignung und Selbsterhaltung von Macht. Solange aber Zivilisation in dieser Bahn verläuft, fällt sie auf den Mythos, auf die *Zone* zurück, die zeigt, was Natur war: geheimnisvolle, Respekt heischende Kraft, und sein wird: das Grab der Zivilisation. Das ist ein religiöser Gedanke, wie »Stalker« letztlich ein religiöser Film ist. Warum aber vormoderne Konzepte als Kritik der wissenschaftlichen Naturaneignung, wie sie heute entfaltet ist, funktionieren können, wird deutlich an den Traditionen, an die der Film »Stalker« angeschlossen ist.

Wüste der Geschichte

»Das Reflektierenmüssen«, sagt Lukács, »ist die tiefste Melancholie des großen Romans.«[10] Die Weltarchitektonik, das Haus Gottes oder des absoluten Geistes, ist zur Ruine geworden. Die Heroen der Handlung, selbst in ihrem tragischen Untergang noch Repräsentanten substantiellen Sinns, sind Legende. Verbrecher und Wahnsinnige, Außenseiter und Exilierte, vor allem aber handlungsgehemmte Grübler und Melancholiker irren heimatlos ohne Weg und Ziel durch die »Objektivationen der transzendentalen Obdachlosigkeit« (Lukács), die Ruinenlandschaften der Geschichte. Das setzt mit Hamlet ein und wird mit Tarkowskij (der an der Verfilmung des Hamlet-Stoffs arbeitete) nicht enden. Das Riesengerippe der toskanischen Kathedrale in »Nostalghia«, fremdartig schön dem Grün der Landschaft aufgesetzt, ist Emblem dieser Obdachlosigkeit. Fast taumelnd streicht Andrej durch das Beinhaus Gottes. Im Off die Stimme Gottes und die einer Frau: doch so wie Andrej den himmlischen Dialog nicht hören kann, ist die Welt insgesamt nicht mehr Schrift und Stimme Gottes. Dem *deus absconditus* entspricht der heimatlos gewordene Mensch. Wenn Lukács den modernen Roman als Epopöe der gottverlassenen Welt bezeichnet, gilt dies auch für die Filme Tarkowskijs. In die verlassenen Gebäude des Sinns ziehen der Wahn, die delirierende Erlösungssehnsucht und das Dämonische ein. Die Abwesenheit Gottes würde, sagt Lukács, »der Trägheit und Selbstgenügsamkeit dieses still verfaulenden Lebens die Alleinherrschaft verleihen, wenn die Menschen nicht manchmal, von der Macht des Dämons ergriffen, in grundloser und nicht begründeter Weise über sich hinausgingen und alle psychologischen und soziologischen Grundlagen ihres Daseins kündigten«.[11]

Diese Aufkündigung und Überschreitung historisch abgelagerter oder sozial eingespielter Sinnsysteme kennzeichnet in der Tat die moderne Kunst. Das ist nicht nur Symptom religiösen Sinnverlustes, sondern auch mißlungener Säkularisierung. Die gesellschaftlich produzierte zweite Natur, die »Welt der Konvention«, ist eine der zunehmenden Rationalisierung aller Einzelmomente bei steigener Irrationalität des Ganzen. Dem Kunstsubjekt gerinnt, nach Lukács, die Gesellschaft zu einem »erstarrten, fremd-gewordenen, die Innerlichkeit nicht mehr erweckenden Sinnkomplex«, zur »Schädelstätte«.[12] Darum gewinnen die Starre, die Ruine, die Fremdheit, die mortifizierten Dinge eine so überwältigende Macht über die Subjekte. Die »selbstgeschaffene Umwelt«, das zivilisatorische Environment ist dem Blick der Kunst nicht mehr »Vaterhaus, sondern ein Kerker«.[13] Diese Fremdheit zur Gesellschaft läßt Stalker, zu Beginn des Films, sagen: »Für mich ist überall Gefängnis.« Dieser Satz, der seit dem Sturm und Drang stereotyp für die Handlungsohnmacht der Helden ist, ist weniger biographisch (das Sträflingsschicksal Stalkers), sondern eher als emblematische Überschrift zu den Bildern außerhalb der *Zone* zu lesen. Die erbärmliche Wohnung Stalkers wie die gewaltigen Industriekomplexe – Kraftwerke, Hochöfen, Bahnanlagen, Hafen – werden im gleichen schmutzigen, konturenauflösenden Sepia-

Abb. 31: Giovanni Battista Piranesi: Ideal-Ansicht der Via Appia. 1786

Licht gedreht. Alles funktioniert: der Gasboiler in der ärmlichen Küche wie die donnernden Eisenbahnzüge oder die gigantischen Kühltürme in der Ferne. Und doch liegt über allem das verwesende Licht des Todes. Die Kamera mortifiziert die Dinge schon, bevor überhaupt die *Zone* der Zivilisationsruinen erreicht ist. Wahrhaftig inkorporiert sich die Industrie den Körpern der Menschen: Stalkers Frau, rücksichtslos von ihm »aufgekündigt«, liegt auf dem Bretterboden, während draußen ein Zug vorbeifährt, dessen Fahrrhythmus zu einem hämmernden Lärm schwillt, der vergewaltigend in den ohnmächtig sich windenden Körper der Frau eindringt – eine Folterszene aus einem Hexenprozeß. Diese verwüstende Gewalt, die in der »selbstgeschaffenen Umwelt« der Menschen liegt und längst schon die Menschen selbst ruiniert, ist es, die Stalker »überall Gefängnis« sehen läßt.

Gefängnis als Emblem: das heißt, Tarkowskijs Film in der Linie der Bildvisionen Giovanni Batista Piranesis zu sehen. Das antike Rom, dessen Architektur bei Piranesi Ausdruck eines titanischen Willens zur Ewigkeit ist, wird in seinen »Aufnahmen« zum monumentalen Porträt einer »Totenstadt« (N. Miller).[14] Seine »Ideal-Ansicht der Via Appia« [siehe Abb. 31] ist nicht ein Ideal im klassischen Sinn des Symbols, des Zusammenfalls von Ding und Bedeutung, sondern im Benjaminschen Sinn der Allegorie: ins Gigantische gesteigerter menschlicher Bauwille, der von den Signaturen der Verwüstung und des Todes eingeholt ist. Dem folgen die »Carceri d'invenzione«, erhabene Traumarchitekturen von Kerkergewölben, deren steinerne Monumentalität durch eine eigenartige, multiperspektivische Durchdringung architektonisch nicht auflösbarer Geometrien zu Räumen labyrinthischer Unentrinnbarkeit und tödlicher Macht werden. Vermutlich kennt Tarkowskij die Bilder Piranesis; ein Kritiker (taz, April 1984) ist sich sicher, daß er den venezianischen Kupferstecher der römischen Ruinen über die Vermittlung von Eisenstein kennengelernt hat. Auch ohne solche Kenntnis vorauszusetzen, ist der Hinweis sinnvoll. Er verdeutlicht, daß die Tarkowskijsche Bildästhetik tief in der europäischen Tradition melancholischer Geschichtsphilosophie verankert ist, deren ästhetisches Zentrum die Ruine ist. Wie in der emblematischen und allegorischen Bildkunst tendiert jede Kameraeinstellung Tarkowskijs zum Stillstand, zum »Stilleben«: *nature morte* mit Natur verschmolzenen Architekturen.

Hierin wird die Leere der entgötterten Welt ebenso zum Bild wie die Vergeblichkeit der heroischen menschlichen Anstrengungen, sich der Gewalt des Todes und der Sinnverlassenheit durch zeitübergreifende Manifestationen des Willen zu entwinden. Das *Memento mori*, das jeder zivilisatorischen Anstrengung den Stempel des Vergeblichen aufzudrücken scheint, wiederholt sich bei Tarkowskij und verändert sich zugleich. Denn die zweite, künstliche Natur im »Stalker« ist nicht, wie in »Nostalghia«, die von Gott entfremdete und darum todesverfallene Welt, sondern trägt die Signatur der Entfremdung auch im Marxschen Sinn. Darum ist die angemessene Ruinen-Allegorie nicht die »transzendentale Obdachlosigkeit« der Kirchenruine, sondern die Industrie- und Militärruine. Doch in die territorialisierten Industriezonen wie die deterritorialisierte Industrie*Zone* ziehen die Dämonen der Melancholie ein. Tarkowskij versucht, mit den ästhetischen Mitteln des alten melancholischen Blicks auf die Trümmer der Geschichte, die offenen Wunden der Moderne zu bewältigen. Denn es scheint, daß seit Baudelaire, unübersehbar aber seit der Kunst um 1900, das poetologische Verfahren des Melancholikers, nämlich die Allegorie als *das* ästhetische Medium der Moderne rehabilitiert werden muß. Folgerichtig liefe nach dem Scheitern der Avantgarde die Posthistoire schließlich, wie das Hannes Böhringer[15] vermutet hat, ins Zentrum der Allegorie zurück: die Ruine. Dann jedenfalls, wenn nicht nur die religiösen Gewißheiten zerstoben sind, sondern der Sinnanspruch der Kunst und der Wissenschaften den vom Menschen selbst erzeugten Verwüstungen keine Lösungen mehr abgewinnen kann.

Memento der Ruinen

Seit Gelehrte und Künstler der Renaissance die Kunst und Architektur der Antike entdeckt haben, gibt es die Faszination der Ruinen. An ihnen entwickelt sich historisches Denken, nimmt die »Archäologie des Wissens« ihren Ausgang. Kunstwissenschaft, Historie, Altertumskunde, Philologie, ja selbst die Psychoanalyse, die Freud in einem durchaus nichtmetaphorischen Sinn mit der Archäologie verwandt sieht, arbeiten an Trümmern, Bruchstücken, Relikten, Torsi, Fragmenten. Nicht ohne Grund kennzeichnet Michel Foucault die Arbeit jedes Humanwissenschaftlers als archäologische: die Vergangenheit insgesamt ist Ruine. Das einst lebendig erfüllte Gehäuse vergangener Gegenwart wird durch bloßes Verrinnen der Zeit, durch Vergessen, aber auch durch Verdrängen und Überlagern zur Ruine. Andererseits ist die Vergangenheit »noch nicht vollendetes Gebäude«, wie Bloch sagt. Die historisch investierten Energien sind Bauwille, der auf Zukunft geht, Architektur der Hoffnung. Noch nicht fertiges Haus und Ruine: das sind die Signaturen der beiden fundamentalen Haltungen zur Geschichte, Hoffnung und Melancholie. In epochal typischer Weise bilden Bauplan und Verfallsbewußtsein, die Anstrengungen des Lebens und die Erosionen des Todes wechselnde Balancen. Geschichte ist von beiden Seiten gefährdet: ist alles vollendet und gebaut, ist die Ordnung perfekt, so fließt die Zeit so wenig noch wie dann, wenn alles nicht nur Ruine, sondern amorpher Schutt und universale Entropie ist. Die »geschmückte Ordnung«, der Kosmos mit seiner ewigen Wiederkehr des Immereinen, gibt dem Bauwillen der Menschen so wenig Raum wie die kristalline Todesstarre des entropischen Endes. Um die neuzeitliche Dynamisierung der Geschichte in Gang zu bringen, bedurfte es jahrhundertelanger Prozesse der Herauslösung der Erde aus dem Kosmos. Erst dadurch wurde sie, im Zeichen der erlaubten und möglichen *perfectio naturae*, zum unfertigen Werkplatz und Haus des Menschen. Und umgekehrt mußte die Erfahrung, deren

Urtopos der Turm zu Babylon ist, immer wiederkehren, daß alle auf Ewigkeit berechneten Reiche zu Ruinen vergangener Größe verfallen. Daran erst fand die Hoffnung einen Halt, daß die eigene, unsere Stunde noch aussteht. Es ist nicht zufällig die Renaissance, mit der die Geschichte ins Zeichen des offenen Horizonts und des säkularen Bauwillens des Menschen tritt; gleichzeitig mit dem Bewußtsein vom Alter der Welt aber beginnt auch das Memento der Geschichte sich auszubreiten: die zu Geschichte geronnene Zeit läßt jede entäußerte Intention als Trümmerplatz hinter sich.

Eschatologisches und apokalyptisches Denken der jüdisch-christlichen Tradition ist in die melancholischen Bildallegorien von der Geschichte als Vergängnis und Schädelstätte eingegangen. In der Moderne freilich verschwindet der heilsgeschichtliche Impetus. Ohne diesen aber droht der geschichtlichen Energie das Signum heilloser Vergeblichkeit. In der Apokalypse wurde das Ende der Geschichte mit dem der Natur zusammengedacht, und eben deren beider Ruin war die Kehre zum Heil. Der Trümmerlandschaft des irdischen entsteigt die Vision des himmlischen Jerusalem. Das aufgeklärte Subjekt dagegen verschreibt seine Existenz einer substanzlosen Zukunft (vielleicht Erfolg, vielleicht Alter). Es hat seine Bindung an Vergangenheit ebenso abzustreifen wie die auf gegenwärtige Erfüllung drängenden Triebe zu disziplinieren, ohne Versprechen von Versöhnung und Friede – fast ein »credo, quia absurdum«: Das Heil verkümmert zum ungedeckten Zukunftsscheck, zum vagen Wunsch, daß die im Namen der Autonomie erkämpfte Herrschaft über Natur auch einen Fortschritt im Sozialen bedeutet. Allein die Erfahrung der Vergängnis bleibt gewiß. Das verbindet, bei aller Gegensätzlichkeit, die Aufklärung mit dem Barock. Diderot – der Vater der Encyclopédie, die durchaus auch als Versuch zu einer »menschlichen« Kosmologie, d. h. als Repräsentation des Sieges der Vernunft über die Zeit gelesen werden kann –: Diderot also notiert anläßlich der Ruinenbilder Hubert Roberts: »Wir ahnen voraus die Verheerungen der Zeit und unsere Vorstellung verstreut auf der Erde die Gebäude, die wir selbst bewohnen.« – (Eben dies wird zum Darstellungsprinzip des Films »Stalker«.) – »Die Ideen, die Ruinen in mir wecken, sind groß. Alles wird zunichte gemacht, alles verfällt, alles vergeht. Allein die Erde bleibt noch übrig. Allein die Zeit dauert an. Wie die Welt doch alt ist!«[16] In der Tat hat hier Diderot das Geheimnis der

Ruinen erkannt: in ihnen wohnt die Angst der Aufklärung. Mit ihren grandiosen Geschichtsentwürfen und Konstrukten völlig neuer Wissensformen scheint das »Ende der Naturgeschichte« (W. Lepenies) gekommen. Kant hat solchem Bewußtsein in seiner Theorie der Erhabenheit (die »großen Ideen« Diderots) Ausdruck gegeben: die Macht der Natur (Gebirge, Wüsten, Wetter) bricht sich am prinzipiell unaufgreifbaren Zentrum des Menschen, seiner Vernunft. Erhaben ist nicht Natur, sondern das ratiozentrierte Selbst des Menschen.[17] Diderot freilich ist ehrlicher, weil er nicht die wesentlichere Macht der Natur, die Zeit (welche Kant zur Form der Anschauung depotenziert), verleugnet. Hinter dem Rücken der lichtvollen Aufklärung lauert die Angst, die Diderot genau erkennt: daß alle Geschichte von Natur eingeholt wird, ja daß Zivilisation unausweichlich deren Male trägt: die Vergängnis. Man kann gut verstehen, daß dies für den Aufklärer Diderot ein Bild des Schreckens ist. Die Natur, unter Ausschluß des Menschen, ist »nur noch eine traurige und stumme Szene. Das Weltall verstummt, Schweigen und Dunkelheit überwältigen es; alles verwandelt sich in eine ungeheure Einöde, in der sich die Erscheinungen – unbeobachtete Erscheinungen – dunkel und dumpf abspielen.«[18] Zweierlei fällt auf: Diderot denkt Natur nicht als das substantielle Andere der Geschichte, etwa als deren Rousseauschen Gegenpol – und: Natur wird, bei Ausschluß des Menschen, zum Bild der Entropie. Diesen Gedanken können wir erst jetzt nach zwei Jahrhunderten gescheiterter Aufklärung würdigen. Denn heute ist nicht etwa das Blochsche Haus der utopischen Heimat nähergerückt, wohl aber der militärische oder ökologische Selbstausschluß des Menschen. Das Bild jener »zeichenlosen« Natur ist das, was Hannes Böhringer als Tendenz der Posthistoire ausmacht: ihre entropische Gestalt; Kälte, Eis, Kristallisation, Wüste. Die Ruine der Posthistoire ist die des »Projekts der Moderne«, die Wende der Geschichte nicht durch die heilsgeschichtliche Kehre, nicht deren »Latenz-Tendenz« zum Blochschen Gebäude des Daseins ohne Entfremdung, sondern die Auflösung der Geschichte in Naturgeschichte – so wie sie Diderot als Angst der Aufklärung entworfen hat.

Dies hängt auch damit zusammen, daß es der Wissenschaft der Neuzeit nicht gelungen ist, einen wesentlichen Bestandteil des alten Kosmos-Denkens zu retten: daß nämlich das Wissen von der lebendigen Natur auszugehen hat. Neuzeitliches Wissen ist Wis-

Abb. 32: Manfred Hamm: Foto der Ruine des Kraftwerks Zeche
Lothringen IV, Bochum. 1981

sen vom Toten. Wie das Wissen über den Menschen ausgeht von
dessen »Ruine«, nämlich dem abgelebten, anatomisierbaren Leib,
so entwickelt sich die übrige Naturwissenschaft nach dem Modell
einer Himmelsmechanik, die den bis ins 17. Jahrhundert immer als
lebendigen Organismus verstandenen Kosmos zur Ruine macht.
Nicht ohne Gespür hat die Romantik, die ein überwaches Bewußtsein für Ruinen hatte, die Newtonsche Physik als »todten
Mechanismus« (Schelling) kritisiert. Schelling versucht dagegen,
die »Naturthätigkeit« dort aufzusuchen, wo sie lebendig ist, nämlich im Produzieren, nicht im Produkt, worin sie »erloschen«,
»erstorben«, »verausgabt«, also Ruine ist. Wissenschaft vor der
natura naturans wäre Wissen vom Menschen als kosmischem Leib
und vom Kosmos als lebendigem Organismus. Solches Denken
kann sich auf Goethe, auf Spinoza, Giordano Bruno, Paracelsus
u. a. berufen, ist aber innerhalb der naturwissenschaftlichen Bewegung bloß »irrationalistische« Episode.[19] Zur Angstvision des
Aufklärers Diderot vom Schweigen des Weltalls gibt es ein Gegenbild Goethes. Er, der das Wissen im Einklang mit Natur zu halten
bestrebt ist, hört – wenn die Natur des Menschen zu sich selbst
befreit wäre – »das Weltall, wenn es sich selbst empfinden könnte,

als an sein Ziel gelangt aufjauchzen und den Gipfel des eigenen Werdens und Wesens bewundern«.[20] Hier die ästhetisch gedachte Versöhnung mit Natur – dort die finale Entropie, Gesang oder Schweigen der Sirenen: es scheint, nach dem Ruin der Aufklärung, die Erfahrung der Posthistoire zu sein, daß wir heute zu kaum mehr als zu einer Ornamentik der Entropie, nicht aber zu deren Abwehr und zur geschichtlichen Revision einer vom Tod faszinierten Geschichte in der Lage sind. Hieraus wird die Bewußtseinslandschaft der späten Filme Tarkowskijs gebildet.

Ästhetische Theorie der Ruine

Für Georg Simmel, der der Ruine eine schöne Studie widmete[21], ist die Baukunst »der sublimste Sieg des Geistes über die Natur«, ein planvolles Arrangement »der formenden, aufwärts drängenden Geistigkeit« gegen die Schwere der Materien. Im gelungenen Bauwerk triumphieren Geist und Form, ja stellt sich »der ganze geschichtliche Prozeß« als »ein allmähliches Herrwerden des Geistes über die Natur« dar. In der Ruine dagegen rächt sich »die Natur für die Vergewaltigung« durch den Geist: »als sei die künstlerische Formung nur eine Gewalttat des Geistes gewesen, der sich der Stein widerwillig unterworfen hat, als schüttle er dieses Joch nun allmählich ab und kehre wieder in die selbständige Gesetzlichkeit seiner Kräfte zurück«. Ästhetisch bedeutsam wird die Ruine, weil in ihr die Antagonismen der beiden »Weltpotenzen des Aufwärtsstrebens und Abwärtssinkens«, Geist und Natur, eine eigentümliche Balance halten. »Was noch von Kunst in ihr lebt . . . und was schon von Natur in ihr lebt«, ergibt ein »neues Ganzes«. Damit hat Simmel ein zentrales Merkmal der Ruine getroffen, das schon bei den Theoretikern des Landschaftsgartens im 18. Jahrhundert immer dort Berücksichtigung fand, wo an einsamen, mal idyllisch-arkadischen, mal düster-erhabenen Orten des Parks künstliche Ruinen errichtet wurden. Christian Cay Lorenz von Hirschfeld, Verfasser der damals maßgeblichen fünfbändigen *Theorie der Gartenkunst* (1779–85) hat das Environment »Ruine« genau bestimmt.[22]

Hirschfelds Konzeption der Ruine stimmt überraschend genau mit der von Tarkowskij überein, der keineswegs, wie manche Bilder suggerieren, nur »gewachsene« Ruinen abbildet, sondern künstliche schafft, teils im Studio, teils eingelassen in Naturräume. Selbst wo er reale Ruinen filmt, werden diese durch seine Bildarrangements artifiziell. »Natürliche« Ruinen, die durch Natureinwirkung entstanden sind, vom Zahn der Zeit zernagt, von Wasser überspült, von Vegetation überwuchert, von Erde begraben – man denke an solche tief ins menschheitliche Gedächtnis eingelassenen Archetypen wie die der »versunkenen Stadt« und des »unterirdischen Reiches« (Atlantis, Sintflut, Pompeji u. a.) –: »natürliche« Ruinen tragen zwar von sich aus schon die Insignien der Zeittiefe, des Todes und einer zugleich fremden und vertrauten Unheimlichkeit. Doch erst das späte 18. Jahrhundert mit seinem Interesse am »Gotischen« (Entdeckung des Mittelalters, Gothic Novel, Schauerromantik) geht dazu über, Ruinenenvironments nachzubauen. Wer aber Ruinen bauen will, muß die wirkungsästhetischen Regeln kennen, um die »naturhaft« an der Ruine haftenden »Stimmungen« in gartenarchitektonische Konstruktionsprinzipien übersetzen zu können. Gleiches gilt für die Genrestruktur der Gothic Novel. Gartenbau ist eine Kunst der Objektivierung von Stimmungen; Ruinenarchitektur ist eine ästhetische Konstruktion der Melancholie. Die Regeln, welche Hirschfeld, Sckell u. a. dafür angeben und an die sich noch Tarkowskij hält, sind folgende:

»Die Lagen der Ruinen«, dekretiert Carl August v. Sckell, »sollten gewöhnlich in fernen Gegenden des Parks ... gewählt werden, da wo sich die Natur in ihrem ernstlichen feierlichen Charakter zeigt; wo Einsamkeit und schauerliche Stille wohnet; wo dunkle Gebüsche in ungetrennten Massen fast alle Zugänge unmöglich machen, wo der alte Ahorn, die bejahrte Eiche zwischen den bemoosten Mauern stolz emporsteigen und ihr Altertum beurkunden: da können sich solche Reste aus längst verschwundenen Jahrhunderten schicklich erheben und der Täuschung näher treten.«[23] Ruinen entfalten ihre Faszination also in »melancholischen Revieren« (Hirschfeld) der Natur, werden oft als Einsiedeleien, Eremitagen, sakral stilisierte Denkmäler angelegt – wie der bei Hirschfeld abgebildete »Tempel der Melancholie« –, um einen der Zivilisation abgewandten Raum kontemplativer Versenkung in die Tiefe der Zeit zu ermöglichen –: eben wie in der exterritorialen *Zone* Tarkowskijs. Dieser Effekt des Exterritorialen wird schon in historischen Ruinenbauten oft dadurch erreicht, daß die Ruinen nur auf verwickelten Wegen erreichbar sind. Ruinenlandschaften sind labyrinthisch; ihre Wegeanlagen sind oft ein Moment des sakralkultischen Charakters der Ruine. Bei Tarkowskij taucht das Muster der Initiationsreise mit ihrem labyrinthischen Wegemuster wieder auf (»Stalker«). Raum- und Wegearrangement evozieren eine, wie Hirschfeld sagt, »ernsthafte« und »feyerliche« Stimmung, die sich radikal von der handlungsorientierten Ausrichtung des Subjekts in zweckrational strukturierten Räumen der Zivilisation »draußen« abheben soll.

Zu solchem Environment der Reflexion gehört ferner die Kunst der Beleuchtung. Gartenarchitekten wie Hirschfeld führen hier den aus der Malerei entnommenen Terminus »Kolorit« ein. Man hat die Lichtverhältnisse der Jahres- und Tageszeiten zu kalkulieren, die Licht- und Farbeffekte durch Vegetation und Raumlage (tiefer Grund oder Anhöhe usw.) zu »inszenieren«.

Die Ruinenlandschaft wird wie ein Bühnenbild eingerichtet. Ruinen werden z. B. in westlichen Abseiten des Parks plaziert, zu Szenen für abendliche Dämmerung, Sonnenuntergang und Mondaufgang, oder so, daß die Ruine ihre höchste Wirkung im Herbst, der sterbenden Zeit, entfaltet; oder man baut, wie im Wörlitzer Garten, die Ruine auf eine Insel, zu der man mit einer Fähre[24] übersetzt; auf der Insel wird man durch dunkle Gänge von Ruine zu Ruine geleitet.[25] Deutlich an all dem ist: das Ruinenenvironment ist in seiner Raumstruktur und in dem vorgesehenen Bewegungsablauf als »Zeitreise« konstruiert. All dies findet man bei Tarkowskij wieder. Kaum ein Regisseur setzt so präzise Beleuchtungseffekte wie er. Im »Stalker« ist das Sepia-Licht von Beginn an in seiner Wirkung erodierend; es löst Konturen auf und mit ihnen die Erkennbarkeit der Dinge und ihrer Zweckrationalität: ein Ruineneffekt. Überhaupt arbeitet das Licht bei Tarkowskij »ruinierend«. Durch verschiedenste Filtereffekte, durch Nebel, optische Unschärfen, besonders auch durch Wasser- oder regengetrübte Bilder, durch das Überwiegen dunkler, erdiger Töne und indirekte Beleuchtung der Szenen entsteht das »Kolorit« der Ruinen auch, wo es keine gibt. Die »malerisch« orientierte Ruinenästhetik verlangt vom Gartenarchitekten wie vom Regisseur einen mortifizierenden Blick (darum die Tendenz zum Stilleben). Er entdeckt die Vergängnis nicht nur an den Dingen als realen Verfall, er holt sie in den Vorgang des Sehens selbst hinein. Die Ruinenkunst will, daß wir die Zeit »sehen«: so wie die Bewegungsform im Ruinenenvironment als Zeitreise bestimmt wurde.

Mit ähnlichem Effekt werden Vegetation und Wasser eingesetzt. Halb ins Wasser gesunkene Gebäude, eingestürzte Brücken, abgebrochene Aquädukte, überspülte Zivilisationstrümmer gehören in der Ruinenkunst des 18. Jahrhunderts ebenso zum festen Arsenal wie bei Tarkowskij. Es ist nicht abwegig, darin die antike Elementenlehre oder den Heraklitischen Zeitfluß zitiert zu sehen. Für Tarkowskij spielen die vier Elemente, vor allem das Wasser, eine zentrale Rolle. Das drückt die »Naturalisierung« der Geschichte aus, wie sie in der Ruine intendiert ist. Das Zurücksinken in Natur als Auflösen in die Elemente ist ein klassischer Topos des Todes (bis hin in die christliche Begräbnisformel: »Erde zu Erde...«). In »Stalker« befinden sich alle Dinge auf dem Weg, elementarisch zu werden. Das Elementarische wirkt bei Tarkowskij genau wie das Licht: als Erosion. In der Industrielandschaft »draußen« gibt es nicht eine vegetabile Spur: das verweist auf die zivilisatorische Entfernung von der elementaren Natur, der – so der Film – dennoch nicht zu entrinnen ist. Bei der Fahrt in die *Zone* kommen zunehmend die Elemente ins Spiel: das Wasser, das bereits die verlassenen Industriehallen zu überfluten beginnt, und das Erdige, zunächst als Schlamm, Schmutz, dann als das Überwuchern der Zivilisationsreste (Panzer, Gebäude, Elektroanlagen usw.) durch Pflanzen und Moos. In der *Zone* gelangen die drei Männer in eine monumentale, säulengetragene Fabrikhalle (die ikonographisch nahezu identisch aufgebaut ist wie die romanische Abtei-Ruine in »Nostalghia«); auf ihrem Grund breitet sich bereits eine unabsehbar scheinende Wüstenlandschaft aus (Bilder wie aus der Sahara). Die Wüste ist das absolute Emblem des Todes, Entropie der Geschichte. Wie in den Ruinen-Parks des 18. Jahrhunderts stürzen Wasser durch halb zerstörte Tunnel, Aquädukte, Brücken, »verschlingen« Gebäude oder überspülen in gläserner Ruhe zivilisatorisches Gerät. Wie Wasser und Stein in der Grotte eine ästhetische Symbiose eingehen, so tauchen bei Tarkowskij auch ständig Grotten auf. Grotten sind Arkanorte, oft verzaubert, oft Wunschräume, oft aber auch Gestalt gewordene Naturphilosophie.

Das Feuer gibt es in »Stalker« nur in einer signifikanten Szene. Von innen her glühen Felsen auf, wie Lavagestein, daran erinnernd, daß wir nur durch eine dünne Kruste vom Kernbrand der Materie getrennt sind. In »Nostalghia« dagegen spielt das Feuer eine zentrale Rolle, vor allem als Element der Purgation und Erlö-

Abb. 33: Andrej Tarkowskij: Szenenfoto aus dem Film »Nostalghia«.
1982

sung, beides im Tod endend: sowohl im Autodafé des religiös besessenen Mathematikers(!) Domenico wie im Erlösungsritual mit der Kerzenflamme, die der sterbende Andrej, mit Domenico identifiziert, dreimal durch das leere Heilquellenbassin der Heiligen Catharina trägt [siehe Abb. 33]. Erlösung im Tod, im Feuer.[26] Die heißen Quellen aus dem Erdinneren sind noch heilvolle Symbiose der Elemente Wasser und Feuer, magischer »Jungbrunnen« der erneuernden Natur – wenn auch zum Bad einer morbiden, ungläubigen Gesellschaft verkommen. Andrej und Domenico beschwören mit der unvermischten Flamme eine Erlösung vom entropischen Endzustand. Doch hat sich das Feuer – im allegorischen Tableau des Films: der historische Impetus, die gesellschaftliche Hoffnung – längst verzehrt.

Die eschatologische Glut wird nur noch inszeniert. Domenico, ein Bruder Stalkers und *alter ego* Andrejs, ist wahnhafter Apokalyptiker des Untergangs. Der Versuch Tarkowskijs, die Figur Domenicos an die Antipsychiatrie-Diskussion anzuschließen, trägt nicht. Daß die Wahrheit in den Wahn sich geflüchtet habe, heißt nicht, jene zu befreien, indem man diesen rehabilitiert. Domenico ist nicht Schamane des »Draußen«, Mittler »zwischen den Zeiten«, *hagazussa* auf dem Zaun (H. P. Duerr). Es ist nicht mehr möglich, heilige Institution zu sein. So wird er kein San Domenico, sondern Sektierer im Privaten (in der wahnhaft abgesperrten Familien-Enklave), dann Heimatloser, dann Schauspieler einer Irrendemonstration, mündend im Autodafé ohne symbolische Kraft. Alles bleibt statuarisch, ist allegorische Abstraktion eines Märtyrers des Heils. Nirgends geht die Bewegung des Lebens von ihm aus. So statuarisch das Denkmal Marc Aurels ist, von dem herab Domenico spricht, so erstarren alle im »Bild«: Choreographie des Stillstands. Der Irre ist nicht Symbol, sondern figuriert die allegorische Trauer darüber, daß der Glaube, daß Religion heute keine symbolischen Gesten mehr zuläßt. Damit die in den Wahn geflohene Wahrheit nicht verbrennt, sondern entzündet, bedarf es einer anderen Gesellschaft. Nicht sich selbst verzehrende Flamme, sondern Funke zu werden des Blochschen Prinzips Hoffnung, das mit den Elementen alliiert ist, wäre ein Weg – der für Tarkowskij freilich verschlossen ist. In den Flammentod mischt Tarkowskij die verzerrten Klänge von Beethovens 9. Symphonie: »Freude schöner Götterfunken« (das »zitiert« den Schluß des »Stalker«-Films: die trostlos magischen Künste des Kindes gehen im Hämmern eines Eisenbahnzuges unter, ebenso wie die darin verwobenen Beethoven-Klänge). Es gibt für Tarkowskij keine symbolische Vermittlung mehr des Elements Feuer. Wie die Lebenslichter (Andrejs), so verlöschen auch die des Glaubens (Domenico). Der Gesellschaftskörper versteinert zur Entropie – das ist in der Totale auf das steinerne Meer der ewigen Ruinenstadt Rom (in »Nostalghia«)[27] ebenso abzulesen wie in der Totale auf die gigantischen Industrieanlagen (am Ende »Stalkers«): deren riesige rauchende Türme wirken wie Krematorien der Zivilisation.

So reflektieren die vier Elemente – Erde, Wasser, Feuer, Luft (das mortifizierende Licht) – bei Tarkowskij längst nicht mehr die ewig erneuernde, wiedergebärende Natur, sondern den Tod einer mit Natur unvermittelten Zivilisation. Die Elemente werden zum allegorischen Bild einer auf Naturgeschichte tödlich zurückfallenden Geschichte. Die Symbiose, die Bauwerke und Menschen mit den Elementen eingehen, ist der radikale Gegensatz zu der Blochschen Idee einer Allianztechnik, in der die Kräfte der Natur und menschlicher Bauwille sich zusammenschließen. »Naturströmung als Freund, Technik als Entbindung und Vermittlung der im

Schoß der Natur schlummernden Schöpfungen«[28] –: eine solche phantasierte Allianz von menschlicher Zivilisation mit *natura naturans* ist dem allegorischen Kosmos Tarkowskijs fremd. Natur wird zum Spiegel sterbender Gesellschaft – »ein ungeheurer Scherbenberg der Zeit« (Jean Paul). So ist nicht der Bauplatz, sondern die Ruine das Zentrum der Tarkowskijschen Ästhetik, nicht das Prinzip Hoffnung, sondern die Melancholie der Vergängnis, nicht das »Noch nicht« der Phantasie nach vorne, sondern das »Nicht mehr« der Trauer.

In seinen Filmen wird Erfahrung eigentümlich verräumlicht. Ist die Verzeitlichung von Erfahrung und Wissen gerade ein Merkmal der Aufklärung und darin das »Ende der Naturgeschichte« (wie W. Lepenies[29] gezeigt hat), so fällt in den Tableaus und Stilleben Tarkowskijs die Zeit in den Raum zurück – und das wäre, was man das »Ende der Aufklärung« und die Wiedereinsetzung der Metaphysik des Todes nennen kann, der die Aufklärung zu entkommen suchte. Ein Gespür dafür gibt es schon im 18. Jahrhundert selbst – wieder in der Ästhetik der Ruine. Hirschfeld bestimmt den »fruchtbaren Augenblick« (Lessing) der Ruine dadurch, daß sie den Übergang von erkennbarer Architektur zum Amorphen des Schutts zu »verewigen« hat. Die Zeitstruktur der Ruine ist die zum ewigen Augenblick gebrachte »Annäherung des Untergangs« (Hirschfeld). Das Fließen der Zeit wird so zum Ausdruck gebracht, daß die Ruine unterschiedene Stadien des Verfalls darstellen soll. Zeit gerinnt so zum räumlichen Tableau, zum *nunc stans* der Vergängnis. Ernst Bloch sieht deswegen die Ruine als Schwebe zwischen Zerfall und integrer Linie an, als »Allegorie der Vergänglichkeit, auf der die Ewigkeit sich niederläßt«.[30] Diese Verräumlichung der Zeit ordnet die Ruine der »Macht der stärksten Nicht-Utopie: dem Tod« (Bloch) zu. An ihm arbeitet das Requiem sich ab, das dem Archetyp der Apokalypse entstammt und zwischen chiliastischer Angst und Versöhnungssehnsucht das »Non omnis confundar« sucht.[31] Der Einsatz des Verdischen Requiems bei Tarkowskij ist demgegenüber Besiegelung des Todes, Ende der Zeit in absoluter Räumlichkeit, oder, mit Bloch zu reden, »letale Rückkehr zur Natur«.[32]

Dies ahnt schon Hirschfeld, wenn er schreibt: »Die Natur scheint die Plätze, die ihr die Baukunst geraubt hatte, mit einer Art von Triumph sich wieder anzueignen, sobald sie, verlassen von ihren Bewohnern, veröden.«[33] Für Georg Simmel ist das zentrale

Merkmal der Ruine, »daß hier Menschenwerk schließlich wie ein Naturprodukt empfunden wird«.[34] Das setzt damit ein, daß Ruinen nicht mehr von »Zweckmäßigkeit« erfüllt, dysfunktional im sozialen Handlungssinn sind. So wie die Baukunst sich der Natur als ihrem Material bedient, so eignet in der Ruine die Natur sich den im Bauwerk vergegenständlichten menschlichen Willen an. Darin drückt sich etwas aus, was Kunst und Können zum Verlöschen bringen möchte: »daß an dieses Werk, so sehr es vom Geiste geformt ist, ein Rechtsanspruch der bloßen Natur doch niemals ganz erloschen ist«. An der Ruine vollstreckt sich ein am vollendeten Werk getilgt scheinendes Recht der Natur. Für Simmel ist die Ruine sogar »die Realisierung einer in der tiefsten Existenzschicht des Zerstörten angelegten Richtung«[35] – der Richtung nämlich auf Tod. Dieser ist der Bezugspunkt der Verräumlichung der Zeit, stärkste Gegenmacht zur Aufklärung, weil daran deren Versuch zerbricht, Herr über eine schicksalhafte Natur zu werden und den unabsehbar offenen Horizont der Zeit zu gewinnen. Die Wiederkehr des so gewendeten vanitas-Motivs bei Tarkowskij scheint die Posthistoire der »Dialektik der Aufklärung« anzuschließen und zugleich davon abzukoppeln. Indiz dafür sind die geschichtsphilosophischen Implikate der Filme Tarkowskijs.

Rätsel der Zeichen

Ruinenbauten im 18. Jahrhundert dienen nicht einfach der melancholischen Kontemplation der Vergangenheit, deren traurige Reste den unaufhaltsamen Verfall der Dinge dokumentieren. Ruinen sind Orte des Geheimnisses. Günter Hartmann[36] hat herausgearbeitet, daß z. B. die Burgruine in Wilhelmsbad als Kultort der geheimbündlerischen Freimaurer im Umkreis Wilhelms IX. von Hessen-Kassel fungierte und von den rituellen Zwecken der Räume her überraschend mit den »esoterischen« Ebenen von Mozarts »Zauberflöte« korrespondiert. Das Belvedere im Charlottenburger Landschaftsgarten diente ebenso wie zahlreiche Grotten als Treffpunkt der Rosenkreuzer.

Im Schwetzinger Landschaftsgarten wurde die Grabpyramide des ägyptischen Pharaonen Sesostris erbaut, zu der man mit der Totenfähre Charons übersetzen mußte. Der später an diese Stelle gesetzte Merkur-Tempel verweist auf Hermes Trismegistos, der als

Stifter hermetischer Wissenschaften in der Alchemie und den Geheimbünden seit der Renaissance eine überragende Rolle spielt. Merkur (Hermes) wird bei diesem Ruinenprogramm assoziiert mit dem Psychopompos, dem Mittler zwischen Himmel und Erde, Diesseits und Jenseits. Hermes und Charon begleiten die Menschen bei rituellen Übergängen zwischen verschiedenen Realitätsebenen. Die »ägyptischen« oder »ägyptisch-griechischen« Partien in den Ruinenlandschaften sind also Monumente hermetischer Traditionen und dienen den arkanen Verständigungs- und Prüfungsritualen der zahlreichen Geheimgesellschaften.[37] Grotten, unterirdische Räume, Gewölbe, geheime Gänge und verlassene Bergwerke gehören zum Arsenal nicht nur der »gotischen« Romantik, sondern auch eines Novalis, Tieck, E. T. A. Hoffmann.

Dieser Hermetismus der Ruinenarchitektur kehrt auch im Bildprogramm Tarkowskijs wieder. Eva M. J. Schmid hat an der Ikonographie des saturnischen Temperaments, der Melancholie, in »Nostalghia« eindrucksvoll belegt, daß die Bilder Tarkowskijs voll von »hieroglyphischen« Verweisungen stecken.

Wer so die Filme Tarkowskijs zu sehen beginnt, gerät ins Schwindeln. Ihm widerfährt, interpretierend, was die Tragik des Allegorikers ausmacht: der Zusammenhang der Dinge löst sich auf in einer endlosen Flucht des Bedeutens. »Immer von neuem drängen die amorphen Einzelheiten, welche allein allegorisch sich geben, herzu.« (Benjamin, *Trauerspiel*, 207) Tarkowskij stürzt den Betrachter in einen Malstrom des Bedeutens, das nirgends zur Ruhe kommt. Daraus entsteht jenes zugleich gravitätische wie anomisch zerstückelte, von keinerlei symbolischem Zusammenhang mehr vereinheitlichte Bild von Geschichte. Bloch bezeichnet das allegorische Verfahren richtig als »Strandgut-Montage«.[38] Die semiotisch aufgeladenen Trümmer der Geschichte und die dem Alltag entrissenen Dinge werden im ruhelosen Rausch des Bedeutens verbraucht, bleiben entleert zurück im Mausoleum einer Chiffrenschrift, die nicht den Dingen, sondern nur dem Chiffrieren selbst Bestand sichert. Bloch, der sich hier auf Benjamin bezieht, bezeichnet das Symbol als die Chiffre einer »in der Einzelheit (Vielheit, Alteritas) transparent erscheinende(n) Einheit des Sinns«. Die Allegorie dagegen bildet Archetypen der Vergänglichkeit, »weshalb ihre Bedeutung allemal auf Alteritas geht«. Das Symbol, der verbindlichen »Unitas eines Sinns« zugeordnet, lebt von der »Intention auf eine Ankunft« im utopischen Zusammenfall von Bedeuten und Bedeutetem – im »Unterschied von den blühend sich verschiebenden, der währenden Unentschiedenheit des Wegs hingegebenen Allegorien«.[39] Doch um das Prinzip Hoffnung in den Dingen selbst zu begründen, billigt Bloch den Allegorien eine realobjektiv den Dingen selbst entwachsende Bedeutung zu.[40] Damit raubt er den Allegorien jene Benjaminsche Bitternis, die von dem auch utopisch nicht zu versöhnenden Bruch zwischen Signifikant und Signifikat weiß. Was die Allegorie zum Archetyp der Vergängnis macht, ist die Insistenz, mit der sie den semiotischen Prozeß zum Trümmerstück veralten läßt. Das macht ihre zum Symbol unvermittelbare Zeitlichkeit aus. Das Symbol, das in seiner klassischen Gestalt als Epiphanie der ewigen Gegenwart der Wahrheit in den vergänglichen Dingen selbst zu verstehen ist, offenbart »das transfigurierte Antlitz der Natur im Licht der Erlösung« (Benjamin, *Trauerspiel*, 182).

Das Symbol weckt den Schein einer Versöhnung, die ihr Intentionales, also Nicht-Substantielles gelöscht hat. Solchermaßen gegenwärtigem Scheinen des Sinns verweigert sich die allegorische Alteritas prinzipiell. Darum ist das Bruchstück, die Ruine, ihr Material. Die allegorische Urlandschaft des Verfalls bebildert weniger das Naturfaktum »Tod«, als daß sie vielmehr in der Todesverfallenheit der Dinge den Verfall des semiotischen Prozesses selbst spiegelt.

Flucht und Veralten des »symbolischen« Sinns ist bei Tarkowskij zum ästhetischen Prinzip erhoben. Sinn bröckelt von den Bildern ab wie die Form von den Ruinen und hinterläßt die Rätselspur der Zeit. Innerhalb der Filme und sogar zwischen ihnen verschieben sich unaufhaltsam die Signifikanten, so daß dem Interpreten seine eigenen symbolischen Identifikationen zu einer Kette vergeblicher Sinnzuweisungen werden, denen jede Einheit fehlt. Dieses Fließen der Bedeutungen hinterläßt zweierlei: eine grübelnde Melancholie im semiotischen Prozeß und, jenseits dessen, ein unerlöstes Geheimnis. Was bleibt, ist schließlich die zur Allegorie der Vergängnis erstarrte Flucht der Bedeutungen.

Als Beleg mag das berühmte Beispiel des Hundes dienen. Allardt-Nostitz rätselt, anläßlich des »Stalker«-Films: »Ist er Zerberus, Fenriswolf oder der Höllenhund aus Volksmärchen und Faustsage? Auch E. T. A. Hoffmanns Gespensterhund Berganza, Reinkarnation des sprechenden Hundes bei Cervantes, ist ein schwarzer Schäferhund.«[41]

Eva Schmid identifiziert den Hund in »Stalker« und »Nostal-ghia« mit dem ägyptischen Totenhund Anubis, dem Todesboten, Totemtier, Bewacher und Begleiter; sie versteht ihn als »Zitat« aus Dostojewskijs »Erniedrigten und Beleidigten« und aus Dürers »Melencolia I«, wo der Hund ein Attribut der Melancholie ist; und sie liest ihn als »Zitat« der Legende von der Mutter des Hl. Domenicus; ihr träumte, einen schwarzweißen Hund zu gebären, der nun bei Tarkowskij am Rand jenes Thermalbades sitzt, das der Hl. Katharina, die Mitglied des Ordens von Domenicus ist, zuge-ordnet wird. Domenico schlurft mit seinem Hund am Bad vor-bei.[42] Schon hier wird der semiotische Prozeß zum Schwindel, versenkt sich in die Tiefe der Erscheinungen, die in keinem festen Sinn zur Ruhe kommen. Der Weg des Bedeutens verläuft wie die Rätselspur, die in »Stalker« der Bewegung der drei Männer durch die *Zone* hieroglyphisch zugrunde liegt. Der Hund in »Stalker« »erscheint« unvermittelt wie ein absolutes Zeichen. Er legt sich neben Stalker, der wie auf »Dantes schwarzem Felsen der Trauer«[43] gelagert wirkt, und nimmt die Haltung des Dürerschen Hundes der Melancholie ein: schlafend hingestreckt. Er ist schwarz, teilt mit dem Melancholiker also die *nigredo,* die im schwarzen Felsen Stalkers und dem schwarzen Gesicht Andrejs (erste Einstellung in »Nostalghia«) wiederkehrt. Hund und Me-lancholiker werden in der klassischen Theorie der Melancholie von der Milz (neben der »schwarzen Galle«) beherrscht: der Milz entsteigen Wahnsinn und Traum. Stalker – wie der vom Hund begleitete Domenico – ist in wahnhafte Obsessionen versponnen und beginnt, kaum liegt der Hund neben ihm, zu träumen: jene unendlich langsame Kamerafahrt über die vom Wasser überspül-ten und in die Tiefe der schweren Elemente zurückgeholten Ding-ruinen (im *Off* der Apokalypsetext). Requisit der Melancholie ist der Hund aber auch, weil seine Fähigkeit des Aufspürens und der Ausdauer zum Emblem des »unermüdlichen Forschers und Grüb-lers« wird (*Trauerspiel,* 166). »Stalker« (von engl. to stalk) aber ist der Pirschgänger, der Sich-Heran-Schleichende (in der *Zone*), also einer, der – wie der Hund der Melancholie – in der äußeren Bewe-gungsform des unermüdlichen Aufspürens die Form des melan-cholischen Grübelns abbildet. Stalker heißt also auch: der Melan-choliker. Damit aber meinen die Titel der Filme »Stalker« und »Nostalghia« (das Tarkowskij im russischen Sinn als Krankheit der Melancholie[44] versteht) dasselbe: der eine Film gleitet in den anderen, so wie das helle Haarstigma Stalkers bei Andrej wiederkehrt und der Hund aus »Stalker« sich in »Nostalghia« verdoppelt: zum Requisit der beiden Melancholiker Andrej und Dominico.

Die Schlafhaltung des Stalker-Hundes – den Traum initiierend – entspricht der des Hundes von Andrej, welcher ebenfalls unvermittelt »erscheint«, also Zeichen ist. Auch in »Nostalghia« löst der Hund einen Traum aus –: die Erinnerung an die russische Heimat und die Vision der mißlingenden Begegnung Eugenia/Italia/voluptas und Maria/Russia/mater immaculata.[45] Dieselbe Haltung hat der Hund Domenicos in dessen Ruinenhaus während des großen Regens. Es regnet aber auch, während Andrej, den Hund neben sich, träumt und Wasser über den Boden ins Zimmer fließt (wie ins Domizil Domenicos). Wasser und Stein gehören aber auch zum Environment der Traumszene Stalkers. Denn das Wasser (wie die Erde) ist, so z. B. Agrippa von Nettesheim[46], dem Saturn, dem Stern des Melancholikers, zugeordnet. Der Stein, der die »augenfälligste Gestalt des kalten, trocknen Erdreiches« ist, wird, wie Benjamin zeigt (*Trauerspiel*, 168–70), zum Emblem der *acedia*, der Verhärtung und Trägheit des Herzens, die die Grundhaltung aller Tarkowskijschen Melancholiker ist –: die ewige Kälte Andrejs, der niemals ohne schweren Mantel zu sehen ist, als friere er innerlich. Der Stein ist aber auch Emblem der saturnischen Versteinerung des Lebens, der Kälte und Todesstarre der im Blick des Melancholikers entseelten Dinge –: so entstehen die Ruinen der Geschichte. Dem Saturn gehört auch der Basilisk zu: es ist, als hätten alle Melancholiker der Medusa ins versteinernde Antlitz geschaut und trügen den Tod der Verhärtung (acedia) in sich. Saturnisch wie der Basilisk ist auch der Wolf – dem die Tarkowskijschen Hunde ähneln –, wie auch der Esel, dessen Schrei in »Nostalghia« zu hören ist. Saturnisch sind ferner kriechende und schleichende Tiere und »die, welche im Boden, im Wasser, in den Ruinen von Gebäuden aus der Fäulnis entstehen ... wie Würmer«.[47] Eugenia in »Nostalghia« träumt von einem ekelhaften Wurm, der sich in ihr tizianrotes Haar eingenistet hat und den sie vergeblich wegzuschleudern und zu töten versucht. Damit ist Eugenia nicht (wie E. Schmid vermutet) Emblem der Frau Welt, sondern sie versucht der Obsession durch die saturnische Melancholie Andrejs zu entgehen. So wie sie es später tatsächlich versucht – ohne daß es gelingt. In der letzten Einstellung sieht man sie in schwarzem Kleid (zuvor ist sie immer in Tiziantönen gekleidet): sie erstarrt, im Blick aufs Autodafé Domenicos, wie alle Irren ringsum zur Statue. Es ist, als bringe der mitleidslose Blick Tarkowskijs sie, die im Film der Venus zugeordnet ist, der saturnischen Versteinerung zum Opfer.

Nicht ohne Grauen folgt man diesen Zeichenspuren in der Bilderwelt Tarkowskijs. In ihnen grübelt das melancholische Temperament. Seine allegorischen Bilderfluchten sind gleichsam von einer archäologischen oder »bergmännischen« Insistenz. Dem Saturniker ist das kalte, trockene Element der Erde zugeordnet. Das lenkt sein Grübeln in die Tiefe. Traditionell ist der Bergmann Melancholiker – wie der Alchemist, der in unendlichen Reihen von Versuchen und Allegorien an der Vertiefung der Erscheinungen arbeitet. Die künstliche oder unterirdische Grotte ist sein Ort, sein Labor ist Nachbildung des Erdinneren, sein Brennkolben ahmt die elementaren Schöpfungen im Erduterus nach.[48] Besessen von der Sehnsucht nach Offenbarung durch das himmlische Licht schöpft er sein hermetisches Wissen aus der Versenkung in die Elemente und das verwirrende Reich der Zeichen. Der Schwerkraft der kreatürlichen Dinge folgend, erwächst seine unerlöste, erlösungshungrige Weisheit aus den erdigen Tiefen, den mächtigen Stollengängen, der tödlichen Verfallenheit der Dinge und brodelnden Gebärkraft der Elemente. Das Geheimnis gibt sich nicht preis. Die Melancholie wird zum Siegel auf die unentzifferbare Chiffrenschrift der Natur und die Vergeblichkeit der semiotischen Anstrengung. Längst ist die einfache Präsenz der Dinge, auch für Tarkowskij, verloren. Die Vereinnahmung des Daseins durch den allegorischen Zeichenprozeß stürzt die Filme in jenen Erfahrungsstrudel, den die melancholischen Allegoriker und Alchemisten des 17. Jahrhunderts schon kannten. Die Transfiguration der Welt in eine Schrift, die nicht mehr in den Buchstaben des göttlichen Heilsplans geschrieben ist, erzeugt das Gefühl einer schmerzlichen Unendlichkeit. In dieser geht die »Lesbarkeit der Welt« (H. Blumenberg) verloren. In dem Maße, wie im Zeichenprozeß alles zu allem werden kann, ohne auf eine organisierende Sinnmitte bezogen werden zu können, nistet sich in das endlose Gewebe der Bedeutungen die Melancholie der Verstreuung, Unerlöstheit und Todesverfallenheit ein. Seither schließt jede Zeichenproduktion die Erfahrung des Todes, der *nigredo,* ein. An der Form der Semiotisierung, der Allegorie, ist ablesbar, was in der Moderne die »Welt« ist: nicht »Sprache der Natur«, nicht »Schrift Gottes«, sondern Zeichen der Vergängnis, Ruine. Darin bestünde die glaubenslose, ästhetische Botschaft Tarkowskijs.

Schädelstätte der Posthistoire

Die Erfahrung des Todes machen die Figuren Tarkowskijs am Veralten und der Vergeblichkeit der Zeichen. Lukács hatte in seiner *Theorie des Romans* davon gesprochen, daß der Riß zwischen der »Schädelstätte« der zur zweiten Natur geronnenen Geschichte und den heimatlos suchenden Individuen nur durch einen »metaphysischen Akt der Wiedererweckung«[49] zu kitten wäre. Das hieße die religiöse Restitution einer zur Sinntotalität geschlossenen Welt, auf der »die Weihe des Absoluten« läge. Die Anstrengungen Stalkers, Andrejs, Domenicos dienen solcher Wiedererweckung. Sie müssen heute scheitern. Es geschehen keine Zeichen und Wunder. Im 2. Teil des »Stalker«-Films, als die drei Männer in der *Zone* den Bezirk der Ruinen betreten, wird deren Reise zur Fahrt ins Totenreich. Waren zuvor alle Bilder der *Zone* in monochromes Grün getaucht, herrscht jetzt die blautönige Licht/Schatten-Undeutlichkeit der Unterwelt. Der Weg an einem unterirdischen Wassersturz vorbei, durch lange Tunnel, durch ein tiefes Wasserbecken, in eine riesige Halle mit einem endlos in die Erdtiefe fallenden Schacht, am Grab des Liebespaares vorbei (vom Totenhund bewacht), bis hin an die Schwelle des Wunscherfüllungs-Raums – dieser Weg reproduziert in den Requisiten der Industrieruine die Initiationsfahrten ins Erdinnere (Novalis, E. T. A. Hoffmann, Tieck, Goethe).[50] Das literarische Muster entstammt Erfahrungsriten des »kleinen Todes«. Von den Autoren um 1800 wird es der hermetischen, besonders der alchemistischen Tradition des 16. und 17. Jahrhunderts entnommen. In dieser ist das Eintauchen in das Tod und Geburt bergende Erdinnere (Erduterus: Höhle, Grotte, Bergwerk) ebenso wichtig wie die meditative Versenkung in die dem kleinen Tod entsprechende *nigredo* als Vorstufe der Wiedererweckung, der Erleuchtung. Aus äußerster »Entselbstung«, wie sie in diesem Stadium verlangt wird, soll die Wiedergeburt des Selbst auf höhere Stufe erwachsen. Der Todestunnel, die »Wüste«, der Erdschacht und das Wunschzimmer in »Stalker« sind Orte eines solchen regressiven Mysteriums von Tod und Wiedergeburt. Bei Tarkowskij werden der Tradition nicht nur ikonographische Motive, sondern ganze Zeichensysteme entnommen. Charakteristisch jedoch ist, daß die rituelle Entfaltung dieses Systems kollabiert. Die Männer erkennen, wie sehr sie, diesen Zeichen folgend, sich selbst betrogen haben und betrogen werden. Niemand betritt das Zimmer. Nicht die Verwandlung des Selbst geschieht: sondern das symbolische Ritual der Mysterien erweist sich als unwiderruflich veraltet. So wird, als die Männer desillusioniert in ein teilnahmsloses Tableau erstarren wie die Figuren Bekkets, die *Zone* zur Allegorie: zur Ruine der semiotischen Projektionen und Verausgabungen, die in die *Zone* eingeschrieben worden sind wie ein heiliges Buch. Was bleibt, ist geschichtslose *tabula rasa*, die Gewißheit irreversibler Unerlöstheit der Welt.

Ob Domenico im Autodafé ein Zeichen der Umkehr und Wiedererweckung setzt, ob Andrej versucht, im dreifach wiederholten Ritual mit der Kerze die Macht der Zeichen wiederzuerwecken – alle Versuche scheitern, dem Zeitalter der *acedia* und sinnvernichtenden *vanitas* das utopische »*Non omnis confundar*« abzuringen. Die Bitternis der Filme Tarkowskijs erwächst daraus, daß die Allegorie jeden Symbolversuch einholt, zerbröselt und zurücksinken läßt auf die Trümmerlandschaft der Geschichte. In Ansätzen enthält die *Zone* Züge des klassischen *locus amoenus*, des Bildes vom Frieden in der Natur und der utopischen Versöhnung mit Geschichte. Auch das Italien von »Nostalghia« ist als das symbolische Land zu lesen, in das nördliche, düstere Erlösungssehnsucht Andrej treibt: Wunscherfüllungsland. Doch die Omnipräsenz des Todes, auf die der allegorische Blick des Melancholikers auch hier stößt, zerstört den Schein Arkadiens. Tarkowskij steht hier in der elegischen Tradition. In ihr heißt das berühmte »*Et in Arcadia ego*«: in Arkadien herrsche auch ich, der Tod; in Schönheit und Landschaft nistet sich Vergänglichkeit ein und verleiht den arkadischen Bildern die Schatten des Elegischen. Panofsky hat dies an Nicolas Poussins »Et in Arcadia ego« demonstriert.[51] Die Ästhetik der Ruine nimmt davon ihren Ausgang und prägt ikonographische Struktur und elegische Stimmung noch der Filmbilder Tarkowskijs. Die *Zone* wie das Italien von »Nostalghia«: das sind Bilder der Trauer, die sich in Arkadien niedergelassen hat.

Mehr als alles andere ist Tarkowskij ein Barock-Künstler. Die barocke Allegorie ist eine Kunst des Wissens. Vor diesem vergeht jede Unmittelbarkeit des Lebens, wie auch jede ins Symbol zusammengedrängte Schönheit der im »mystischen Nu« erfahrenen

Sinntotalität nichtig ist. Worin immer auch der allegorische Blick sich versenkt, am Grund der Dinge entdeckt er die unwandelbare Wahrheit des Todes, von der aller Glanz des Irdischen verwesend durchsetzt ist. Im Barock ist dieses Wissen, von dem Benjamin sagt, es sei »die eigenste Daseinsform des Bösen«, gerade aufgrund des luziferischen Absturzes, in den alles hineingezogen wird, die radikalste Herausforderung des Heils, das der gefallenen Natur als dem Umschlagspunkt der Heilsgeschichte entspringt. Darin bleibt die barocke Allegorie der apokalyptischen Geschichtsfigur treu. Sie tut dies in Wissensformen, die nicht erklärend sind, sondern mit Korrespondenzen, Strukturanalogien, Signaturen arbeiten. Die Natur ist ihr nicht Gegenstand der Praxis, sondern des Lesens von Bedeutungen. Die Tradition der Signaturenlehre, in der die Natur einer Sprache ist, hält entgegen der kausalistischen Naturdeutung daran fest, daß das Geheimnis der Natur in ihrem Schriftcharakter liegt – nicht in ihrem »mathematischen« Funktionieren. Von den äußeren Grenzen des Fixsternhimmels bis ins Innerste des Erdleibes reicht das Netz der semiotischen Verweisungen, der arkanen Korrespondenzen und metonymischen Ketten. Das Basissignifikat einer solchen Welt ist das der »gefallenen Natur«. In den Verwüstungen, die die Allegorie in der zur Vergängnis transfigurierten Natur hinterläßt, überlebt ein Wissen, das auf die Notwendigkeit transzendenter Erlösung verweist, gerade weil es alles Geschichtliche in der Zeichenschrift des Untergangs, d. h. als Naturgeschichte liest.

Die späten Filme Tarkowskijs funktionieren nicht anders, jedoch an anderem historischen Ort. Die barocke Metaphysik trägt nicht mehr. Was Tarkowskij von der barocken Allegorie im Benjaminschen Sinn unterscheidet, ist, daß nicht nur die Geschichte im Bild der Natur als ewiger Vergängnis erscheint, sondern daß der Akt des allegorischen Bedeutens selbst verfällt. Sieht man die Filme Tarkowskijs, wird einem bewußt, wie sehr die barocken Mortifikationen einer Heilshoffnung entspringen, die ihre unwiderstehliche Kraft gerade aus der Insistenz, der Trauer über das Vergängliche zieht. Bei Tarkowskij wird selbst diese Hoffnung zur Allegorie und vom Tod »gezeichnet«.

Die heilsgeschichtlichen wie die säkularisierten Geschichtsphilosophien der Moderne erscheinen bei Tarkowskij nur noch im Signum ihres Endes. Vielleicht ist davon auszugehen, daß die authentischen kulturellen Produktionen heute daran erkennbar sind, daß sie sich jedem Schein der Versöhnung widersetzen, ja, daß in ihnen eine der wichtigsten Ressourcen des geschichtlichen Prozesses nur noch verbraucht erscheint: der bis zur Moderne anhaltende Glaube, daß die Problemlösungsfähigkeit des Menschen die zu bewältigenden Probleme übersteigt. Dies hieße, daß Geschichte in den Zustand des Verfalls und der Verwüstung überginge. Die Ubiquität der Ruine bei Tarkowskij scheint darauf hinzudeuten. Was der geschichtliche Bauwille des Menschen der Natur entrissen hat, wird von ihr wieder eingeholt.

War Natur dem Menschen bisher Material seines Willens, so wird in der Posthistoire die Kultur zum Material der Natur: genau diesen Umschlag bezeichnet die Ruine. Die Posthistoire wäre die Epoche, in der Geschichte erlösungslos in Naturgeschichte zurückfällt. Als am Ende des 18. Jahrhunderts schon einmal mit der Theodizee auch das geschichtsphilosophische Denken kollabierte, ging dessen Hoffnungsimpetus auf die Ästhetik über; daraus erwuchs die romantische Kunst als Versuch der ästhetischen Heilung der dissoziierten Welt. Auch davon kann bei Tarkowskij, kann heute überhaupt keine Rede mehr sein. Wo der Zeichenprozeß selbst ins Stadium des Veraltens eingetreten ist, entläßt Kunst nur noch Bebilderungen des in den Lebensprozeß eingelassenen Todes.

Dabei ist nicht zu übersehen, daß die Melancholie Tarkowskijs auch eine Umkehrfigur des männlichen Heroismus ist. Die Unnachgiebigkeit, mit der der Melancholiker sich in der als absolut gesetzten Vergängnis der Dinge einrichtet, entspringt dem gleichen universalistischen Gestus wie die geschichtsbildende Tat des Heroen, in der die Subjektivität mit dem Sinn der Geschichte zusammenfällt. Beides sind Momente der Hybris, der Omnipotenz, in deren Zeichen die männliche Machtergreifung der Geschichte steht. Die Melancholie ist die männliche Verarbeitungsform der konkreten Entmachtung, die unterm Gesetz der Abstraktion hinzunehmen war. Die Einbuße an realer Handlungsfähigkeit wird zur prinzipiellen Vergeblichkeit stilisiert, die als Vergängnis über der Geschichte liegt. Der Melancholiker holt sich in der allegorischen Vernichtung alles Irdischen die omnipotente Verfügung über die Dinge imaginär zurück – in der Kontemplation ihrer »Krankheit zum Tode«. Das beginnt mit der Melancholie der Alchemisten, die in ihrem Versuch, der weiblichen Natur die Geheimnisse ihrer Zeugungs- und Gebärprozesse zu entreißen und unter das Monopol männlicher Verfügung zu bringen, ebenso scheitern wie die Rationalisten. Die Wissenschaft hat zwar das Weibliche aus der Natur vertrieben und ein vollkommen transparentes, mechanistisches Weltbild geschaffen, dafür aber den Kontakt zur Lebendigkeit der Natur verloren: Wissen mit »unglücklichem Bewußtsein«. Der »Tod der Natur« (Carolyn Merchant) wird mit Melancholie bezahlt. Bei Tarkowskij prallen die Frauen an der Melancholie der Helden ab wie an der Kriegsrüstung antiker oder mittelalterlicher Helden. Im melancholischen Universum haben Frauen kein eigenes Gewicht, ihre Rolle ist die des Opfers. So gesehen wäre die Melancholie, in deren Zeichen die Posthistoire getreten ist, nicht als Natur im Antlitz der Geschichte zu entziffern, sondern als Form historischer Verbrüderung von Männlichkeit und Tod. Diese herrschen in der offensiven Destruktivität der Kriegermentalität so unumschränkt wie in der intensiven Destruktivität der Melancholie.

Doch entsteht hieraus auch eine neue, eigenartige Bildästhetik, die Tarkowskij meisterhaft beherrscht: Bilder der Natur. Vielleicht ist Tarkowskij der einzige, der Natur filmen kann – eben weil er sie nicht »unverfälscht«, »ursprünglich« ins Bild bringt. Nirgends erhält Natur den Schein von Versöhnung. Sie ist nicht kulturkritische *reservatio mentalis* und nicht utopische Ressource gesellschaftlicher Entfremdung. Natur erscheint in dem heute einzig authentischen »Bild«, nämlich Chiffre einer heillosen Gesellschaft zu sein. Konsequent vermeidet Tarkowskij, Natur »substantialistisch« zu deuten oder als das »Andere« der heillosen Gesellschaft anzueignen. Natur kommt ins Spiel als nature morte der Gesellschaft. Das scheint die einzig mögliche Form von Naturästhetik in der Posthistoire zu sein, die sich vom Prinzip Hoffnung und damit auch von der Idee der Naturallianz verabschiedet hat. Diese Idee ist in Tarkowskijs Filmen zwar durchaus noch lebendig: im intelligenten Materie-Ozean in »Solaris« etwa, der weniger der Konzeption Stanislaw Lems folgt als Schellingscher Naturphilosophie. Auch in den behutsamen Bewegungen der Männer durch die *Zone* ist die Erinnerung an eine von Respekt und Ehrfurcht getragene Naturbeziehung aufbewahrt – ebenso wie in den Bildern des vegetabilen Lebens (die Wasser/Pflanzenbilder in »Solaris« z. B.), des Pferdes (in »Iwans Kindheit«, »Andrej Rubljow«, »Solaris« und »Nostalghia«), in den in allen Filmen eingesetzten »Regenportraits« (Turkowskaja) sowie in den Bildern der

»Heimat«, die im verlorenen Schein einer Mensch/Natur-Harmonie erscheint (»Solaris«, »Nostalghia«). Fast immer sind es Erinnerungsbilder voller Trauer: die Idee einer heimatlichen Natur erscheint in der Form, die Georg Simmel als die der Ruine bezeichnet: die reine Gegenwartsform der Vergangenheit.[54] Umgekehrt sind die Ruinen in ihrer Form von Gegenwärtigkeit Erinnerungen an den verlöschten Impetus des Lebens. Zweifellos geht von diesen Bildern der Natur die Atmosphäre des Friedens aus, eines Friedens mit gesenkten Lidern. »Was Natur vergebens möchte«, sagt Adorno einmal, »vollbringen die Kunstwerke: sie schlagen die Augen auf.«[55] Bei Tarkowskij aber heißt das: den Tod sehen lernen, der uns am Ende die Augen schließt. Es ist, als sei das einzige, was noch zu lernen ist: im Blick auf den seltsamen Frieden der Ruinen, von denen das geschichtliche Leben abbröckelt und die solcherart herrenlos sich mit Natur verschwistern, das Sehen des Todes zu lernen.

Anmerkungen

Seit dem ersten Erscheinen dieses Aufsatzes hat Tarkowskij den Film »Das Opfer« gedreht. Ende 1986 ist Tarkowskij dann an Krebs gestorben. Sowohl die pessimistische wie die religiöse, erlösungssuchende Linie hat im Film »Das Opfer« an Gewicht gewonnen. Nicht nur darum, sondern auch filmästhetisch ist »Das Opfer« im Vergleich zu den früheren Filmen enttäuschend. Auch Tarkowskijs Selbstinterpretationen weichen von den hier vorgeschlagenen Perspektiven ab (»Die versiegelte Zeit«, 1985). Den letzten Film und den Tod einbeziehend wäre dieser Aufsatz kritischer und trauriger ausgefallen.

1 Gegen Symbolik äußert sich Tarkowskij in dem langen Interview in *TIP*, 1984, H. 3, S. 197–205. Vgl. ferner Maja Josifowna Turowskaja u. Felicitas Allardt-Nostitz: *Andrej Tarkowskij*, Bonn 1981. Eigenartig ist die Stellungnahme Tarkowskijs im Interview mit Hervé Guibert (Le Monde, 12. 5. 83). Das Symbol lehnt Tarkowskij hier ab, weil es für ihn auf eine semantische Eindeutigkeit hin angelegt ist (was man gewöhnlich der Allegorie vorwirft). Metaphorisch nennt er seinen Stil, weil er, jenseits der Mimesis, auf der Poesie des Films besteht, paradox gesprochen, auf der Realität des Imaginären. Die semiotische Potenz der Metapher sei analog der Struktur der Welt, dennoch aber »absolut«, »undefinierbar«, eine eigene Seinsform, ein »monôme«. Nimmt man jedoch den Montagecharakter seines Bildstils hinzu, die arrangierte

Künstlichkeit der Bilder, so ist, was er Metapher nennt, eher eine Allegorie. (Vgl. Andrej Tarkowskij: *Film als Poesie – Poesie als Film*, Bonn 1981, z. B. S. 70, 91, bs. 97 f.)

2 Turowskaja [Anm. 1].

3 Felicitas Allardt-Nostitz: *Spuren der deutschen Romantik in den Filmen Andrej Tarkowskijs*, in: Turowskaja [Anm. 1], S. 101 ff.

4 Michael Schneider: *Die Intellektuellen und der Katastrophismus*, in: *Frankfurter Rundschau* vom 14. 7. 84.

5 Eva M. J. Schmid: *Nostalghia/Melancholia*, in: *Jahrbuch Film 1984/4*, S. 142–59. – Eine unverzichtbare Arbeit. Besonders gelungen sind die Bezüge zur Melancholie-Forschung von R. Klibansky/E. Panofsky/F. Saxl: *Saturn und Melancholy*, Liechtenstein 1979, und E. Panofsky/ J. Saxl: *Dürers Melencolia 1*, Leipzig/Berlin 1923. Letzteres ist auch für Walter Benjamin grundlegend.

6 Walter Benjamin: *Der Ursprung des deutschen Trauerspiels*, Frankfurt/M. 1969. Im folgenden abgekürzt zitiert als: Benjamin: *Trauerspiel* + Seitenzahl.

7 Hierzu auch Allardt-Nostitz [Anm. 3], S. 131, Turowskaja a. a. O. S. 90 ff., Peter Hamm, *Auf der Pirsch nach Erlösung*, in: *Der Spiegel* vom 4. 5. 1981; Michael Schwarze: *Visionen und Bildrätsel*, in: *Frankfurter Allgemeine Zeitung* vom 23. 2. 81. Wichtig ist ferner: Maria Ratschewa: *Die messianische Kraft der Bilder. Über Andrej Tarkowskij*, in: *Medium*, Okt. 1981. – Gute Deutungsansätze zu »Nostalghia« finden sich in: Peter W. Jansen: *Heimweh nach der verlorenen Einheit*, in: *TIP*, H. 1., S. 191, und: Wolfram Schütte: *Die Macht der Gefühle (II): Melancholie*, in: *Frankfurter Rundschau* vom 20. 1. 1984.

8 Zu dieser Tradition: Hartmut Böhme: *Romantische Adoleszenzkrisen*, in: *Literatur und Psychoanalyse* (*Text und Kontext*, Sonderband 10), Kopenhagen/München 1981, S. 133–175.

9 Herbert Rosendorfer schildert in seinem Roman *Großes Solo für Anton* (Zürich 1976) in eindrucksvollen Szenen die Rückeroberung einer Stadt durch Natur nach einer plötzlichen Entmaterialisierung aller Menschen – außer Anton.

10 Georg Lukács: *Theorie des Romans*, Neuwied/Berlin 1963, S. 84.

11 Ebd., S. 89/90.

12 Ebd., S. 62 – Adorno hat in einem frühen Vortrag von 1931 diese Stelle aus der Romantheorie von Lukács mit Ansätzen aus Benjamins *Trauerspiel*-Buch zu einer philosophischen Neubegründung des Begriffs von Naturgeschichte verwendet: Adorno: *Die Idee der Naturgeschichte*, in: *Ges. Schr. Bd. 1*, S. 345 ff. Später nahm Adorno diesen Ansatz wieder auf in: *Negative Dialektik*, ebd. Bd. 6, Kap.: Weltgeist und Naturgeschichte. Exkurs zu Hegel. – Eine Rolle spielt dieses Konzept auch in Adornos *Ästhetischer Theorie, Ges. Schr. Bd. 7*, Kap.: Das Naturschöne.

13 Lukács [Anm. 10], S. 62.
14 Vgl. das grundlegende Buch von Norbert Miller: *Archäologie des Traums. Versuch über Giovanni Battista Piranesi*, München/Wien 1978. Zur Ruine allgemein: Jeannot Simmen, *Ruinen-Faszination in der Graphik vom 16. Jahrhundert bis in die Gegenwart*, Dortmund 1980. – Paul Zucker: *Fascination of Decay, Ruins: Relict – Symbol – Ornament*, Ridgewood/New Jersey 1968.
15 Hannes Böhringer: *Die Ruine in der posthistoire*, in: *Merkur*, Jg. 36 (1982), H. 4, S. 367–75.
16 Denis Diderot: *Ästhetische Schriften*, 2 Bde., hg. v. F. Bassenge, Bd. 2, Frankfurt/M. 1968, S. 150. Aus den verstreuten Bemerkungen Diderots zur Ruine geht hervor, daß er einen genauen Begriff von ihrer Wirkungspoetik hatte.
17 Vgl. dazu Hartmut Böhme, Gernot Böhme: *Das Andere der Vernunft*, Frankfurt/M. 1983, S. 215 ff.
18 Denis Diderot: *Enzyklopädie*, in: *Philosophische Schriften*, 2 Bde., hg. v. Th. Lücke, Bd. 1, Frankfurt/M. 1967, S. 186.
19 Vgl. dazu Böhme/Böhme [Anm. 17], S. 136 ff. – Die Schelling-Zitate aus: *Erster Entwurf eines Systems der Naturphilosophie*, in: *Schellings Schriften 1799–1801*, Darmstadt 1975, S. 13.
20 J. W. Goethe, Zit. nach Klaus M. Meyer-Abich (Hg.): *Frieden mit der Natur*, Freiburg/Basel/Wien 1979, S. 5.
21 Georg Simmel: *Die Ruine*, in: *Philosophische Kultur*, Potsdam 1923, S. 135–43. – Hieraus auch die folgenden Zitate.
22 Chr. C. v. Hirschfeld: *Theorie der Gartenkunst*, 5 Bde. Leipzig 1779–85. Über die Ruine Bd. III, S. 110–18. – Zu den folgenden Ausführungen vgl. Günter Hartmann: *Die Ruine im Landschaftsgarten*, Worms 1981, und Gisela Dischner: *Ursprünge der Rheinromantik in England*, Frankfurt/M. 1972.
23 C. A. Sckell: *Beiträge zur bildenden Gartenkunst für angehende Gartenkünstler und Liebhaber*, München 1819, S. 43.
24 In Wörlitz wurde die Fähre mit Charons Nachen assoziiert. Im »Stalker«-Film ist die Draisine, mit der die Männer in die Zone fahren, der Styx-Nachen Charons, s. F. Allardt-Nostitz [Anm. 3], S. 134.
25 Dieser labyrinthischen Bewegungsform entspricht die der Männer in der Zone. Sie folgen geworfenen Mutterschrauben, durch die, ähnlich einem Kometenschweif, weiße Stoffbahnen geschlungen sind. F. Allardt-Nostitz [Anm. 3], S. 134, assoziiert dies mit dem Ariadne-Faden im minoischen Labyrinth.
26 Das Feuer ist ein Element des Opferrituals. Den Film »Nostalghia« kann man als Etüde über das Opfer verstehen (vgl. Tarkowskij über seinen Film in: *Le Monde* 12. 5. 83). Wichtig ist auch die Szene mit Andrej in der halb überfluteten Kirchenruine, durch die er trunken watet, nachher am Wasser auf dem Steingrund liegt (wie Stalker), hinter

sich ein Feuer, in dem ein Band der Gedichte von Arsenij Tarkowskij (russischer Lyriker, Vater Tarkowskijs) verbrennt –: Andrej rezitiert Verse über die poetischen Worte, die im Feuer sich auflösen möchten.

27 Eva Schmid vermutet in Rom ein Babylon-Motiv, auch das ist möglich [Anm. 5], S. 147.

28 Bloch: *Das Prinzip Hoffnung*, Frankfurt/M. 1959, S. 813.

29 Wolf Lepenies: *Das Ende der Naturgeschichte,* Frankfurt/M. 1976.

30 E. Bloch [Anm. 28], S. 446/47.

31 E. Bloch [Anm. 28], S. 1289 ff.

32 E. Bloch [Anm. 28], S. 1350.

33 Chr. C. v. Hirschfeld [Anm. 22], Bd. III, S. 112.

34 Georg Simmel [Anm. 21], S. 137.

35 Ebd., S. 139.

36 Günter Hartmann [Anm. 22], S. 276 ff., 267 ff., 366 ff.

37 Tarkowskij sagt über die *Zone*: »Die *Zone* ist kein Territorium, sondern eine Prüfung« (in: *Medium* H. 10, 1981). Den Stalker-Film insgesamt bezeichnet er als philosophisches Gleichnis.

38 E. Bloch [Anm. 28], S. 445.

39 Ebd., S. 182/83, 200–02.

40 Ebd., S. 203.

41 Allardt-Nostitz [Anm. 3], S. 135.

42 Zur Auslegung des Hundes vgl. vor allem Eva Schmid [Anm. 5], S. 143. – Im Mysterien- und Initiationszusammenhang ist der Hund oft Wächter des Wissens und der z. T. als unterirdischen Schatz gedachten Wahrheit. Wolf und Hund sind Tiere der Unterwelt und des Todes, manchmal Wächterhund, manchmal Verschlinger (z. B. im Osiris-Mythos). In diesen Funktionen erscheint der Hund z. B. auch bei Jean Paul und E. T. A. Hoffmann (vgl. dazu Reiner Matzker: *Der nützliche Idiot. Wahnsinn und Initiation bei Jean Paul und E. T. A. Hoffmann,* Frankfurt/M./Bern/New York/Nancy 1984, S. 93 ff., 124 ff.). – Die Hunde bei Tarkowskij gehören einerseits in diese Linie, andererseits in den Motivzusammenhang der Melancholie. Schließlich hat der Hund, in »Nostalghia«, eine biographische Bedeutung: er »erinnert« den russischen Hund Tarkowskijs (vgl. *Le Monde,* 12. 5. 1983).

43 Allardt-Nostitz [Anm. 3], S. 135.

44 Tarkowskij: »In gewissem Sinn ist es die Geschichte einer Krankheit, eines Gedächtnisverlustes: der Nostalghia. Eine Krankheit, die einem jede Lebenskraft nimmt, jede Energie, jede Freude am Leben ... Vielleicht könnte man die Nostalghia mit dem Verlust des Glaubens, der Hoffnung vergleichen.« (Nach *Frankfurter Rundschau* 20. 1. 84) Und: »Nostalghia heißt im Russischen mehr als nur Heimweh, Rückwendung, Sehnsucht nach Vergangenem; das Wort bezeichnet auch ein Gefühl tiefer Zerrissenheit, ein Gefühl, in dem sich Liebe und Trauer mischen.« (In: *TIP* H. 3/1984)

45 Eva Schmid [Anm. 5], S. 146–48.

46 Heinrich Cornelius Agrippa von Nettesheim: *Die magischen Werke,* Wien 1982, S. 64 f., 302 ff. – Die folgenden Ausführungen sind in den hermetischen Wissenschaften des 16. und 17. Jahrhunderts gut begründet.

47 Agrippa von Nettesheim [Anm. 46], S. 65; vgl. R. Klibansky/E. Panofsky/F. Saxl [Anm. 5].

48 Vgl. dazu Horst Bredekamp: *Die Erde als Lebewesen,* in: *kritische berichte,* Jg. 9 (1981), H. 4/5, S. 3–37.

49 G. Lukács [Anm. 10], S. 62.

50 Vgl. H. Schlaffer: *Wilhelm Meister. Das Ende der Kunst und die Wiederkehr des Mythos,* Stuttgart 1980; R. Matzker [Anm. 42]; allgemein: M. Eliade: *Schmiede und Alchemisten,* 2. Aufl. Stuttgart 1980; C. G. Jung: *Psychologie und Alchemie,* 6. Aufl. Olten/Freiburg i. Br. 1981; Herbert Silberer: *Hidden Symbolism of Alchemy and the Occult Arts,* New York 1971.

51 E. Panofsky: *»Et in Arcadia Ego«. Poussin und die elegische Tradition,* in: Ders.: *Sinn und Deutung in der Kunst,* Köln 1975, S. 351 ff.

52 Vgl. die Angaben zu Benjamin und Adorno in Anm. 12.

53 Meines Wissens gibt es nur eine philosophische Konstruktion der Geschichte als Ruine und Trümmerplatz mit futuristisch-konstruktivem Charakter – nicht zufällig während der Französischen Revolution, in der der Ruin des Alten als Moment des revolutionären geschichtlichen Prozesses gedeutet wurde –, und zwar in den großartigen Ruinenvisionen von Constantin François de Volney: *Die Ruinen oder Betrachtungen über die Revolutionen der Reiche* (1791), Frankfurt/M. 1977. – Interessant in diesem Zusammenhang ist, daß der deutsche Revolutionsreisende Joh. Fr. Reichardt, der den französischen Ereignissen mit manchmal gespaltenen Gefühlen, im ganzen aber positiv gegenübersteht, beim Anblick der zerstörten Bastille in eine unerklärliche Melancholie verfällt: er wird, obwohl er politisch den Bastillesturm rechtfertigt, hier von der klassischen Gefühlsatmosphäre der Ruine eingeholt. (Für diesen Hinweis danke ich Inge Stephan, Hamburg.) Das Ruinenmotiv in der Geschichte der Revolutionen wäre noch aufzuarbeiten: nicht notwendig haust in den verfallenen Gemäuern die Melancholie. Die melancholisch »beseelte« Ruine gehört insofern zur »Politik« der Gefühle, als darin die Geschichte nicht mehr in der Verfügung des Menschen erscheint – eine Provokation jeden revolutionären, auch nur fortschrittlichen Denkens.

54 Georg Simmel [Anm. 21], S. 142/43.

55 Adorno [Anm. 12], S. 104.

Vergangenheit und Gegenwart der Apokalypse

Der vornehme apokalyptische Ton

Jacques Derrida[1] bezieht sich in seinen kleinen Arbeiten zur Apokalypse sehr einleuchtend auf die späte Schrift Kants *Von einem
neuerdings erhobenen vornehmen Ton in der Philosophie* (1796).
Derrida diagnostiziert heute (d. h. 1980, also vor dem Höhepunkt
apokalyptischer Einfärbung der Rüstungs-Debatten rund um Pers-
hing 2 und Cruise Missiles) einen »apokalyptischen Ton der Philosophie«. Bei diesem »Ton« geht es nicht um konstative Sprechakte,
sondern um Sprechweisen. Der Satz: »Das Ende *ist* da«, von jeman-
dem gesprochen, der selbst zu dem gehört, was zu Ende schon sein
soll, ist ja in sich widersprüchlich und unsagbar – es sei denn, er wäre
von einer Position aus gesprochen, die jenseits des Endes läge: von
der Position der Rettung und Erwählung aus, die zwar in den klassischen Apokalypsen tatsächlich einen strukturellen Ort angibt – das
himmlische Jerusalem, den Himmel, den Altar Gottes –, doch
heute von niemanden mehr eingenommen werden kann. Von einem
apokalyptischen *Ton* zu sprechen, soll also heißen, daß es sich nicht
um falsifizierbare Aussagen handelt, sondern eine Art Infektion der
Atmosphäre von Sprechakten, um Töne, Klänge, Stimmungen,
Timbres, von denen die Sätze moduliert, ja gewissermaßen befallen
sind. »Das Ende ist nahe herbeigekommen« – dieser Satz, der richtig sein kann oder nicht, jedenfalls seit gut 2000 Jahren über unserer
Kultur liegt, diese eigenartige Sprachgeste, durch die das Gegenwärtige vom kommenden Ereignis her schon ergriffen scheint,
dringt durch die Poren der Wörter und in den Atem der Sprache und
verändert wie eine Auszehrung das Zentrum der Diskurse. Ihre
Ordnung und Hierarchien, ihre Energien und Spannungen geben
dem Drängen des nahen Endes nach, die Sätze werden vom Siegel
des Endes gezeichnet und fallen in ein parataktisches Nebeneinan-
der: und dies ... bald vorbei ... und auch dies ... und du ... und
auch du ... das war also das ... und wird das gewesen sein ...: eine
zweite Taufe der Dinge auf den immer einen Namen: Ende. »Das
Ende ist nahe«: dieser Satz ist ein Damm, durch den die Geschichte
und alle Geschichten zu einem Stausee werden, worin alles zum
Element einer homogenen Masse wird, die nur noch einen Ausgang
hat: den Dammbruch und den Sturz in den Abgrund dahinter.

Der vornehme Ton der apokalyptisch infiltrierten Sprachweise ist, frei nach Kant, nun folgendes: der ganze Raum des Daseins und der Welt wird ohne Arbeit – eben vornehm – kraft intellektueller Anschauung, die nicht das Erkennbare mühsam analytisch durchschreitet, sondern das Ganze »geniemäßig«[2] überfliegt, als grandioses Finale ausgefüllt und auf einen Ton, einen Klang gestimmt, der sich durch Intuition und Vision (oder Delir) über die – nach Kant – langsam voranschreitende Bodenarbeit der Vernunft erhebt. Derrida bildet aus den Elementen der heute currenten apokalyptischen Diskurse eine ironische Kolportage des vornehmen Tons (und jeder mag dabei sein bevorzugtes Ende wiedererkennen):

Ich sage Euch die Wahrheit, das ist nicht nur das Ende von diesem, sondern auch und zuerst von jenem, es ist das Ende der Geschichte, das Ende des Klassenkampfes, das Ende der Philosophie, der Tod Gottes, das Ende der Religionen, das Ende des Christentums und der Moral (was die größte Naivität war), das Ende des Subjekts, das Ende des Menschen, das Ende des Abendlandes, das Ende des Ödipus, das Ende der Welt, Apocalypse now, ich sage Euch, in der Sintflut, dem Feuer, dem Blut, dem erderschütternden Beben, dem Napalm, das aus Hubschraubern vom Himmel fällt, so wie die Prostituierten, und dann auch das Ende der Literatur, das Ende der Malerei, der Kunst als Sache der Vergangenheit, das Ende der Psychoanalyse, das Ende der Universität, das Ende des Phallozentrismus und was weiß ich noch alles.[3]

Und dies nun, diese Endloserie von Enden, scheint tatsächlich ein Symptom der postmodernen achtziger Jahre zu sein, in der Beliebigkeit der Endungen jedoch auch ohne erhellende Kraft. An diesem Reden, woran sich nahezu alle beteiligt haben, von Günter Grass bis Anton-Andreas Guha, von Reagan bis zu Greenpeace, von Jean Baudrillard bis zu Ulrich Horstmann, von der katholischen Kirche bis zum armen Teufel, von Naturwissenschaftlern, die ihre medizinischen, ökologischen oder atomaren Untergangsszenarios über die Sender brachten, bis zu den Gästen bei Abendeinladungen, die beim Essen ihren schleichenden Tod durchs Essen besprachen. Die Medien waren und sind voll von apokalyptischer Metaphorik. Die Literatur der mittleren achtziger Jahre wird von Paul Konrad Kurz in seinem eben erschienenen Überblick kurzerhand unter den Titel *Apokalyptische Zeit*[4] gesetzt. Filme und Theaterstücke mit Katastrophen- und Untergangsthemen erscheinen dutzendweise. Und vollends perfekt

wird der Untergangs-Diskurs, seit sich die Apokalypse heimtük-
kisch der beliebtesten Verkehrswege zwischen Menschen bedient:
Liebesreigen – Totentanz. – Es gibt Leute, die nicht ohne Grund
sagen, die Apokalypse sei eben die Plage, von der sie erzählt.

Über all das zu spotten, ist jedoch abwegig; ebenso wie es hilflos
ist, gegen die wuchernde apokalyptische Erzählung alte Injektio-
nen zu verschreiben: Fortschritt, Wachstum, Optimismus, Vernunft, Diskursdisziplin. Hier soll zunächst auch gar nicht über die
Berechtigung oder gar Notwendigkeit apokalyptischer Reden ge-
handelt oder über Mittel der Rettung gegen das nahe Ende gestrit-
ten werden – das geschieht so pausenlos, daß man glaubt, in einer
Zeit medial vervielfältigter Propheten, Warner, Ablaßprediger,
Wiedertäufer, Wunderheiler und all der rechtgläubigen Realisten
versetzt zu sein, die dagegen schon immer Front gemacht haben.
Vielmehr ist der Ausgang meiner Überlegungen der, daß die ungeheure Menge apokalyptischer Reden in augenfälligem Mißverhältnis steht zum Mangel an Reflexion und Analyse der Traditionen,
Formen und Sprechweisen des Apokalyptischen – hier ist Derrida
eine der wenigen Ausnahmen. Dabei soll auch zutage treten, daß
der Zustand des Apokalypse-Begriffs heute denkbar schlampig
und gegenüber der Geschichte der apokalyptischen Rede erschreckend verarmt ist. Und ich möchte ferner die These auspro-
bieren, ob die apokalyptische Erzählung, die zu den großen
metaphysischen Narrationen unserer Kultur gehört, nicht zu be-
enden oder mindestens zu transformieren ist, wenn man einzuse-
hen beginnt, daß die Apokalypse – heute – nicht mehr vor,
sondern hinter uns liegt. Die apokalyptische Angst, könnte sein,
ängstigt sich nicht mehr vor dem bevorstehenden Einbruch des
ganz Anderen in die Geschichte, welche dadurch abgeschlossen
wird; sondern die Angst ängstigt sich vor der Wiederholung der
Vergangenheit, vor der Urgeschichte als Endgericht der Weltgeschichte. Das allerdings wäre wirklich ein Abschluß der Moderne.

Was ist Apokalypsis?

Apokalypsis heißt zunächst überhaupt nicht Katastrophe, Untergang, Weltende, sondern Offenbarung, Enthüllung, Aufdeckung
der Wahrheit.[5] Das schließt ein: die Wahrheit ist verborgen, sie ist

da, aber nicht am Tage, ihr Status ist Geheimnis, nicht Öffentlichkeit. Warum dies so ist, kann viele Gründe haben. Man mag die Wahrheit nicht sehen wollen; sie ist schwer oder gar nicht erträglich; sie übersteigt das Maß der an Vernunft gebundenen Einsicht; sie ist gefährlich, eine Sache der Verfolgten, Minderheiten, Wenigen; sie ist unmenschlich oder übermenschlich; sie führt eine unverständliche Sprache; sie ist vergessen oder verdrängt; sie steht noch aus und ist nur in Spuren entzifferbar.

In jedem Fall ist die Wahrheit dabei etwas Fragiles und in keinem Fall durch Konsensbildung herstellbar. Im Gegensatz zum Diskursmodell der Wahrheit in der platonischen Tradition bis hin zu Habermas ist die apokalyptische Wahrheit niemals Ergebnis diskursiver Prozeduren, sondern – und dies ist die nicht weniger mächtige Tradition des jüdisch-christlichen Synkretismus – sie ist ein Geschehen, ein dramatisches Ereignis, dessen Regisseur nicht die Vernunft ist und dessen Spiel nicht durch ihre Diskursakteure zur Aufführung gelangt. Die apokalyptische Wahrheit geht gleichwohl wie die diskursive aufs Ganze, sie ergreift die Universalien der Geschichte, in denen die Menschen ihren letzten und darum angemessenen Platz zugewiesen erhalten. Gegenüber dem griechisch-antiken Diskursmodell, das für die Enthüllung der Wahrheit immer handlungsentlastete, gesättigte und friedliche Subjekte, Mitglieder also der leisure-class, Bewohner der irdischen Paradiese zur Voraussetzung hatte, gegenüber diesem Modell, das bis heute seine stille Abhängigkeit von Sklaven und ausgebeuteten Sprachlosen verleugnet –: diesem gegenüber also ist das apokalyptische Modell der Wahrheit roh, barbarisch, der Not entstammend, dem stummen Sein explosiv, also unkontrolliert, radikal und regellos entsprungen, niemals begrifflich, sondern in Kaskaden von poetischen Bildern dahinstürzend, mühsam Halt suchend in niemals plausiblen, magisch-ästhetischen Formen, vollkommen hemmungslos gegenüber den Disziplinen der herrschenden Rede, niemals besonnen und kühl, sondern umhergeworfen zwischen den Extremen menschenmöglicher Gefühle: Rache, Haß, entfesselte Wut, bestialische Grausamkeit und zarteste Gesten der Liebe, leidenschaftliche Hingabe, Opferbereitschaft und Todeslust.

Sprache der Apokalypse

Apokalyptik existiert als Begriff erst seit etwa 150 Jahren zur Bezeichnung einer Literaturgattung, die sich vor allem zwischen dem zweiten vorchristlichen und zweiten nachchristlichen Jahrhundert im Überschneidungsraum von isrealitischen, frühchristlichen und antiken Traditionen gebildet hat.[6] Das Paradigma dieser Literaturgattung, die Offenbarung des Johannes, verwendet in Kap. 1,1 den Ausdruck »Apokalypsis« nicht als literarischen Terminus, schon gar nicht als Bezeichnung für Katastrophe oder Weltuntergang, sondern als Charakterisierung des Sprechmodus. Das meint: die Schrift geht nicht auf die eigene Schreibentscheidung des Johannes zurück, sondern ist die von Gott selbst an Jesus Christus gegebene Apokalypsis (Offenbarung), die wiederum durch einen vermittelnden Engel (Apok. 1,1) an Johannes weitergetragen wird. Dieser fällt dabei in einen pathischen Zustand von Verzückung und Vision (en pneumati, in »Geist«, in »Hauch«, Apok. 4,2). Die göttliche Mitteilung wird von Johannes per Brief an sieben kleinasiatische Gemeinden geschickt. Apokalypse ist also eine komplexe Form von »postalischem« Verkehr zwischen Gott und Menschen.

Apokalyptik bezeichnet also Literaturformen, in denen der Autor nicht auto-nom, nicht selbst-entschieden schreibt. Sondern die Autorschaft des Johannes meint, daß er das Organon, das vermittelnde Schreibgerät der göttlichen Schrift ist. Ähnlich den alttestamentlichen Prophetenberufungen wird Johannes gegen seinen Willen, unter Angst und Schrecken zum Autor berufen: »Steig hierher empor, dann will ich dir zeigen, was geschehen muß« (Apok. 4,1); und: »Schreibe!« (Apok. 19,10) Im Schema der schamanistischen Initiation der »Himmelsreise der Seele« (Carsten Colpe) erfolgt die Einweisung des Johannes in die Autorschaft.

Apokalyptische Reden stehen also 1. nicht in der Verantwortung eines Schreibsubjekts. Sondern sie gehen auf einen den Schreibenden verwandelnden Anruf und Befehl zurück. Hierdurch wird das Schreiben zum Schauplatz eines Anderen, nämlich Gottes, dessen Autorität die Schrift heiligt. So erst wird diese zur *Apokalypsis*. 2. ist dadurch die apokalyptische Rede der Arbitrarität und Konventionalität der Sprache entzogen. Die Sprachzeichen *sind* die Gegenwart des Wesens der Sache, dessen also, »was geschehen muß«.

Bis heute überleben wir nur deswegen, weil zwischen der apokalyptischen Schrift, die präsentisch erfüllt ist von dem, was sein muß, und dem, was sein wird – dem Ende also –, dennoch ein minimaler Spalt, die kleinstmögliche Differenz zwischen Signifikat und Signifikant offenbleibt. Dieser Spalt enthält die winzige, aber qualitativ großartige Perspektive einer Hoffnung auf Rettung, auf Umkehr und Verwandlung, auf Entkommen dem Tode.

3. ist die apokalyptische Schrift eine Übertragung der ihr sprachontologisch vorausliegenden akustischen und optischen Ereignisse, der Stimmen und Bilder, die gewaltsam vom Schreibenden Besitz ergreifen: gegen seine Angst und seinen Widerstand. Stimme und Bild sind der Schrift vorgelagerte mediale Ereignisse, über die der Schreiber nicht Herr ist, sondern die ihm widerfahren. Schrift ist erlittenes (pathisches) Bezeugen der Stimmen und Bilder; darum ist der Autor Johannes »Knecht« und nicht Herr.

4. In den Visionsreihen selbst spielt die Schrift jedoch eine bedeutende Rolle. Die Visionen sind der »Film« der Schrift, die Visualisierung nämlich der siebenfach versiegelten Buchrolle. Dem Öffnen der Buchsiegel entspringen die Bilder und Stimmen (Apok. 6,1–8,1). Ferner: Vom »starken Engel« der Wahrheit wird Johannes ein Buch zum Verschlingen überreicht: Apokalypse ist inkorporierte Schrift, süß im Munde, bitter im Magen, ein Bittersüß, das Oxymoron des Eros, womit auf die Körperlichkeit der Schrift angespielt wird (Apok. 10,1–11). Man darf sagen: die apokalyptische Sprechweise realisiert jene Dimensionen der Sprache, die nicht durch die Intersubjektivität propositionaler Gehalte von Sätzen, sondern durch die Unwiederholbarkeit eines den ganzen Körper ergreifenden Einschreibungsereignisses ausgezeichnet sind. Ferner wird das Weltgericht als Schreibszene geschildert: Urteile ergehen schriftlich über jeden einzelnen nach Maßgabe dessen, was »in den Büchern geschrieben stand, nach ihren Werken« (Apok. 20,12); Rettung heißt: ins »Buch des Lebens« eingeschrieben zu werden. Gott verfügt über das universale Personenregister in Form eines lückenlosen Schriftarchivs.

5. Das Einzigartige der apokalyptischen Schrift – sosehr sie sich auch aus apokalyptischer Rhetorik herleitet – macht den Schreibenden zum *subiectum*, zum Unterworfenen der Sprache, die ihm jede Subjektivität, jede Souveränität verwehrt. Paradox gründet gerade darin die unumstößliche Gewißheit und Übersubjektivität

der apokalyptischen Sprache. In der Apokalypse spricht nicht eine Stimme im dialogischen Geflecht mit vielen anderen, sondern die einzig-eine Stimme, auf der Sprache überhaupt beruht. Das ist die ungeheure Anmaßung und Zumutung der apokalyptischen Sprechweise.

6. Die apokalyptische Sprache ist also eine sämtliche Hörersubjekte zwingend in An-Spruch nehmende Botschaft, die in seiner singulären Situation einem stimmen- und bildererfüllten Schriftmedium durch den »despotischen Signifikanten« (Deleuze/Guattari), nämlich durch die Autorität Gott, eingespeist wird.

7. Die apokalyptische Sprache erzeugt auf allen Dimensionen All-Sätze: hinsichtlich des Inhalts, der die Summe aller Ereignisse bis zum letzten Glied durchläuft; hinsichtlich der Adressaten, die alle früher, jetzt und künftig Lebenden umfassen (schon bei Johannes meinen die *sieben* adressierten Gemeinden aufgrund der die Vollständigkeit aller Zahlen enthaltenden *Sieben* alle Empfänger überhaupt); und hinsichtlich des Sprechers, der als erwählter Einziger das Medium des Allumfassenden, nämlich Gottes und Jesu Christi darstellt.

8. Die zugleich esoterische wie inklusive Sprechweise der Apokalypse ist in sich noch gespalten in das Gesagte und Ungesagte: in der Visionenkette des Johannes (7 Siegel, 7 Posaunen, 7 Schalen) gibt es eine Visionsreihe (7 Donner), die ausdrücklich ins Schweigen versiegelt wird bzw. eine Vision – die des siebten Siegels –, die in nichts als einem halbstündigen Schweigen des gesamten Kosmos besteht. Jede apokalyptische Rede enthält derartige Schweigezonen, die ihre Arkanität erhöhen. Als »Offenbarung« der Wahrheit enthält die Apokalypse, anders als die diskursive Wahrheit, die sich vollständig ausspricht, immer hermetische Züge, die durch das Unsagbare, das Verschwiegene, das Verrätselte gebildet werden. Ebenso ist der durchgängig poetische Stil und das metaphorische Verfahren dem geheimnisvollen Grund zwischen dem Sagbaren und dem Unsagbaren geschuldet.

Kants Kritik an der »erfüllten Rede«

Besser verständlich wird nun, was einem der Gründungsväter der Moderne, nämlich Kant, an der apokalyptischen Sprache so mißfallen mußte (wobei Kant nicht direkt auf die Apokalypse Bezug nimmt, sondern auf die Philosophie, die sich auf »höhere Inspiration« beruft, also auf die gesamte hermetische, besonders neoplatonische Tradition).[7] Als irrational und unwissenschaftlich enthüllt Kant jene Sprechweisen, in denen jemand auf geheimnisvolle Weise die Wahrheit »in sich« selbst gefunden zu haben beansprucht: durch Initiation, Inspiration, durch Orakel, durch intellektuelle Anschauung, durch Magie, durch Gefühl und Genuß, durch Ahnung und Schwärmerei, durch »mystischen Takt« und »Übersprung (salto mortale)« oder »übernatürliche Mitteilung«.[8] Dadurch entstehe eine Sprache, die eine Grundbedingung der Moderne, nämlich wahrheitsfähige Sätze derart zu bilden, daß man sie »allgemein mitteilen können« (Ton A 387) muß, auf sträflichste und arroganteste verletze. Die solcherart »ästhetische Vorstellungsart« (Ton A 425) der Philosophie widerstreitet der Diskursdifferenzierung von Wissenschaft und Poesie; sie bedient sich der Bilder, Analogien und Stimmen, wo sinnlich-empirische Anschauung erfordert, und der divinatorischen Vision, wo Begriffsarbeit vonnöten sei. (Man erinnere das Habermassche Verdikt gegen Diskursmischung, das er besonders gegen Derrida ausspielt.[9]) Für Kant bedeutet eine solche Sprache den »Tod der Philosophie« (Ton A 407) – d. h. derjenigen Philosophie, die Kant als kritischen Grundriß der Moderne entworfen und befestigt hatte. Der eingeweihte Sprechakt, die die Mühe der »herkulischen Arbeit des Selbsterkenntnisses« sparende, »nichts kostende Apotheose von oben herab« (Ton A 390)[10]: darin erkennt Kant den »vornehmen Ton«, der sich erhaben dünkt über die bürgerliche Republik der Wissenschaften (Ton A 398/99), die durch das Gleichheitsprinzip gebildet wird: alle *müssen* arbeiten (niemand darf *geniemäßig* fliegen) und *können* arbeiten mit denselben Voraussetzungen und unter denselben Bedingungen: den transzendentalen Strukturen der Vernunft.

Drei Jahrzehnte zuvor, im Kampf gegen den erleuchteten Schwärmer und mit Engelszungen prophetisch redenden Emmanuel Swedenborg hatte Kant die »herkulische Arbeit« der Rekonstruktion der aufgeklärten Moderne begonnen.[11] Nun, im Jahr, mit dem auch die Romantik anhebt, bezieht Kant noch einmal Front gegen eine Sprache, die apokalyptisch zu sein vorgibt: offenbarend, enthüllend, hermetisch – und fürchtet, beim Wuchern solcher Diskurse des göttlichen Wahnsinns, den Tod dessen, was sein Lebenswerk ist: Begründung der Moderne als philosophische Aufklärung. –

Sollte die Postmoderne durch delirierende Sprechweisen gekennzeichnet sein (was ihr gern vorgeworfen wird), wäre sie in der Tat
eine apokalyptisch umschlagende Moderne. Ob dem freilich, wie
zu Kants Zeiten, durch entlarvende Kritik und notfalls durch Einschluß in den Kreis des Wahnsinns (die Postmodernen als »Kandi-
daten des Hospitals«) zu begegnen ist, wäre zu fragen.

Apokalypse von unten, nicht vornehm

Auch hier hilft ein Blick in die Geschichte weiter. Zunächst ist es
falsch, im »apokalyptischen Ton« etwas Vornehmes – »von oben
herab« – zu identifizieren. Der Apokalyptiker Johannes – dieser
für viele – ist ein Verfolgter, Gefolterter, dann Exilierter und sen-
det seine Offenbarung von der Insel Patmos, auf die er deportiert
ist, den bedrängten Gemeinden Kleinasiens zu als Trost in der
Not. Die Apokalypse setzt den »Ton« der aus der Mitte des Volkes
erstandenen alttestamentlichen Propheten fort – *gegen* die herrschenden Cliquen an Hof und Tempel, gegen die Schriftmonopo-
listen und die sozial Ungerechten. Und die Apokalypse beerbt die
Trauer und die Hoffnung des gefangenen, unter Tyrannei leiden-
den Volkes Israel. Die Apokalypse ist also selbst eine Wurzel der
Kritik – ja, sie *ist* Kritik – in jenen Formen, die, entgegen der
»rationalen« Rede der Vornehmen, der Herrschenden und Dis-
kursmächtigen, sich der poetischen Bilder bedient, welche den
Bedrängten und Verfolgten zugänglich sind. Das Elitäre ist nicht
das Vornehme, sondern entspringt als Umkehrfigur einer (oft genug plebejischen) Hoffnung: daß nämlich diejenigen, die jetzt in
Angst und Unterdrückung leben, nach dem apokalyptischen Umschlagen der Geschichte, zu den Geretteten – zur »Elite« – gehören mögen. Eine Redefigur, die bis hin zur Marxschen Dialektik
der Befreiung der unterdrückten Klassen im Reich des Kommu-
nismus nahezu alle kritischen Impulse mit Energie sättigt.[12] Das
Elitäre enthält also gerade keine »adlige« Distinktion, sondern ist
die religiöse, vor-philosophische Figur der Befreiung der materiell, sozial, religiös oder psychisch Unterdrückten: seien es um
100 n. Chr. die Christen, seien es im Mittelalter die plebejischen
Häretiker, seien es in der Renaissance die Ketzer, radikalen Prote-
stanten und Bauern, seien es im 19. Jahrhundert die verelendeten
Proleten.

Ferner ist die Apokalypse keine Metaphysik der Katastrophe – schmackhaftes Diner für Intellektuelle im Grand Hotel Abgrund –, sondern eine Theologie der Hoffnung, welche die Geschichte nicht in der »Logik des Zerfalls« (Adorno), sondern im Licht des Heils rekonstruiert. Die apokalyptische Rede ist eine gewaltige Investition des Glaubens gegen den Augenschein des Realen, worin die Geschichte im Bild des ewigen Siegs der Gewalthaber erscheint. Die Apokalypse ist jene Schrift, die das Gewaltmonopol des Staates und der Herrschenden bestreitet und – theologisch – erlaubt, in grandiosen Rachephantasien den Untergang eines ins Zeichen der tyrannischen Willkür getretenen Geschichte zu feiern. Das konnte man, wie Thomas Müntzer tat, als Rechtfertigung revolutionärer Gegengewalt lesen. Zum Bösen, das alle unter seinen Befehl oder seine Verführung subsumieren will, gehören zwar potentiell alle, zuerst aber und sicher die Mächtigen: schon bei Johannes. Im Blutstrom des Untergangs, den sadistischen Orgien und kosmischen Katastrophen wird die Gerechtigkeit hergestellt, nach der die geschundenen Existenzen dürsten. Über den bestialischen Aggressivitäten der Vision vergaß man, daß es sich dabei um Aggression gegen die Aggression handelt; über dem Blutrausch des absoluten Krieges vergaß man, daß es sich um einen Krieg gegen den Krieg handelte; über den wüsten Naturkatastrophen der Apokalypse vergaß man, daß sie gegen die menschengemachten Katastrophen gerichtet waren; über den orgiastischen Untergängen vergaß man, daß sie der Erzeugung des Paradieses dienten: kein Hunger und Durst, »jede Träne« abgewischt »von ihren Augen«, gestilltes Sehnen in den »Wassern der Lebensquelle« (Apok. 7,16-17).

Ohne Zweifel bestand ein Großteil der historischen Anziehungskraft der Apokalypse in der Rechtfertigung der unbändigen Gewalt und des Rachedurstes, die in der geschundenen Kreatur toben. Es ist gut zu wissen, daß auf dem Schwert, das gegen den ungerechten Staat erhoben wird, Segen und Recht Gottes liegen kann. Die alte Welt *soll* untergehen: Apokalypse ist Ausdruck der Sehnsucht. An die Stelle des Alten tritt das 1000jährige Reich der Gerechtigkeit oder, noch grandioser, ein »neuer Himmel«, eine »neue Erde«, ein »neues Jerusalem«, dessen apokalyptische Vision eine zu höchster Kunst und Symmetrie gesteigerte Stadtarchitektur darstellt: Urbild aller Architekturentwürfe der Utopisten (Apok. 20,1-6, 21,1-22,15).

Apokalyptische Kurzschlüsse; Aufklärung als Anti-Apokalyptik

Zur Geschichte der Apokalypse gehört ihre zunehmende Säkularisierung – und vielleicht ist das der Beginn ihres wirklichen Eintritts. Die Apokalypse wird zum Bildreservoir, aus dem säkulare Interessen sich sättigen. Damit zugleich werden die heiligen Visionen arbiträr; sie werden instrumentalisiert in völlig entgegengesetzte Richtungen.

So kleiden sich die Kreuzritter buchstäblich ins Gewand des eschatologischen Heeres und rechtfertigen den Massenmord an Muslims durch Zitierung von Apok. 19,11 ff. (so 1099 in Jerusalem). Kolumbus glaubte bei seinen Entdeckungen, das Eschaton, das Paradies gefunden zu haben; die endzeitliche Missionsarbeit an den Heiden in den westindischen Kolonien eröffnet die ersten Genozide der Neuzeit; Hauptsache, die toten Indios sind getauft. Ganz anders das Endzeitbewußtsein von Thomas Müntzer: er verwechselt die materiell motivierte, revolutionäre Bewegung der Bauern mit der Visionswelt des eschatologischen Endkampfes: im Augenblick der Schlacht befinden sich die von ihm in einen Zustand von Angst und Heilserwartung versetzten Wehrhaufen in absoluter Verteidigungsunfähigkeit und werden vom Fürstenheer abgeschlachtet: 8000 tote Bauern an einem Tag. Die Münsterschen Wiedertäufer errichten ein Neues Jerusalem mit einem messianischen König an der Spitze und halten sich einige Monate gegen die Belagerung nur deswegen, weil das Neue Jerusalem Züge eines straff organisierten, wehrhaften Terrorsystems annimmt. Albrecht Dürer gestaltet die Apokalypse in seinem weltberühmten Holzschnitt-Zyklus zum Zeugnis einer versteckten, doch entzifferbaren ketzerischen Kritik an Kirche, Staat und weltlichen Oberschichten.[13]

Bei diesen Beispielen handelt es sich immer um intuitive Verkoppelungen der Apokalypse mit historischen Situationen, wodurch ein – oft wirklich katastrophisches – Gemenge von »heiliger Rede« und säkularem Handlungsbedürfnis entsteht. Doch ist in keinem Fall der heilsgeschichtliche Rahmen der blutigen Opfergänge in Frage gestellt. In den folgenden Jahrhunderten jedoch entwickelt sich – auf dem Boden des Absolutismus und der katholischen wie protestantischen Orthodoxien, denen jede Nähe zur Apokalypse gefährlich erscheint – eine immer stärkere Kritik der Apokalypse

selbst, bis diese der nur noch immanent arbeitenden Ideologie-
und Sprachkritik der Aufklärung verfällt. Apokalyptiker sind seither Schwärmer, die den evolutionären Gang der Geschichte durch
ihre überschwengliche Erwartung eines qualitativen Sprungs der
Entwicklung stören. Diese Irrationalisierung der Apokalypse ist
ein Effekt zunehmender Säkularisierung und der Überführung
der Heilsgeschichte in Menschheitsgeschichte. Die Schillersche
Gleichsetzung von Weltgericht und Weltgeschichte[14] besiegelt das
Immanentwerden des apokalyptischen Dramas, insofern die Qualität des historischen Prozesses – Vermehrung der Übel oder Aufstieg zur Freiheit – nicht mehr von der Gerechtigkeit und Gnade
Gottes, sondern allein von der Frage abhängig gemacht wird, ob
Geschichte zum menschengewirkten Reich der Vernunft werden
kann oder nicht.

Nachdem durch das Erdbeben von Lissabon 1755 die Theodizee
als philosophisch-theologisches Bollwerk gegen die Apokalypse-
Angst zusammengebrochen war[15], konnte es für die Meister der
Aufklärung kein anderes Palliativ gegen die Katastrophe mehr geben als staatliche Ordnung, Gewaltmonopol, sittliche Vernunft,
wissenschaftliche Disziplin und technischen Fortschritt. Eine sich
mit ihrem Anderen vermittelnde, dieses dabei jedoch überwin-
dende Vernunft scheint die einzig mögliche Option der säkularen
Geschichte zu sein, damit diese nicht als ganze – was die de Sadesche Provokation ist – der Faszination durch das Böse erliegt. Die
Apokalypse wird zum geheimen Horror im Rücken der Rationalität. Die erlösungslose Vernunft kann nichts tun, als zur Arbeit
aufzurufen und Mehrheiten zu suchen für ihr Versprechen, daß sie
allein der legitime Erbe aller Hoffnungen auf besseres Leben sei:
befriedetes Dasein nicht am Ende aller Tage, sondern häppchen-
weise *in the long run of history*. Fortschrittsglaube ist der Versuch
einer rationalen Überbietung der Apokalypse-Angst und Apoka-
lypse-Hoffnung. Vom Ort der befestigten Rationalität aus wird
apokalyptisches Denken denunziert. Dieses quält die Konsens-
sucht des vernünftigen Diskurses. In seiner schwarzen Widersetz-
lichkeit, seinem disziplinlosen Beharren auf unmittelbare Erfüllung der Wünsche, mit seiner wilden Untergangslust und zugleich
panischen Angst vor dem Ende, mit seinem kindlichen Nicht-War-
ten-Wollen, mit seiner rigorosen Vermüllung alles Bestehenden in
der Senkgrube der Geschichte, mit seiner unversöhnlichen Aggression auf die nicht eben paradiesischen, doch aber akzeptablen

Errungenschaften der auf Melioration zielenden Anstrengungen –: mit derlei Attitüden wird das Apokalyptische zum Widerborst der Moderne schon zu Zeiten ihrer jugendfrohen Aufschwünge. Die Moderne ist radikale Anti-Apokalypse – und hierin liegt einer der Gründe für die periodische Heimsuchung der modernen Gesellschaften durch die Gespenster des großen Weltfinales.

Das Erhabene als die apokalyptische Signatur des Zeitalters

Wo, wie in der Aufklärung, die Katastrophe nicht mehr als Durchgang oder Umschlag zum geschichtsjenseitigen Millennium oder zur zweiten Schöpfung Gottes, erstrahlend im Neuen Jerusalem, geglaubt werden kann; wo folglich die Angst vor dem Untergang nicht mehr durch die Theologie der Heilsgeschichte abgewehrt werden kann, weil die Bühne des apokalyptischen Welttheaters zur tabula rasa abgeräumt ist –: dort trifft die Wucht des Unglücks, trifft der Tod, trifft der Massenmord, treffen Naturkatastrophen und Krieg die Menschen auf ihrem irgendwo in ewiger Einsamkeit durch das leere All kreisenden Kleinstplaneten ohne jeden Rückhalt. In ihrem bilderreichen Spektakel war die Apokalypse immer die versuchte Antwort auf die Frage, ob in Lagen der Ohnmacht, des Schreckens und des Unterworfenseins, d. h. des *subiectum*-Seins, ob also in Lagen, in denen der Mensch nicht souverän, sondern pathisch, nicht Herr, sondern Opfer ist, Möglichkeiten der Selbsterhaltung offenbleiben. Apokalypse ist eine metaphysische Strategie der Selbsterhaltung an der Grenze der absoluten Negation, des Nichts, dessen »Schlund« sich gegen alle Menschengeschichte zu behaupten droht.

Die Zerstörung der Apokalypse durch aufklärerische Ideologiekritik – dies ist *ein* zentraler Gründungsakt der Moderne – hat nun keineswegs die Ängste stillgestellt, die im apokalyptischen Drama arbeiteten. Freilich wechselt in der Aufklärung der Titel, unter dem die Katastrophe und das Ende abgehandelt werden: nicht mehr das Apokalyptische, sondern das Erhabene.[16]

Auch hier ist Kant die Figur einer Epochenschwelle, jenseits derer das onto-theologische Drama der Apokalypse nunmehr – spezifisch modern – als subjektinterne Herausforderung an die Kraft rationaler Selbstbehauptung abgehandelt wird. Die Ästhetik des Erhabenen ist ein Zentrum der Moderne. Dies deswegen, weil Kant in äußerster Radikalität die apokalyptische Grunderfahrung, nämlich gegen Mächte, die das Maß des Menschen übersteigen, keinen immanenten Schutz zu haben – weil also Kant diese Erfahrung umkehrt zu einem großartigen Triumph der Vernunft über den apokalyptischen Drachen, das verschlingende Chaos, den Feuersturm von Natur und Geschichte.

»Erhaben nennen wir das, was schlechthin groß ist« (KdU B 80).[17] Dies ist – neben dem quantitativ Unermeßlichen – das im Vergleich zu unserer Kraft Dynamisch-*Über*mächtige: die Gewalten der Natur und des Krieges. Kant hat sehr genau analysiert, in welcher Weise unser Vermögen der sinnlichen Anschauung durch das schlechthin Große überfordert, ja niedergeschlagen wird, wodurch wir in den Strudel einer namenlosen Angst gerissen zu werden drohen.[18] Darin aber wäre der Kern des Selbst, nämlich das Subjekt der Vernunft, ausgelöscht. Bei Strafe des Untergangs des gesamten Programms der Moderne darf dies nicht sein.

In der Ästhetik des Erhabenen also geht es um nichts als die nackte Angst vor dem Untergang in einer erlösungslosen Welt – bereits dies macht sie postmodern. Und die Absicht Kants ist es, gegenüber einer schlechthin überwältigenden, fremden Macht eine diese noch überbietende, unangreifbare Position der Selbstbehauptung der Vernunft zu gewinnen. Kant weiß, daß das empirische, also empfindende, leidende, sagen wir: lebendige Real-Subjekt dazu keine Chance hat. Im Grenzfall, nämlich räumlich zu nahe am Erdbeben oder dem Bombeneinschlag, geht es so bedeutungslos unter wie Tier oder Pflanze. Dieses Leib-Subjekt Mensch ist rettungslos: es ist strukturell ausgeliefert und wird von Kant noch einmal ausgeliefert – gewissermaßen als Ritual-Opfer für den Dämon der Zerstörung, den verschlingenden Abgrund.

Denn bei der Strategie der Selbstbehauptung im Erhabenen kommt es auf das Reale nicht an, oder genauer: das Reale wird durch einen genialen Trick verwandelt zum bloßen Punkt, von dem aus wie von einem Widerlager das Vernunft-Subjekt sich abstößt in die Sphäre der intelligiblen Selbstbehauptung. Diese meint genau nicht den Erhalt des empirischen Ich, sondern die Selbstaffirmation der in der Katastrophe triumphierenden Vernunft. Auf die Spitze getrieben –: selbst in der totalen Katastrophe, die jedes menschliche Vorstellungsvermögen übertrifft und die reale Menschheit vernichtet, kommt es allein darauf an, ob dabei die Katastrophe so *gedacht* werden kann, daß in ihr, durch sie hindurch und über sie hinweg, die Vernunft triumphiert.

Erkennbar ist: es geht in der modernen Apokalypse, dem Erhabenen, nicht um reales Überleben (Mythologie der »Auferstehung des Fleisches«); im Gegenteil ist dies ein bloßes Begehren des Leibes, das rückhaltlos zu entäußern ist. Damit wird die Überschreibung der gesamten menschlichen Energie ins Imaginäre möglich: den Untergang unserer selbst, im Extrem den der Menschheit so zu *denken,* daß darin nicht die Willkür der totalen Katastrophe wirkt, sondern diese das »Schema« (KdU B 110) der symbolischen Selbstdarstellung der Vernunft abgeben kann. Hiermit ist ästhetikgeschichtlich der Übergang vom Körper-Heroismus des herkulischen Helden (dem vormodernen Dummkopf) zum Abstraktions-Heroismus der entkörperten Vernunft vollzogen, ohne daß dieser Übergang mit einem totalen Spannungsverlust bezahlt werden muß. Im Gegenteil ist das Erhabene das spirituelle Atom-Kraftwerk der Vernunft: es entzieht den Sinnen in einer eben diesen Sinnen absolut unvorstellbaren Form deren gesamte Energie. Der Körper ist ausgebrannter Brennstab der Geschichte. Mit dieser kühnen Wende in der Theorie des Erhabenen setzt sich Kant bis heute an die Spitze der Moderne: lange vor der technischen Machbarkeit des menschheitlichen Finales hat Kant ein – wie ich es nennen möchte – kognitivistisches Psychodrama entworfen, um den Untergang zu einem Triumph umzudenken. Und vermutlich hat er damit völlig recht: Kant hat, an der Schwelle des technischen Zeitalters, das den traditionellen Helden erübrigt, bereits abgesehen, daß man der von allem religiösen Trost verlassenen Angst nur durch vorauseilendes Entgegenkommen begegnen kann. Im globalen oder auch kosmischen Maßstab funktionalisiert der erhabene Mensch die Angst durch deren recycling im ästhetischen Verbrennungsprozeß des Erhabenen so, daß der Mensch gerade in der angsterregenden Katastrophe sich als Vernunft-Subjekt herausprozessiert. Diesen Gedanken muß man nur noch auf den neuesten technologischen Stand bringen, um den Effekt zu haben, daß die Erhabenheit – die Selbstbehauptung der Vernunft – auch darin bestehen könnte, und *dürfte,* daß durch die selbstentfesselte Weltzerstörung der Mensch sein Bild ins Triumphal-Zeitlose erhebt. Nicht viel anderes hatte der »göttliche« Marquis de Sade über den Antrieb der Rationalität längst behauptet.[19]

Darstellbarkeit und Krieg der modernen Welt

Kant entwickelt die formale Struktur des Erhabenen daraus, daß es das Maß unserer Vor- und Darstellungskraft quantitativ und qualitativ übersteigt. Dies meint die Bestimmung des Erhabenen als das »schlechthin Große«. Das Erhabene ist also nicht Gegenstand der Sinne oder der Einbildungskraft, sondern allein des Denkens. Dies scheint der Grund für das zu sein, was Günter Anders schon vor 25 Jahren unsere Apokalypse-Blindheit nannte.[20] Die modernen Apokalypsen kann man weder sehen noch sich vorstellen. G. Anders erläutert dies damit, daß es in unserer Kultur eine katastrophale Ungleichzeitigkeit zwischen der Entwicklung der kognitiv-technischen Vermögen und dem imaginativen Vermögen gäbe. Wir könnten uns konkret, anschaulich und praktisch folgenreich die Bedeutung dessen nicht vorstellen, was wir tatsächlich tun: den Atomkrieg vorbereiten. Bei G. Anders klingt dies noch so, als könnten wir die Einbildungskraft, die Bedeutungen realisiert, noch nachholend entwickeln und damit der drohenden Apokalypse ansichtig werden, also sie vermeiden.

Kant ist darin weniger naiv. Er weiß, daß man in der Moderne weder, wie Johannes, der Apokalypse visionär ansichtig werden, noch sie sich durch andere ästhetische Darstellungsformen vorstellen kann. Die Moderne besteht darin, daß sie eine geschichtliche Situation herstellt, die man sich strukturell nicht mehr *vorstellen* und die darum auch niemand mehr *darstellen* kann, und die man darum in dem Augenblick, wo man sie sieht, schon nicht mehr sieht, weil sie instantiell blendet: – im Atomblitz. Apokalypse also ist nur noch zu denken. Das Denken aber in seiner sozialen Institutionalisierung als Wissenschaft konzentriert sich heute überwiegend auf die Vervielfachung der Apokalypsen, nicht auf deren kognitive Durchdringung. In dieser Frage hätte das Denken sich auch nicht auf die als nahe bevorstehend befürchtete oder erwünschte Katastrophe zu richten, sondern historisch aufs Vergangene: die Apokalypsen hinter uns und in uns. Die Ästhetik des Erhabenen erlaubt dabei die Entzifferung des ästhetischen Genusses, der in den Katastrophen herrschte und herrscht. Sie liefert die Kritik der Verführung zum Ende, einer Verführung, die in allen Apokalypsen und mithin auch in dem anthropogenen Untergang den wesentlichen Antrieb darstellt. Im vordergründigen Schein ist die Geschichte der Versuch, eine zweite, sichere, uns angemessene

Welt zu schöpfen. Herausgekommen ist eine fugenlose Welt jenseits der Darstellbarkeit, eine unvorstellbare, erhabene Welt. Sie ist das Ergebnis der schon hinter uns liegenden Geschichte des apokalyptischen Impulses in seiner modernen Variante. Hierin herrscht der unausgesprochene Imperativ: lasse die Welt der Objekte, zu denen wir selbst ebenso wie die natürlichen und technischen Dinge gehören, hinter dir und trete in die imaginäre Welt des Erhabenen ein: in die Lust und die Angst, in das Beben und den Triumph, worin die schlechthin verwirrende, undarstellbare Größe der produzierten Welt überboten wird durch Reduktion auf den einen Nenner: ihre durch den Menschen hergestellte Zerstörung.

Kant hatte völlig recht, als er, gegenüber dem langen Frieden einer im Mark erschlaffenden Handelsgesellschaft, den Krieg, den er freilich für die »Ordnung und Heiligachtung der bürgerlichen Rechte« (KdU B 106/07) geführt sehen wollte, als einzige den Namen der Erhabenheit verdienende Sozialaktion nannte. In diesem Sinn sind nach Kant die Kriege auch geführt worden: gegenüber der faden Lustlosigkeit des Zivilstandes die archaische Möglichkeit zur Statuierung erhabener Größe inmitten des apokalyptischen Infernos.[21] Der Massentod der *Menschen* konnte dabei als Triumph der unvordenklichen Größe des Vaterlandes erlebt werden. In der Erhabenheit des Krieges wird kollektiv gelernt, was Zielpunkt aller Apokalypsen war: daß der physische Untergang die Rettung des idealen Selbst bedeuten kann, ja bedeuten muß. Unterdessen gibt es, im Blick auf die Fronten der Zerstörung, keine Vaterländer mehr: in der Vergiftung der vier Elemente so wenig wie in der Ubiquität des Aids-Virus oder im atomaren Endschlag. Die Ästhetik der Erhabenheit, als Struktur, die in den anthropogenen Katastrophenszenarien unserer Tage wirkt, ist die Verführung, der Angst vor dem Ende dadurch zu entkommen, daß man es macht. Kant hatte das Erhabene zwar vor allem als denkerischen Akt der inneren Selbstaffirmation des Vernunft-Subjekts entwickelt; doch hat er mit der Erhabenheit des Krieges genau jene Richtung gewiesen, worin noch die letzte Provokation der zur Souveränität entschlossenen Macht überboten werden kann: deren Ziel wäre, die Erde als grandioses Denkmal der eigenen Superpotenz durch das stumme All zu schicken. Die menschenlose Erde als Groß-Satellit mit der immer einen Botschaft: das, was das Maß unserer Einbildungskraft sprengt, haben wir, uns selbst überbietend, als Techniten des Untergangs gleichwohl *machen* können.

Es ist kein erhabeneres Kunstwerk denkbar als die solcherart verlassene, stumme Erde.

Kritik der Apokalypse kann sich darum nicht in der Kritik der heute umlaufenden postmodernen Propheten erschöpfen. Viel wichtiger ist die Kritik des seltsamen Angstlust-Syndroms, das, in der Gestalt des Erhabenen der Vernunft, in der Moderne das Erbe der theologischen Apokalyptiken übernommen hat.

Anmerkungen

1 Jacques Derrida: *Von einem neuerdings erhobenen apokalyptischen Ton in der Philosophie*. Und: *No Apocalypse, not now (full speed ahead, seven missiles, seven missives)*, in: Ders.: *Apokalypse*. Graz und Wien 1985. Man wird sehen, wie sehr sich meine Überlegungen von den anregenden Arbeiten Derridas, die hier den Ausgang bilden, unterscheiden.

2 Immanuel Kant: *Von einem neuerdings erhobenen vornehmen Ton in der Philosophie*, 1796. Im Text abgekürzt zitiert als: »Ton A + Seitenzahl«. Hier: Ton A 390.

3 Derrida [Anm. 1], S. 55.

4 Paul Konrad Kurz: *Apokalyptische Zeit. Zur Literatur der mittleren 80er Jahre*, Frankfurt/M. 1987.

5 Vgl. Derrida [Anm. 1], S. 12 ff.

6 Klaus Koch u. Johann Michael Schmidt (Hg.): *Apokalyptik*, Darmstadt 1982. – Jürgen Roloff: *Die Offenbarung des Johannes*, Zürich 1984, S. 11 ff. – Eduard Lohse: *Die Offenbarung des Johannes*, Göttingen 1983, S. 3 ff.

7 Gerade eine auf Sprechweisen konzentrierte Analyse läßt erkennen, daß sich der Text Kants auch auf apokalyptische Reden beziehen läßt. Im übrigen gelten auf dem Höhepunkt der Aufklärung Neuplatoniker, Hermetiker und religiöse Schwärmer gleichermaßen als »Verrückte« des philosophischen Diskurses.

8 Kant: Ton A 387 ff., 396/97, 406/07.

9 Jürgen Habermas: *Der philosophische Diskurs der Moderne*, Frankfurt/M. 1985, S. 219 ff.

10 Schön ist, wie Derrida zeigen kann, daß die »herkulische Arbeit« der Philosophie gegen den Schwärmerton sich wehren muß, um der, wie Kant sagt, »Entmannung« (Ton A 412/13) zu entgehen. Der philosophischen Mannes-Arbeit winkt als Lohn die Entschleierung der Isis – was Neuplatoniker sich allenfalls einbilden.

11 Dazu Hartmut und Gernot Böhme: *Das Andere der Vernunft. Zur Entwicklung von Rationalitätsstrukturen am Beispiel Kants*, 2. Aufl. 1985, S. 250 ff.

12 Ein viel eher als Marx in der Fortsetzung der Apokalypse stehender Vertreter der Arbeiterbewegung ist Wilhelm Weitling. Vgl. dazu. Wolf Schäfer: *Die unvertraute Moderne. Historische Umrisse einer anderen Natur- und Sozialgeschichte*, Frankfurt/M. 1985, S. 18–113.

13 Vgl. Norman Cohn: *Das Ringen um das tausendjährige Reich. Revolutionärer Messianismus und sein Fortleben in den modernen totalitären Bewegungen*, Bern und München 1961. – Alexander Perrig: *Albrecht Dürer oder Die Heimlichkeit der deutschen Ketzerei. Die Apokalypse Dürers und andere Werke von 1495 bis 1513*, Weinheim 1987.

14 In Schillers Gedicht: *Resignation. Eine Phantasie* (1786) findet sich der Vers: »Die Weltgeschichte ist das Weltgericht.« (Horenausgabe Bd. 3, S. 7) Diesen Gedanken nimmt Hegel in seinen *Grundlinien der Philosophie des Rechts* § 340 auf. Vgl. dazu: Klaus Vondung: *Geschichte als Weltgericht. Genesis und Degradation einer Symbolik*, in: Ders. (Hg.): *Kriegserlebnis. Der erste Weltkrieg in der literarischen Gestaltung und symbolischen Deutung der Nationen*, Göttingen 1980, S. 70 ff.

15 T. D. Kendrick: *The Lisbon Earthquake*, London 1956. – Wilhelm Lütgert: *Die Erschütterung des Optimismus durch das Erdbeben von Lissabon 1755*, Gütersloh 1901 (= *Beitr. z. Förderung christl. Theologie* Jg. 5, H. 3). – Harald Weinrich: *Literaturgeschichte eines Weltereignisses: Das Erdbeben von Lissabon*, in: Ders.: *Literatur für Leser*, Stuttgart 1971, S. 64–76. Thomas E. Bourke: *Vorsehung und Katastrophe. Voltaires »Poème sur le désastre de Lisbonne« und Kleists »Erdbeben in Chili«*, in: K. Richter/J. Schönert (Hg.): *Klassik und Moderne. FS W. Müllerseidel*, Stuttgart 1983, S. 228–53.

16 Die Postmoderne in der Signatur des Erhabenen zu lesen, ist eine Idee, die zuerst Jean-François Lyotard entwickelt hat (Beantwortung der Frage: Was ist postmodern? in: *Tumult* No. 4, 1982, S. 131–42). Der Auffassung Lyotards wird im folgenden allerdings wenig entsprochen.

17 Ich beziehe mich im folgenden vor allem auf die §§ 23–29 der *Kritik der Urteilskraft*.

18 Dazu H. u. G. Böhme [Anm. 11], 215 ff. Im folgenden gehe ich über die dort entwickelte Deutung hinaus.

19 Vgl. S. 274 ff. dieses Bandes.

20 Günter Anders: *Die Antiquiertheit des Menschen*, Bd. 1: *Über die Seele im Zeitalter der zweiten industriellen Revolution*, 7. Aufl. München 1987, S. 21 ff., 233–308.

21 Vgl. den von Klaus Vondung herausgegebenen Band: *Kriegserlebnis* [Anm. 14], S. 62–89, 90 ff., 262 ff.

Drucknachweise

Verdrängung und Erinnerung vormoderner Naturkonzepte. Zum Problem historischer Anschlüsse der Naturästhetik in der Moderne. Originalbeitrag.

Denn nichts ist ohne Zeichen. – Die Sprache der Natur: Unwiederbringlich? Originalbeitrag.

Geheime Macht im Schoß der Erde. – Das Symbolfeld des Bergbaus zwischen Sozialgeschichte und Psychohistorie. Teilabdruck in: Christoph Jamme/Gerhard Kurz (Hg.): *Idealismus und Aufklärung. Kontinuität und Kritik der Aufklärung in Philosophie und Poesie um 1800*. Stuttgart 1988, S. 59–79.

Lebendige Natur. Wissenschaftskritik, Naturforschung und allegorische Hermetik bei Goethe, in: *DVjs* Jg. 60 (1986), H. 2, S. 249–72.

Der sprechende Leib. – Die Semiotiken des Körpers am Ende des 18. Jahrhunderts und ihre hermetische Tradition. Originalbeitrag.

Sinne und Blick. Zur mythopoetischen Konstitution des Subjekts, in: *Konkursbuch* 13 (1984), S. 27–63.

Kritik der Melancholie und Melancholie der Kritik, in: *Spuren* 11/12 (1985), S. 28–36.

Umgekehrte Vernunft. – Dezentrierung des Subjekts bei Marquis de Sade. U.d.T.: »Beim Glockenschlag der Venus schlagen die Stunden des Wahnsinns« in: Thomas Ziehe/Eberhard Knödler-Bunte (Hg.): *Der sexuelle Körper*. Berlin 1984, S. 183–198.

Eine Zeit ohne Eigenschaften. Robert Musil und die Posthistoire, in: *Spuren* 15 (1986), S. 22–34.

Ruinen – Landschaften. Zum Verhältnis von Naturgeschichte und Allegorie in den späten Filmen von Andrej Tarkowskij, in: *Konkursbuch* 14 (1985), S. 117–157.

Vergangenheit und Gegenwart der Apokalypse. Gekürzt in: *Spuren* 22 (1988), S. 37–40.

Abbildungsnachweise

S. 157, 159: Aus: M. Putscher, *Geschichte der Medizinischen Abbildung*, Heinz Moos Verlag, München 1972.

S. 342, 361: Pandora Film Produktions- und Vertriebs GmbH & Co, Frankfurt/Main.

S. 345: Freunde der Deutschen Kinemathek e. V., Berlin.

S. 356: Aus: *Tote Technik*, hg. v. Rolf Steinberg, Nicolaische Verlagsbuchhandlung, Berlin 1981.

Literaturwissenschaft
in der edition suhrkamp

310/1/5.88

Literaturwissenschaft
in der edition suhrkamp

310/2/5.88

Literaturwissenschaft
in der edition suhrkamp

310/3/5.88

Literaturwissenschaft
in der edition suhrkamp

310/5/5.88

edition suhrkamp
Eine Auswahl

Abelshauser: Wirtschaftsge-
schichte der Bundesrepublik
Deutschland (1945-1980).
NHB. es 1241

Abendroth: Ein Leben in der Arbeiterbewegung. es 820

Achebe: Okonkwo oder Das Alte
stürzt. es 1138

Adam/Moodley: Südafrika.
es 1369

Adorno: Eingriffe. Neun kritische Modelle. es 10

– Gesellschaftstheorie und Kulturkritik. es 772

– Jargon der Eigentlichkeit. Zur
deutschen Ideologie. es 91

– Kritik. Kleine Schriften zur Gesellschaft. es 469

– Ohne Leitbild. Parva Aesthetica. es 201

– Stichworte.
Kritische Modelle 2. es 347

– Zur Metakritik der Erkenntnistheorie. es 590

Das Afrika der Afrikaner. Gesellschaft und Kultur Afrikas. Hg.
von R. Jestel. es 1039

Anderson: Die Entstehung des
absolutistischen Staates. es 950

– Von der Antike zum Feudalis-
mus. es 922

Andréa: M.D. es 1364

Arbeitslosigkeit in der Arbeitsge-
sellschaft. es 1212

Aus der Zeit der Verzweiflung.
Zur Genese und Aktualität des
Hexenbildes. es 840

Bachtin: Die Ästhetik des Wortes.
es 967

Barthes: Elemente der Semiologie. es 1171

– Kritik und Wahrheit. es 218

– Leçon/Lektion. es 1030

– Literatur oder Geschichte.
es 303

– Michelet. es 1206

– Mythen des Alltags. es 92

– Das Reich der Zeichen. es 1077

– Die Sprache der Mode. es 1318

Beck: Risikogesellschaft. es 1365

Jürgen Becker: Ränder. es 351

– Umgebungen. es 722

Beckett: Fin de partie. Endspiel.
es 96

– Flötentöne. es 1098

– Mal vu, mal dit. Schlecht gesehen, schlecht gesagt. es 1119

Samuel Beckett inszeniert Glückliche Tage. es 849

Benjamin: Aufklärung für Kinder. es 1317

– Briefe. 2 Bde. es 930

– Das Kunstwerk im Zeitalter
seiner technischen Reprodu-
zierbarkeit. es 28

– Moskauer Tagebuch. es 1020

– Das Passagen-Werk. 2 Bde.
es 1200

– Über Kinder, Jugend und Erziehung. es 391

– Versuche über Brecht. es 172

– Zur Kritik der Gewalt und andere Aufsätze. es 103

Bernhard: Die Billigesser. es 1006

– Ein Fest für Boris. es 440

– Prosa. es 213

– Ungenach. Erzählung. es 279

– Watten. Ein Nachlaß. es 353

Bertaux: Hölderlin und die Französische Revolution. es 344

Biesheuvel: Schrei aus dem Sou-
terrain. es 1179

3/1/6.87

3/9/6.87